Inhaltsverzeichnis

95275

Themenkreis 1:
Die Berufsausbildung

1 Rechtliche Grundlagen der betrieblichen Berufsausbildung

Im beruflichen Bildungswesen der Bundesrepublik Deutschland ist das **„duale System"** verwirklicht. Zwei Ausbildungsträger, der Betrieb und die Berufsschule, leisten jeweils ihren Beitrag zur beruflichen Ausbildung.

Die rechtlichen Grundlagen der Berufsausbildung sind das Berufsbildungsgesetz, der Ausbildungsvertrag und die Ausbildungsordnung des jeweiligen Berufes. Für den Bereich des Handwerks kommt als ergänzende Vorschrift die Handwerksordnung hinzu.

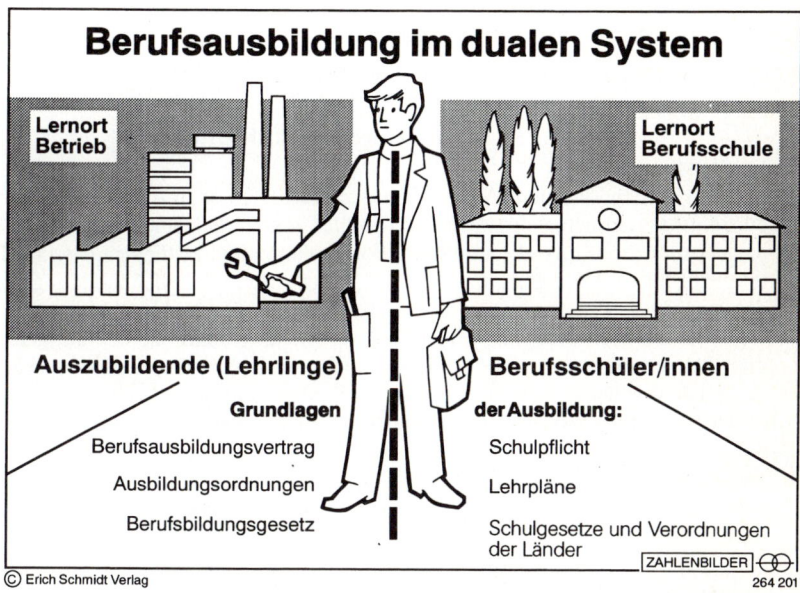

1.1 Das Berufsbildungsgesetz (BBiG)

So erging es Dieter Böhm: $\boxed{1}$

Der Auszubildende Dieter Böhm lernt den Beruf des Industriemechanikers in der Maschinenfabrik Karl Berger AG in Mannheim.

Sein Ausbilder hat leider nur selten Zeit, ihm die notwendigen Arbeitsgänge zu zeigen und zu erklären. Als zu Beginn seiner Ausbildungszeit in dem Werkzeugkasten, den er erhalten sollte, zwei Schraubenschlüssel fehlten, wurde von ihm verlangt, diese aus eigenen Mitteln zu kaufen. Dass er jeweils 15 Minuten in der Frühstückspause Brötchen und Getränke für seine Arbeitskollegen zu holen hatte, gehörte ebenso zu den von ihm zu erledigenden Aufgaben wie das abendliche Säubern der Werkshalle. Als eines Tages eine Bürohilfskraft erkrankte, musste er während dieser Zeit die anfallenden Botengänge zur Post erledigen. „Lehrjahre sind keine Herrenjahre", waren die Worte seines Ausbilders zu dieser Tätigkeit.

Nachdem praktische Wissensrückstände immer deutlicher wurden, entschloss Dieter Böhm sich schließlich, im 2. Ausbildungsjahr das Ausbildungsverhältnis zu kündigen. Er fand gleich eine neue Stelle. Man vereinbarte, dass ihm die vergangene Ausbildungszeit angerechnet werden sollte, wenn er seine Wissensrückstände in der dreimonatigen Probezeit aufholen würde.

An seiner neuen Arbeitsstelle arbeitete er sich schnell ein. Einmal kam es jedoch zu einem Streit mit seinem Ausbilder, weil Dieter sich weigerte, eine stark verschmutzte Ölwanne von einem Motor abzuschrauben. Während des letzten Betriebsfestes musste er sich eine Rüge des technischen Leiters gefallen lassen, als er sich in Anwesenheit betriebsfremder Personen laut über Dinge unterhielt, die nicht aus dem Betrieb hinausgetragen werden durften.

2   ## Auszug aus dem Berufsbildungsgesetz[1]

(Lösungshilfe für nachfolgenden Arbeitsvorschlag)

§ 6 – Berufsausbildung

(1) Der Ausbildende hat
1. dafür zu sorgen, daß dem Auszubildenden die Fertigkeiten und Kenntnisse vermittelt werden, die zum Erreichen des Ausbildungszieles erforderlich sind, und die Berufsausbildung in einer durch ihren Zweck gebotenen Form planmäßig, zeitlich und sachlich gegliedert so durchzuführen, daß das Ausbildungsziel in der vorgesehenen Ausbildungszeit erreicht werden kann,
2. selbst auszubilden oder einen Ausbilder ausdrücklich damit zu beauftragen,
3. dem Auszubildenden kostenlos die Ausbildungsmittel, insbesondere Werkzeuge und Werkstoffe zur Verfügung zu stellen, die zur Berufsausbildung und zum Ablegen von Zwischen- und Abschlußprüfungen, auch soweit solche nach Beendigung des Berufsausbildungsverhältnisses stattfinden, erforderlich sind,
4. den Auszubildenden zum Besuch der Berufsschule sowie zum Führen von Berichtsheften anzuhalten, soweit solche im Rahmen der Berufsausbildung verlangt werden, und diese durchzusehen,
5. dafür zu sorgen, daß der Auszubildende charakterlich gefördert sowie sittlich und körperlich nicht gefährdet wird.
(2) Dem Auszubildenden dürfen nur Verrichtungen übertragen werden, die dem Ausbildungszweck dienen und seinen körperlichen Kräften angemessen sind.

§ 9 – Verhalten während der Berufsausbildung

Der Auszubildende hat sich zu bemühen, die Fertigkeiten und Kenntnisse zu erwerben, die erforderlich sind, um das Ausbildungsziel zu erreichen. Er ist insbesondere verpflichtet,
1. die ihm im Rahmen seiner Berufsausbildung aufgetragenen Verrichtungen sorgfältig auszuführen,
2. an Ausbildungsmaßnahmen teilzunehmen,
3. den Weisungen zu folgen, die ihm im Rahmen der Berufsausbildung vom Ausbildenden, vom Ausbilder oder von anderen weisungsberechtigten Personen erteilt werden,

---

1   Gesetzestexte wurden nicht auf die neue deutsche Rechtschreibung umgestellt.

4. die für die Ausbildungsstätte geltende Ordnung zu beachten,
5. Werkzeug, Maschinen und sonstige Einrichtungen pfleglich zu behandeln,
6. über Betriebs- und Geschäftsgeheimnisse Stillschweigen zu wahren.

§ 13 — Probezeit

Das Berufsausbildungsverhältnis beginnt mit der Probezeit. Sie muß mindestens einen Monat und darf höchstens drei Monate betragen.

§ 14 — Beendigung

(1) Das Berufsausbildungsverhältnis endet mit dem Ablauf der Ausbildungszeit.
(2) Besteht der Auszubildende vor Ablauf der Ausbildungszeit die Abschlußprüfung, so endet das Berufsausbildungsverhältnis mit Bestehen der Abschlußprüfung.
(3) Besteht der Auszubildende die Abschlußprüfung nicht, so verlängert sich das Berufsausbildungsverhältnis auf sein Verlangen bis zur nächstmöglichen Wiederholungsprüfung, höchstens um ein Jahr.

§ 15 — Kündigung

(1) Während der Probezeit kann das Berufsausbildungsverhältnis jederzeit ohne Einhalten einer Kündigungsfrist gekündigt werden.
(2) Nach der Probezeit kann das Berufsausbildungsverhältnis nur gekündigt werden
1. aus einem wichtigen Grund ohne Einhalten einer Kündigungsfrist,
2. vom Auszubildenden mit einer Kündigungsfrist von vier Wochen, wenn er die Berufsausbildung aufgeben oder sich für eine andere Berufstätigkeit ausbilden lassen will ...

Arbeitsvorschlag

1. Wie beurteilen Sie im Zusammenhang mit dem vorangehenden Text die Aussage „Lehrjahre sind keine Herrenjahre"?
2. Gegen welche Bestimmungen des Berufsbildungsgesetzes wurde in obigem Fall verstoßen? (vgl. §§ 6, 9 BBiG)
3. Überprüfen Sie, ob Dieter das Recht hatte das Ausbildungsverhältnis vorzeitig zu lösen. (vgl. § 15 BBiG)
4. Stellen Sie fest (§ 13 BBiG), ob eine dreimonatige Probezeit zulässig ist.
5. Nennen Sie mithilfe des BBiG weitere Pflichten des Ausbildenden und des Auszubildenden.
6. Diskutieren Sie die folgende Karikatur:

aus: Jugendzeitung BASTER, 1983, S. 10

3 Weitere Bestimmungen zur Berufsausbildung

Sowohl in dem **Berufsbildungsgesetz** als auch in der **Handwerksordnung** sind folgende Bestimmungen zur Berufsausbildung enthalten:

- Auszubildende darf nur ausbilden, wer persönlich und fachlich geeignet ist.
- Wer die fachliche Eignung selbst nicht nachweisen kann, aber trotzdem einen Auszubildenden einstellen möchte, muss einen Ausbilder mit fachlicher und persönlicher Eignung bestellen.
- Art und Einrichtung der Ausbildungsstätte müssen für die Berufsausbildung geeignet sein.
- Können dem Auszubildenden nicht alle notwendigen Kenntnisse und Fertigkeiten vermittelt werden, ist zusätzlich eine Ausbildung außerhalb des Ausbildungsbetriebes notwendig (z. B. in überbetrieblichen Lehrwerkstätten der Handwerkskammer).
- Die Zahl der Auszubildenden muss in einem angemessenen Verhältnis zu den Ausbildungsplätzen oder zu der Anzahl der beschäftigten Fachkräfte stehen.

Arbeitsvorschlag

1. Welche Voraussetzungen müssen Ausbilder erfüllen?
2. Wie ist zu verfahren, wenn in einem Ausbildungsbetrieb nicht alle notwendigen Kenntnisse und Fertigkeiten zu vermitteln sind?
3. Jeder Auszubildende muss ein Berichtsheft führen. warum eigentlich?

aus: IG-Metall-Vorstand, Ein JAVi und doch nicht allein, 1998, Seite 36

4. Beurteilen Sie folgende Fälle und wenden Sie die jeweiligen Bestimmungen des Berufsbildungsgesetzes an:
   - Ein Auszubildender erscheint montags i. d. R. zwei Stunden zu spät am Arbeitsplatz. Obwohl die Probezeit vorbei ist, soll er entlassen werden.
   - Weil er die Zwischenprüfung mit „mangelhaft" absolvierte, wird einem Auszubildenden wegen „mangelnder Eignung" gekündigt.
   - Ein Auszubildender will seine Ausbildung im Betrieb eines Freundes fortführen. Ist ein Ausbildungsplatzwechsel während und nach der Probezeit überhaupt möglich?

1.2 Die Handwerksordnung (HwO)

Mit dem Gesetz zur Ordnung des Handwerks (Handwerksordnung) wurde für das Handwerk eine spezielle gesetzliche Regelung geschaffen. Sie ist notwendig, weil nicht alle Bestimmungen des Berufsbildungsgesetzes auf Handwerksbetriebe anwendbar sind. So schreibt die **Handwerksordnung** z. B. vor, dass nur ein Meister einen selbstständigen Handwerksbetrieb führen und dort auch ausbilden darf.

1.3 Die Ausbildungsordnung

Die Ausbildungsinhalte für die Berufsausbildung in einem bestimmten Beruf sind in der jeweiligen **Ausbildungsordnung** festgelegt. Was sie mindestens enthalten muss, ist sowohl dem **Berufsbildungsgesetz** als auch der **Handwerksordnung** zu entnehmen.

Eine **Ausbildungsordnung** hat mindestens festzulegen:

- die Ausbildungsdauer,
- die Fertigkeiten und Kenntnisse, die durch die betriebliche Ausbildung zu vermitteln sind (Ausbildungsberufsbild),
- einen Ausbildungsrahmenplan, der für den Ausbildungsbetrieb eine Hilfe für die sachliche und zeitliche Gliederung der Fertigkeiten und Kenntnisse darstellt,
- die Prüfungsanforderungen.

Weiterhin kann die Ausbildungsordnung für bestimmte Branchen bzw. Ausbildungsberufe die **Stufenausbildung** vorsehen (siehe Beispiel).

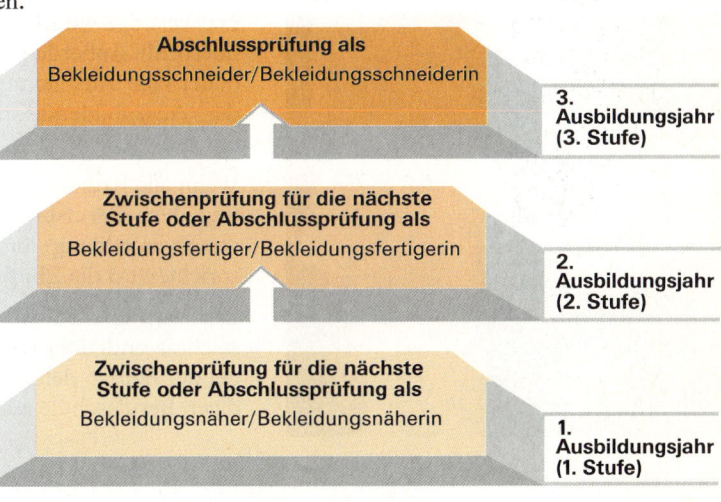

aus: Beruf aktuell, S. 151   *Stufenausbildung in der Bekleidungsindustrie*

1.4   Der Berufsausbildungsvertrag

Bevor Dieter Böhm mit seiner Ausbildung als Industriemechaniker bei der Karl Berger AG beginnt, muss ein **Berufsausbildungsvertrag** (siehe abgebildeter Vertrag auf der folgenden Seite) abgeschlossen werden. Hierzu wird ein Formular benutzt, das in seinem Fall von der Industrie- und Handelskammer herausgegeben wird. Für Auszubildende in Handwerksbetrieben wäre hier die Handwerkskammer zuständig.

Der Ausbildungsvertrag wird unterschrieben von:

- dem/der Auszubildenden
- und – sofern er/sie noch nicht volljährig ist – von den Eltern oder den Erziehungsberechtigten,
- dem Ausbildenden (Ausbildungsbetrieb).

> ### Kaum Chancen
> ### für Ungelernte

Der Ausbildungsvertrag muss mindestens folgende Angaben enthalten:

- Art, Gliederung und Ziel der Ausbildung,
- Beginn und Dauer der Ausbildung,
- Dauer der regelmäßigen täglichen Ausbildungszeit,
- Dauer der Probezeit,
- Zahlung und Höhe der Vergütung,
- Dauer des Urlaubs und
- die Voraussetzungen, unter denen der Vertrag gekündigt werden kann.

Ein alleiniger Handschlag genügt nicht, aber er hat nach wie vor symbolischen Wert.

Nach Abschluss des Berufsausbildungsvertrages muss der Ausbildungsbetrieb umgehend die Eintragung des Vertrages in das **Verzeichnis der Berufsausbildungsverhältnisse** bei der jeweils zuständigen Kammer beantragen.

Die Verträge werden hier auf Ordnungsmäßigkeit überprüft. Außerdem wird festgestellt, ob der Ausbilder eine Ausbildungsberechtigung hat oder ob der Auszubildende nicht schon einen Vertrag unterschrieben hat.

Wenn alle Bedingungen gegeben sind und der Vertrag dem Berufsbildungsgesetz und der Ausbildungsverordnung für den jeweiligen Beruf entspricht, wird die Eintragung vorgenommen.

Der Vertrag wird mit der Aufnahme in das Verzeichnis endgültig rechtskräftig. Gleichzeitig meldet der Betrieb den Auszubildenden in der zuständigen Berufsschule zum Unterricht an.

Arbeitsvorschlag

1. Warum müssen Berufsausbildungsverträge in die jeweiligen Verzeichnisse bei den Kammern eingetragen werden?
2. Vergleichen Sie Ihren Berufsausbildungsvertrag mit dem abgebildeten Muster und stellen Sie etwaige Unterschiede fest.

Antrag auf Eintragung (Seite 1 v. 2)

in das Verzeichnis der Berufsausbildungsverhältnisse zum nachfolgenden

Berufsausbildungsvertrag

Bitte die hinterlegten Felder ausfüllen.

Zwischen dem Ausbildenden (Ausbildungsbetrieb)

Eingangsstempel der IHK

und der/dem Auszubildenden   männlich [X]   weiblich [ ]

Firmenident-Nr.:	Tel.-Nr.:

Anschrift des Ausbildungsbetriebes

Karl Berger AG
Maschinenfabrik
Waldhofstraße 1
68163 Mannheim

Name, Vorname
Böhm, Dieter
Straße, Haus-Nr.
Lessingstr. 1
PLZ   Ort
68165   Mannheim
Geburtsdatum (TT.MM.JJ)   Geburtsort
1983-12-24   Mannheim
Staatsangehörigkeit   Gesetzl. Vertreter[1]   Eltern   Vater   Mutter   Vormund
deutsch   [X]   [ ]   [ ]   [ ]
Namen, Vornamen der gesetzlichen Vertreter
Monika und Willi Böhm
Straße, Hausnummer
Lessingstr. 1
PLZ   Ort
68165   Mannheim

Verantwortlicher Ausbilder:
Herrn/Frau/Frl.   geb. am (TT.MM.JJ)

wird nachstehender Vertrag zur Ausbildung im Ausbildungsberuf

mit der Fachrichtung/dem Schwerpunkt
nach Maßgabe der Ausbildungsordnung[2] geschlossen

Industriemechaniker - Maschinen- u. Systemtechnik

Betrieblicher Unterricht   ja [X]
Ausbildungs-einrichtung   Lehrbüro [ ]   Lehrecke [ ]   Lehrwerkstatt [X]   sonstige [ ]   Anzahl Fachkräfte im Ausbildungsberuf **12**

Vom Auszubildenden besuchte Schulen zuletzt
20   Realschule
Abgangsklasse **10**
abgeschlossen mit[6] **3**   davor[5] **40**

Berufsfeld[7]
zuständige Berufsschule

A Die Ausbildungszeit beträgt nach der Ausbildungsordnung
42 Monate

Die vorausgegangene Berufsausbildung/Vorbildung:

wird mit [ ] Monaten angerechnet bzw. es wird eine entsprechende Verkürzung beantragt.

Das Berufsausbildungsverhältnis (TT.MM.JJ):
beginnt am **01-08-01** endet am **31-01-05**

B Die Probezeit (§ 1 Nr. 2) beträgt **3** Monate.[3]

C Die Ausbildung findet vorbehaltlich der Regelungen nach D (§ 3 Nr. 12) in
68169 Mannheim, Waldhofstr. 13
und den mit dem Betriebssitz für die Ausbildung üblicherweise zusammenhängenden Bau-, Montage- und sonstigen Arbeitsstellen statt.

D Ausbildungsmaßnahmen außerhalb der Ausbildungsstätte (§ 3 Nr. 12) mit Zeitraumangabe
Speziallehrgang:
Schutzschweißen, 2 Wochen

E Der Ausbildende zahlt dem Auszubildenden eine angemessene Vergütung (§ 5); diese beträgt zurzeit monatlich brutto:

Euro	540,00	585,00	613,00	635,00
im	ersten	zweiten	dritten	vierten

Ausbildungsjahr.
Soweit Vergütungen tariflich geregelt sind, gelten mindestens die tariflichen Sätze.

F Die regelm. tägliche Ausbildungszeit (§ 6 Nr. 1) beträgt **7,75** Std.[4]

G Der Ausbildende gewährt dem Auszubildenden Urlaub nach den geltenden Bestimmungen. Es besteht ein Urlaubsanspruch

im Jahr	2001	2002	2003	2004	2005
Werktage	11	25	24	24	2
Arbeitstage					

H Hinweis auf anzuwendende Tarifverträge und Betriebsvereinbarungen; sonstige Vereinbarungen: **Zahlung der Ausbildungsvergütung erfolgt bargeldlos, kostenlose Arbeitskleidung aus Sicherheitsgründen**

1 Vertretungsberechtigt sind beide Eltern gemeinsam, soweit nicht die Vertretungsberechtigung nur einem Elternteil zusteht. Ist ein Vormund bestellt, so bedarf dieser zum Abschluss des Ausbildungsvertrages der Genehmigung des Vormundschaftsgerichtes.
2 Solange die Ausbildungsordnung nicht erlassen ist, sind gem. § 108 Abs. 1 BBiG die bisherigen Ordnungsmittel anzuwenden.
3 Die Probezeit muss mindestens einen Monat und darf höchstens drei Monate betragen.
4 Das Jugendarbeitsschutzgesetz sowie für das Ausbildungsverhältnis geltende tarifvertragliche Regelungen und Betriebsvereinbarungen sind zu beachten.
5 Zuletzt besuchte Schule (zutr. Ziffer eintr.)   6 Schulabschluss (zutr. Ziffer eintr.)

05	Hauptschule	1	Hauptschulabschluss
10	Sonderschule	2	Qualifiz. Hauptschulabschl.
20	Realschule	3	Mittlerer Bildungsabschl.
30	Gymnasium	4	Fachhochschulreife
35	Oberstufenzentrum	5	Hochschulreife
40	Gesamtschule	6	Hochschulabschluss
51	Berufsvorbereitungsjahr BVJ	8	sonstiger Abschluss
52	Berufsgrundschuljahr	9	ohne Abschluss
53	Berufsfachschule		
57	Fachoberschule		
59	sonst. berufl. Vollzeitschulen		
80	Hochschule/Fachhochschule		
90	sonstige Schule		

7 Bei Berufsgrundschuljahr bzw. Berufsfachschule bitte besuchtes Berufsfeld eintragen.

Bitte Unterschrift auf Seite 2 v. 2 des Antrags nicht vergessen!

952713

> **Wichtiges in Kürze**
>
> ○ Im dualen System der Berufsausbildung wirken Betriebe und Schule zusammen.
>
> ○ Die rechtlichen Grundlagen der betrieblichen Berufsausbildung sind das Berufs-
>   bildungsgesetz, der Ausbildungsvertrag, die Handwerksordnung und die jewei-
>   lige Ausbildungsordnung.
>
> ○ Das Berufsbildungsgesetz, das auch für das Handwerk gültig ist, ist das Spezial-
>   gesetz für die betriebliche Berufsausbildung.
>
> ○ Die Handwerksordnung enthält neben allgemeinen Bestimmungen zur Berufs-
>   ausbildung auch Sonderbestimmungen (z. B. Ausbildung durch Meister).
>
> ○ Der Berufsausbildungsvertrag enthält wichtige Angaben zur Berufsbildung und
>   wird abgeschlossen zwischen der/dem Ausbildenden und der/dem Auszubilden-
>   den bzw. deren gesetzlichen Vertretern. Der Vertrag wird von der Kammer überprüft.
>
> ○ Die Ausbildungsordnung legt die jeweiligen Inhalte für einen bestimmten Ausbil-
>   dungsberuf fest.

2   Berufliche Fortbildung und Umschulung

2.1   Berufliche Fortbildung

[1] Die fortschreitende Technisierung verändert Arbeitsplätze und Berufe.

Gut ausgebildete Fachkräfte sind das Kapital für die Zukunft. Angelernte und ungelernte
Arbeiter/innen haben es immer schwerer einen auch nur halbwegs sicheren Arbeitsplatz zu
finden, weil sie von fortschreitender Rationalisierung bedroht sind. Kurse und Lehrgänge,
die der Fortbildung dienen, werden von Volkshochschulen, Kammern, Gewerkschaften,
privaten Bildungsträgern und sonstigen Organisationen angeboten.

Aber Vorsicht: Es gibt im Bereich der beruflichen Fortbildung auch unseriöse Angebote,
die nur eines im Sinn haben, nämlich an Ihr Geld zu kommen.

Ein wichtiger Partner ist deshalb das Arbeitsamt, weil es die örtlichen Erfordernisse und
Angebote am besten kennt. Der bedeutendste Bildungsträger sind aber die Betriebe selbst.
Sie haben ihre Weiterbildungsmöglichkeiten in den letzten Jahren konsequent ausgebaut.
Lernort ist dabei häufig der eigene Arbeitsplatz.

Es lohnt sich sicher auch
Freizeit in die Fortbildung
zu investieren, denn unter
Kostengesichtspunkten
ist die Bereitschaft der
Betriebe deutlich gesun-
ken, Arbeitnehmer für
Maßnahmen freizustellen,
die problemlos auch
außerhalb der Arbeitszeit
absolviert werden können
(z. B. DV-Kurs).

Um ihr Wissen zu ergänzen und zu erneuern, können Arbeitnehmer auch an Fachvorträgen, Fachtagungen, Kongressen, Erfahrungsaustauschkreisen und Fachmessen teilnehmen. Die Kosten hierfür werden im Allgemeinen von den Betrieben getragen. Wenn dies nicht der Fall ist, können die Fortbildungskosten von Berufstätigen

teilweise von ihrem zu versteuernden Einkommen abgezogen werden. In der Steuererklärung können die Beträge als Werbungskosten eingetragen werden.

Berufliche Fort- und Weiterbildung ist auch an beruflichen Schulen möglich. Erkundigen Sie sich an Ihrer Schule nach den konkreten Möglichkeiten, die hier oder an Nachbarschulen bestehen.

Das berufliche Schulwesen im Überblick   2

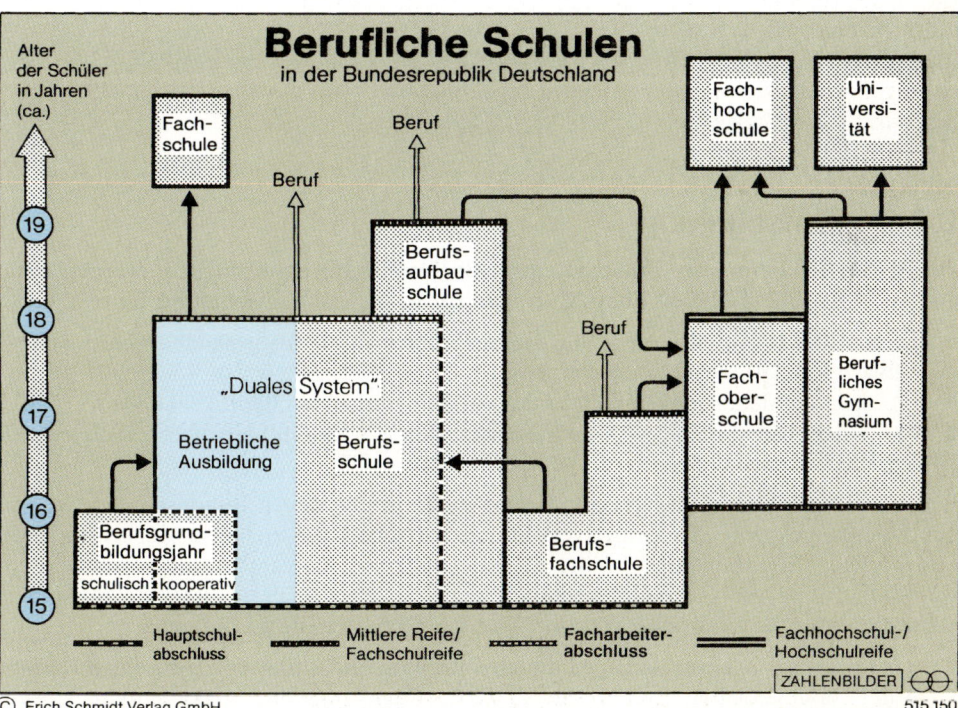

Anmerkung: Das Schaubild zeigt die grundsätzliche Struktur des beruflichen Schulwesens. In jedem der 16 Bundesländer können aufgrund der sogenannten „Kulturhoheit" auch andere Bildungsgänge oder unterschiedliche Bezeichnungen für gleiche Schulformen bestehen.

Berufliche Fortbildung:
Zwei Beispiele von vielen

Frage:

Ich bin Zerspanungsmechaniker und möchte gerne Meister werden.

Was kann ich tun?

Frage:

Mein Sohn ist Industriemechaniker. Er möchte in sechs Monaten die Fachoberschule der Form B besuchen. Wie kann er die Zeit sinnvoll überbrücken?

Antwort:

Genaue Informationen gibt es beim Arbeitsamt. Wegen der finanziellen Förderung Erkundigungen bezüglich des aktuellen Standes einholen. Der Meisterlehrgang dauert meist 7 Monate. Voraussetzung für die Teilnahme ist eine mindestens dreijährige Berufserfahrung.

Antwort:

Er kann evtl. an der Fachschule für Technik einen CNC-Kurs besuchen. Mit dem erfolgreichen Abschluss dieses Lehrganges erhält er ein Zertifikat, welches ihm später sicher bei der Stellensuche hilft.

Tipp   **Versuchen Sie sich nach der Ausbildung beruflich fortzubilden. Sie vermindern dadurch Ihr Arbeitsplatzrisiko und verbessern Ihre beruflichen Aufstiegschancen.**

2.2   Umschulung

Durch die Teilnahme an Umschulungsmaßnahmen soll es ermöglicht werden eine andere berufliche Tätigkeit auszuüben. **Gründe,** die zur Umschulung führen, sind:

- die betreffende Arbeitskraft ist für den ausgeübten Beruf aus gesundheitlichen, altersmäßigen u. a. Gründen nicht mehr geeignet,
- es besteht auf dem Arbeitsmarkt für den zur Zeit ausgeübten Beruf kein Bedarf,
- Verhütung einer drohenden Arbeitslosigkeit, weil z. B. durch betriebliche Rationalisierungsmaßnahmen der gegenwärtige Arbeitsplatz wegfällt.

Besonders viele Umschulungsmaßnahmen waren in den neuen Bundesländern wegen des Überganges von der Zentralverwaltungswirtschaft zur sozialen Marktwirtschaft erforderlich. Unrentable und veraltete Arbeitsplätze verschwanden und verschwinden weiterhin. Mehr und mehr Unternehmen ziehen es aber auch vor in Billiglohnländer abzuwandern oder zumindest von dort Waren und Fertigteile zu beziehen.

Dies hat Folgen: Viele Berufstätige müssen umlernen und umsatteln. Dass dabei Kenntnisse der Datenverarbeitung und der CNC/CAD-gesteuerten Tätigkeiten von Vorteil sind, versteht sich von selbst. Oft gehen die Anpassungsmaßnahmen weit über eine Fort- und Weiterbildung hinaus und münden nicht selten im Erlernen ganz neuer Berufe.

2.3   Finanzielle Förderung durch den Staat

2.3.1   Förderung von Schülern nach dem Bundesausbildungs- förderungsgesetz (BAföG)

Eine gute Ausbildung ist eine wichtige Grundlage für den beruflichen Erfolg und für die persönliche Sicherheit. Jede Art von Ausbildung ist mit finanziellen Belastungen verbunden. In vielen Fällen können diese nicht in voller Höhe von dem Ausbildungsteilnehmer selbst aufgebracht werden. Das BAföG hat die Aufgabe denjenigen zu helfen, die sich finanziell eine Ausbildung entsprechend ihrer Eignung, Leistung und Neigung nicht leisten können.

Wer kann BAföG erhalten?

- Schüler von weiterführenden allgemein bildenden Schulen und Berufsfachschulen (ab Klasse 10) sowie von Fach- und Fachoberschulklassen, deren Besuch eine abgeschlossene Berufsausbildung nicht voraussetzt, wenn sie bedingt durch ihre Ausbildung nicht bei ihren Eltern wohnen und/oder verheiratet sind.
- Schüler von Berufsfachschulklassen und Fachschulklassen, deren Besuch eine abgeschlossene Berufsausbildung nicht voraussetzt, sofern sie in einem zumindest zweijährigen Bildungsgang einen berufsqualifizierenden Abschluss vermitteln.
- Schüler von Fach- und Fachoberschulklassen, deren Besuch eine abgeschlossene Berufsausbildung voraussetzt.
- Schüler von Abendhauptschulen, Berufsaufbauschulen, Abendrealschulen, Abendgymnasien und Kollegs.

Sonstige Bestimmungen

- Die Förderung wird als Zuschuss für Schüler und für Studenten je zur Hälfte als Zuschuss und Darlehen gewährt.
- Die Berechnungsgrundlage für die Höhe der Leistungen ist in den meisten Fällen das Einkommen der Eltern des Antragstellers. Das Bundesausbildungsförderungsgesetz geht davon aus, dass zunächst die Eltern für die Ausbildung ihrer Kinder aufkommen müssen. Erst wenn die finanzielle Belastung den Eltern unzumutbar ist, wird Geld vom Staat gezahlt. Bei der Ermittlung der Berechnungsgrundlage wird das elterliche Einkommen um Freibeträge gekürzt. Neben einem Freibetrag für die Eltern selbst können auch bestimmte Beträge für alle im Haushalt lebenden weiteren Kinder berücksichtigt werden. Haben diese allerdings selbst ein Einkommen, so wird dieses Einkommen vom Freibetrag abgezogen.
- Ein Auszubildender, dessen Eltern die von ihnen aufzubringende Leistung verweigern, kann die Ausbildungsförderung als Vorausleistung vom Staat erhalten. Voraussetzung ist, dass er noch keine berufsqualifizierende Ausbildung erhalten hat. Stellt sich heraus, dass die Weigerung der Eltern nicht berechtigt war, fordert der Staat die gezahlten Mittel von den Eltern zurück. Die Auseinandersetzung wird dabei nicht vom Auszubildenden, sondern vom Amt für Ausbildungsförderung geführt.

2.3.2   Sonstige staatliche Fördermaßnahmen

Bernd Hohmann arbeitete fünf Jahre als Maschinenbaumechaniker, bevor er vor zwei Monaten wegen Auftragsmangel entlassen wurde. Durch eine berufliche Fortbildung möchte sich Bernd Hohmann als Maschinenbautechniker ausbilden lassen. Er ist sicher, dann wieder einen Arbeitsplatz zu finden.

Kann Bernd Hohmann mit einer staatlichen Förderung rechnen?

Unter bestimmten Voraussetzungen unterstützt das Arbeitsamt finanziell die berufliche Weiterbildung (Arbeitsförderungsgesetz, AFG). Im Einzelnen gilt:

- Die Weiterbildung wird nur dann staatlich gefördert, wenn sie dazu dient,
  - einen Arbeitslosen beruflich einzugliedern,
  - eine drohende Arbeitslosigkeit abzuwenden,
  - einen fehlenden Berufsabschluss nachzuholen.

  Um finanziell gefördert zu werden, müssen die Arbeitnehmer innerhalb der letzten drei Jahre vor Beginn der Fördermaßnahmen mindestens 12 Monate Beiträge zur Arbeitslosenversicherung gezahlt haben.
- Unterhaltsgeld und die Erstattung von Weiterbildungskosten (z. B. Lehrgangskosten, Fahrtkosten, Kosten für auswärtige Unterbringung) werden ganz oder teilweise durch das Arbeitsamt erstattet.
- Unterhaltsgeld und Weiterbildungskosten werden aber nur dann gezahlt, wenn dem Arbeitsamt hierfür noch Geldmittel zur Verfügung stehen (Kann-Leistung).
- Bevor mit der Teilnahme an Weiterbildungsmaßnahmen begonnen wird, muss das Arbeitsamt ausdrücklich den Maßnahmen zustimmen.
- Mit einer Ablehnung ist zu rechnen, wenn durch die Maßnahmen überwiegend nicht berufsbezogene Inhalte (z. B. Allgemeinwissen) vermittelt werden.

Chancengleichheit: Ein Sprungbrett für die berufliche Karriere ist das sog. „Meister-BAföG". Das Gesetz zur Förderung der beruflichen Aufstiegsförderung (AFBG) hat das Ziel, Maßnahmen der beruflichen Fortbildung finanziell zu unterstützen. Es richtet sich an Handwerker, Techniker und andere Fachkräfte, die sich beruflich qualifizieren möchten. Auch einen Beitrag zur Verbesserung der Chancengleichheit zwischen akademischer und beruflicher Ausbildung will das Gesetz leisten. Voraussetzung für eine Förderung ist eine anerkannte abgeschlossene Erstausbildung. Mit Zuschüssen und zinsgünstigen Darlehen greift der Staat den angehenden Meistern und Technikern finanziell unter die Arme. Bedingung: Der angestrebte Abschluss der Fördermaßnahmen muss über dem Niveau einer Facharbeiter-, Gesellen- oder Gehilfenprüfung liegen. Anträge für das „Meister-BAföG" sollten rechtzeitig vor Beginn der Maßnahmen gestellt werden. Die Anträge sind an die jeweils zuständigen Landesbehörden zu senden.

Arbeitsvorschlag

1. Welche Aufgaben hat das BAföG und welche Schüler sind antragsberechtigt?
2. Grenzen Sie die BAföG-Förderung von den Möglichkeiten der beruflichen Förderung ab.
3. Beurteilen Sie die Chance von Bernd Hohmann, eine staatliche Förderung zu erhalten.
4. Nennen Sie mögliche Gründe für eine berufliche Umschulung.

○ Die schnelle Technisierung und Rationalisierung machen eine berufliche Fortbildung notwendig.

○ Dem Einzelnen steht je nach seinem Berufsziel eine Reihe unterschiedlicher Bildungswege offen.

○ Durch Umschulungsmaßnahmen soll es der betroffenen Arbeitskraft ermöglicht werden einen anderen Beruf auszuüben.

○ Nach dem Bundesausbildungsförderungsgesetz kann eine Ausbildungsbeihilfe für eine Schulausbildung oder einen Hochschulbesuch beantragt werden.

○ Die finanzielle Unterstützung nach dem Arbeitsförderungsgesetz kann gewährt werden bei
  – betrieblicher und überbetrieblicher Ausbildung,
  – beruflicher Fortbildung und Umschulung.

Arbeitsvorschlag zur Wiederholung

1. Was versteht man unter dem dualen System der Berufsausbildung?

2. Welche Pflichten haben Auszubildender und Ausbilder?

3. Wie lange muss die Probezeit mindestens und wie lange darf sie höchstens in einem Berufsausbildungsverhältnis betragen?

4. Welches sind die rechtlichen Grundlagen der Berufsausbildung?

5. Wann ist das Berufsausbildungsverhältnis im Normalfall beendet?

6. Was sagt das Berufsausbildungsgesetz über die Höchstzahl der Auszubildenden in einem Betrieb?

7. Nennen Sie inhaltliche Bestandteile einer Ausbildungsordnung.

8. Nennen Sie Bestandteile des Berufsausbildungsvertrages.

9. Auf was erstreckt sich die finanzielle Förderung nach dem Arbeitsförderungsgesetz?

10. Welches Gesetz regelt die Ausbildungsbeihilfen für Schüler und Studenten?

Lernen lohnt

Von je 100 Berufstätigen mit diesem Schulabschluss haben ein so hohes monatliches Nettoeinkommen

bis 1 278 Euro*

über 1 278 Euro*

Männer				Frauen	
38	62	Haupt- (Volks-) schulabschluss	86	14
36	64	Realschulabschluss	75	25
23	77	(Fach-) Hochschulabschluss	54	46

Quelle: Stat. Bundesamt   *umrechnungsbedingt keine „glatte" Zahl   © Globus 7293

11. Stellen Sie einen Bezug her zwischen Einkommen und Schulabschluss (siehe nebenstehendes Schaubild).

12. Versuchen Sie zu begründen, warum es in der Wirtschaft einen immer geringeren Bedarf an wenig qualifizierten Arbeitskräften gibt.

Themenkreis 2:
Betrieb und Unternehmung

1   Aufbau eines Handwerks- und Industriebetriebes

Erkennen Sie, um welche Art Betrieb es sich handeln kann?

Eine Antwort zu finden, dürfte nicht leicht sein, denn viele Handwerks- und Industriebetriebe sehen sehr ähnlich aus.[1]

☐1 **Und wo liegt nun der Unterschied zwischen einem Handwerks-
und einem Industriebetrieb?**

Obwohl Handwerksbetriebe heute in vielen Fällen nicht mehr die kleinen Hinterhof-
werkstätten wie vor 50 Jahren sind, gibt es immer noch deutliche Unterschiede zu den
Industriebetrieben. Der wichtigste liegt wohl darin, dass das Handwerk im Gegensatz
zur industriellen Massenproduktion ganz gezielt im Kundenauftrag arbeitet. Ganz
gleich, ob es sich um den Bau oder die Renovierung von Häusern, die Herstellung von
Fenstern und Türen, die Anfertigung von Möbelstücken oder das Reparieren von Autos
handelt, immer wird mit einem hohen Einsatz an Fachkräften versucht eine auf das spezielle Anliegen des Kunden bezogene Leistung zu erbringen.

Weitere Unterscheidungsmerkmale

Handwerk		Industrie
eher klein bis mittel	← Betriebsgröße →	mittelgroß, groß
alle außer Aktiengesellschaft	Unternehmungsform	auch Aktiengesellschaften
Geschäftsführer, Meister	← Leitung →	Geschäftsführer, Vorstand
i. d. R. eher gering	← Belegschaftsstärke →	teilweise sehr groß (Konzerne)
Einzelbesteller	← Kundenstruktur →	anonymer Massenmarkt

Handwerks- und Industriebetriebe unterscheiden sich auch in ihrer Organisations-
struktur. Während Handwerksbetriebe eher aus technischer Sicht geleitet werden, steht
an der Spitze von Industriebetrieben meist eine kaufmännische Leitung.

---

1 Tatsächlich handelt es sich hier um einen Handwerksbetrieb für Fenster, Türen, Fassadenbau, Sonderkonstruktionen in
   Nordhessen mit etwa 100 Mitarbeitern.

Beispiel für die Aufbauorganisation eines Handwerksbetriebes

2

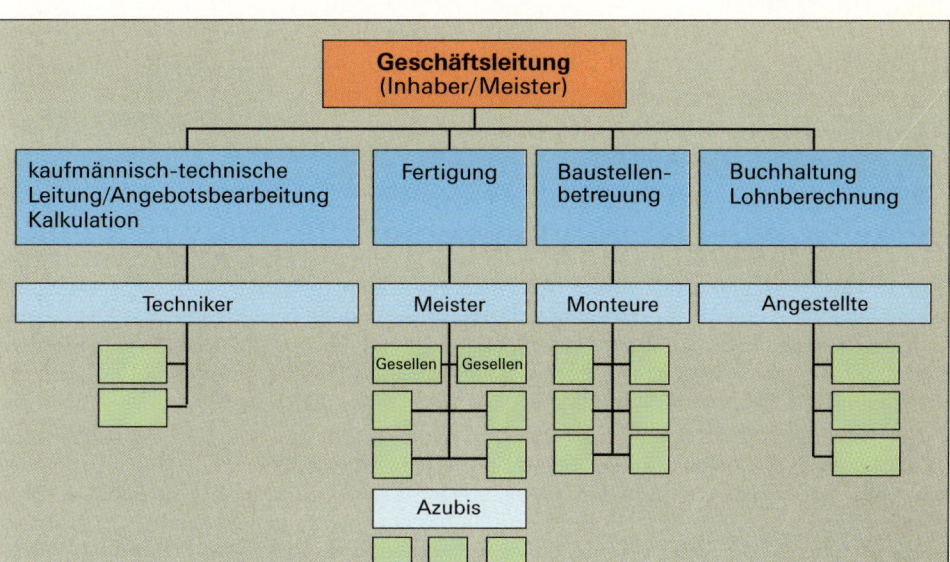

Beispiel für die Aufbauorganisation eines Industriebetriebes

3

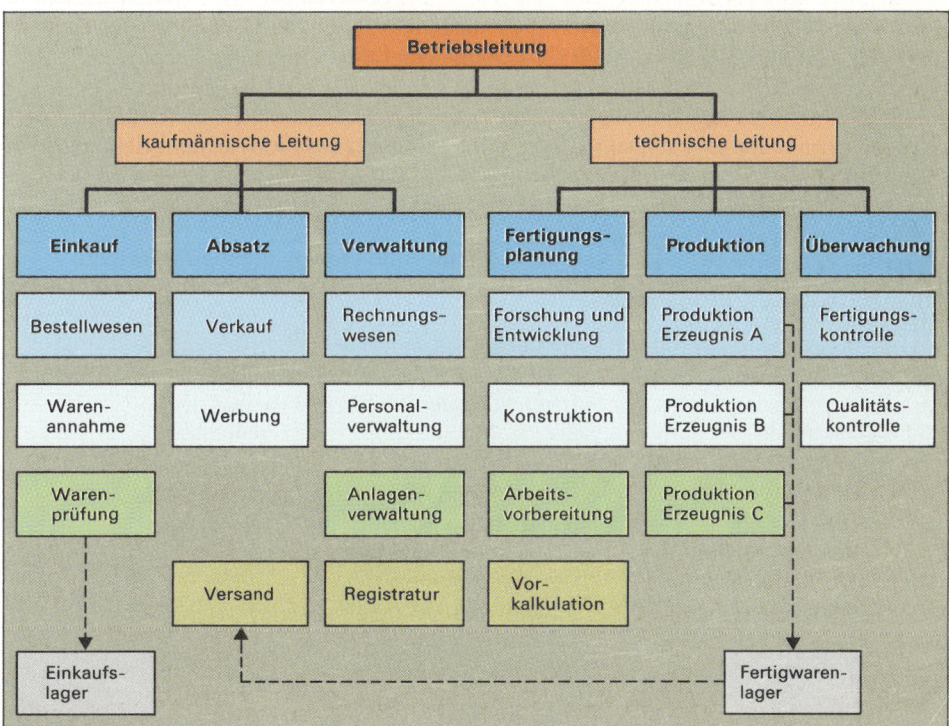

2 Aufgaben eines Betriebes

☐1 Der 32-jährige Maurergeselle Heinz Volkmann hatte eine aus seiner Sicht „optimale Idee". Nach einer vierwöchigen Fortbildung zum Pflasterer konnte er sich kaum vor Feierabend- und Wochenendaufträgen retten. Dies ging so lange gut, bis sein Arbeitgeber dahinter kam und ihm nahe legte, sich entweder selbstständig zu machen oder „sofort mit der Nebenbeschäftigung aufzuhören".

Heinz Volkmann überlegte nur einen Tag, dann stand die Entscheidung fest. „Ich mache mich selbstständig ... Ich pflastere und meine Frau erledigt die Büroarbeit ... Warum sollte das nicht klappen?" Also packte Volkmann es an. Der erste Weg führte ihn zur Bank, denn die Unternehmensgründung kostete Geld und außerdem musste ein Geschäfts- und Firmenkonto her. Fürs Erste wollte Volkmann die Autogarage zu einem kleinen Lager- und Vorratsraum umwandeln, denn „wenn jeder Sack Zement einzeln zur Baustelle gebracht werden muss, ist das viel zu teuer ... Außerdem wollen die Kunden Muster der Pflastersteine sehen, bevor sie sich entscheiden ... Und schließlich müssen die Maschinen irgendwo untergestellt werden ...".

Volkmann erkannte sehr schnell, dass er es allein mit seiner Frau doch nicht schaffen konnte. Zumindest ein guter Geselle musste her, damit die Arbeit nicht unterbrochen werden musste, wenn der Chef irgendwohin zum Aufmessen fuhr.

Aufgabe reihte sich an Aufgabe. „Donnerwetter, ich hätte gar nicht gedacht, was doch alles an einem Unternehmen dran hängt", entfuhr es ihm eines Tages, als er wieder mal nicht wusste, was er zuerst und zuletzt machen sollte und als er sich ärgerte, dass ein Kunde eine offene Rechnung schon seit vier Wochen nicht bezahlt hatte. „Früher bekam ich das Geld nach Feierabend direkt auf die Hand und heute ... ?"

Die Aufgaben eines Betriebes werden in Haupt- und Nebenaufgaben unterteilt.

☐2 **Hauptaufgaben eines Betriebes**

Beschaffung	Produktion	Absatz
– Produktions-maschinen, Gebäude, Firmenfahr-zeuge, Lagerflächen usw. – Material (Rohstoffe, Hilfsstoffe, Betriebs-stoffe) – Personalbeschaffung	– Herstellung der Erzeugnisse (z. B. Fenster, Möbel ...) – Bereitstellung der angebotenen persön-lichen oder sachlichen Dienstleistungen (z. B. Reparaturen, Haar-schnitte, Pflaster-arbeiten ...)	– Verkauf der Erzeugnisse – Erstellung von An-geboten, Vertrags-verhandlungen

GELDRÜCKFLUSS

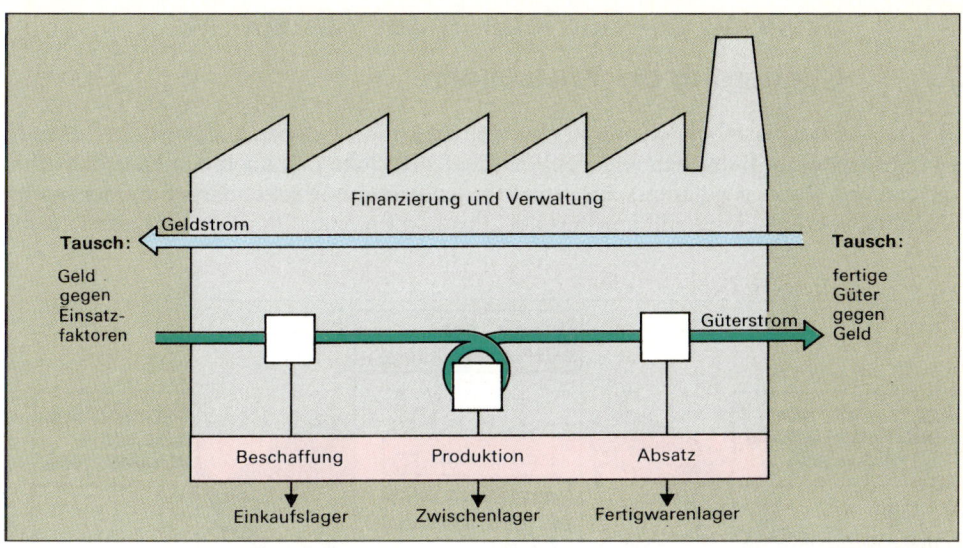

Finanzierung und Verwaltung

Geldstrom

Tausch:

Geld
gegen
Einsatz-
faktoren

Güterstrom

Tausch:

fertige
Güter
gegen
Geld

Beschaffung   Produktion   Absatz

Einkaufslager   Zwischenlager   Fertigwarenlager

Nebenaufgaben eines Betriebes

Lagerhaltung

– Einkaufslager/
  Eingangslager
– Zwischenlager
– Fertigwarenlager

Verwaltung

– Buchhaltung
– Zahlungs-
  überwachung
– Angebotserstellung
– Materialbestellung
– Personalverwaltung

Finanzierung

– Beschaffung von
  eigenem oder
  fremdem Kapital
  (Kredite)
– Kapital für die
  Betriebsgründung
– Kapital für die
  laufende Finanzie-
  rung (z. B. weil
  Material und Löhne
  früher bezahlt wer-
  den müssen, als das
  Geld von den Kunden
  kommt).

Gitter-Stapelbehälter

3

Arbeitsvorschlag

1. Schreiben Sie 15 Einzeltätigkeiten auf, die Ihrer Meinung nach in Ihrem Ausbildungsbetrieb zu den wichtigsten Aufgaben gehören.
2. Welche betrieblichen Aufgabenbereiche werden in der vorstehenden Abbildung angesprochen?
3. Welchen Zweck erfüllen die einzelnen Lagerarten?
4. Warum unterhalten Handwerksbetriebe im Allgemeinen kein Fertigwarenlager?
5. Welchem Zweck dient die Finanzierung?
6. Wie lassen sich die Aufgaben eines Betriebes nach ihrer Bedeutung für das Betriebsge-
   schehen einteilen?

3 Stellung der Betriebe in der Wirtschaft

3.1 Gliederung der Wirtschaft

Um ihre Erzeugnisse herstellen und absetzen zu können, stehen Industrie- und Handwerksbetriebe mit Betrieben anderer Wirtschaftsbereiche und auch den Haushalten in Verbindung. Dabei wird unterschieden zwischen primärem, sekundärem und tertiärem Wirtschaftsbereich. Dies soll am Beispiel „Produktion eines Bleistifts" dargestellt werden:

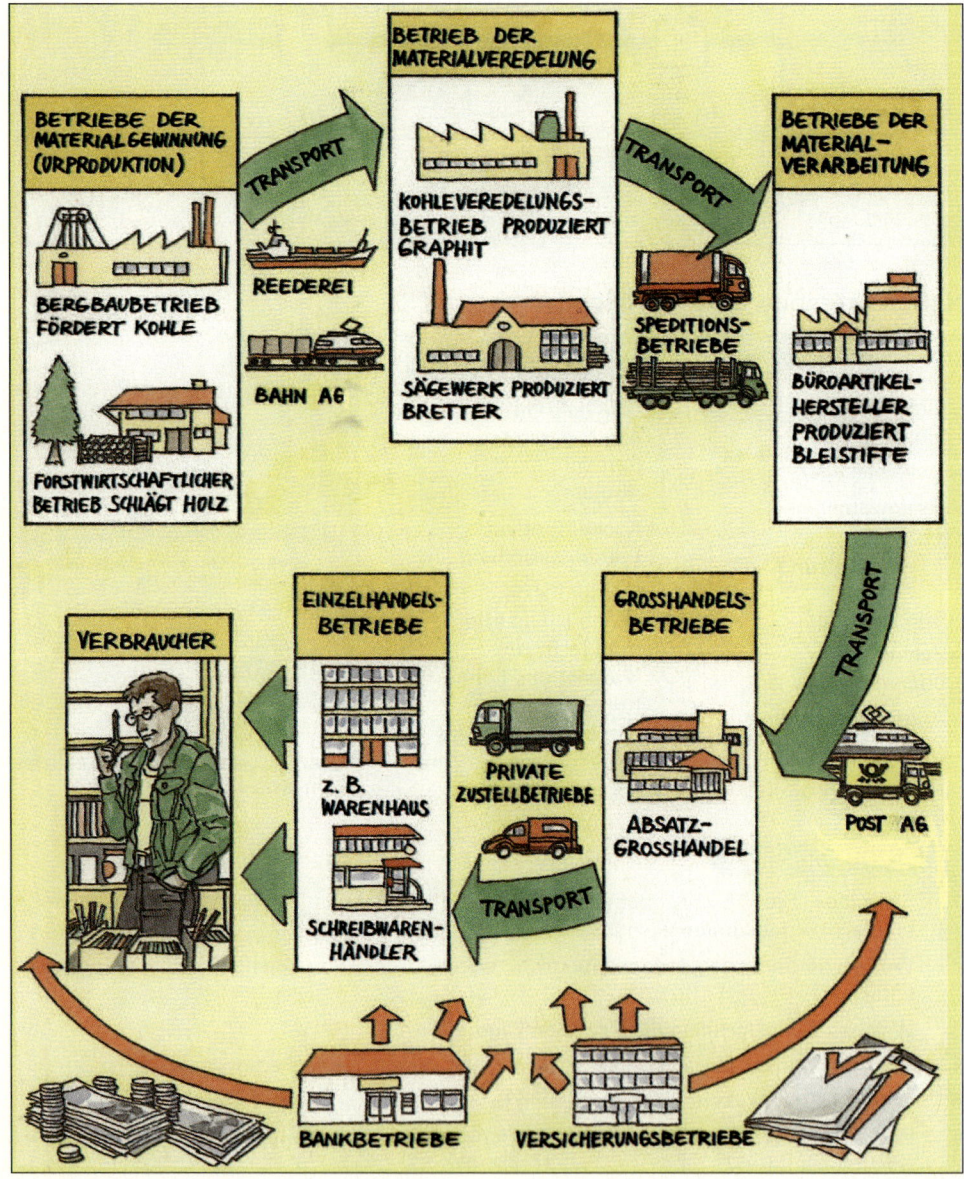

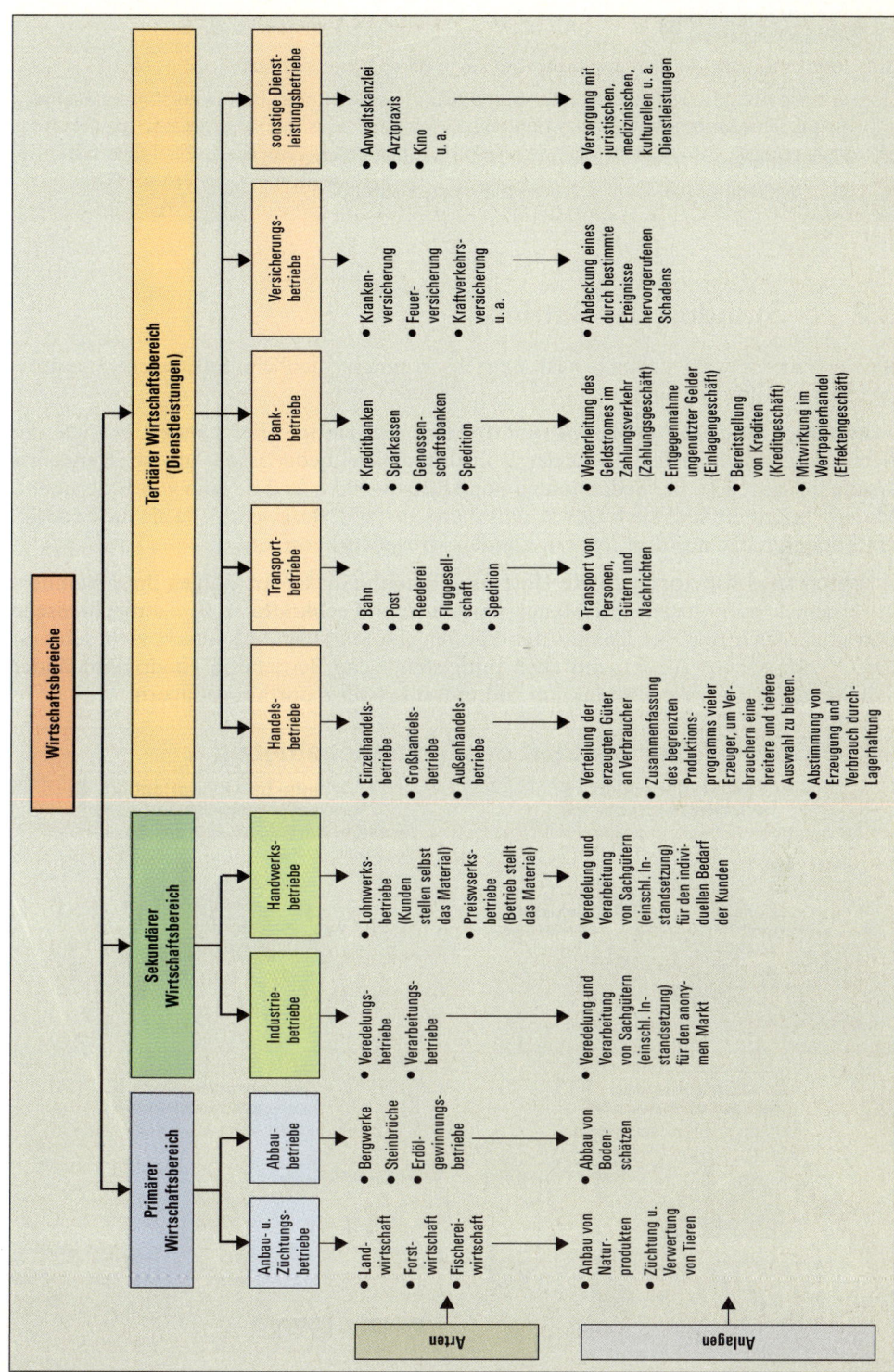

Arbeitsvorschlag

1. Was unterscheidet den primären vom sekundären Wirtschaftsbereich?
2. Welche Aufgaben erfüllen Handelsbetriebe und warum haben Handwerksbetriebe in der Regel keine Verbindungen zum Handel?
3. Zu welchem Wirtschaftsbereich gehört Ihr Ausbildungsbetrieb?
4. Welche Rolle spielen sonstige Dienstleistungsbetriebe?

3.2   Standort der Betriebe

1 Bei der Standortwahl stehen je nach Betriebsart unterschiedliche **Faktoren** (Standortfaktoren) im Vordergrund.

Materialorientierte (rohstofforientierte) Betriebe. Hier handelt es sich um Betriebe, die sich in der Nähe der Rohstoffquellen niederlassen, um so Transportkosten zu sparen (z. B. Niederlassung von Hüttenwerken in der Nähe von Erzgruben). Materialorientiert sind auch Gewinnungsbetriebe (z. B. Bergwerke), da sie die benötigten Bodenschätze nur dort fördern können, wo sie vorkommen.

Arbeits- und lohnorientierte Betriebe. Betriebe dieser Art wählen ihren Standort im Hinblick auf Anzahl und Menge vorhandener Fachkräfte (z. B. feinmechanische Betriebe). Auch niedrige Lohnkosten können die Standortwahl entscheiden. Dies ist ein Grund, warum zunehmend auch mittelständische Betriebe in Niedriglohnländer „auswandern" oder ihre Produktion zumindest teilweise dorthin verlagern.

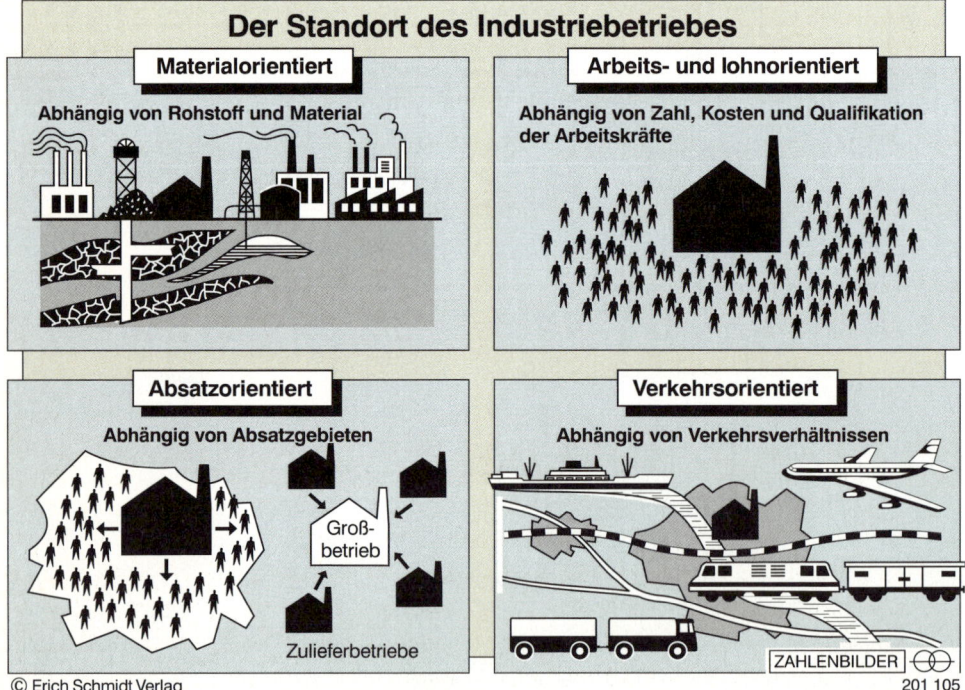

Der Standort des Industriebetriebes

Materialorientiert
Abhängig von Rohstoff und Material

Arbeits- und lohnorientiert
Abhängig von Zahl, Kosten und Qualifikation der Arbeitskräfte

Absatzorientiert
Abhängig von Absatzgebieten
Großbetrieb
Zulieferbetriebe

Verkehrsorientiert
Abhängig von Verkehrsverhältnissen

ZAHLENBILDER
201 105

Absatzorientierte Betriebe. Entscheidend für sie ist die Nähe zu ihren Kunden, wie dies z. B. bei **Handwerksbetrieben** der Fall ist. Auch Zuliefererbetriebe sind häufig absatzorientiert. Sie wählen ihren Standort nahe bei den Großbetrieben, die sie mit ihren Waren beliefern.

Verkehrsorientierte Betriebe. Betriebe, die Massenprodukte herstellen und deren Kundenkreis weit verstreut ist, bevorzugen häufig Verkehrsknotenpunkte als Standort. Die Transportkosten sollen so möglichst niedrig gehalten werden. Aber auch solche Betriebe sind verkehrsorientiert, bei denen es darauf ankommt, bestimmte Verkehrsmöglichkeiten nutzen zu können, wie beim Luftfrachtversand von Blumen oder dem Tiefkühltransport von Fischen.

Das intensive Werben um die Gunst der Betriebe bringt die folgende Karikatur zum Ausdruck:

Sonderkonditionen = Sonderbedingungen

Die Qual der Wahl   Karikatur: Pielert

Die Standortwahl kann aber auch von anderen Faktoren beeinflusst werden. Dazu zählen z. B.:   [2]

- Höhe der Gewerbesteuer
- kulturelles Angebot
- schulische Möglichkeiten
- Lohnniveau
- Subventionen

- Freizeitgestaltung
- politisches Investitionsklima
- Grundstückskosten
- niedrige Lohnnebenkosten
- Umweltauflagen

Arbeitsvorschlag

1. Unterscheiden Sie zwischen freier und gebundener Standortwahl.

2. Welche Standortorientierung liegt bei Handwerksbetrieben im Allgemeinen vor?

3. Welche Standortvorteile, aber auch welche Standortnachteile hat Ihrer Meinung nach die Region, in der Sie ausgebildet werden? Sprechen Sie mit Ihrem Ausbilder, wie er die Standortfrage für Ihren Ausbildungsort betrachtet.

4. Nennen Sie Gründe, warum auch größere Handwerksbetriebe (z. B. Fensterbauer) mit Billiglohnländern „liebäugeln" oder Produkte von dort beziehen.

Wichtiges in Kürze

○   Die Hauptaufgaben eines Betriebes sind Beschaffung, Produktion und Absatz.

○   Damit der Betriebsablauf funktioniert, sind noch weitere Aufgaben wahrzuneh-
    men: Lagerhaltung, Finanzierung und Verwaltung.

○   Die Volkswirtschaft lässt sich einteilen in primäre, sekundäre und tertiäre Wirt-
    schaftsbereiche.

○   Handwerks- und Industriebetriebe, die sich mit der Veredelung und Verarbeitung
    von Sachgütern beschäftigen, gehören zu dem sekundären Wirtschaftsbereich.

○   Faktoren für die Wahl betrieblicher Standorte sind: Materialorientierung, Arbeits-
    bzw. Lohnorientierung, Absatzorientierung, Verkehrsorientierung.

4   Betriebsarten
4.1   Überblick

Die Vielfalt der Betriebe ist nahezu unbegrenzt. Dies betrifft sowohl die Größe wie auch
die hergestellten Güter, aber auch die Fertigungsverfahren und Produktionsmethoden.
Mit einigen allgemeinen Merkmalen versucht man, in die Vielfalt von Betriebstypen
eine gewisse Ordnung zu bringen.

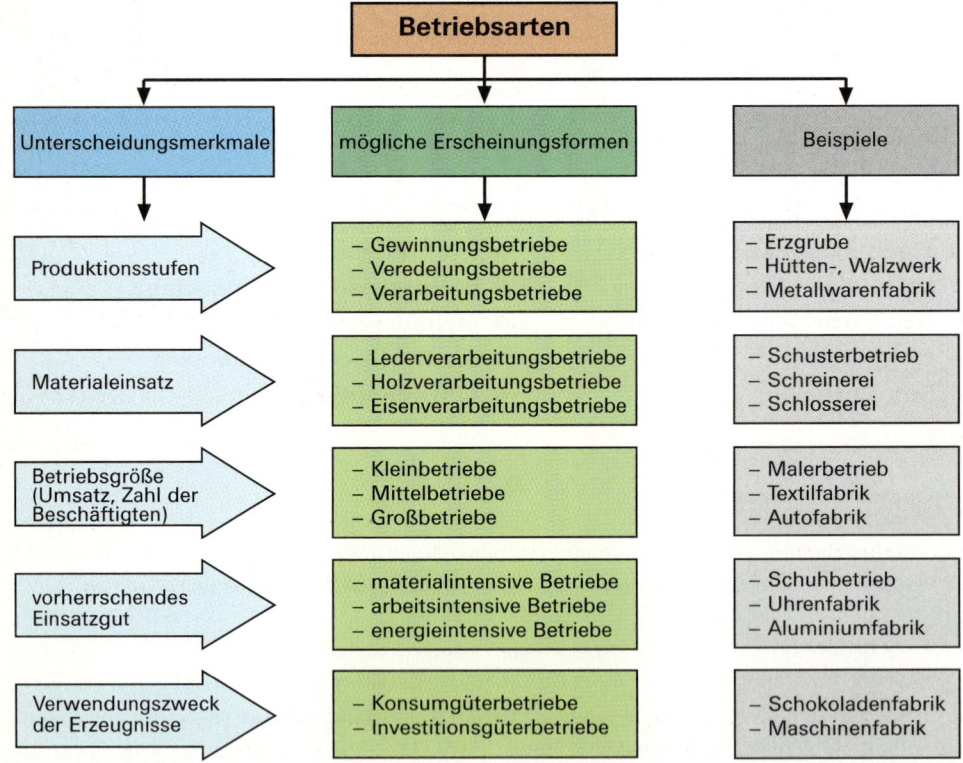

4.2 Unterscheidung nach der Fertigungsorganisation

Entsprechend der Anordnung der Betriebsmittel unterscheidet man Betriebe mit Werkstatt-, Reihen-, Fließ- und Gruppenfertigung.

Werkstattfertigung 1

Gleiche Betriebsmittel bzw. Maschinen mit gleichen oder ähnlichen Funktionen werden räumlich zusammengefasst (z. B. Schleiferei, Dreherei, Fräserei, Lackiererei usw.)

Beispiel:

Werner Weber ist Inhaber einer Schreinerei. Fast alle Arbeiten kann er mit seinen vielseitig ausgebildeten Fachkräften und seinen universell einsetzbaren Maschinen ausführen. Den größten Teil des Umsatzes erzielt er mit der auftragsbezogenen Herstellung von Fenstern, Türen und Kleinmöbeln.

Dabei ist er sehr flexibel. Die Maschinen sind mit ein paar Handgriffen auf- und umzustellen. Entscheidend ist, dass der Kundenwunsch obenan steht. Massenfertigung ohne Berücksichtigung von Sonderwünschen des Kunden kann sich Weber „gar nicht vorstellen".

Das Bild zeigt, wie seine Werkstatt eingerichtet ist:

S: Sägen	F: Fräsmaschinen	Sch: Schleifmaschinen
H: Hobelbänke	P: Rahmenpressen	A: Anschlagbänke

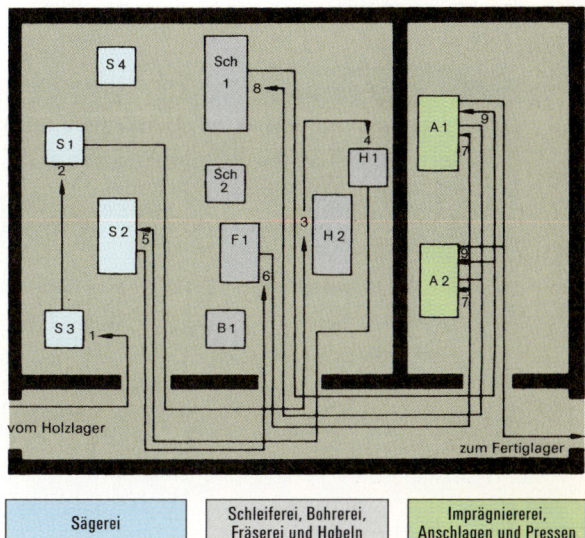

Reihenfertigung 2

Bei der Reihenfertigung werden die Maschinen so angeordnet, wie es dem technischen Arbeitsablauf entspricht. Gleiche Betriebsmittel können sich durchaus an sehr verschiedenen Stellen befinden. Das Werkstattprinzip wird aufgehoben.

Beispiel:

Viele Kunden kaufen Normtüren und Fenster in Baumärkten. Werner Weber kann bei den hier geltenden Preisen nicht mithalten. Industrielle Massenproduktion kommt für ihn aber auch nicht infrage, weil ihm hierfür sowohl das Kapital als auch der Absatzmarkt fehlt. Werner Weber muss aber trotzdem versuchen kostengünstiger zu produzieren.

Er versucht die Produktion stärker zu standardisieren und sich dabei auf die Herstellung von Fenstern zu spezialisieren. Die Kleinmöbelproduktion gibt er völlig auf, weil es „sich nicht lohnt, auf Kunden zu warten, die vielleicht mal ein Fußbänkchen bestellen und dann noch meinen, sie bekämen es geschenkt". Weber stellt die Produktion auf Reihenfertigung um.

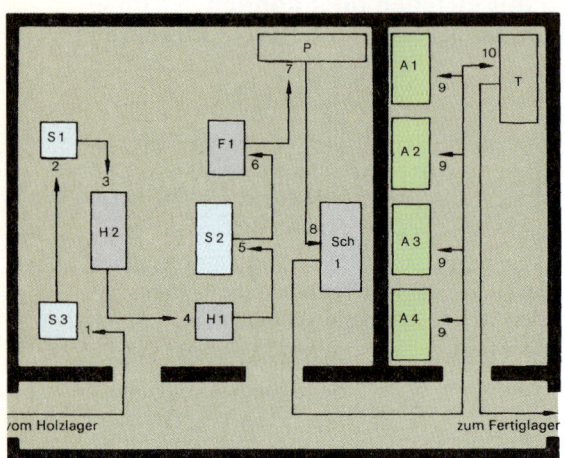

Arbeitsvorschlag

1. Worin unterscheiden sich Werkstatt- und Reihenfertigung?

2. Bei welcher der beiden Fertigungsarten ist der Betrieb eher in der Lage spezielle Kundenwünsche zu berücksichtigen?

3. Warum ist die Durchlaufzeit bei der Werkstattfertigung länger als bei der Reihenfertigung?

4. Welche Kostenvorteile hat die Reihenfertigung?

5. Warum ist eine Umstellung auf andere Erzeugnisarten bei der Werkstattfertigung vergleichsweise einfach?

6. Welche Fertigungsart ist wahrscheinlich für einen Arbeitnehmer abwechslungsreicher, hat aber auch die größeren Anforderungen an das Können?

3 Fließfertigung

Fließfertigung ist eine Sonderform der Reihenfertigung, bei der der Transport der Werkstücke mittels mechanischer Einrichtungen (Fließband, Hängeförder usw.) erfolgt. Die einzelnen Arbeitnehmer haben am Fließband feste Arbeitsplätze. Die Arbeitsplätze sind in kleinste Einheiten zerlegt (Taylorismus).

In reiner Form praktiziert, benötigen die Arbeitskräfte am Fließband lediglich eine Anlernzeit, aber keine besonderen Fachkenntnisse. Die Arbeitsbedingungen sind durch Eintönigkeit geprägt. Arbeitsplätze dieser Art sind von ständiger Rationalisierung bedroht, weil intelligente Fertigungsroboter die Arbeitskräfte ersetzen können.

Produktionsablauf nach dem Flussprinzip

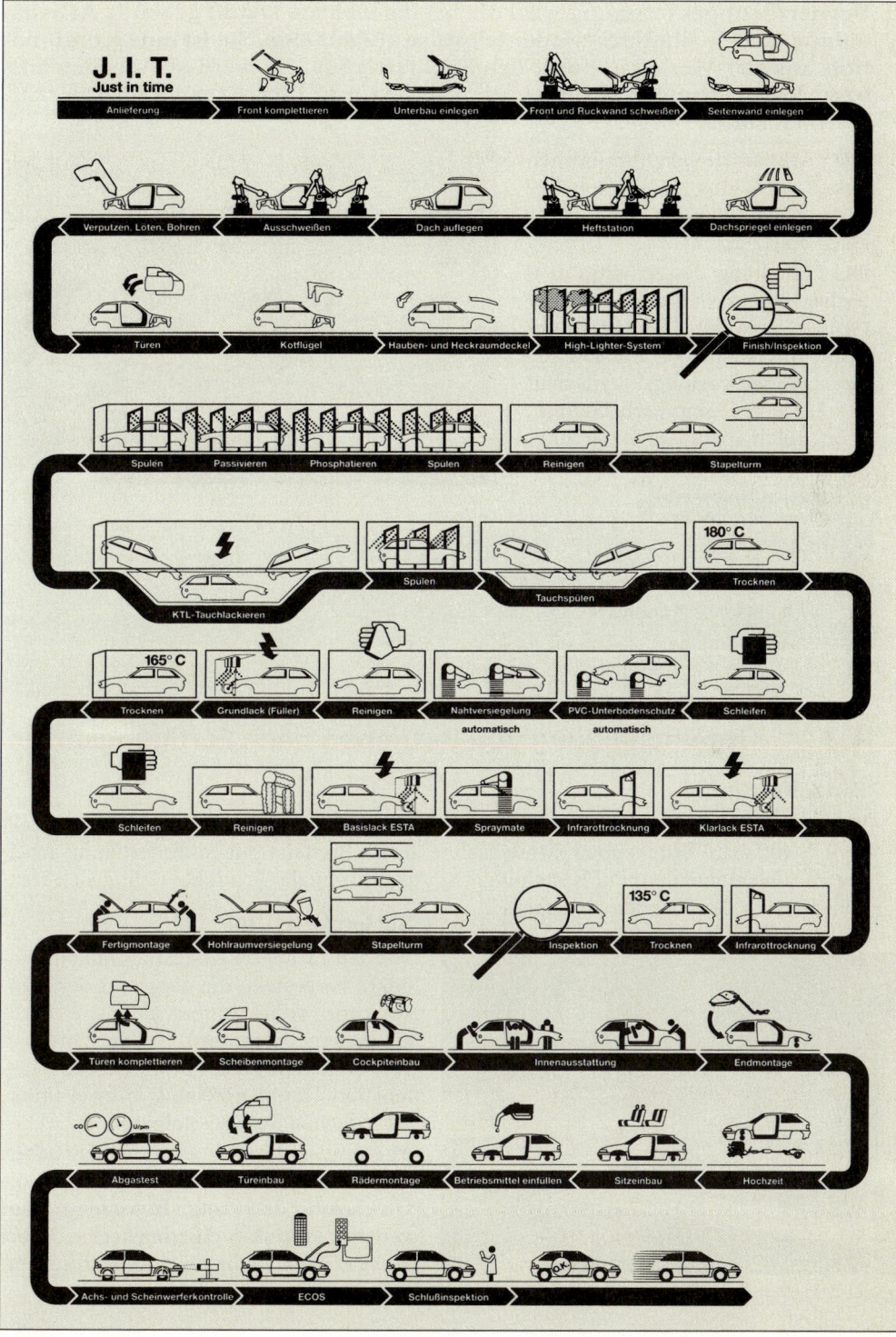

Quelle: Information der Opel Eisenach GmbH vom 23. September 1992

4 Gruppenfertigung

Bei der Gruppenfertigung wird die bis ins kleinste Detail gehende Arbeitsteilung des Fließbandes wieder teilweise aufgehoben. Sie ist eine Kombination aus der Werkstatt- und der Fließfertigung. Es werden Arbeitsteams bzw. Arbeitsgruppen gebildet, die für sich und ihre Arbeit selbst verantwortlich sind.

Die Arbeitsgruppen bestimmen Arbeitsverteilung und sonstige Ziele selbst. Jeder kann und muss jeden ersetzen.

Die Gestaltung des Arbeitsablaufes liegt ebenso in den Händen der Gruppe wie die Qualitätskontrolle. In Gruppengesprächen soll die Verantwortungsbereitschaft des Einzelnen, sein „Ich-Gefühl", aber auch das „Wir-Gefühl", gestärkt werden.

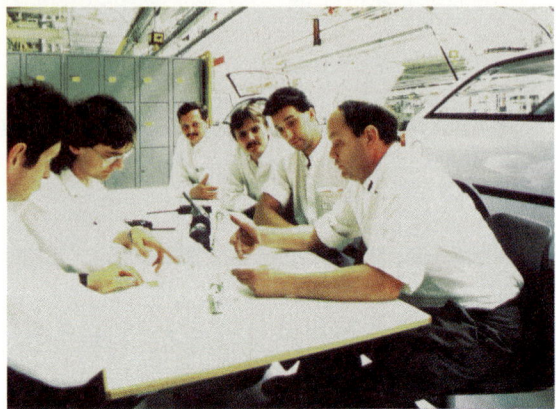

Arbeitsvorschlag

1. Worin unterscheiden sich Reihen-, Fließ- und Gruppenfertigung?
2. Worin liegen die Stärken der Gruppenfertigung?
3. Was hat Fließfertigung mit Arbeitsmonotonie zu tun?
4. Welche Probleme bestehen bei der Fließfertigung, wenn eine Arbeitskraft z. B. nur wegen eines dringenden Toilettenbesuches kurz ausfällt?

4.3 Unterscheidung von Betrieben nach Fertigungsarten

Einzelfertigung

Bei dieser Fertigungsart wird jedes Produkt im Prinzip nur einmal hergestellt (z. B. Schiffsbau, Brückenbau, Modellschneiderei). Betriebe mit Einzelfertigung arbeiten im Allgemeinen nur auf Bestellung. Die Ausführung der Produkte richtet sich weitgehend nach den Kundenwünschen.

Serienfertigung

Werden in begrenzten Stückzahlen Produkte hergestellt, die aufgrund der Konstruktion völlig unterschiedliche Fertigungsgänge erfordern, so spricht man von Serienfertigung (z. B. wird die Fenster- und Türenherstellung in zwei unterschiedlichen Serien erfolgen).

Moderne Fertigungstechnologien haben aber auch schon dazu geführt, dass die Umstellung der Produktionsanlagen auf andere Produkte (Serienwechsel) bei weitem nicht mehr so zeit- und kostenaufwendig ist wie früher.

Serien- und Sortenfertigung in einer Fensterfabrik

Sortenfertigung

Bei der Sortenfertigung werden innerhalb einer Serie unterschiedliche Ausführungen des gleichen Produktes hergestellt (z. B. Fensterrahmen in verschiedenen Größen und Farben). Die einzelnen Sorten lassen sich problemlos auf derselben Produktionsanlage herstellen. Umrüstungen der Maschinen sind in der Regel nicht erforderlich.

Massenfertigung

Sie ist dann gegeben, wenn stets das gleiche Produkt auf gleichen Produktionsanlagen in sehr großen Stückzahlen hergestellt wird. Die **einfache Massenfertigung,** (z. B. in Wasser- und Elektrizitätswerken) wird von der **mehrfachen Massenfertigung** unterschieden. Hierbei werden auf gleichen Produktionsanlagen verschiedene, aber verwandte Erzeugnisse in großen Mengen hergestellt, so z. B. bei der Pappen- und Papiererzeugung.

Arbeitsvorschlag

1. Nennen Sie Produkte, die in Einzelfertigung hergestellt werden.
2. Begründen Sie, warum bei Bekleidung die Sorten- und bei Möbeln die Serienfertigung angewandt wird.

---

5   Wirtschaftliche Zielsetzungen

5.1   Gewinnerzielung

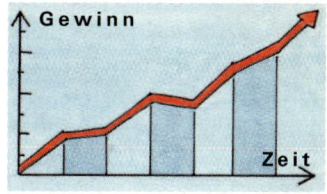

Während der Verbraucher bei seinen Konsumausgaben nach einem größtmöglichen Nutzen strebt, versucht ein privatwirtschaftlicher Betrieb seinen Gewinn zu maximieren. Das Gewinnstreben gilt schlechthin als der Motor der Marktwirtschaft. Über den Gewinn werden die Betriebe herausgefordert, die eigene Leistungsfähigkeit ständig zu steigern, um besser als die Wettbewerber zu sein.

Gewinne können entweder im Unternehmen verbleiben und zur Beschaffung weiterer Produktionsanlagen verwendet werden. Sie können aber auch ausgeschüttet bzw. entnommen werden. Die Gewinnerwirtschaftung hat u. a. auch die Aufgabe das Risiko des Unternehmens auszugleichen. Gewinne stellen letztlich die Verzinsung des eingesetzten Kapitals dar. Somit ist ein Vergleich zwischen dem Zinssatz auf dem Geldmarkt und der Verzinsung im Unternehmen möglich. Je eher sich der Kapitaleinsatz im Unternehmen „lohnt", desto eher wird man bereit sein zu investieren.

Es gibt auch Gründe, nicht den maximalen, sondern nur einen angemessenen Gewinn als ausreichend anzusehen. Dies ist u. a. typisch für Genossenschaften, deren Ziele die „Förderung des Erwerbs oder der Wirtschaft ihrer Mitglieder mittels gemeinschaftlichen Geschäftsbetriebes" ist (§ 1 Genossenschaftsgesetz). Vom Grundsatz her können Genossenschaften nicht rein erwerbswirtschaftlich ausgerichtet sein, da ihre Kapitalgeber (Mitglieder) sehr oft auch ihre Abnehmer sind. Genossenschaften sind bestrebt, ihren Mitgliedern als Abnehmer möglichst günstige Preise einzuräumen. Andererseits sind die Mitglieder als Kapitalgeber aber auch an einer möglichst hohen Verzinsung des eingesetzten Kapitals interessiert.

5.2   Kostendeckung

In vielen öffentlichen Betrieben und Einrichtungen steht das Versorgungsprinzip über dem der Gewinnerzielung. Vielfach ist nicht einmal eine Kostendeckung zu erreichen. So sind z. B. Kindergärten, Museen, Schwimmbäder, Büchereien, Theater usw. nicht in der Lage kostendeckend zu arbeiten.

Sie werden mit öffentlichen Mitteln unterstützt. Grund ist die soziale Verantwortung, die der Staat gegenüber seinen Mitbürgern hat. Schließlich ist dies auch ein Grund, warum z. B. Steuern und Abgaben erhoben werden.

Dagegen sollen die so genannten „Gebührenhaushalte" in den Städten und Gemeinden eigentlich voll kostendeckend geführt werden. Die Kosten eines städtischen Schwimmbads beispielsweise sollten also vollständig mit den erhobenen Eintrittsgeldern bezahlt werden können.

Wenn aber trotzdem im Bereich des Wassers und Abwassers oder im Friedhofswesen Zuschüsse der Kommunen erforderlich sind, hat das in erster Linie soziale Gründe.

Kostendeckung kann aber auch dann im privatwirtschaftlichen Bereich als Ziel ausreichen, wenn es aufgrund der konjunkturellen Lage oder der Wettbewerbssituation im Einzelfall oder zeitlich begrenzt nicht möglich ist, Gewinne in die Angebotspreise einzukalkulieren.

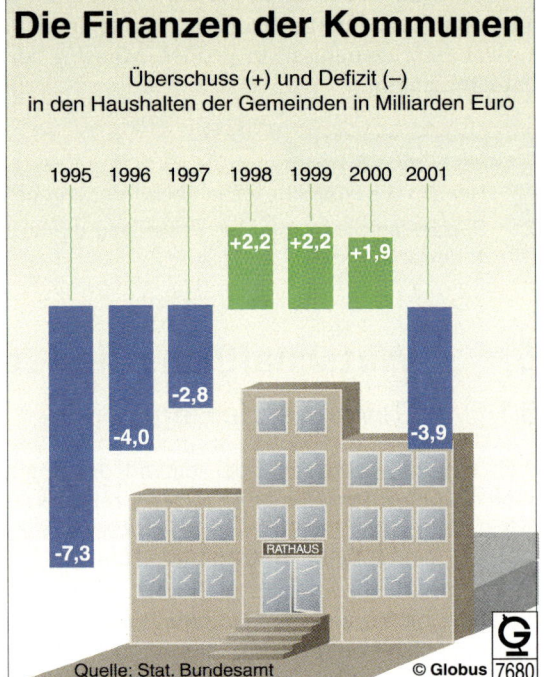

Die Finanzen der Kommunen

Überschuss (+) und Defizit (–) in den Haushalten der Gemeinden in Milliarden Euro

1995 1996 1997 1998 1999 2000 2001

+2,2 +2,2 +1,9

–2,8

–4,0   –3,9

–7,3

RATHAUS

Quelle: Stat. Bundesamt   © Globus 7680

Arbeitsvorschlag

1. Gewinne werden häufig als „Motor der Marktwirtschaft" bezeichnet. Was ist hiermit gemeint?
   Beziehen Sie in Ihre Argumentation auch Kritikpunkte, die gegen das Ziel der Gewinnmaximierung sprechen, ein.

2. Warum ist die Gewinnmaximierung als wirtschaftliches Ziel für viele öffentliche Betriebe nicht geeignet?

3. Wo sehen Sie die Grenzen des Zuschusswesens im öffentlichen Bereich?

4. Begründen Sie, warum Genossenschaften im Allgemeinen nicht die Maximierung ihres Gewinnes anstreben.

5. Nennen Sie Verwendungsmöglichkeiten für Gewinne in einer Unternehmung.

6 Betriebliche Leistungsmaßstäbe
6.1 Produktivität

Die **mengenmäßige Ergiebigkeit** der Leistungserstellung wird ausgedrückt durch die Produktivität. Da mehrere Einsatzfaktoren an der Leistungserstellung beteiligt sind, unterscheidet man verschiedene Arten der Produktivität.

$$\text{Arbeitsproduktivität} = \frac{\text{Produktionsmenge}}{\text{Menge der Beschäftigtenstunden/Beschäftigten}}$$

$$\text{Kapitalproduktivität} = \frac{\text{Produktionsmenge}}{\text{Kapitaleinsatz}}$$

Beispiel zur Produktivitätsberechnung:

In einer Fahrradfabrik wurden im Mai mit 100 Beschäftigten 4 000 Fahrräder des Typs Saturn-Lux hergestellt. Der Kapitaleinsatz belief sich auf 800.000,00 €. Durch die Anschaffung moderner Maschinen stieg die Produktionsmenge im Juni auf 4 500 Fahrräder und der Kapitaleinsatz erhöhte sich um 40.000,00 €. Die Anzahl der Beschäftigten blieb unverändert.

Monate	Arbeitsproduktivität	Kapitalproduktivität
Mai	$\dfrac{4\,000}{100} = 40$	$\dfrac{4\,000}{800\,000} = 0{,}005$
Juni	$\dfrac{4\,500}{100} = 45$	$\dfrac{4\,500}{840\,000} = 0{,}0054$

Ergebnis: *Die Produktionsmenge, die je Arbeitskraft hergestellt wird, erhöhte sich von 40 auf 45 Stück. Die Produktionsmenge, die je Euro Kapitaleinsatz erzielt wird, stieg um 0,0004 auf 0,0054 Stück.*

Produktivität und Arbeitsfleiß

So viel **Leistung** bringt jeder Erwerbstätige **pro Stunde** (Stundenproduktivität):

So viele **Stunden** arbeitet jeder Erwerbstätige durchschnittlich **im Jahr:**

Das ergibt eine **Jahresleistung** je **Erwerbstätigen** von:

USA Deutsch- Japan   USA Deutsch- Japan   USA Deutsch- Japan
   land*   land*   land*

23,84 $ 21,85 $ 14,75 $ 2 321   1 896   1 633   45200 $ 35 680 $ 34 230 $

*alte Bundesländer

© Globus 8909

952735

6.2   Wirtschaftlichkeit

Durch den betrieblichen Leistungsmaßstab Wirtschaftlichkeit wird die **wertmäßige Ergiebigkeit** der Leistungserstellung ausgedrückt. Als Wirtschaftlichkeit bezeichnet man das Verhältnis der Leistung zu den dafür aufgewendeten Kosten. Üblich ist, die Menge der verkauften Leistungen mit Marktpreisen zu bewerten, sodass sich als Produkt der Erlös ergibt.

$$\text{Wirtschaftlichkeit} = \frac{\text{Leistung}}{\text{Kosten}}$$

Beispiel zur Wirtschaftlichkeitsberechnung

Eine Möbelfabrik erzeugte in einer Woche in der Fertigungsstelle Kleinmöbelbau 800 Blumenständer. Die Kosten hierfür beliefen sich auf 24.000,00 €, die Erlöse betrugen 36.000,00 € (Stückerlös 45,00 Euro).

$$\text{Wirtschaftlichkeit (1)} = \frac{36\,000}{24\,000} = 1,5$$

Aufgrund einer starken Nachfrage wurde die Produktion auf 1 000 Stück pro Woche ausgedehnt. Dazu war notwendig, einen weiteren Facharbeiter einzustellen und eine leistungsfähigere Hobelmaschine zu kaufen. Die Kostenbelastung pro Woche stieg auf 28.500,00 €.

$$\text{Wirtschaftlichkeit (2)} = \frac{45\,000}{28\,500} = 1,58$$

Ergebnis: *Die Erlöse, die jeweils auf eine € Kosten entfallen, stiegen von 1,50 auf 1,58 €.*

6.3   Rentabilität

Als Rentabilität bezeichnet man das prozentuale Verhältnis von Gewinn zu eingesetztem Kapital. Durch diese Größe wird die Verzinsung des Kapitals ausgedrückt.

$$\text{Rentabilität} = \frac{\text{Gewinn} \cdot 100}{\text{Kapital}}$$

Beispiel zur Rentabilitätsberechnung

Bäckermeister Griesel erzielte letztes Jahr in seinem Betrieb mit einem Kapitaleinsatz von 2.000.000,00 € einen Gewinn von 100.000,00 €.

$$\text{Rentabilität (G)} = \frac{100\,000 \cdot 100}{2\,000\,000} = 5\,\%$$

Bäckermeister Starke erzielte aufgrund seines leistungsfähigeren Backofens in dem gleichen Jahr mit einem Kapitaleinsatz von 2.500.000,00 € einen Gewinn von 200.000,00 €.

$$\text{Rentabilität (S)} = \frac{200\,000 \cdot 100}{2\,500\,000} = 8\,\%$$

Ergebnis: *Das von Starke eingesetzte Kapital hat sich mit 8 %, das von Griesel dagegen nur mit 5 % verzinst.*

1. „Wenn du wissen willst, wie man ein Geschäft erfolgreich führt, brauchst du nur mich zu fragen", entgegnet grinsend Dirk seiner Schwester Manuela.

   Mit einem Erbschaftsanteil von 400.000,00 € (Kapitaleinsatz) hatte er sich als Ortho-pädieschuhmacher selbstständig gemacht und im letzten Jahr einen Gewinn von 48.000,00 € erzielt. Manuela dagegen hatte mit ihrem Anteil von 320.000,00 € ein Zahnlabor eröffnet und einen Gewinn von 41.000,00 € erwirtschaftet.

   Manuela reagierte verärgert: „Von einem angeblich so erfolgreichen Geschäftsmann wie dir müsste man erwarten können, dass er richtig rechnen kann!"

   Welche der beiden Geschwister hat erfolgreicher gearbeitet?

2. Vergleichen Sie die Wirtschaftlichkeitswerte in folgendem Beispiel:

   Betrieb A in Kiel produziert täglich 600 Stück einer Ware und hat dabei eine Kostenbe-lastung von 4.000,00 €. Betrieb B in Köln stellt pro Tag 800 Stück derselben Ware her und rechnet mit Kosten in Höhe von 5.000,00 €. Der Stückerlös für A beträgt 20,00 € und für B 18,00 €.

3. Wie hoch ist Arbeits- und Kapitalproduktivität der beiden Betriebe?

   Betrieb C produziert mit 60 Beschäftigten und einem Kapitaleinsatz von 360.000,00 € 2 700 Stück. Betrieb D benötigt 80 Beschäftigte und 460.000,00 € Kapitalein-satz, um 3 200 Stück herzustellen.

4. Ein Handwerksbetrieb erzielte im letzten Jahr bei einem Kapitaleinsatz von 300.000,00 € einen Gewinn von 21.000,00 €. Ermitteln Sie die Rentabilität.

○ Die betrieblichen Leistungsmaßstäbe sind:
   – Produktivität als Ausdruck der mengenmäßigen Ergiebigkeit der Leistungser-stellung,
   – Wirtschaftlichkeit als Ausdruck der wertmäßigen Ergiebigkeit der Leistungs-erstellung,
   – Rentabilität als Größe, durch welche die Verzinsung des eingesetzten Kapitals ausgedrückt wird.

7   Unternehmungsformen

7.1   Überblick

Unternehmungen können in verschiedenen Rechtsformen (Unternehmungsformen) auftreten. Diese unterscheiden sich durch die

- Zahl der Teilhaber,
- Haftung der Teilhaber gegenüber Dritten,
- Firmenbezeichnung,
- Art der Aufbringung des Kapitals,
- Leitungsbefugnis der Teilhaber.

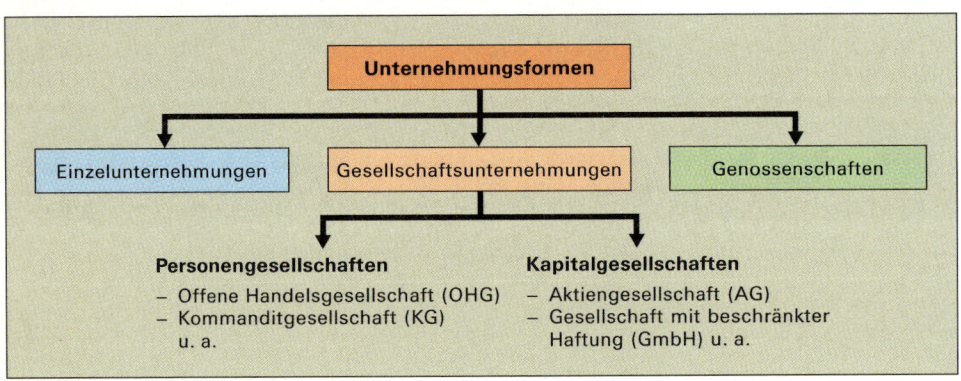

7.2   Die Einzelunternehmung

Das Eigenkapital wird vom Inhaber selbst aufgebracht. Er allein trägt auch das volle Risiko für seine Geschäfte und haftet sowohl mit seinem Geschäftsvermögen als auch mit seinem Privatvermögen für die Schulden der Unternehmung. Der Einzelunternehmer muss für seine **Firma** (Geschäftsname) seinen Familiennamen und Vornamen wählen. Denkbar ist nach der Reform des HGB im Jahre 1998 aber auch für die Firma einen Sachgegenstand (Sachfirma) oder eine Fantasiebezeichnung (Fantasiefirma) zu wählen. In seiner Neufassung verlangt das HGB bei den Einzelunternehmen einen **Rechtsformenzusatz.** Möglich sind z. B. die Bezeichnungen „eingetragener Kaufmann" oder „e. K.". Beispiele: Martin Seiters e. K. oder Holzbau Seiters eingetragener Kaufmann.

Vorteile	**Nachteile**

Unternehmer/in
- kann allein über Gewinn verfügen,
- braucht auf andere Meinungen keine Rücksicht zu nehmen,
- kann rasch Entscheidungen treffen.

Unternehmer/in
- trägt das Geschäftsrisiko allein,
- haftet mit gesamten Vermögen,
- hat nur begrenzte Möglichkeiten zur Kapitalbeschaffung
- oder die Erben können Probleme bei der Suche nach einem Nachfolger bzw. Käufer haben.

7.3 Gesellschaftsunternehmungen

7.3.1 Personengesellschaften

7.3.1.1 Die offene Handelsgesellschaft (OHG)

Schlossermeister Felix Mauser hatte seinen Handwerksbetrieb in den letzten Jahren zu einer kleinen Fabrik erweitert, die auf den Bau von Zahnrädern spezialisiert ist. Der Wettbewerb hat sich hier ständig verschärft. „Die Kundenbetreuung ist ganz wichtig, ich fahre bald 80 000 km pro Jahr, nur um immer am Ball zu bleiben", so Felix Mauser. ⬜1

„Deshalb brauche ich dringend jemanden, der sich während meiner Abwesenheit um den Betrieb und die Kalkulation kümmert, sonst bringen mir meine ganzen Bemühungen nichts," so Mauser weiter. „Ich brauche einen, der so denkt wie ich ..."

Felix Mauser sucht nicht nur einen Techniker oder Meister, sondern einen „richtigen Teilhaber, der meine rechte Hand ist ... Wenn ich dadurch einen höheren Umsatz erziele, bin ich auch gern bereit meinen Gewinn zu teilen. Entscheidend ist natürlich auch, dass der neue Gesellschafter Kapital in die Firma einbringt."

Es gelingt Felix Mauser einen Teilhaber zu finden. Peter Hoffner, ein befreundeter Ingenieur, ist bereit sich mit 200.000,00 € an der Firma zu beteiligen. Aus der Alleinunternehmung wird nun die Zahnradfabrik Mauser & Co. OHG.

Merkmale einer offenen Handelsgesellschaft   ⬜2

- **Gesetzliche Regelung.** Sie ist im Handelsgesetzbuch enthalten.
- **Haftung.** Die Gesellschafter haften gegenüber den Gesellschaftsgläubigern nicht nur mit ihrem Geschäftsvermögen, sondern auch mit ihrem gesamten Privatvermögen (unbeschränkte Haftung).
- **Gesellschaftsvertrag.** Er wird im Allgemeinen schriftlich abgeschlossen und enthält z. B. Rechte und Pflichten der Gesellschafter, Gewinn- und Verlustverteilung, Niederlassungsort, Geschäftsname (Firma) der OHG.
- **Firma einer OHG.** Ebenso wie bei der Einzelunternehmung sind bei der OHG neben Personenfirmen auch Sach- und Fantasiefirmen möglich. Ein Rechtsformzusatz (z. B. „offene Handelsgesellschaft" oder die Abkürzung „OHG") ist verpflichtender Bestandteil der Firma. Beispiele: Bremer Papierwerke OHG, Walter & Koch offene Handelsgesellschaft.
- **Arbeitspflicht.** Alle Gesellschafter sind zur Mitarbeit berechtigt und verpflichtet.
- **Geschäftsführung und Vertretung.** Jeder Gesellschafter ist zur Führung der Geschäfte und zur Vertretung der Gesellschaft nach außen (z. B. gegenüber Lieferanten) berechtigt.

7.3.1.2　Die Kommanditgesellschaft (KG)

1　Eine KG wird gegründet

Mauser und Hoffner müssen dringend ihren veralteten Fuhr-
park erneuern. Da die beiden Gesellschafter das vorhandene
Kapital für den Einkauf der neuen Produktionsmaschinen
ausgegeben haben, fehlt ihnen jetzt Geld. Die Aufnahme eines
Bankdarlehens wird von beiden wegen der sehr hohen Zinsen
abgelehnt. Auch die Aufnahme eines weiteren OHG-Gesellschafters kommt für sie nicht
infrage, da man die Unternehmensleitung nicht mit anderen teilen möchte.

Durch eine Zeitungsanzeige findet man schließlich einen Kapitalgeber. Er ist an einer Beteiligung interessiert, möchte aber seine Haftung auf die eingebrachten 150.000,00 € begrenzt
wissen. Man beschließt die Umwandlung der OHG in eine KG.

2　Merkmale einer Kommanditgesellschaft

- **Gesetzliche Regelung.** Die Bestimmungen über die KG sind ebenfalls im Handelsgesetzbuch enthalten.
- **Wesen der KG.** Bei der KG haftet mindestens ein Gesellschafter unbeschränkt (Vollhafter oder Komplementär) und mindestens einer nur mit seiner Kapitaleinlage (Teilhaf-
ter oder Kommanditist).
- **Vollhafter.** Für sie gelten die gleichen Bestimmungen wie für die Gesellschafter einer
OHG.
- **Teilhafter.** Sie haben die vereinbarte Kapitaleinlage zu leisten, sind aber weder berech-
tigt noch verpflichtet mitzuarbeiten. Teilhaftern steht ein Kontrollrecht zu. Am Verlust
können sie bis zur Höhe ihrer Kapitaleinlage beteiligt werden.
- **Firma.** Personen-, Sach-, aber auch Fantasiefirma sind möglich. Bei einer KG ist die
Zusatzbezeichnung „Kommanditgesellschaft" oder eine Abkürzung zu wählen. Beispiele:
Mauser & Hoffner KG, Mauser Kommanditgesellschaft.

Arbeitsvorschlag

1. Nennen Sie Vor- und Nachteile der Einzelunternehmung.
2. Welche Ursachen führen zu der geschilderten OHG-Gründung?
3. Der OHG-Gesellschafter Hoffner behauptet gegenüber Freunden, dass seine Haftung im
Falle eines Verlustes auf 200.000,00 € Euro begrenzt sei. Nehmen Sie hierzu Stellung.
4. Vogel und Baumann gründen eine OHG. Zweck des Betriebs ist die Reparatur von Fahr-
rädern. Wie könnte die Firma lauten?
5. Warum wollen Mauser und Hoffner in der vorstehenden Situationsschilderung die OHG
in eine KG umwandeln?
6. Schmidt (Vollhafter) und Scherf (Teilhafter) beabsichtigten für einen Obst- und Gemüse-
handel die Rechtsform einer KG zu wählen. Nennen Sie mögliche Firmenbezeichnungen.
7. Vergleichen Sie die Haftungsverhältnisse der Gesellschafter einer OHG mit denen
einer KG.

Wichtiges in Kürze

○ Die häufigste Unternehmungsform ist die Einzelunternehmung. Gegenüber Gesellschaftsunternehmungen hat sie Vorteile (z. B. Gewinn braucht nicht geteilt zu werden) aber auch Nachteile (z. B. Geschäftsrisiko wird vom Unternehmer allein getragen).

○ Gesellschafter einer OHG
— haften unbeschränkt,
— haben das Recht und die Pflicht mitzuarbeiten,
— sind zur Geschäftsführung und Vertretung berechtigt,
— regeln ihre rechtlichen Verhältnisse in einem Gesellschaftsvertrag.

○ Bei Kommanditgesellschaften gibt es neben den Vollhaftern (werden behandelt wie OHG-Gesellschafter) auch Teilhafter, die
— ein Kontrollrecht haben,
— nicht das Recht, aber auch nicht die Pflicht zur Mitarbeit haben,
— bei Verlusten nur in Höhe ihrer Kapitaleinlage mithaften.

7.3.2 Kapitalgesellschaften

7.3.2.1 Die Aktiengesellschaft (AG)

Eine AG wird gegründet [1]

Die Geschäfte der Firma Landgrebe & Langer OHG, einer Gemüsegroßhandlung im thüringischen Raum, laufen zufrieden stellend. Beide Gesellschafter haben den Entschluss, sich vor 2 Jahren selbstständig gemacht zu haben, nicht bereut. Schwierigkeiten haben L & L mit ihren Lieferanten. Nicht selten sind die Lieferungen unpünktlich. Auch die Qualität der Ware lässt manchmal zu wünschen übrig. Aus diesem Grund haben L & L vor, einen Bauernhof mit den zugehörigen Ländereien zu kaufen, um einen Teil ihres Gemüses selbst anbauen zu können. Daneben schwebt ihnen vor, die Wirtschaftsräume und Stallungen so umzubauen und auszurüsten, dass ein Teil ihres geernteten Gemüses zu Konserven verarbeitet werden kann.
In der Tat verspricht das Vorhaben ein gutes Geschäft zu werden, doch der Kapitalaufwand ist groß. Allein der Hof, der mit Ländereien zum Verkauf ansteht, soll 900.000 € kosten. Hinzu kommen noch die Kosten des Umbaus der Wirtschaftsräume und die Investitionen für die notwendigen Maschinen. L & L sehen sich nach Kapitalgebern um. Sie finden schließlich unter ihren Lieferanten und Kunden einige Interessenten, die zur Finanzierung des Projekts beitragen wollen. Auch diese versprechen sich für die nächsten Jahre eine gute Geschäftsentwicklung mit hohen Gewinnen. Kapital möchten sie aber nur dann zur Verfügung stellen, wenn sie nicht die Pflichten von persönlich haftenden Gesellschaftern übernehmen müssen.
Bei einem ausgiebigen Gespräch aller Interessenten entschließt man sich zur Gründung einer Aktiengesellschaft, in die L & L ihr bisheriges Vermögen als Gegenwert für die erhaltenen Aktien einbringen. Von dieser Unternehmensform verspricht man sich den Vorteil, dass bei einer etwaigen späteren Betriebsvergrößerung eine problemlose Kapitalbeschaffung durch die Ausgabe weiterer Aktien möglich sein wird.

Merkmale der Aktiengesellschaft

- **Gesetzliche Regelung.** Die gesetzlichen Bestimmungen über die AG stehen im Aktiengesetz.

- **Wesen der AG.** Die AG ist eine Kapitalgesellschaft. Ihr Grundkapital wird durch die Ausgabe von Aktien aufgebracht; große Kapitalsummen können so angesammelt werden. Die Inhaber der Aktien (Aktionäre) haften nur bis zur Höhe ihrer Kapitaleinlage.

- **Gründung.** Eine Person und ein Grundkapital von mindestens 50.000,00 € sind zur Gründung notwendig.

- **Firma.** Der AG ist freigestellt, welche Firma (z. B. Personen- oder Sachfirma) für das Unternehmen gewählt wird. Ein Rechtsformenzusatz (z. B. „Aktiengesellschaft" oder „AG") ist ein zwingender Bestandteil der Firma. Beispiele: Motorenwerke AG, Salamander Aktiengesellschaft.

- **Satzung (Gesellschaftsvertrag der AG).** Sie enthält u. a. Firma und Sitz der Gesellschaft, Gegenstand des Unternehmens und Höhe des Grundkapitals.

- **Aktien.** Dies sind Urkunden über die Beteiligung an einer AG. Sie gewähren den Aktionären das Recht einer Gewinnbeteiligung (Dividende) und zur Teilnahme an der jährlichen Hauptversammlung. Seit 1998 können Aktien als Nennbetrags- oder Stückaktien herausgegeben werden. Der Mindestnennbetrag einer Aktie beträgt 1,00 €.

  Der davon abweichende Kurswert ist der An- und Verkaufswert, der an der Börse ermittelt wird. Er wird durch Angebot und Nachfrage bestimmt.

- **Organe der AG.** Die AG hat drei Organe:

  Vorstand. Er leitet die Gesellschaft. Ihm steht die Geschäftsführung zu und die Vertretung der Gesellschaft nach außen. Durch ihn wird im Allgemeinen auch die Hauptversammlung einberufen. Der Vorstand wird vom Aufsichtsrat bestellt.

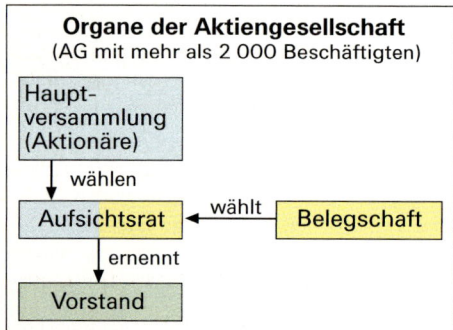

Organe der Aktiengesellschaft
(AG mit mehr als 2 000 Beschäftigten)

Aufsichtsrat. Er überwacht den Vorstand und berichtet der Hauptversammlung über seine Kontrolltätigkeit. Bei mehr als 2 000 Beschäftigten wird der Aufsichtsrat je zur Hälfte von der Hauptversammlung und der Belegschaft gewählt.[1]

Hauptversammlung. Sie ist das beschließende Organ der AG und besteht aus den Aktionären oder deren Vertretern. Die Hauptversammlung beschließt über die Gewinnverteilung und eine vorgeschlagene Erhöhung des Grundkapitals. Auch einer Satzungsänderung muss sie zustimmen. Vorstand und Aufsichtsrat werden durch die Hauptversammlung entlastet.

7.3.2.2 Die Gesellschaft mit beschränkter Haftung (GmbH)

- **Gesetzliche Regelung.** Zuständig hierfür ist das „Gesetz betreffs die GmbH".

- **Wesensmerkmale.** Die GmbH zählt ebenso wie die AG zu den Kapitalgesellschaften. Ihre Kapitalgeber haften nur mit ihren Einlagen, arbeiten aber häufig in der Unternehmung als „tätige Gesellschafter" mit.

  Dass eine Haftungsbeschränkung nicht nur Vorteile hat, zeigt folgendes Beispiel.

---

1 andere Regelungen siehe Themenkreis 4

„**Raus aus der Haftung**", rieten wirtschaftskundige Berater eindringlich, „GmbH gründen". Dass die Rechtsform der GmbH aber nicht nur Vorteile bietet, zeigt folgendes Beispiel: Nur um der Haftungsbeschränkung willen sollte eine Modeboutique in der Rechtsform der GmbH gegründet werden. Das böse Erwachen kam beim ersten Gang zur Bank. Einen Warenkredit wollte diese nur einräumen, wenn die Geschäftsinhaber für die volle Höhe des Kredits eine persönliche Bürgschaft übernahmen. Damit war im Verhältnis zum Hauptgläubiger die gewünschte Haftungsbeschränkung hin.

aus: Selbstständig machen – Selbstständig bleiben, BVR Schriftreihe 02, S. 64

- **Gründung.** Die GmbH kann auch von einer einzigen Person gegründet werden. Das mindestens aufzubringende Kapital (Stammkapital) beträgt 25.000,00 €.
- **Organe der GmbH.** Ebenso wie die AG hat auch die GmbH drei Organe:
  - Die **Geschäftsführung** entspricht weitgehend dem Vorstand einer AG.
  - Der **Aufsichtsrat** ist nur bei Gesellschaften mit mehr als 500 Beschäftigten vorgeschrieben.
  - Die **Gesellschafterversammlung** hat große Ähnlichkeit mit der Hauptversammlung der AG.
- **Firma.** Sie muss den Rechtsformenzusatz „Gesellschaft mit beschränkter Haftung" oder die Abkürzung „GmbH" tragen. Zu wählen ist auch hier zwischen einer Personen-, Sach- oder Fantasiefirma. Beispiele: Müller GmbH, PC-Handel Gesellschaft mit beschränkter Haftung.

Arbeitsvorschlag

1. Halten Sie in dem vorliegenden Fall „Lange & Landgrebe OHG" die Umwandlung in eine AG für eine sinnvolle Maßnahme oder wäre eine GmbH evtl. besser geeignet?
2. Nennen Sie die wichtigsten Merkmale einer GmbH.
3. Welche Rechtsform hat Ihr Ausbildungsbetrtieb? Erkundigen Sie sich bei Ihrem Ausbilder nach den Besonderheiten dieser Rechtsform.
4. Unterscheiden Sie zwischen Nenn- und Kurswert von Aktien.
5. Welche Aufgaben haben die einzelnen Organe einer AG?

Wichtiges in Kürze

- Die AG hat für die Volkswirtschaft große Bedeutung, da diese Rechtsform ermöglicht, große Kapitalsummen aufzubringen.
- Die Aktionäre sind am Kapital der AG aufgrund ihres Aktienbesitzes beteiligt. Sie haben das Recht am Gewinn beteiligt zu werden und an der Hauptversammlung teilzunehmen.
- Aktien werden im Allgemeinen an der Börse gehandelt. Hier bildet sich der Kurswert der Aktie, der von dem Nennwert zu unterscheiden ist.
- Die AG hat drei Organe, und zwar
  - Vorstand als leitendes Organ,
  - Aufsichtsrat als überwachendes Organ,
  - Hauptversammlung als beschließendes Organ.
- Die GmbH ist ebenso wie die AG eine Kapitalgesellschaft.
- Die Organe der GmbH sind mit denen der AG vergleichbar.

7.4   Genossenschaften

Eine Genossenschaft wird gegründet

Herr Krause ist Inhaber eines kleinen Malergeschäfts, das er von seinem Vater übernommen hatte. Zuerst arbeitete sein Bruder noch mit. Als die Geschäfte aber dann immer schlechter gingen, hatte der es vorgezogen, sich einen neuen Arbeitsplatz in der Farben- und Tapetenabteilung eines Supermarktes zu suchen.

Ein Teil von Herrn Krauses ehemals guten Kunden kaufte jetzt auch dort ein. Man konnte es ihnen nicht übel nehmen, denn die niedrigen Preise, die sie dort bezahlen mussten, konnte er ihnen nicht bieten. Es war schon vorgekommen, dass seine Einkaufspreise über den Verkaufspreisen des Supermarkts lagen, und das bei dem gleichen Hersteller der Waren.

Als Herr K. daraufhin seinen Bruder ansprach, erfuhr er, dass der Supermarkt die Waren zum Teil 30 % günstiger einkaufte als er. Die günstigen Preise kamen zustande, weil durch den Einkauf großer Mengen von den Lieferanten hohe Mengenrabatte gewährt wurden.

Als der nächste Stammtisch stattfand (hier trafen sich einmal im Monat die Inhaber der Malergeschäfte aus der ganzen Stadt), erzählte K. von dem Gespräch mit seinem Bruder. Da auch die anderen Inhaber viele Kunden verloren hatten, weil sie ihre Waren nicht zu dem günstigen Preis wie der Supermarkt abgeben konnten, überlegten sie, wie man dies ändern könnte. Man entschloss sich schließlich, die Ware nicht mehr einzeln, sondern über eine zu gründende Genossenschaft (Malereinkaufsgenossenschaft) zentral einzukaufen.

Quelle: Die Genossenschaften, Bonn, o. J., S. 15, Herausgeber: Deutscher Genossenschafts- und Raiffeisenverband

Merkmale einer Genossenschaft

- **Gesetzliche Regelung.** Die Bestimmungen über die Genossenschaft sind im Genossenschaftsgesetz zu finden.

- **Wesen.** Die Genossenschaften sind Selbsthilfeorganisationen von schwächeren Gewerbetreibenden und Verbrauchern, um sich einige Vorteile von Großbetrieben (z. B. Großeinkauf, gemeinsamer Absatz) zunutze zu machen.

- **Gründung und Firma.** Zur Gründung sind mindestens sieben Personen notwendig, die gemeinsam ein Statut (Satzung) aufstellen. Die Genossenschaft entsteht durch Eintragung in das Genossenschaftsregister. Die Firma muss die Bezeichnung „eingetragene Genossenschaft" bzw. „eG" enthalten. Der Gegenstand der Genossenschaft braucht nicht mehr wie früher Firmenbestandteil zu sein. Möglich ist auch hier, eine Personen- oder Fantasiefirma zu wählen. Beispiele: Hamburger Molkerei eingetragene Genossenschaft, Walter eG.

● **Mitgliedschaft.** Der Eintritt in eine bestehende Genossenschaft erfolgt durch eine schriftliche Beitrittserklärung. Wirksam wird die Mitgliedschaft erst dann, wenn sie in die beim Amtsgericht geführte Liste der Genossen eingetragen wird. Weiterhin muss jedes Mitglied mindestens einen durch das Statut festgelegten Geschäftsanteil erwerben und die Mindesteinlage einzahlen. Die auf den Geschäftsanteil geleistete Einzahlung zuzüglich Gewinngutschriften und abzüglich etwaiger Verlustanteile bilden das Geschäftsguthaben.

Organe der Genossenschaft   3

● **Vorstand.** Er entspricht dem einer AG und besteht mindestens aus zwei Personen. Seine Mitglieder müssen Genossen sein.

● **Aufsichtsrat.** Er hat ähnlich wie bei der AG die Geschäftsführung des Vorstands zu überwachen und besteht aus drei Personen, die Genossen sein müssen.

● **Generalversammlung.** Sie ist die Versammlung aller Genossen und wählt nicht nur den Aufsichtsrat, sondern auch den Vorstand. Die Generalversammlung entspricht weitgehend der Hauptversammlung der AG.

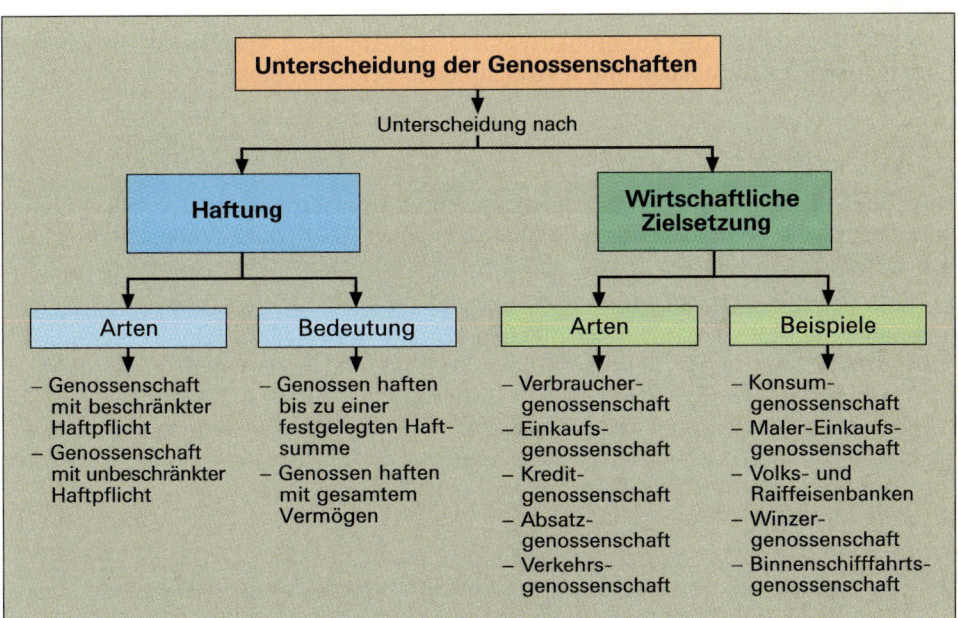

Arbeitsvorschlag

1. Welchen Vorteil verspricht sich Herr Krause von der Genossenschaftsgründung?
2. Begründen Sie, warum Genossenschaften als Selbsthilfeorganisation angesehen werden können.
3. Welche Genossenschaften sind Ihnen aus Ihrem persönlichen Lebensbereich bekannt?

> **Wichtiges in Kürze**
>
> O   Genossenschaften sind Selbsthilfeorganisationen wirtschaftlich schwacher Gruppen.
>
> O   Die Organe der Genossenschaft sind der Vorstand, der Aufsichtsrat und die Generalversammlung. Sie sind vergleichbar mit den Organen der AG.
>
> O   Die Haftpflicht der Genossen kann beschränkt oder unbeschränkt sein.
>
> O   Genossenschaften können je nach Art sehr unterschiedliche wirtschaftliche Ziele verfolgen.

8   Unternehmungszusammenschlüsse

8.1   Arten und Auswirkungen

Unternehmungen schließen sich zusammen, um gemeinsame Ziele zu erreichen. Dabei erstreckt sich die Art der Zusammenschlüsse von einfachen Absprachen bis zur Aufgabe der eigenen rechtlichen und wirtschaftlichen Selbstständigkeit.

1   Kartell

Das Kartell ist ein vertraglicher Zusammenschluss gleichartiger (horizontaler) Unternehmungen, die rechtlich zwar selbstständig bleiben, aber einen Teil ihrer wirtschaftlichen Selbstständigkeit verlieren.

Kartelle schränken den Wettbewerb im Allgemeinen ein. Sie sind daher grundsätzlich verboten. Wenn die gesamtwirtschaftlichen Vorteile die Nachteile eines beschränkten Wettbewerbs überwiegen, lässt das Gesetz bestimmte Kartellarten zu. Gehören diese zur Gruppe der Widerspruchskartelle, bedürfen sie nur einer Anmeldung bei der Kartellbehörde. Sie sind dann wirksam, wenn die Behörde nicht widerspricht. Kartelle, die zu der Gruppe der Erlaubniskartelle gehören, bedürfen dagegen zu ihrer Gültigkeit einer ausdrücklichen Verfügung durch die Kartellbehörde.

Beispiel: *Die Fahnder der Kartellbehörde waren den Großbäckereien schon lange auf der Spur. Nach mehreren Jahren, in dem der Preiswettbewerb so erbittert geführt wurde, dass viele kleine Unternehmen auf der Strecke blieben, bemerkte man seit einiger Zeit „Ruhe an der Preisfront". Gleichzeitig fiel es einigen Abnehmern auf, dass sich von den namhaften fünf Firmen, die sich nunmehr etwa 75 % des Gesamtmarktes teilten, nicht alle an den Ausschreibungen über die Belieferung beteiligten.*

„Früher", so ein Chefeinkäufer, „rannten die uns das Büro ein und unterboten sich gegenseitig". Jetzt musste mehrfach festgestellt werden, dass die bisher günstigen Anbieter „teilweise bis zu 30 % über dem Marktpreis" lagen und diejenigen „mit Normalpreisen zum Zuge kamen, die bisher keine Chance hatten".

In einer „Nacht-und-Nebel-Aktion" schlugen die Fahnder des Kartellamtes zu. Sie hatten davon erfahren, dass sich die Chefs der fünf Firmen zu einem abendlichen als „Fachgespräch" getarnten Treff im Frankfurter Airport-Hotel verabredet hatten.

„Ohne Sekretärin, ohne weitere Begleitung, ganz einfach so, als handelte es sich nicht um Konkurrenten, sondern um eng zusammenarbeitende Partner", so die Polizei.

Aber die „Partner" hatten Pech. Das Kartellamt wurde von dem kurz zuvor gefeuerten Assistenten der Geschäftsleitung einer der Firmen informiert. Die Beamten griffen zu und beschlagnahmten alles, was sie ergreifen konnten. Anhand von Notizblocks und Diktiergeräten konnten sie nachvollziehen, was geplant war. Mit ganz konkreten Preis- und Gebietsabsprachen sollte der Wettbewerb „ausgehebelt" werden. Das Nachsehen hätten wieder die Abnehmer und letztlich die Verbraucher gehabt.

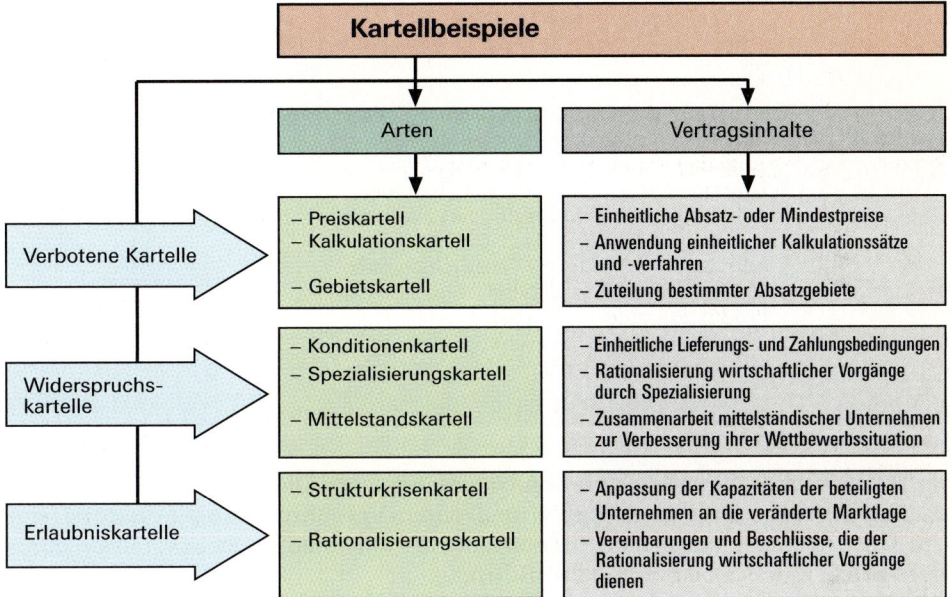

Interessengemeinschaft 2

Die Interessengemeinschaft ist ein Zusammenschluss gleich- oder verschiedenartiger Unternehmungen, die rechtlich selbstständig bleiben. Ihre wirtschaftliche Selbstständigkeit wird jedoch in einem größeren Maße als beim Kartell aufgegeben.

Die gemeinsamen Interessen, welche die beteiligten Unternehmungen verfolgen, können u. a. darin bestehen:

● eine gemeinsame Verwaltung einzurichten,
● die Forschungs- und Entwicklungsarbeiten gemeinsam zu betreiben,
● das Produktionsprogramm aufeinander abzustimmen,
● technische Erfahrungen auszutauschen,
● gegenseitig Erzeugnisse abzunehmen.

Konzern 3

Schließen sich rechtlich selbstständig bleibende Unternehmungen (gleich- oder verschiedenartige) unter einer einheitlichen Leitung zusammen, entsteht ein Konzern. Die wirtschaftliche Selbstständigkeit geht hierbei verloren.

Nach der Abhängigkeit, die zwischen den einzelnen Unternehmungen eines Konzerns besteht, unterscheidet man den **Unterordnungs-** von dem **Gleichordnungskonzern.**

Arten	Merkmale	Darstellung (Beispiele)
Gleichordnungskonzern	Unternehmungen sind unter einheitlicher Leitung zusammengefasst durch gegenseitigen Austausch von Aktien.	
Unterordnungskonzern	Eine Unternehmung beherrscht andere Unternehmungen durch: – Aktienmehrheit an der beherrschten Unternehmung (Mutter- und Tochtergesellschaft). Die Obergesellschaft ist dabei häufig eine Dachgesellschaft (Holdinggesellschaft), die nur die angeschlossenen Unternehmungen verwaltet, ohne selbst Produktionsaufgaben zu erledigen. – Abschluss eines Beherrschungsvertrags.	

4   Trust

Der Trust ist ein Zusammenschluss von Unternehmungen, die ihre rechtliche und wirtschaftliche Selbstständigkeit aufgeben und durch **Verschmelzung (Fusion)** eine neue Unternehmung bilden. Die Fusion kann auf zwei Arten geschehen: Fusion durch **Aufnahme** und Fusion durch **Neubildung.**

Fusion durch Aufnahme	Das Vermögen der übertragenden Gesellschaft geht als Ganzes auf die übernehmende Gesellschaft über. Diese muss ihr Grundkapital erhöhen, um den Aktionären der übertragenden Gesellschaft Aktien anbieten zu können.	
Fusion durch Neubildung	Es wird eine neue Gesellschaft gegründet, in welche die alten Gesellschaften ihr Vermögen gegen Gewährung von Aktien einbringen.	

Die einzelnen Konzentrationsarten haben unterschiedliche Auswirkungen auf den Wettbewerb. Generell lassen sich folgende **Pro-und-Kontra-Argumente** aufführen:

Für Konzentration spricht, dass Groß-unternehmen

- sich aufwendige Forschungsprojekte leisten können;
- ihre Produkte durch die Fertigung großer Stückzahlen kostengünstiger herstellen können;
- im internationalen Wettbewerb eher bestehen können.

Gegen Konzentration spricht, dass Groß-unternehmen

- neben wirtschaftlicher Macht auch politische Macht ausüben können;
- ihre Macht benutzen können, um überhöhte Produktpreise zu verlangen;
- auf veränderte Nachfragegewohnheiten häufig schwerfälliger reagieren.

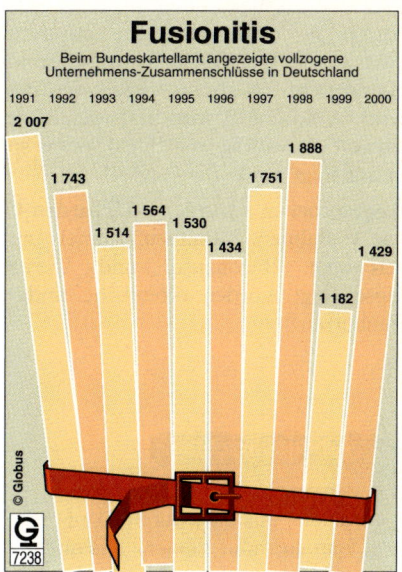

Fusionitis
Beim Bundeskartellamt angezeigte vollzogene Unternehmens-Zusammenschlüsse in Deutschland
1991 1992 1993 1994 1995 1996 1997 1998 1999 2000
2 007 1 743 1 514 1 564 1 530 1 434 1 751 1 888 1 182 1 429
© Globus 7238

8.2 Das Gesetz gegen Wettbewerbsbeschränkung (GWB)

Aufgabe dieses Gesetzes ist es, den Wettbewerb zwischen den Unternehmen zu fördern oder zu erhalten.

Es enthält u. a. folgende Bestimmungen:

- Kartelle sind grundsätzlich verboten. Bestimmte Kartellarten lässt der Gesetzgeber aber zu (z. B. Konditionenkartelle).
- Unternehmungszusammenschlüsse sind verboten, wenn der Markt durch die beteiligten Firmen beherrscht wird.
- Missbräuchliche Verhaltensweisen, wie z. B. Aufforderungen von befreundeten Unternehmungen zum Lieferboykott gegenüber Konkurrenten, sind verboten.
- Ein Verbot besteht schließlich auch gegenüber aufeinander abgestimmten Verhaltensweisen von Unternehmungen.

Verstöße gegen die Bestimmungen des GWB können von den Kartellbehörden durch Festsetzung eines Bußgeldes geahndet werden.

Sünden wider den Wettbewerb

Ein Bankier sagt klipp und klar: „Der Unternehmer muss den Wettbewerb täglich bekämpfen!"

Ein Bauunternehmer umschreibt seine Probleme mit dem Wettbewerb vorsichtiger: „Ich weiß nie, ob es sich lohnt, ein Angebot für ein größeres Bauvorhaben auszuarbeiten. Die Vorarbeit kostet Zeit und Geld. Deshalb gebietet es die wirtschaftliche Vernunft, dass ich vorher die Mitbewerber und ihre Preise kennen lerne."

Eine Zeitung schreibt: „Dem Wunsch nach Kennenlernen haben die Baufirmen reichlich Zeit gewidmet. In vielen Fällen vereinbarten sie beim geselligen Zusammensein auch gleich, wer den Auftrag bekommt, welcher (meist überhöhte) Preis für das Bauwerk veranschlagt wird und wer für den entgangenen Auftrag mit Geld oder sonstwie entschädigt wird.

Abgesprochen wurden Milliarden-Objekte wie U-Bahnen, S-Bahnen, Tunnel- und Wasserbauten, Bürohäuser und Werkshallen. Geschädigt wurden öffentliche und private Bauherren."

Das Bundeskartellamt, oberster Wettbewerbshüter der Bundesrepublik, erfuhr von den verbotenen Preisabsprachen. Mit Unterstützung des Staatsanwalts und der Kripo wurden die Baufirmen durchsucht. Nach Auswertung des Beweismaterials verhängte das Bundeskartellamt gegen 77 Baufirmen Geldbußen in Höhe von 54 Millionen DM (ca. 27.600.000,00 €).

aus: Zeitlupe, 26/1991, S. 20

Arbeitsvorschlag

1. Unterscheiden Sie zwischen einer Fusion durch Aufnahme und einer Fusion durch Neubildung.

2. Ordnen Sie die Unternehmungszusammenschlüsse Trust, Kartell, Interessengemeinschaft und Konzern nach dem Merkmal der abnehmenden Selbstständigkeit.

3. Versuchen Sie zu erklären, was die nebenstehende Karikatur ausdrücken will.

„Was heißt hier Absprache, den Ball hätten wir sowieso nicht gehalten!"

aus: „vorwärts"

Wichtiges in Kürze

O   Unternehmungen schließen sich zusammen, um gemeinsame Ziele zu verfolgen. Sie geben dabei nur ihre wirtschaftliche oder aber neben der wirtschaftlichen auch ihre rechtliche Selbstständigkeit auf.

Folgende Arten von Unternehmungszusammenschlüssen lassen sich unterscheiden: Kartell, Interessengemeinschaft, Konzern und Trust.

O   Das Gesetz gegen Wettbewerbsbeschränkung hat die Aufgabe den Wettbewerb zu fördern bzw. zu erhalten. Bestimmte Verhaltensweisen sind nach dem GWB verboten. Verstöße gegen das Gesetz können durch Festsetzung eines Bußgeldes geahndet werden.

O   Unternehmungszusammenschlüsse können positive Auswirkungen (z. B. Förderung des technischen Fortschritts), aber auch negative Auswirkungen (z. B. überhöhte Produktpreise) haben.

9   Organisationen der Wirtschaft

9.1   Organisationen der Arbeitnehmer

Die Vertreter der Arbeitnehmer sind die **Gewerkschaften.** Vieles, was uns heute in der Arbeitswelt selbstverständlich erscheint, wurde erst im Laufe des letzten Jahrhunderts errungen.

Die Situation der Arbeiter und ihrer Familien war gerade zu Beginn der Industrialisierung durch menschenunwürdige Zustände gekennzeichnet. Die Arbeitszeit der Erwachsenen betrug 14—16 Stunden, Kinderarbeit war an der Tagesordnung. Die Löhne reichten gerade aus, um die notwendigsten Bedürfnisse abzudecken, sozialen Schutz gab es nicht.

Der Armut und Hilfslosigkeit der vielen Arbeiter, die als Einzelne keine gleichwertigen Verhandlungspartner waren, entsprach auf der anderen Seite Reichtum und Macht der wenigen Unternehmer.

In dieser Zeit wurden die sozialen Spannungen immer stärker. Arbeiterbewegungen entstanden und suchten nach Auswegen aus der hoffnungslos erscheinenden Situation.

Da der Staat die öffentliche Ordnung gefährdet sah, wurden im so genannten „Sozialistengesetz" von 1878 alle politischen Vereine der Arbeiterbewegung — darunter auch die Gewerkschaften — verboten. Gleichzeitig wurden unter Bismarck die Grundlagen für eine umfassende Sozialgesetzgebung geschaffen. Er hoffte, dadurch die unzufriedenen Arbeiter für den bestehenden Staat zu gewinnen.

Nachdem die Gewerkschaften Ende des 19. Jahrhunderts wieder erlaubt waren, setzten sie die weitere Verbesserung der Arbeitsbedingungen durch. Dazu gehörten neben Unfallverhütungsvorschriften am Arbeitsplatz auch vorbeugende Maßnahmen gegen Berufskrankheiten, tarifliche und gesetzliche Regelungen von Sonntagsarbeit, Urlaub und Nachtarbeit.

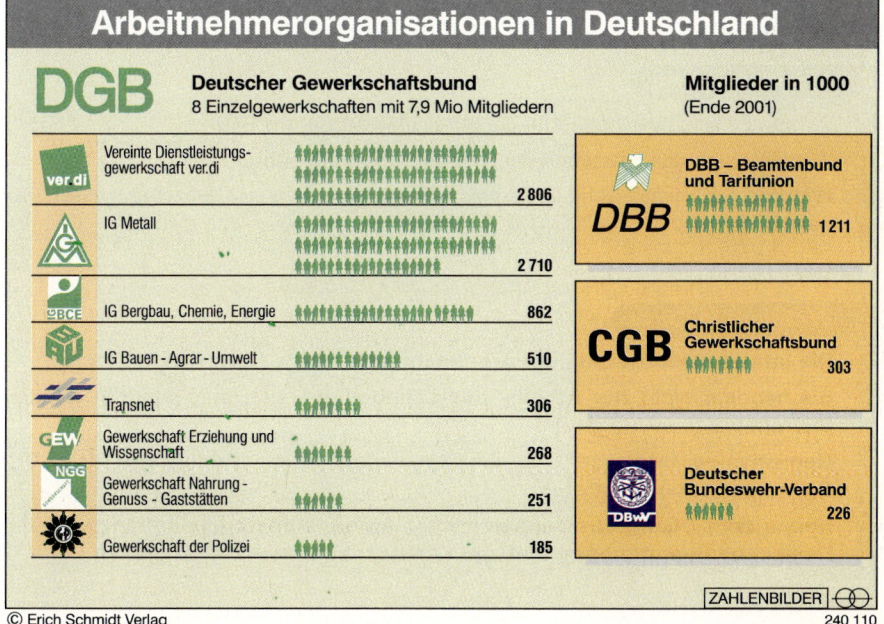

2 Heute nehmen Gewerkschaften schwerpunktmäßig folgende Aufgaben wahr:

- Verbesserung der Arbeits- und Lohnbedingungen im Rahmen von Tarifverhandlungen;
- Organisation von Arbeitskampfmaßnahmen;
- finanzielle Unterstützung der am Streik beteiligten Gewerkschaftsmitglieder;
- Beratung und Vertretung von Gewerkschaftsmitgliedern in arbeitsrechtlichen Fragen und vor dem Arbeitsgericht;
- Durchführung von Fortbildungsmaßnahmen für Gewerkschaftsmitglieder mit bestimmten Aufgabenbereichen (z. B. Betriebsräte);
- Mitwirkung bei der Rechtsprechung der Arbeits- und Sozialgerichte durch ihre Vertreter (Laienrichter);
- Vertretung von Arbeitnehmerinteressen gegenüber politischen Organen, Verbänden und der Öffentlichkeit. So versuchen z. B. Gewerkschaften zu verhindern, dass Rationalisierungsmaßnahmen in den Betrieben zu einem sozialen Rückschritt für die Arbeitnehmer führen.

aus: „Gewerkschaftspost",
Zeitschrit der IG Chemie, Papier, Keramik

Dachorganisation der Einzelgewerkschaften ist der Deutsche Gewerkschaftsbund (DGB), der 1949 gegründet wurde. Ziel der Gründung war es, eine wirkungsvolle Einheit zu schaffen, welche die gemeinsamen Interessen der Mitgliedergewerkschaften vertritt.

Neben dem DGB bestehen einige andere Arbeitnehmerorganisationen, so z. B. der Deutsche Beamtenbund und der Christliche Gewerkschaftsbund.

Arbeitsvorschlag

1. Welche Einzelgewerkschaft ist die mitgliedsstärkste des DGB?
2. Wie lässt sich das Entstehen der Arbeiterbewegung begründen?
3. Welches organisatorische Verhältnis besteht zwischen den Einzelgewerkschaften und dem DGB?

Wichtiges in Kürze

○ Die Interessenvertretung der Arbeitnehmer sind die Gewerkschaften.

○ Sie handeln nicht nur Arbeits- und Lohnbedingungen aus, sondern erfüllen eine Vielzahl weiterer Aufgaben.

○ Gemeinsame Interessen der Einzelgewerkschaften werden von dem DGB als Dachorganisation vertreten.

○ Neben dem DGB gibt es einige andere Arbeitnehmerorganisationen, so z. B. den Deutschen Beamtenbund und den Christlichen Gewerkschaftsbund.

9.2 Organisationen der Arbeitgeber

9.2.1 Die Handwerksorganisation

Das Handwerk gehört zu den tragenden Säulen der deutschen Wirtschaft. Nach der Handwerksordnung ist der handwerkliche Bereich in mehrere Organisationen gegliedert.

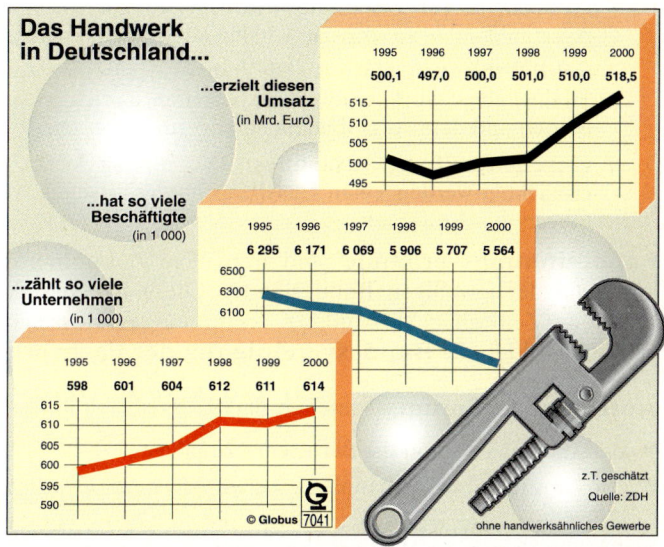

Das Handwerk in Deutschland...

...erzielt diesen Umsatz (in Mrd. Euro)

	1995	1996	1997	1998	1999	2000
	500,1	497,0	500,0	501,0	510,0	518,5

...hat so viele Beschäftigte (in 1 000)

	1995	1996	1997	1998	1999	2000
	6 295	6 171	6 069	5 906	5 707	5 564

...zählt so viele Unternehmen (in 1 000)

	1995	1996	1997	1998	1999	2000
	598	601	604	612	611	614

© Globus 7041

z.T. geschätzt
Quelle: ZDH
ohne handwerksähnliches Gewerbe

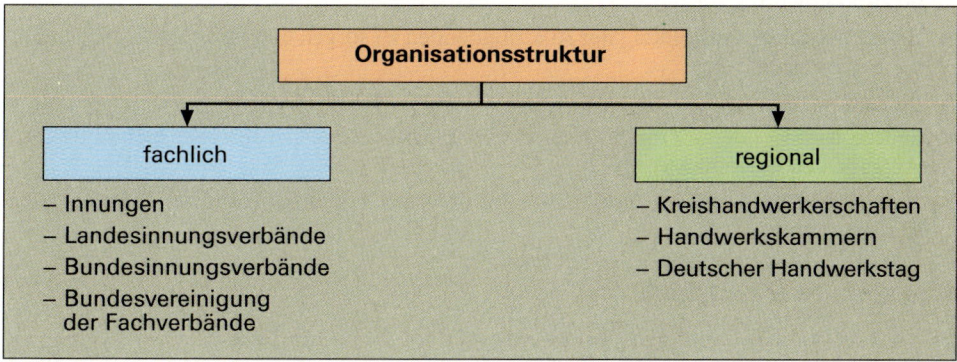

Organisationsstruktur

fachlich
- Innungen
- Landesinnungsverbände
- Bundesinnungsverbände
- Bundesvereinigung der Fachverbände

regional
- Kreishandwerkerschaften
- Handwerkskammern
- Deutscher Handwerkstag

Innungen

Die Innung ist ein freiwilliger Zusammenschluss selbstständiger Handwerker des gleichen oder verwandten Handwerks. Der Innungsbezirk deckt sich im Allgemeinen mit einem Stadt- und Landkreis.

Organe der Innung sind:

- **Innungsversammlung.** Sie beschließt über Angelegenheiten von grundsätzlicher Bedeutung und besteht aus den Mitgliedern der Handwerksinnung.
- **Vorstand.** Seine Aufgabe ist es, die Beschlüsse der Innungsversammlung auszuführen. Er besteht aus dem Obermeister, seinem Stellvertreter, dem Schriftführer sowie dem Lehrlingswart.

952753

● **Ausschüsse.** Diese werden gebildet, um spezielle Angelegenheiten zu regeln.

Folgende Ausschüsse sind zu unterscheiden:

— **Gesellenausschuss:** Er wird von den bei den Innungsmitgliedern beschäftigten Gesellen gewählt. Er ist insbesondere bei der Durchführung von Beschlüssen zur Berufsausbildung zu beteiligen.

— **Ausschuss für Berufsausbildung:** Er hat vor allem die Berufsausbildung der Auszubildenden zu fördern. Vorsitzender des Ausschusses ist der Lehrlingswart.

— **Schlichtungsausschuss:** Die Innung kann einen Ausschuss zur Schlichtung von Streitigkeiten, die Auszubildende betreffen, einrichten. Er kann von dem Ausbildungs-betrieb und dem Auszubildenden angerufen werden.

— **Gesellenprüfungsausschuss:** Die Innung kann von der Handwerkskammer ermächtigt werden, einen Gesellenprüfungsausschuss zu errichten und Gesellenprü-fungen durchzuführen.

Landesinnungsverbände sind freiwillige Zusammenschlüsse von Fachinnungen innerhalb der jeweiligen Bundesländer. Diese haben sich zu **Bundesinnungsver-bänden** (Zentralfachverbänden) zusammengeschlossen. Sämtliche Bundesinnungs-verbände bilden die **Bundesvereinigung der Fachverbände.**

Aufgaben der Innung bestehen darin,

● den Gemeingeist und die Berufsehre zu pflegen,

● ein harmonisches Verhältnis zwischen Meistern, Gesellen und Auszubildenden anzu-streben,

● Gesellenprüfungen abzunehmen, soweit die Innung von der Handwerkskammer hierzu ermächtigt wurde,

● für die berufliche Ausbildung der Auszubildenden zu sorgen und ihre charakterliche Ent-wicklung zu fördern,

● die handwerklichen Fähigkeiten der Gesellen und Meister zu fördern,

● andere handwerkliche Organisationen und Einrichtungen bei der Wahrnehmung ihrer Aufgaben zu unterstützen,

● den Behörden Gutachten und Auskünfte über Belange ihres Handwerks zu erstellen.

2 Kreishandwerkerschaft

Sie besteht aus den Innungen des jeweiligen Stadt- oder Landkreises.

Organe der Kreishandwerkerschaft sind der **Vorstand** mit dem Kreishandwerks-meister und seinem Stellvertreter sowie die **Mitgliederversammlung.**

Aufgaben der Kreishandwerkerschaft sind z. B.:

● das Interesse des selbstständigen Handwerks wahrzunehmen;

● die Behörden zu unterstützen und ihnen Anregungen, Auskünfte und Gutachten zu erteilen;

● die angeschlossenen Handwerksinnungen zu unterstützen und bei Bedarf ihre Verwal-tungsarbeit zu erledigen;

● die von der Handwerkskammer erlassenen Vorschriften und Anordnungen durchzu-führen.

Handwerkskammer

3

Zur Handwerkskammer gehören alle selbstständigen Handwerker und die Inhaber handwerksähnlicher Betriebe sowie deren Mitarbeiter und Auszubildenden. Sie ist eine **Pflichtgemeinschaft** auf Bezirksebene.

Organe der Handwerkskammer

- **Vollversammlung.** Sie bestimmt die Richtlinien der Kammerpolitik. Zwei Drittel ihrer Mitglieder sind selbstständige Handwerksmeister und ein Drittel sind Gesellen.
- **Vorstand.** Seine Aufgabe ist die Verwaltung der Handwerkskammer. Der Vorstand besteht aus dem Präsidenten und zwei Stellvertretern, von denen einer Geselle sein muss.
- **Ausschüsse.** Die Vollversammlung kann Ausschüsse bilden und sie mit besonderen Aufgaben betrauen (z. B. für Berufsausbildung, Prüfungswesen).

Aufgaben der Handwerkskammer sind z. B.:

- Handwerks- und Lehrlingsrolle führen,
- Berufsausbildung regeln und überwachen,
- Prüfungsordnungen für Meister und Gesellen der einzelnen Handwerke erlassen,
- Fortbildung der Meister und Gesellen fördern,
- Vermittlungsstelle einrichten, um Streitigkeiten zwischen selbstständigen Handwerkern und ihren Auftraggebern zu beheben.

Im **Deutschen Handwerkskammertag** haben sich auf Bundesebene die Handwerkskammern zusammengeschlossen. An der Spitze der Handwerksorganisation steht der **Zentralverband des Deutschen Handwerks.** Er besteht aus dem Deutschen Handwerkskammertag und der Bundesvereinigung der Fachverbände.

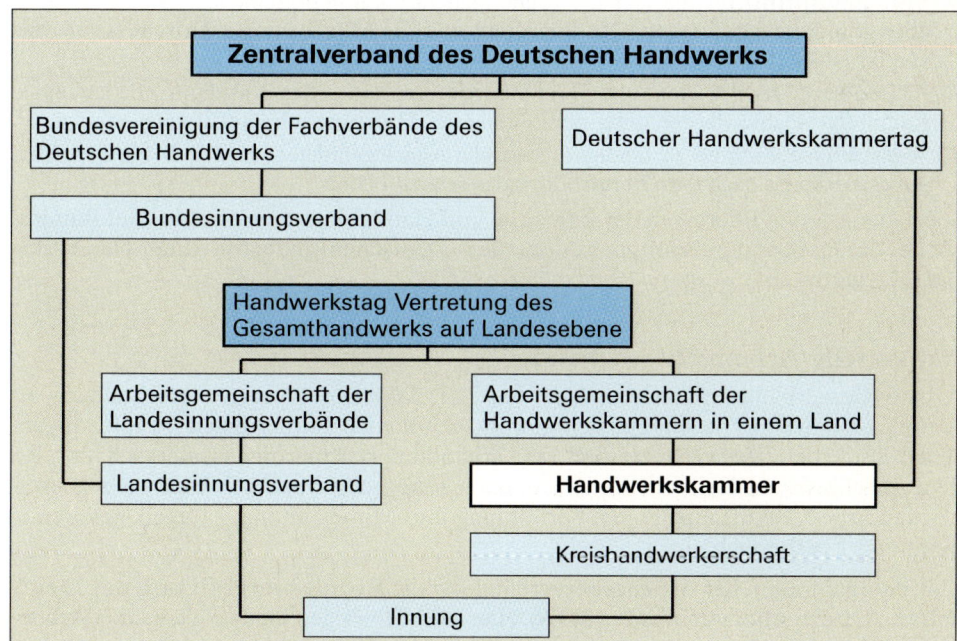

1. Beschreiben Sie die fachliche und die regionale Gliederung der Handwerksorganisation.
2. Wie setzt sich die Kreishandwerkerschaft zusammen?
3. Nennen Sie Aufgaben der Kreishandwerkerschaft.
4. Welche Personenkreise sind Mitglieder der Handwerkskammer?

9.2.2   Die Industrieorganisation

1 Industrie- und Handelskammer (IHK)

Sie hat für Industrie- und Handelsbetriebe einen ähnlichen Aufgabenbereich und eine vergleichbare rechtliche Stellung wie die Handwerkskammer für Handwerksbetriebe. Für alle im Bereich der Kammer tätigen Gewerbebetriebe besteht eine Pflichtmitgliedschaft, soweit sie nicht von der Handwerksordnung erfasst werden.

Aufgaben der IHK sind z. B.:

- gemeinsame Interessen der Mitglieder vertreten,
- Behörden durch Gutachten, Berichte und Vorschläge unterstützen,
- Mitglieder in rechtlichen, wirtschaftlichen und finanziellen Fragen beraten,
- Berufsausbildung, Umschulung und berufliche Fortbildung regeln und überwachen,
- Verzeichnis der Berufsausbildungsverhältnisse führen.

Organe der IHK sind:

- **Vollversammlung:** Sie legt die Richtlinien der Kammerarbeit fest und entscheidet über grundsätzliche Fragen. Das Präsidium und die Mitglieder der Ausschüsse werden von ihr gewählt.
- **Präsidium.** Der Präsident und seine Stellvertreter bilden das Präsidium. Die laufenden Kammergeschäfte werden unter der Leitung des **Hauptgeschäftsführers** erledigt.
- **Ausschüsse.** Sie sind zuständig für spezielle Angelegenheiten; so ist z. B. ein Berufsbildungsausschuss nach dem Berufsbildungsgesetz zu bilden.

Die gemeinsamen Interessen der Industrie- und Handelskammern werden auf Bundesebene durch ihre Spitzenorganisation, den Deutschen Industrie- und Handelstag (DIHT), vertreten.

2 Industrielle Arbeitgeberverbände

Arbeitgeberverbände bildeten sich in den 70er-Jahren des vorigen Jahrhunderts als Abwehrorganisation gegenüber den gewerkschaftlichen Forderungen. In ihrer Eigenschaft als Arbeitgebervertreter sind sie Verhandlungspartner der Gewerkschaften bei dem Abschluss von Tarifverträgen. Aber auch sozialpolitische Aufgaben, wie z. B. Aufklärungsarbeit, Berufsausbildung, Fortbildung und Mitbestimmungsfragen, gehören in ihren Tätigkeitsbereich.

Spitzenorganisation der Arbeitgeberverbände ist die **Bundesvereinigung der Deutschen Arbeitgeberverbände** (BDA). Hier sind neben den industriellen auch Arbeitgeberverbände anderer Wirtschaftszweige (z. B. Handel, Versicherungen) vertreten.

Industrielle Wirtschaftsverbände

3

Sie sind mit Aufgaben betraut, die sich auf einen bestimmten wirtschaftlichen Fachbereich erstrecken, so z. B. die gemeinsamen Interessen aller Automobilfirmen. Ein freiwilliger Zusammenschluss aller Fachvereinigungen (Fachverbände) im Bundesgebiet ist der **Bundesverband der Deutsche Industrie** (BDI). Zu seinen Aufgaben zählen die Einflussnahme auf die staatliche Finanz- und Wirtschaftspolitik im Sinne seiner Mitglieder, Probleme des Wettbewerbs und das gemeinsame Vorgehen auf ausländischen Märkten.

Ein gemeinsames Organ aller Spitzenorganisationen der gewerblichen Wirtschaft bildet der **Gemeinschaftsausschuss der Deutschen gewerblichen Wirtschaft**. Neben dem BDI, dem BDA und dem DIHT sind hier noch weitere Organisationen vertreten.

Arbeitsvorschlag

1. Welche Unternehmungen sind Mitglieder der IHK?
2. Nennen Sie Aufgaben der IHK.
3. Welches ist die zentrale Aufgabe der Arbeitgeberverbände?
4. Unterscheiden Sie zwischen Wirtschafts- und Arbeitgeberverbänden.

Wichtiges in Kürze

○ Der Aufbau der Handwerksorganisation ist fachlich und regional gegliedert.

○ Die fachliche Gliederung ist gegeben durch die Innungen, Landes- und Bundesinnungsverbände sowie die Bundesvereinigung der Fachverbände.

○ Die regionale Gliederung wird gebildet aus Kreishandwerkerschaften, Handwerkskammern und dem Deutschen Handwerkstag.

○ Innungen sind freiwillige Zusammenschlüsse von selbstständigen Handwerkern.

- ○ Die Kreishandwerkerschaft besteht aus den Innungen des jeweiligen Stadt- oder Landkreises.
- ○ Die Industrie- und Handelskammer vertritt als Pflichtgemeinschaft die Interessen aller nichthandwerklich organisierten Betriebe.
- ○ Arbeitgeberverbände sind Tarifpartner der Gewerkschaften. Sie erfüllen außerdem sozialpolitische Aufgaben.
- ○ Wirtschaftsverbände sind zuständig für Aufgaben bestimmter wirtschaftlicher Fachbereiche.
- ○ Der Gemeinschaftsausschuss der Deutschen Gewerblichen Wirtschaft ist das gemeinsame Organ aller Spitzenorganisationen der gewerblichen Wirtschaft.

Arbeitsvorschlag zur Wiederholung

1. Wie lässt sich die Betriebsleitung eines Industriebetriebs unterteilen?
2. Nennen Sie Betriebsarten, die in den primären, sekundären und tertiären Wirtschaftsbereich gehören.
3. Ordnen Sie die folgenden Betriebe den jeweiligen Wirtschaftsbereichen zu: Post, Schlosserei, Kiesgrube, Automobilwerk, Kaufhaus.
4. Welcher der folgenden Betriebe ist rohstofforientiert? Autowerkstatt, Steinbruch, Brauerei, Elektrohändler.
5. Nennen Sie Tätigkeiten, die bei der betrieblichen Aufgabe „Beschaffung" anfallen.
6. Unterscheiden Sie zwischen Haupt- und Nebenaufgaben eines Betriebs.
7. Warum zählt man die Verwaltung zu den übergreifenden betrieblichen Aufgaben?
8. Nennen Sie Unterschiede zwischen Werkstatt- und Reihenfertigung.
9. Unterscheiden Sie zwischen einfacher und mehrfacher Massenfertigung.
10. Was versteht man unter Sorten- und Serienfertigung?
11. Welche wirtschaftlichen Zielsetzungen lassen sich unterscheiden?
12. Erklären Sie, wie Produktivität, Wirtschaftlichkeit und Rentabilität rechnerisch ermittelt werden.
13. Unterscheiden Sie zwischen OHG und AG hinsichtlich der Merkmale Haftung und Kapitalbeschaffung.
14. Welcher wesentliche Unterschied besteht zwischen Genossenschaften und den anderen Unternehmungsformen?
15. Nennen Sie Personen- und Kapitalgesellschaften.
16. Vergleichen Sie Konzerne mit Kartellen.
17. Nennen Sie Arbeitnehmer- und Arbeitgeberorganisationen.
18. Unterscheiden Sie zwischen den Organisationen im Handwerk und in der Industrie.
19. Erklären Sie den Aufbau von Innungen und von Kreishandwerkerschaften.
20. Nennen Sie Organisationen, die Mitglieder des Gemeinschaftsausschusses der Deutschen Gewerblichen Wirtschaft sind.

1 Arbeitsrecht, Tarifrecht, Arbeitsschutz

1.1 Grundzüge arbeitsrechtlicher Bestimmungen

Das Arbeitsrecht beinhaltet eine Vielzahl einzelner Bestimmungen. In der Bundesrepublik Deutschland gibt es kein einheitliches Arbeitsgesetzbuch, sondern eine große Zahl arbeitsrechtlicher Einzelgesetze. Neben diesen gelten immer auch die anwendbaren Bestimmungen des Bürgerlichen Gesetzbuches (BGB).

Die einzelnen gesetzlichen Vorschriften sind grundsätzlich Rahmenbedingungen, die durch gesonderte Vereinbarungen zwischen Arbeitnehmern und Arbeitgebern nie unter-, wohl aber überschritten werden können.

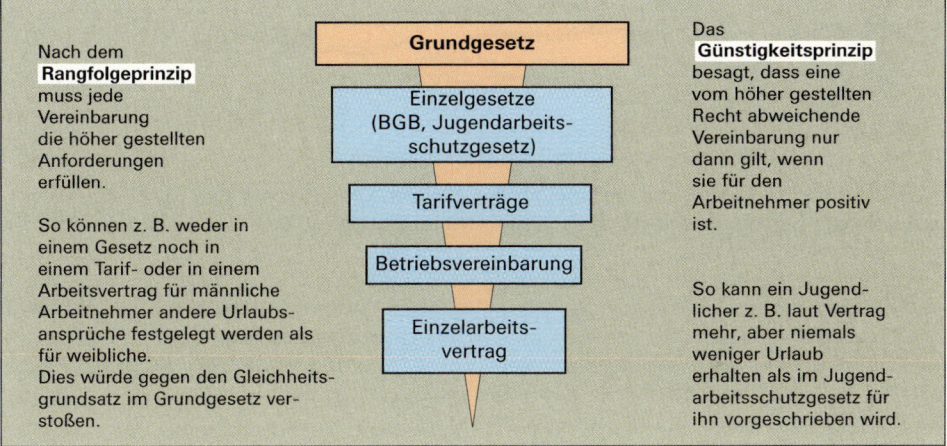

Nach dem Rangfolgeprinzip muss jede Vereinbarung die höher gestellten Anforderungen erfüllen.

So können z. B. weder in einem Gesetz noch in einem Tarif- oder in einem Arbeitsvertrag für männliche Arbeitnehmer andere Urlaubsansprüche festgelegt werden als für weibliche. Dies würde gegen den Gleichheitsgrundsatz im Grundgesetz verstoßen.

Grundgesetz

Einzelgesetze (BGB, Jugendarbeitsschutzgesetz)

Tarifverträge

Betriebsvereinbarung

Einzelarbeitsvertrag

Das Günstigkeitsprinzip besagt, dass eine vom höher gestellten Recht abweichende Vereinbarung nur dann gilt, wenn sie für den Arbeitnehmer positiv ist.

So kann ein Jugendlicher z. B. laut Vertrag mehr, aber niemals weniger Urlaub erhalten als im Jugendarbeitsschutzgesetz für ihn vorgeschrieben wird.

1.1.1 Der Arbeitsvertrag

Die wichtigsten Bedingungen der Tätigkeit im Betrieb werden in Arbeitsverträgen geregelt.

Arbeitsverträge ...   1

- können **formfrei** abgeschlossen werden. Aus Beweisgründen wird meistens die Schriftform gewählt. Nach EU-Recht sollen Arbeitsverträge schriftlich formuliert sein. Auch einige Tarifverträge schreiben die Schriftform vor.

- können nur von **geschäftsfähigen** Vertragspartnern abgeschlossen werden. Beschränkt Geschäftsfähige benötigen die Zustimmung (vorherige Einwilligung oder nachträgliche Genehmigung) des gesetzlichen Vertreters.

- von Minderjährigen sind dann gültig, wenn sie durch die gesetzlichen Vertreter generell ermächtigt wurden, ein Arbeitsverhältnis einzugehen.

- sind nicht an bestimmte **Inhalte** gebunden, sollten aber die wichtigsten Vereinbarungen enthalten.

„Abgemacht"

2 Der Inhaltsrahmen

In einem Arbeitsvertrag kann grundsätzlich alles, was sich auf die Arbeit des Arbeitnehmers im Betrieb bezieht, vereinbart werden. Unbedingt erforderlich für das Zustandekommen eines Arbeitsvertrages ist allerdings nur eine Einigung der Parteien über den Eintrittstermin des Arbeitnehmers und über die Art der Tätigkeit, die er ausüben soll. Das Zustandekommen des Arbeitsvertrages scheitert nicht daran, dass die Parteien über die an den Arbeitnehmer zu zahlende Vergütung überhaupt nicht sprechen. Wird über die Höhe der Vergütung keine Absprache getroffen, muss der Arbeitgeber die „übliche" Vergütung zahlen. Als Anhaltspunkt für die übliche Vergütung können oft die einschlägigen Tariflöhne oder Tarifgehälter herangezogen werden.

Um möglichst künftigen Streitigkeiten und Unklarheiten vorzubeugen, sollten Arbeitnehmer und Arbeitgeber in einem schriftlichen Arbeitsvertrag möglichst über alle Punkte, die im Laufe des Arbeitsverhältnisses von Bedeutung sein könnten, Vereinbarungen treffen.

Bei der Vereinbarung der einzelnen Arbeitsbedingungen sollen die Parteien zwingende gesetzliche Vorschriften, zum Beispiel Mindestkündigungsfristen, beachten und nicht dagegen verstoßen, sonst ist die getroffene Einzelvereinbarung unwirksam.

Wenn der Arbeitgeber einem Arbeitgeberverband und der Arbeitnehmer einer Gewerkschaft angehören, sind die zwischen diesen beiden Organisationen abgeschlossenen Tarifverträge zu beachten. Keine der vereinbarten Arbeitsbedingungen in einem solchen Arbeitsvertrag darf den Arbeitnehmer schlechter stellen, als es im Tarifvertrag geregelt ist.

Ohne Rücksicht auf die Verbandszugehörigkeit von Arbeitgeber und Arbeitnehmer sind die einschlägigen Tarifverträge für die Branche des Arbeitgebers auch dann maßgebend, wenn der Tarifvertrag von dem zuständigen Arbeitsminister für allgemein verbindlich erklärt ist.

aus: Bewerber-Fragen zum Arbeitsplatzwechsel, 5. Auflage, Frankfurter Allgemeine Zeitung, 1983, S. 44

Tipp   Arbeitsverträge sollte man wegen ihrer Bedeutung schriftlich abschließen!

Polstermöbelfabrik Reinhard Siebert OHG

```
Polstermöbelfabrik
Reinhard Siebert OHG

99867 Gotha


Zwischen uns und

Herrn Gerhard Richter, geb. 17. Juli 1956,
        Horngasse 3
        99084 Erfurt

wurde folgender Arbeitsvertrag geschlossen:

Herr Gerhard Richter wird ab 1. April .. in unserem Polstermöbelwerk
Gotha als Schreiner eingestellt.

Der Arbeitsvertrag ist zeitlich unbefristet. Eine Kündigung kann
beiderseits unter Einhaltung der gesetzlichen Frist erfolgen.

Die Arbeitszeit beträgt wöchentlich 38,5 Stunden.
Der Arbeitnehmer ist verpflichtet, Überstunden im Rahmen der gesetzlichen
Vorschriften abzuleisten. Die normale Arbeitszeit beginnt um 7:00 Uhr
und endet um 16:00 Uhr.

Während der Probezeit vom 1. April .. bis 30. Juni .. beträgt der
Stundenlohn 8,50 Euro.

Nach Ablauf der Probezeit erhöht sich der Stundenlohn auf 9,00 Euro.

Für Akkordarbeit wird nach der Probezeit ein Grundlohn von 9,45 Euro
vereinbart.

Der Jahresurlaub beträgt 25 Werktage bzw. 21 Arbeitstage. Er kann nur
nach Absprache mit der Firmenleitung genommen werden und sollte in
der Regel mindestens 8 Tage vorher angemeldet sein.

Im übrigen gelten die gesetzlichen Bestimmungen.

Gotha, 19. März ..


Polstermöbelfabrik
```

Siebert
R. Siebert OHG

Richter
Gerhard Richter

Arbeitsvorschlag

1. Was bedeutet das Wort „Formfreiheit" beim Abschluss von Arbeitsverträgen?
2. Welche Einzelheiten werden in vorliegendem Arbeitsvertrag geregelt?
3. Wann kommt ein rechtsgültiger Arbeitsvertrag mit einem Minderjährigen zustande?
4. Warum sollten Arbeitsverträge möglichst schriftlich abgefasst werden?

1.1.2   Arbeitszeit und Arbeitszeitordnung

Die Arbeitszeit wurde in der Vergangenheit stets abgebaut. Mussten Ende des neunzehnten Jahrhunderts noch täglich 12—16 Stunden gearbeitet werden, sind heute schon tarifliche Vereinbarungen bis zur 35-Stunden-Woche möglich.

Arbeitszeit ist die Zeit vom Beginn bis zum Ende der Arbeit ohne die Ruhepausen.

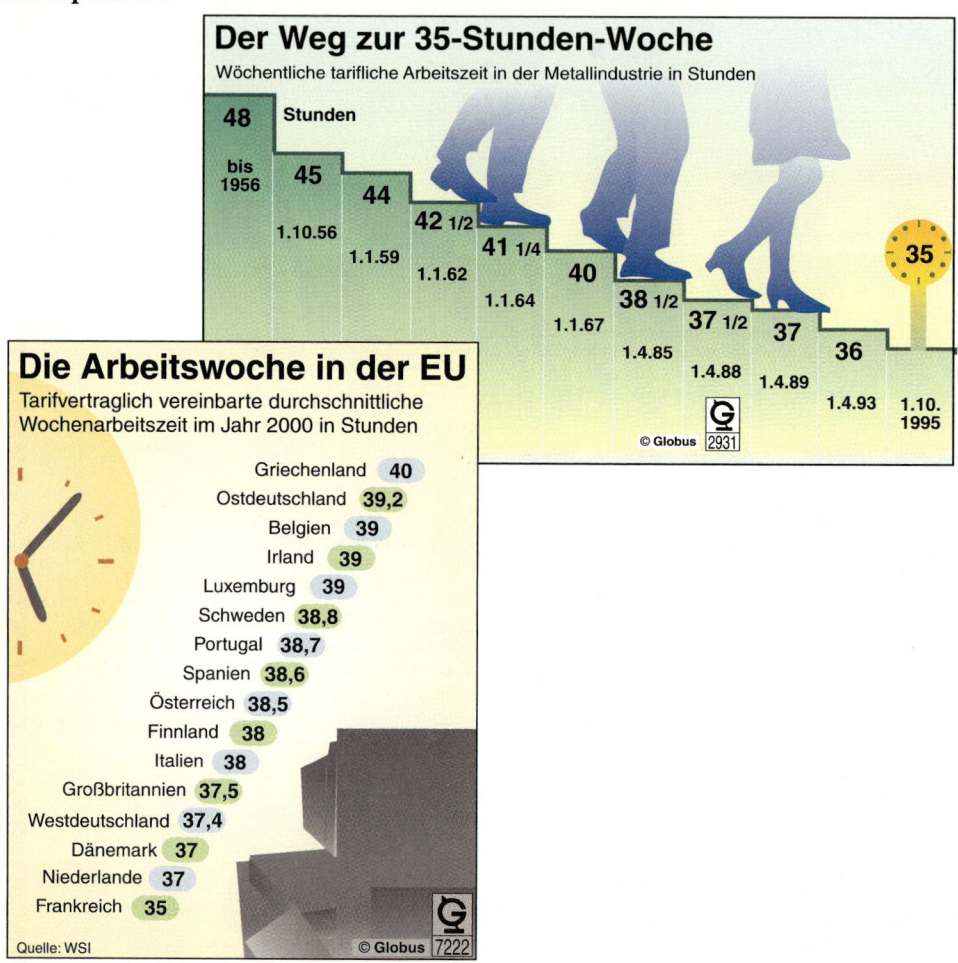

Nach der derzeitig gültigen **Arbeitszeitordnung**

- darf die **regelmäßige Arbeitszeit an Werktagen** die Dauer von **8 Stunden** nicht überschreiten (wird die Arbeitszeit an einzelnen Werktagen regelmäßig verkürzt, so kann die Arbeitszeit auf die übrigen Werktage verteilt werden).

- kann der Arbeitnehmer zu einer Mehrarbeit von täglich 2 Stunden für höchstens 30 Tage im Jahr verpflichtet werden (§ 6 AZO).

- kann bei besonderen unumgänglichen Tätigkeiten (Instandhaltung, Aufrechterhaltung der Betriebsbereitschaft o. Ä.) die Arbeitszeit auch regelmäßig bis zu 10 Stunden ausgedehnt werden (§ 5 AZO).

- darf bei Überstunden die tägliche Arbeitszeit 10 Stunden nicht überschreiten (§ 11 AZO).
- muss Mehrarbeit angemessen entlohnt werden (Überstundenzuschlag – § 15 AZO).

Das Betriebsverfassungsgesetz legt in § 87 Abs. 3 fest, dass eine „vorübergehende Verkürzung oder Verlängerung der betrieblichen Arbeitszeit" der Zustimmung des Betriebsrates bedarf (z. B. Sonderschichten, Kurzarbeit).

Arbeitsvorschlag

1. Was zählt zur täglichen „Arbeitszeit"?
2. Zu wie vielen Überstunden kann eine Arbeitnehmerin/ein Arbeitnehmer pro Jahr verpflichtet werden?
3. Welche Regelung gilt für „Sonderschichten"?

1.1.3   Die Entlohnung der Arbeit

Die innerbetriebliche Arbeitsteilung hat zur Folge, dass die einzelnen Arbeitnehmer verschiedenen Tätigkeiten nachgehen und dafür unterschiedlich entlohnt werden. Unabhängig von der Entlohnungsart spielt daher die objektive Bewertung der an einem Arbeitsplatz zu erbringenden Leistung eine bedeutende Rolle für das Arbeitsentgelt, aber auch die Zufriedenheit des Arbeitnehmers. `1`

Es ist umstritten, ob eine objektive Bewertung der Arbeitsleistung überhaupt möglich ist. Mithilfe von Arbeitsstudien wird versucht, dieses Ziel zu erreichen. Im gewerblich-technischen Bereich wurde unter dem Namen REFA eine heute weitverbreitete Methode der Leistungsbewertung bekannt.

Das REFA-System setzt sich aus den drei Teilbereichen
- Arbeitsablauf-
- Arbeitszeit- und
- Arbeitswertstudien

zusammen. Damit wird eine unmittelbare Verknüpfung zwischen den Arbeitsanforderungen, Arbeitsbedingungen und der ihnen zugeordneten Entlohnung geschaffen.

Die Anforderungen eines Arbeitsplatzes werden mithilfe einer Arbeitsplatzbeschreibung aufgestellt. Dabei werden miteinander verwandte Merkmale zusammengefasst und den Bereichen „Können, Verantwortung, Arbeitsbelastung, Umgebungseinflüsse" zugeordnet.

Das Ergebnis ist eine Arbeitsplatzbewertung, in der z. B. durch eine Einschätzung des Schwierigkeitsgrades oder der Arbeitsbedingungen über Verteilung von Punkten der Arbeitswert oder die Arbeitswertgruppe ermittelt wird.

Hierbei gibt es keine einheitlichen „Verfahrensvorschriften". Trotz des Versuches, das Vorgehen möglichst objektiv und nachvollziehbar zu gestalten, beginnen die Probleme bei der Gewichtung der einzelnen Merkmale und enden bei der Verteilung der tatsächlichen im Vergleich zu den höchstmöglichen Punkten.

Zielsetzung sollte deshalb nicht nur eine leistungsgerechte, sondern auch eine sozialverträgliche Entlohnung sein. Dies gilt umso mehr, als zwar nicht alle Arbeiten für das Gesamtergebnis gleichermaßen wichtig sind, andererseits aber auch auf keine Tätigkeit (und erscheint sie auch noch so gering) verzichtet werden kann.

2

Stelle eines Werkzeugmechanikers

Bewertungsbegründung	Bewertung	max.	tats.	Summe
I. Können a) Für die Arbeitsausführung sind eine abgeschlossene Werkzeugmechanikerlehre und zusätzlich ca. 2 Jahre Erfahrungszeit – in der eine Heizerausbildung eingeschlossen ist – erforderlich. b) Geschicklichkeit bei zum Teil schwierigen fachberuflichen Arbeiten notwendig.	**I. Können** a) Arbeitskenntnisse (Ausbildung, Erfahrung, Denkfähigkeit) b) Geschicklichkeit (Handfertigkeit, Körpergewandtheit)	8 4	7,0 2,5	
	Können insgesamt:			**9,5**
II. Verantwortung a) Verantwortlich für richtige und ordnungsgemäße Ausführung der Wartungs- und Reparaturarbeiten, richtige Einstellungen und Arbeitsweise der Anlagen unter Beachtung der Sicherheitsvorschriften. b) – c) Zeitweise mitverantwortlich für die Sicherheit des zugeteilten Helfers.	**II. Verantwortung** a) für die eigene Arbeit (Betriebsmittel und Erzeugnisse) b) für die Arbeit anderer c) für die Sicherheit anderer	4 3 3	3,5 – 0,5	
	Verantwortung insgesamt:			**4,0**
III. Arbeitsbelastung a) 1. Erhöhte, zeitweise hohe Aufmerksamkeit bei Arbeitsausführung 2. In der Regel erhöhte Anforderung an eigenes Überlegen b) Arbeitsweise stehend, gehend, in gebückter und teilweise in unnatürlicher Haltung. Hantiert mit Werkzeugen und Ersatzteilen. Benutzt zeitweise Gabelstapler und Teleskop-Arbeitsbühne.	**III. Arbeitsbelastung** a) geistig 1. Sinne und Nerven (Aufmerksamkeit) 2. Denktätigkeit (Nachdenken) b) muskelmäßig	5 5	1,5 1,5 3,0	
	Arbeitsbelastung insgesamt:			**6,0**
IV. Umgebungseinflüsse a) Verschmutzung der Hände d) Zeitweise etwas Strahlungshitze bei Schweißarbeiten g) Teilweise erschwerende Lärmbelästigung k) Erkältungsgefahr bei Arbeiten im Freien (wechselnde Temperaturen) l) Zeitweise geringe Belästigung durch Tragen von Schutzkleidung (Schutzbrille, Handschuhe) m) Trotz Beachtung der UV- und Sicherheitsvorschriften können Unfälle vorkommen.	**IV. Umgebungseinflüsse** a) Schmutz (Verschmutzung) b) Staub c) Öl d) Temperatur e) Nässe (Wasser, Säure, Lauge usw.) f) Gase, Dämpfe g) Lärm h) Erschütterung i) Blendung oder Lichtmangel k) Erkältungsgefahr l) Hinderliche Schutzkleidung m) Unfallgefahr	2 1,5 1 2 1 2 2 1,5 1 1 2 2	0,5 – – 0,5 – – 1,0 – – 0,5 0,5 1,0	
	Umgebungseinflüsse insgesamt:			**4,0**
Ergänzung zur „Beschreibung der Arbeit", Skizzen:	**Arbeitswert** (Summe der Punkte I–IV)	51		**23,5**
	Arbeitswertgruppe		**IV**	

Ausgestellt am: ..–10–19 durch: *Karl Meier*	Inhalt anerkannt: *Josef Schulz*	Bewertet am: ..–10–15 durch: *Horst Denner*

Arbeitsvorschlag

1. Aus welchen Teilbereichen setzt sich das „REFA-System" zusammen?
2. Welche Ziele verfolgt „REFA"?
3. Wie wird die „Arbeitsbelastung" an einem Arbeitsplatz festgestellt?

1.1.3.1 Zeitlohn

Hier richtet sich der Verdienst eines Arbeitnehmers nicht nach dem mengenmäßigen Arbeitsergebnis, sondern nach seiner Anwesenheit im Betrieb. Zur Arbeitsleistung besteht kein unmittelbarer Bezug. Trotzdem wird ein bestimmtes Leistungsverhalten vorausgesetzt. `1`

Folgende Beispiele aus Stellenanzeigen enthalten u. a. Gründe, warum Zeit- und kein Akkordlohn gezahlt wird.

Wir suchen eine/n erfahrene/n, gewissen-hafte/n

Fernsehtechniker/in

mit Kenntnissen im Video-Bereich.
Aufgabengebiet:

*   sorgfältige Reparatur von Kundenge-räten
*   Installation von Fernsehantennen
*   Kundenberatung

Für Qualitätsarbeit erhalten Sie einen Lohn, der Sie zufrieden stellt. ...

Frisörsalon, modern ausgestattet, 12 Plätze, sucht tüchtige

Frisörin

mit mehrjähriger Berufserfahrung.

Unsere Kundschaft erwartet zuvorkom-mende Beratung und individuelle, persön-liche Arbeit.

Sie arbeiten ohne Zeitdruck, ganz im Inte-resse der Kundinnen. ...

Arbeitsvorschlag

1. Was versteht man unter „Zeitlohn"?
2. Warum werden z. B. ein Fernsehtechniker oder eine Frisörin nicht im Akkord entlohnt?

2 Der Zeitlohn ist besonders zweckmäßig, wenn

- der Arbeitsablauf eine bestimmte Leistung voraussetzt, wie es z. B. bei der Fließbandfertigung der Fall ist;

- die zu verrichtende Tätigkeit besonders schwierig oder gefährlich ist und daher große Sorgfalt voraussetzt;

- keine Gliederung des Arbeitsablaufes in akkordgerechte Einzeltätigkeiten möglich oder sinnvoll ist;

- Arbeitsschritte nur einmal oder selten in der gleichen Weise vorkommen und sich nicht ständig wiederholen.

Es gibt verschiedene Möglichkeiten, die Anwesenheit im Betrieb zu erfassen. Eine der bekanntesten Formen ist die Stechuhr, die vom Arbeitnehmer bei Beginn und Ende der Arbeitszeit bedient werden muss, mittlerweile aber vielfach von modernen elektronischen Zeiterfassungsgeräten abgelöst wurde.

Daneben kann die Arbeitszeit auch auf besonderen Lohnscheinen erfasst werden. Nachfolgend ist ein Beispiel eines solchen Lohnscheines abgebildet, auf dem der Meister die Angaben des Arbeiters bestätigt.

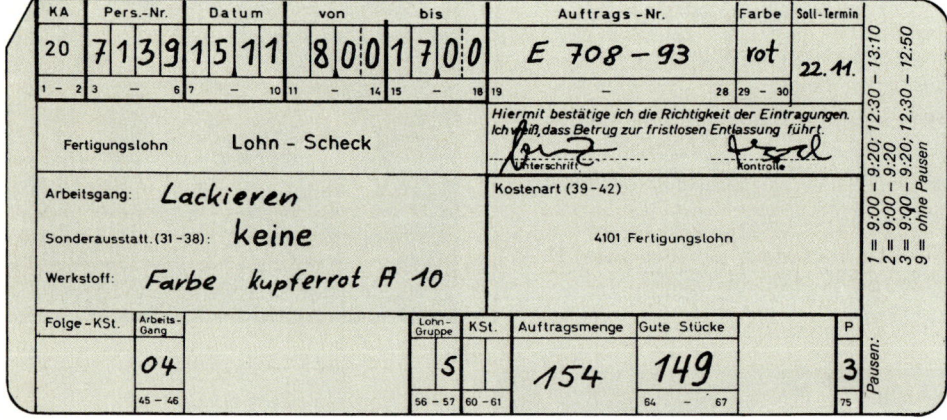

Lohnschein für Fertigungszeitlohn

Nach § 87 BetrVG (Betriebsverfassungsgesetz) kann der Betriebsrat über technische Einrichtungen, die dazu bestimmt sind, das Verhalten oder die Leistung der Arbeitnehmer zu überwachen, mitbestimmen.

Arbeitsvorschlag

1. Was ist eine „Stechuhr" und warum gibt es dieses Gerät?

2. Von wem werden der Arbeitsbeginn und das Arbeitsende festgestellt, wenn es keine Stechuhren oder sonstigen Geräte zur Zeiterfassung gibt?

3. Der Inhaber eines Malerbetriebes glaubt, ganz auf Zeiterfassungssysteme verzichten zu können, weil er meint, seine Mitarbeiter an den Baustellen wären bei der Eintragung ihrer Arbeitszeiten ehrlich. Was halten Sie davon?

1.1.3.2   Akkordlohn

Der Akkordlohn ist eine Entlohnung nach dem mengenmäßigen Arbeitsergebnis. Je
höher die Arbeitsleistung ist, desto höher ist der auszuzahlende Lohn. In der Regel ist
der Akkordlohn mit einem garantierten Mindestlohn verbunden. Ihn erhält der Arbeiter auch dann, wenn er nur unterdurchschnittliche Leistungen erbringt.

1

Schlamperei im Akkord?

Dortmund (xsd) — Eindringlich gewarnt hat der Vorsitzende der Handwerkskammer
Buchenhain, Dr. Ferdinand Brenning, vor einem ausschließlich kosten- und leistungs-
orientierten Denken bei der Mitarbeiterentlohnung.

Weder reiner Stundenlohn noch die leistungsfördernde Akkordarbeit seien für handwerkliche Produktionsverfahren geeignet.

Gesucht werden müsse — so Dr. Brenning auf einer Pressekonferenz seines Verbandes —
nach der optimalen Kombination von Qualität und Leistung. Die richtige Entlohnung
beeinflusse das Verhalten der Arbeitnehmer ganz wesentlich.

Das Handwerk stehe zwar auch unter Kostendruck und sei besonders lohnintensiv, könne
aber gleichzeitig nur erfolgreich arbeiten, wenn man den Kunden mit fehlerfreier, qualita-
tiv hochwertiger Arbeit zufrieden stelle ...

Anlass für den Appell Dr. Brennings war eine Untersuchung der Kammer. Danach wird in
immer mehr Betrieben versucht die Mitarbeiter nach Leistung zu entlohnen. Qualitätskontrollen und Kundenreklamationen hätten aber gezeigt, dass die handwerkliche Sorgfalt oft über Gebühr leide.

Akkordarbeit ist an bestimmte Voraussetzungen gebunden. Es ist z. B. notwendig, dass

- ein Arbeitsauftrag in einzelne bewertbare Tätigkeiten oder Arbeitsgänge zerlegt werden
  kann;
- sich die zu bewertenden Tätigkeiten oder Arbeitsgänge im Rahmen der Betriebstätigkeit
  wiederholen, da der Aufwand für die Zerlegung und Bewertung einmaliger Arbeitsauf-
  träge zu hoch ist;
- der Arbeitnehmer seine Arbeitsgeschwindigkeit und damit seine Leistung verändern
  kann.

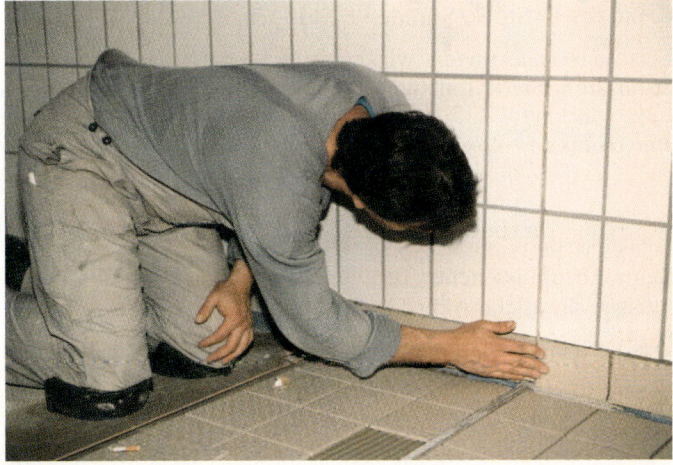

Fliesenleger bei der Arbeit

Beim Akkord findet man in der Praxis zwei Erscheinungsformen:

- Geldakkord,
- Zeitakkord.

Gerhard Richter erhält laut Arbeitsvertrag (Seite 61) im Akkord einen Grundlohn von 9,45 €.

Dies sind 5 % mehr als der Stundenlohn. Man bezeichnet den Grundlohn im Akkord als

Akkordrichtsatz = Stundenlohn + Akkordzuschlag

Das Leistungssoll (Normalleistung) liegt bei der Polsterung von 15 Stühlen/Stunde.

2 Entlohnung mit Geldakkord

Beim Geldakkord erhalten die Arbeiter für jedes hergestellte Teil oder für jeden Arbeitsgang einen festen Geldbetrag vergütet.

Das Arbeitsentgelt pro Stück, Tätigkeit oder Arbeitsgang bezeichnet man als

$$\text{Stückakkordsatz} = \frac{\text{Akkordrichtsatz}}{\text{Normalleistung}} = \frac{9,45}{15} = 0,63 \ \text{€/Stück}$$

Der Stückakkordsatz ist von Tätigkeit zu Tätigkeit verschieden. Er wird von der Arbeitsvorbereitung jeweils errechnet und dem Arbeiter vorgegeben.

Dazu muss zunächst der Zeitbedarf festgestellt werden. Je länger ein Arbeitsvorgang dauert, desto höher ist der Stückakkordsatz (und umgekehrt).

$$\text{Zeit/Stück} = \frac{60 \ \text{Minuten}}{\text{Normalleistung}} = \frac{60}{15} = 4 \ \text{Minuten pro Stück}$$

Der Akkordarbeiter kann seinen Lohn unmittelbar errechnen, indem er den Stückakkordsatz mit seiner Arbeitsleistung multipliziert. In diesem Falle würde das tägliche Arbeitsentgelt bei 8-stündiger Arbeitszeit und Normalleistung 75,60 € betragen (0,63 €/Stück · 15 Stück/Stunde · 8 Std. Arbeitszeit).

Leistungssteigerungen wirken sich unmittelbar lohnerhöhend aus, während unterdurchschnittliche Leistungen eine Verringerung des Arbeitsentgelts zur Folge haben.

Beispiel: *Der Arbeitnehmer fertigt pro Stunde nicht 15, sondern 17 Stuhlpolsterungen. Sein Lohn steigt damit auf 10,71 €/Stunde (0,63 € · 17) bzw. 85,68 € pro Tag. Fällt die Arbeitsleistung dagegen beispielsweise auf 14 Stück ab, so liegt der Arbeitslohn pro Stunde bei nur 8,82 € (0,63 € · 14) bzw. 70,56 € am Tag.*

Beim Abschluss neuer Tarifverträge oder Lohnveränderungen aus anderen Gründen müssen sämtliche Akkordrichtsätze angepasst, d. h. verändert werden.

Das Verhältnis zwischen tatsächlich erbrachter und der Mindest-(Soll-)Leistung ist der

$$\text{Leistungsgrad} = \frac{\text{Ist-Leistung} \cdot 100}{\text{Soll-Leistung}}$$

Der Leistungsgrad gibt an, ob das Arbeitstempo der Zeitvorgabe entsprach oder ob der Arbeiter mehr oder weniger geleistet hat.

SOLL	Leistungsgrad = 15 Stück pro Stunde

IST

$14 \text{ Stück} = \dfrac{14 \cdot 100}{15} = 93,\overline{33}\,\%$

$15 \text{ Stück} = \dfrac{15 \cdot 100}{15} = 100,00\,\%$

$17 \text{ Stück} = \dfrac{17 \cdot 100}{15} = 113,\overline{33}\,\%$

Im ersten Fall bleibt die erbrachte Leistung hinter dem Leistungssoll zurück. Der Arbeiter verdient auch entsprechend weniger. Im zweiten Fall stimmen Ist- und Soll-Leistung überein. Der Arbeiter erhält genau den Akkordrichtsatz. Im dritten Fall liegt eine Mehrleistung vor. Im gleichen Verhältnis steigt auch der Lohn!

Arbeitsvorschlag

1. Berechnen Sie den Stückakkordsatz und den Leistungsgrad:
   Normalleistung 33 Stück/Stunde
   Ist-Leistung 38 Stück/Stunde
   Akkordrichtsatz 10,00 €

2. Wie hoch sind der Tageslohn und der Leistungsgrad?

Arbeitszeit	8 Stunden	Fall 1	Fall 2	9 Stunden
Normalleistung	240 Stück			180 kg
Ist-Leistung	280 Stück			160 kg
Akkordrichtsatz	8,00 €			9,30 €

Entlohnung mit Zeitakkord

Beim Zeitakkord erhalten die Arbeiter für jeden Arbeitsgang statt eines festen Geldbetrages nur einen Zeitwert angerechnet.

Den Wert einer Arbeitsminute im Akkord bezeichnet man als

$$\text{Minutenfaktor} = \dfrac{\text{Akkordrichtsatz}}{60} = \dfrac{9,45}{60} = 0,1575 \text{ €/Minute}$$

Die vorausberechnete Zeit/Stück wird wie beim Geldakkord berechnet.

Sie ist die

$$\text{Vorgabezeit} = \dfrac{60 \text{ Minuten}}{\text{Normalleistung}} = 4 \text{ Minuten pro Stück}$$

Multipliziert man die Tagesleistung (Stück) mit der Vorgabezeit und dem Minutenfaktor, erhält man den

$$\begin{aligned}\text{Bruttolohn} &= \text{Tagesleistung} \cdot \text{Vorgabezeit} \cdot \text{Minutenfaktor}\\ &= 15 \cdot 8 \cdot 4 \cdot 0,1575\\ &= 75,60 \text{ € pro Tag}\end{aligned}$$

Eine Leistungssteigerung hat zur Folge, dass der Arbeiter pro Stunde oder Tag mehr Stück und damit mehr Akkordminuten erbringt.

> *Beispiel:* *Pro Stunde fertigt der Arbeiter 17 Polsterungen. Dadurch erzielt er stündlich 68 Akkordminuten (17 Stück · 4 Minuten) und somit pro Arbeitstag 544 Akkordminuten.*
>
> *Sein Verdienst steigt auf 10,71 € Euro pro Stunde (68 · 0,1575 €) bzw. 85,68 € pro Tag (544 · 0,1575 €).*
>
> *Fällt die Arbeitsleistung hingegen auf 14 Stühle ab, so liegt der Stundenlohn bei 8,82 € (14 Stück · 4 Minuten · 0,1575 €) bzw. 70,56 € am Tag (14 Stück · 4 Minuten · 8 Std. · 0,1575 €).*

Der Leistungsgrad lässt sich genauso ermitteln wie beim Geldakkord. Man zieht in der Regel aber statt der mengenmäßigen Leistung die Akkordminuten heran.

$$\text{Leistungsgrad} = \frac{\text{erreichte Akkordminuten} \cdot 100}{60}$$

Die Ergebnisse bleiben für die vorliegenden Fälle gleich:

SOLL **Leistungsgrad = 60 Akkordminuten**

IST

$$56 \text{ Minuten} = \frac{56 \cdot 100}{60} = 93,\overline{33}\,\%$$

$$60 \text{ Minuten} = \frac{60 \cdot 100}{60} = 100,00\,\%$$

$$68 \text{ Minuten} = \frac{68 \cdot 100}{60} = 113,\overline{33}\,\%$$

Tipp   **Auch beim Akkordlohn sollte man mit seinen Kräften haushalten, denn Vorgabezeiten gelten auch für ältere Kollegen!**

Arbeitsvorschlag

1. Erläutern Sie den Unterschied der beiden Akkordarten.
2. Was versteht man unter den Begriffen „Minutenfaktor" und „Leistungsgrad"?
3. Ein Arbeiter hat einen Akkordrichtsatz von 11,00 €. Die Normalleistung liegt bei 20 kg/Stunde.

   Berechnen Sie den Minutenfaktor, die Vorgabezeit und den Leistungsgrad bei einer tatsächlichen Produktion von 25 kg/Stunde.

4 Entscheidungsgründe für Geldakkord oder Zeitakkord

Geldakkord

- Der Arbeiter kann seinen Lohn ohne größere Umrechnungen direkt aus seiner Leistung ermitteln und erkennt offen die direkte Abhängigkeit von Leistung und Lohn.
- Jede Tätigkeit hat einen anderen Stückakkordsatz, dadurch wird die Lohnberechnung bei sehr unterschiedlichen Arbeitseinsätzen erschwert.
- Bei einer veränderten Entlohnungsgrundlage (Tariferhöhung o. Ä.) müssen sämtliche Stückakkordsätze geändert werden.

Zeitakkord

- Bei Tarifveränderungen braucht lediglich der Minutenfaktor angepasst zu werden und nicht die Vielzahl einzelner Stückakkordsätze.

- Der Minutenfaktor ist für alle Tätigkeiten gleich. Bei der Lohnberechnung müssen die Akkordminuten addiert und mit dem Minutenfaktor multipliziert werden.

- Bei einem Wechsel zwischen Akkord- und Zeitlohnarbeit kann die Lohnberechnung für den Arbeiter evtl. schwieriger werden.

Wichtiges in Kürze

○ **Zeitlohn** ist nicht direkt leistungsbezogen. Er ist das Gehalt bei Angestellten und der Stundenlohn bei Arbeitern.

○ **Akkordlohn** ist leistungsabhängiger Lohn. Man unterscheidet Geldakkord und Zeitakkord.

- **Stückakkordsatz** = **Geldbetrag pro Stück beim Geldakkord**

- **Zeitakkordsatz** = **Lohn pro Akkordminute beim Zeitakkord**
  (= Minutenfaktor)

- **Vorgabezeit** = **Soll-Zeit pro Stück**

- **Leistungsgrad** = **Verhältnis von erbrachter Leistung zu vorgegebener Normal-Leistung**

1.1.3.3   Prämienlohn

Die Geschäftsleitung der Polstermöbelfabrik Reinhard Siebert OHG macht sich zunehmend Sorgen wegen Beschwerden von Kunden, die über die teilweise mangelnde Qualität der Polstermöbel klagen:

> ... ist schon nach nur 3-monatiger Benutzung der Couchgarnitur „Hamburg" eine Sessellehne locker.

> ... stellten wir sofort nach dem Kauf fest, dass eine Naht an der Polsterung offen ist ...

> ... auf dem Sofa fehlen zwei Polsterknöpfe ...

> ... sind offensichtlich beim Polstern der Sessel verschiedene Bezüge verwendet worden, die farblich von einander abweichen ...

> ... war nicht sorgfältig verpackt und ist an zwei Stuhlbeinen durch Kratzer beschädigt ...

Man sucht nach geeigneten Wegen, zukünftig die Gründe für diese und ähnliche Reklamationen auszuschalten.

Die Geschäftsleitung glaubt, dass verstärkte Qualitätskontrollen allein nicht ausreichen und obendrein Kosten verursachen würden. Deshalb sollen an die Mitarbeiter Prämien für einwandfreie Arbeit gezahlt werden.

Man unterscheidet verschiedene **Prämienarten,** wie z. B.

- **Qualitätsleistungsprämien** (geringe Ausschussquoten, wenig Garantiefälle, keine Reklamationen usw.)
- **Ersparnisprämien** (hohe Materialausbeute, geringer Energieverbrauch, sparsamer Rohstoffeinsatz usw.)
- **Nutzungsgradprämien** (Reduzierung der Reparaturzeiten, Herabsetzung der Rüstzeiten usw.)

Sonstige Anlässe zur Prämienzahlung können Termineinhaltung, vorzeitige Fertigstellung, Unfallverhütung usw. sein.

Damit sind die Prämien Ergänzungszahlungen zum Zeit- oder Akkordlohn. Prämien stellen qualitative und/oder quantitative Leistungsanreize dar.

Die Prämienzahlung erfolgt nur dann, wenn eine bestimmte Normalleistung überschritten, d. h. besser oder schneller gearbeitet wurde.

Arbeitsvorschlag

1. Was verspricht sich die Geschäftsleitung der Polstermöbelfabrik von der Einführung des Prämienlohnes?
2. Um welche Prämienart handelt es sich in diesem Fall?
3. Versuchen Sie betriebliche Anwendungsbeispiele für die anderen genannten Prämienarten zu finden.
4. Welche Funktion könnte die Verbindung von Zeitlohn und Prämienlohn haben?

1.1.3.4   Lohngruppen

Obwohl die Arbeitnehmer nach ihren jeweiligen Voraussetzungen und den Anforderungen des Arbeitsplatzes entlohnt werden sollten, werden die Löhne in der Regel zu Gruppen zusammengefasst.

Die Lohngruppeneinstufung erfolgt dann nach Gesichtspunkten, die von den Tarifpartnern festgelegt werden.

Im folgenden Beispiel wird den Lohngruppen jeweils der Grund- und Akkordlohn zugeordnet.

In der Lohngruppe 6 findet man den **Ecklohn.** Er ist Gegenstand von Tarifverhandlungen. Die übrigen Löhne werden auf seiner Grundlage berechnet!

Arbeitsvorschlag

1. Was versteht man unter einer Lohngruppe?
2. Erläutern Sie den Begriff „Ecklohn".
3. Auf welchem Akkordzuschlag ist die Tabelle aufgebaut?

Lohngruppe	%	Grund-lohn (€)	Akkord-lohn (€)	Montage-zuschlag (€)
Lohngruppe 1: Die Lohngruppe 1 entfälllt.	–	–	–	–
Lohngruppe 2: Einfache Arbeiten, die keine Arbeits-kenntnisse, jedoch eine Zweckausbildung voraussetzen und nur eine geringe körperliche Belastung erfordern.	81	8,11	8,515	0,465
Lohngruppe 3: Einfache Arbeiten, die unter körper-licher Belastung, die über die vorgenannte Lohngruppe hinausgeht, auszuführen sind oder einfache Arbeiten, deren Ausführungen gegenüber der vorgenannten Lohngruppe zusätzliche Erfahrung voraussetzt.	84	8,415	8,835	0,485
Lohngruppe 4: Arbeiten, zu deren Ausführung die erforderlichen Kenntnisse durch Anlernen erworben sind, oder Arbeiten der Lohngruppe 2 mit einer körper-lichen Belastung, die über die der Lohngruppe 2 hinausgeht.	88,5	8,865	9,305	0,51
Lohngruppe 5: Spezialarbeiten, die eine Ausbildung in einem Anlernberuf oder ein Anlernen mit zusätz-lichen Erfahrungen erfordern.	93,5	9,365	9,83	0,54
Lohngruppe 6: Arbeiten, deren Ausführung eine Berufsausbildung voraussetzt oder Fähigkeiten und Kenntnisse, die denen eines Facharbeiters gleich-zusetzen sind.	100	10,015	10,515	0,575
Lohngruppe 7: Schwierige Facharbeiten, deren Ausführung langjährige Berufserfahrung voraussetzt, die in Ausnahmefällen auch durch Anlernen erworben sein kann.	110	11,02	11,565	0,635
Lohngruppe 8: Besonders schwierige Facharbeiten, die hohe Anforderungen an Können und Wissen stellen und selbstständiges Arbeiten voraussetzen.	120	12,02	12,62	0,69
Lohngruppe 9: Hochwertigste Facharbeiten, die über-ragendes Können, große Selbstständigkeit, Dispositions-vermögen ... erfordern.	133	13,32	13,985	0,765

aus: Schulfernsehen Hessen, Löhne und Steuern, Seite 21

1.1.4 Urlaubsanspruch

Alter	Mindesturlaub pro Jahr Werktage	Arbeitstage
bis 15	30	25
bis 16	27	23
bis 17	25	21
ab 18	24	20

Auszubildende haben, wie alle anderen Arbeit-nehmer, ein Recht auf bezahlten Jahresurlaub.

Die Mindestzahl der Urlaubstage ist festgelegt durch das

- **Jugendarbeitsschutzgesetz** (für alle jugendli-chen Arbeitnehmer, die das 18. Lebensjahr noch nicht vollendet haben) und das

- **Bundesurlaubsgesetz** (für alle Arbeitnehmer, sofern sie nicht besonderen Gesetzen, wie z. B. dem JArbSchG, unterliegen).

In Manteltarifverträgen oder Arbeitsverträgen können selbstverständlich jederzeit günstigere Urlaubsbedingungen als in den genannten Gesetzen vereinbart werden. Eine Verschlechterung ist aber nicht möglich.

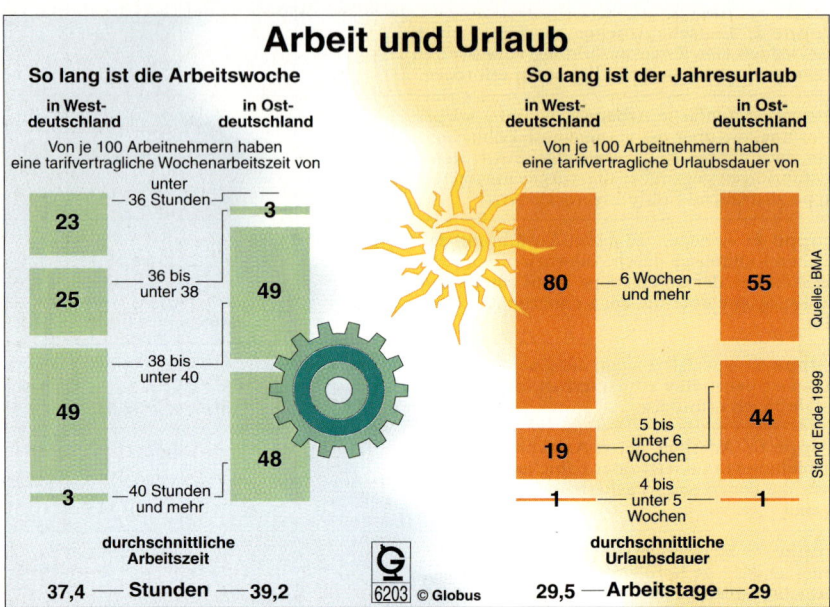

2 Ein Beispiel aus der Personalabteilung der Polstermöbelfabrik Siebert OHG:

Der 26-jährige Dieter Kramer erhält laut Arbeitsvertrag 24 Arbeitstage Urlaub.

Vom 16. bis 30. Juli macht die Polstermöbelfabrik zwei Wochen Betriebsferien (= 10 Arbeitstage).

Kramer fährt — wie jedes Jahr — nach Sylt und hilft dort seinem Schwager, der ein großes Hotel besitzt. Als sich kurz vor Ferienende eine große Reisegruppe anmeldet, entschließt sich Dieter Kramer, noch zwei Tage zu bleiben.

Am ersten Arbeitstag um 7:30 Uhr ruft er von Sylt aus in seinem Betrieb an und verlangt aus genanntem Grund weitere 3 Tage Urlaub. Die Personalsachbearbeiterin lehnt dies ab und verlangt, dass Kramer „binnen vier Stunden" am Arbeitsplatz erscheint. Kramer ist empört. „Ich habe ein Recht auf Urlaub und Sie haben ihn mir zu geben. Seien Sie froh, dass ich Sie überhaupt informiert habe."

Als er am folgenden Donnerstag an seinem Arbeitsplatz erscheint, muss er sofort zur Personalabteilung.

Zwischen ihm und dem Personalchef entwickelt sich ein heftiger Streit. Kramer wird vorgeworfen, er habe seinen Urlaub zweckentfremdet und gearbeitet, statt sich zu erholen. Deshalb müsse er den für diese Zeit weitergezahlten Lohn zurückerstatten.

Dieter Kramer räumt ein, dass er für seine Mithilfe „ganz normal" entlohnt worden sei. Trotzdem fühlt er sich im Recht und glaubt, dass Art und Zeitpunkt seines Urlaubs seine Privatsache seien.

Der Streit endet beinahe mit Handgreiflichkeiten. Die Folge: Dieter Kramer erhält am nächsten Tag seine „Papiere". Er wird fristlos entlassen.

Krankheit. Die Krankheitstage dürfen nicht auf den Urlaubsanspruch angerechnet werden. In solchen Fällen muss die Krankheit durch ärztliches Attest nachgewiesen werden.

Urlaubsbescheinigung. Beim Ausscheiden aus dem Betrieb werden die Urlaubstage bescheinigt. Bei dem neuen Arbeitgeber besteht dann nur noch Anspruch auf den restlichen Urlaub!

Urlaubsverfall. Ausnahmsweise kann Urlaub auf das folgende Jahr übertragen werden. Der Anspruch verfällt aber am 31. März des nächsten Jahres, wenn mit dem Betrieb keine andere Vereinbarung getroffen wurde.

Urlaubsantrag. Er muss rechtzeitig gestellt werden. Der Arbeitgeber hat die Wünsche zwar zu berücksichtigen, entscheidet aber im Zweifelsfall allein darüber, ob dem Antrag stattgegeben wird oder nicht. Eigenmächtig genommener Urlaub kann zur fristlosen Kündigung führen.

Entlohnung. Während der Urlaubstage wird die Vergütung voll weitergezahlt. Zusätzlich gibt es in der Regel Urlaubsgeld. Der Anspruch auf Lohnfortzahlung erlischt, wenn der Arbeitnehmer im Urlaub einer anderen Erwerbstätigkeit nachgeht.

Teilurlaub. Für jeden vollen Monat erhält der Arbeitnehmer $\frac{1}{12}$ des Jahresurlaubs. Der volle Urlaubsanspruch besteht erst nach sechsmonatiger Betriebszugehörigkeit.

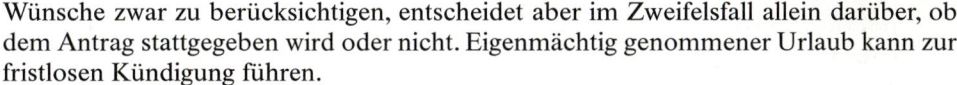

Tipp Urlaubsanträge rechtzeitig stellen, damit der Betrieb die Abwesenheit einplanen kann.

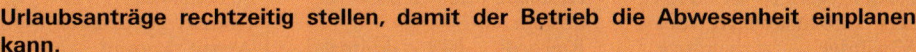

Arbeitsvorschlag

1. Was heißt „Urlaub"?
2. Wie viele Urlaubstage stehen einem Arbeitnehmer zu?
3. Wann verfällt der Urlaubsanspruch?
4. Was muss ein Arbeitnehmer tun, bevor er seinen Urlaub antritt?
5. Ein Arbeitnehmer wird während des Urlaubs krank. Was hat er zu tun?
6. Warum gehört die Urlaubsbescheinigung zu den Arbeitspapieren?
7. Wer hat Ihrer Meinung nach im Fall „Dieter Kramer" Recht?

952775

> **Wichtiges in Kürze**
>
> O Der Mindesturlaub beträgt für alle erwachsenen Arbeitnehmer 24 Werktage (20 Arbeitstage bei 5-Tage-Woche).
> O Für jeden vollen Monat gibt es $\frac{1}{12}$ des Jahresurlaubs.
> O Im Urlaub wird der Lohn weitergezahlt.

1.2 Schutzbestimmungen für Arbeitnehmer

1.2.1 Sozialer Schutz und Gesundheitsvorsorge

1.2.1.1 Kündigung und Kündigungsschutz

Die Kündigung ist eine Auflösung des bestehenden Arbeitsverhältnisses. Sie kann von beiden Seiten ausgesprochen werden.

1 Man unterscheidet zwischen einer

- **ordentlichen Kündigung,** die unter Einhaltung der gesetzlich vorgeschriebenen oder vertraglich vereinbarten (längeren) Frist ausgesprochen wird, und einer
- **fristlosen Kündigung,** bei der das Arbeitsverhältnis aus wichtigem Grund sofort aufgelöst wird.

Jede vom Arbeitgeber ausgesprochene Kündigung muss begründet werden.

Dazu drei Fälle aus der Polstermöbelfabrik Siebert:

Dem 35-jährigen ledigen Schreiner Helmut Wenzel wurde gekündigt, weil die Auftragslage um 25 % zurückgegangen ist. Wenzels Arbeitskollege, der 52-jährige verheiratete Kurt Feldmann, konnte bleiben ...	Der 21-jährige Kraftfahrer Carsten Richards wurde unter der Bedingung eingestellt, dass er den Führerschein der Klasse 2 besteht. Richards fällt dreimal durch die Prüfung ...	Der 19-jährige Elektroinstallateur Hans Meister verstößt wiederholt gegen das Alkoholverbot am Arbeitsplatz. Als er wieder einmal betrunken zur Arbeit kommt, kann er sofort wieder gehen ...

Nach dem Kündigungsschutzgesetz darf eine Entlassung nur aus

- **betrieblichen,**
- **personenbedingten** oder
- **verhaltensbedingten**

Gründen erfolgen! Besonders bei betrieblich bedingten Kündigungen müssen soziale Gesichtspunkte berücksichtigt werden, d. h., dass im Zweifelsfalle demjenigen Arbeitnehmer gekündigt wird, für den die Kündigung die geringere soziale Härte bedeutet.

Wenn ein Betriebsrat besteht, muss er vor jeder Kündigung gehört werden.

Tipp   Eine Kündigung ohne vorherige Anhörung des Betriebsrates ist unwirksam!

Arbeitsvorschlag

1. Unterscheiden Sie zwischen fristloser und ordentlicher Kündigung.

2. Überprüfen Sie, ob die drei ausgesprochenen Kündigungsfälle mit dem Kündigungsschutzgesetz in Einklang zu bringen sind und ordnen Sie die Kündigungsgründe den Fällen zu.

3. Im ersten Fall (Helmut Wenzel) wird deutlich, was unter „sozialen Gesichtspunkten" bei einer Kündigung zu verstehen ist. Erläutern Sie dies und nennen Sie andere Beispiele.

4. Konstruieren Sie weitere Fälle für Kündigungsgründe und entscheiden Sie jeweils, ob die Kündigung ordentlich oder fristlos erfolgen wird.

5. Um welchen Kündigungsgrund geht es in folgender Karikatur? Welche Kündigungsfrist wird hier gelten?

aus: Der Grundstein, 1983, S. 9

Die normalen Kündigungsfristen verlängern sich bei langjähriger Beschäftigung im Unternehmen.

[2]

Gleiche Kündigungsfristen für Angestellte und Arbeiter

Beschäftigung	
unter 2 Jahren	4 Wochen[1]
ab 2 Jahren	1 Monat
ab 5 Jahren	2 Monate
ab 8 Jahren	3 Monate
ab 10 Jahren	4 Monate
ab 12 Jahren	5 Monate
ab 15 Jahren	6 Monate
ab 20 Jahren	7 Monate

jeweils zum Monatsende

[1] zum 15. oder zum Monatsende

Kündigt der Arbeitnehmer, gelten die gewöhnlichen Kündigungsfristen (28 Tage, ab 2-jähriger Betriebszugehörigkeit 1 Monat).

1. Welche Kündigungsfristen haben Arbeitgeber und Arbeitnehmer einzuhalten?
2. Wie lang ist der höchste gesetzliche Kündigungsschutz und für wen gilt er?
3. Welche Kündigungsfrist hat ein Auszubildender? (Siehe dazu „Berufsbildungsgesetz".)
4. Welche Kündigungsfristen sind in folgenden Situationen einzuhalten?
   a) Ein 45-jähriger Arbeiter, der seit einem halben Jahr im Betrieb beschäftigt ist, will zum 1. November gehen.
   b) Ein Auszubildender will in der Probezeit die Stelle wechseln.
   c) Eine 30-jährige Frau, die seit 10 Jahren im Betrieb beschäftigt ist, soll zum 1. August entlassen werden.
   d) Ein seit 8 Jahren im Betrieb tätiger Lagerarbeiter wird beim Diebstahl von zehn Waschbetonplatten erwischt.
   e) Der Lkw-Fahrer einer Spedition verliert den Führerschein bei einer Alkoholkontrolle.
   f) Ein 30-jähriger Straßenbauarbeiter, der seit seiner Lehre vor 15 Jahren im gleichen Betrieb beschäftigt war, möchte zum 1. April die Firma wechseln.

- **Jede Kündigung muss begründet sein.**
- **Der Betriebsrat ist vor jeder Kündigung zu hören.**
- **Ordentliche Kündigungen erfolgen mit einer Frist.**
- **Fristlose Kündigungen setzen voraus, dass ein wichtiger Grund vorliegt, der ein Fortbestehen des Arbeitsverhältnisses unmöglich macht.**

1.2.1.2 Jugendarbeitsschutz

Um jugendliche Arbeitnehmer/innen vor gesundheitlichen Schäden durch zu starke Arbeitsbelastungen zu schützen, wurde das Jugendarbeitsschutzgesetz erlassen. Es gilt aber nicht nur für Jugendliche, sondern bezüglich der Freistellung zum Besuch der Berufsschule auch für volljährige Auszubildende. In der Frage, ob Auszubildende nach der Berufsschule wieder in den Betrieb zurückkehren müssen, ist hingegen zwischen Minder- und Volljährigen zu unterscheiden:

[1] **Ausbildung begonnen und schon Krach mit dem Chef**

Schon gleich nach dem ersten Berufsschultag hatte Daniel Schweizer (18 Jahre) den ersten Ärger mit dem Ausbilder. Nach sieben Stunden in der Berufsschule war er ebenso wie sein 17-jähriger Kollege Mark Ausmann nicht mehr in den Betrieb zurückgekehrt, obwohl dieser „gleich um die Ecke" liegt. Aus seinem Freundeskreis hatte Daniel aber gehört, dass seine „Kumpels" früher nie nach der sechsten Unterrichtsstunde noch arbeiten mussten. Und nun das: „Standpauke" beim Chef mit dem deutlichen Hinweis, dass er künftig nach der Berufsschule grundsätzlich wieder in den Betrieb zurückzukehren habe. Daniel wusste keine Antwort, zweifelte aber daran, dass der Chef wirklich Recht hatte.

1. Erläutern Sie mithilfe der nachfolgenden Informationen, welche Aufgaben das Jugendarbeitsschutzgesetz hat und für welchen Personenkreis es gilt.

2. Unter welchen Voraussetzungen ist die Arbeit von Kindern und Jugendlichen erlaubt?

3. Erklären Sie die Bestimmungen des Jugendarbeitsschutzgesetzes zum Berufsschulbesuch und leiten Sie daraus ab, ob der Chef im Falle von Daniel Schweizer Recht hat.

Jugendarbeitsschutz — für wen?

Das Jugendarbeitsschutzgesetz soll alle jungen Menschen unter 18 Jahren vor einer Gefährdung ihrer Gesundheit oder einer Störung ihrer Entwicklung bewahren. Es enthält deshalb zahlreiche Schutzvorschriften, zu deren Beachtung der Arbeitgeber gesetzlich verpflichtet ist. Das Gesetz gilt für alle Jugendlichen, die in der Berufsausbildung oder einem ähnlichen Ausbildungsverhältnis stehen, sowie für alle Arbeitnehmer oder Heimarbeiter unter 18 Jahren.

Keine Beschäftigung unter 15 Jahren

Als „Kind" im Sinne des JArbSchG gelten alle Personen, die noch keine 15 Jahre als sind (Alter bis 14 Jahre). Wer das 15. Lebensjahr erreicht, das 18. Lebensjahr aber noch nicht vollendet hat, ist „Jugendlicher".

Die Beschäftigung von Kindern ist nach dem JArbSchG (§ 5 Abs. 1) verboten. Das Beschäftigungsverbot gilt auch für Jugendliche, sofern sie noch der Vollzeitschulpflicht unterliegen (z. B. 16-jähriger BGJ-Schüler, der sich in der 10. Klasse befindet). Dieses Verbot gilt aber z. B. nicht für Betriebspraktika. Außerdem sieht das Gesetz für die noch der Vollzeitschulpflicht unterliegenden Jugendlichen die Möglichkeit vor, dass z. B. für maximal vier Wochen pro Kalenderjahr Ferienjobs angenommen werden können.

Eine Reihe von weiteren Ausnahmen begleiten das JArbSchG. So treten z. B. Kinder im Fernsehen auf, nehmen Filmrollen an, wirken in Konzerten mit, Jugendliche tragen Zeitungen aus, helfen in der Landwirtschaft, mähen Rasen, „spielen" Babysitter, helfen bei Vereinsfesten, übernehmen Handreichungen beim Sport, treten in einer Band auf oder erledigen Einkäufe für die Eltern oder Nachbarn, um das Taschengeld aufzubessern. Ein Gesetz kann nicht alle Einzelfälle reglementieren. Zeitlich beschränkte, vor allem aber dem körperlichen Zustand angemessene Tätigkeiten sind als Ausnahme erlaubt. In besonderen Fällen (z. B. Filmaufnahmen, Fernsehauftritte usw.) müssen ggf. vorher beim Gewerbeaufsichtsamt Genehmigungen eingeholt werden.

Arbeitszeit

Jugendliche dürfen in der Regel täglich nicht länger als 8 Stunden und wöchentlich nicht mehr als 40 Stunden arbeiten. Für Jugendliche gilt generell die 5-Tage-Woche. In der Landwirtschaft gibt es Ausnahmen. Jugendliche über 16 Jahre dürfen während der Erntezeit bis zu 9 Stunden täglich und bis zu 85 Stunden in der Doppelwoche beschäftigt werden. In den übrigen Betrieben kann die tägliche Arbeitszeit auf $8\frac{1}{2}$ Std. verlängert werden ($4\frac{1}{2}$-Tage-Woche).

Als tägliche Arbeitszeit wird die Zeit vom Beginn bis Ende der täglichen Beschäftigung ohne die Ruhepausen gerechnet. Bei Schichtzeit müssen zur täglichen Arbeitszeit die Ruhepausen hinzugerechnet werden.

Berufsschule

Der Arbeitgeber ist verpflichtet den Jugendlichen für die Teilnahme am Berufsschulunterricht freizustellen. Außerdem darf der Jugendliche nicht vor einem vor 9 Uhr beginnenden Unterricht und auch nicht an Berufsschultagen mit mehr als 5 vollen Unterrichtsstunden (einmal pro Woche) beschäftigt werden. Wird an der Berufsschule ein planmäßiger Blockunterricht von mindestens 25 Stunden an mindestens fünf Tagen durchgeführt, darf der Jugendliche ebenfalls nicht beschäftigt werden. Die Zeit des Unterrichts wird voll auf die Arbeitszeit angerechnet. Der Jugendliche hat deshalb auch für diese Zeit Anspruch auf ein volles Arbeitsentgelt. Die Freistellungsregel bei mehr als fünf vollen Unterrichtsstunden gilt nicht für volljährige Auszubildende.

Urlaub

Jeder Jugendliche hat Anspruch auf einen jährlichen bezahlten Erholungsurlaub. Je nach Alter des Jugendlichen ist der Urlaub unterschiedlich lang: 30 Werktage für 15-Jährige, 27 Werktage für 16-Jährige und 25 Werktage für 17-Jährige. Jugendliche jeder Altersgruppe, die im Bergbau unter Tage beschäftigt werden, erhalten einen zusätzlichen Urlaub von jährlich drei Werktagen.
Grundsätzlich soll Berufsschülern der Urlaub in der Zeit der Berufsschulferien gegeben werden.

Ruhe an Samstagen, Sonn- und Feiertagen

An Samstagen, Sonn- und Feiertagen dürfen Jugendliche grundsätzlich nicht beschäftigt werden. Für bestimmte Branchen und Einrichtungen gibt es jedoch Sonderbestimmungen. So ist die Beschäftigung z. B. in Krankenhäusern, in der Landwirtschaft und Tierpflege, bei Aufführungen und Veranstaltungen, im Gaststättengewerbe, beim Sport und im ärztlichen Notdienst zulässig, samstags auch in offenen Verkaufsstellen. Es muss jedoch sichergestellt sein, dass mindestens zwei Samstage und zwei Sonntage im Monat beschäftigungsfrei bleiben.

Frei bei Prüfungen

Ein Jugendlicher, der an Prüfungen und bestimmten außerbetrieblichen Ausbildungsmaßnahmen teilnimmt, muss dafür freigestellt werden. Das Gleiche gilt auch für den Arbeitstag vor der schriftlichen Abschlussprüfung. In allen Fällen läuft die Bezahlung weiter.

Ruhepausen

Jugendliche haben Anspruch auf feststehende Ruhepausen. Sie dürfen nicht länger als viereinhalb Stunden hintereinander ohne Ruhepausen beschäftigt werden, wobei die einzelne Ruhepause mindestens 15 Minuten dauern muss. Bei einer Arbeitszeit von mehr als sechs Stunden stehen den Jugendlichen insgesamt mindestens 60 Minuten Ruhepause zu. Bei einer Arbeitszeit von mehr als viereinhalb bis zu sechs Stunden müssen die Pausen mindestens 30 Minuten betragen.

Beschäftigungszeit

Jugendliche dürfen nur in der Zeit von 6 bis 20 Uhr beschäftigt werden. In bestimmten Branchen gibt es für Jugendliche über 16 Jahre Sonderregelungen, wenn dies im Interesse der Ausbildung liegt. Sie dürfen im Gaststätten- und Schaustellergewerbe bis 22 Uhr, in Bäckereien und Konditoreien ab 5 Uhr (mit dem 17. Lebensjahr in Bäckereien ab 4 Uhr) arbeiten. Weitere Ausnahmen gelten für die Beschäftigung Jugendlicher über 16 Jahre, für mehrschichtige Betriebe (bis 23 Uhr) und in der Landwirtschaft (ab 5 Uhr oder bis 21 Uhr). Sonderbestimmungen gelten auch für Hitzebetriebe (ab 5 Uhr) und die Mitwirkung bei Veranstaltungen und Darbietungen (bis 23 Uhr).

1.2.1.3 Frauenarbeitsschutz/Mutterschutz

Grundsätzlich gelten für Frauen die gleichen Arbeitsschutzbestimmungen wie für ihre männlichen Arbeitskollegen.

Dass es trotzdem noch Unterschiede gibt, zeigt folgender Auszug aus der Arbeitszeitordnung:

> **§ 16 Beschäftigungsverbote**
>
> [I] Weibliche Arbeitnehmer dürfen in Bergwerken, Salinen, Aufbereitungsanstalten und unterirdisch betriebenen Brüchen und Gruben nicht unter Tage, ferner bei der Förderung, mit Ausnahme der Aufbereitung (Separation, Wäsche), bei dem Transport und der Verladung auch nicht über Tage beschäftigt werden.
>
> [II] Weibliche Arbeitnehmer dürfen ferner nicht in Kokereien und nicht mit der Beförderung von Roh- und Werkstoffen bei Bauten aller Art beschäftigt werden.

Hingegen wurde das bis in die neunziger Jahre geltende Nachtarbeitsverbot für Frauen aufgehoben.

Umfangreich ist der Schutz während und nach einer Schwangerschaft:

Werdende und stillende Mütter dürfen keine Arbeiten verrichten, die ihre Gesundheit beeinträchtigen könnten. Dazu gehören zum Beispiel:

- schwere körperliche Arbeiten,
- Arbeiten mit gesundheitsgefährdenden Stoffen oder Strahlen,
- Arbeiten mit erhöhter Unfallgefahr,
- Akkordarbeiten,
- Fließbandarbeiten,
- Mehrarbeiten, Nachtarbeit, Sonntagsarbeit.
- Arbeiten, bei denen regelmäßig Lasten von mehr als 5 kg oder gelegentlich von mehr als 10 kg gehoben werden müssen,
- nach Ablauf des 5. Schwangerschaftsmonats alle Arbeiten, bei denen mehr als 4 Stunden täglich gestanden werden muss,
- nach Ablauf des 3. Schwangerschaftsmonats alle Arbeiten mit Beförderungsmitteln (Busse, Gabelstapler usw.).

Das Mutterschutzgesetz sieht vor, dass die werdende Mutter in den letzten 6 Wochen vor der Geburt und 8 Wochen danach von der Arbeit freigestellt ist. Darüber hinaus kann beiden Erziehungsberechtigten bis zum 3. Lebensjahr des Kindes Elternzeit (vor 2001 „Erziehungsurlaub") mit Beschäftigungsgarantie gewährt werden. In dieser Zeit wird Erziehungsgeld gezahlt. Beide Elternteile können während der Elternzeit bis zu 30 Stunden in der Woche einer Erwerbstätigkeit nachgehen.[1] Das ist vor allem für kleinere Betriebe interessant, da ihnen eingearbeitete Arbeitskräfte erhalten bleiben.

Während der Schwangerschaft und für den Zeitraum von vier Monaten nach der Entbindung bzw. während der gesamten Elternzeit darf der Arbeitgeber in der Regel nicht kündigen.

> **Tipp**
>
> Eine bestehende Schwangerschaft sollte möglichst umgehend dem Arbeitgeber mitgeteilt werden, um keine sozialen Ansprüche zu verlieren.

> **Arbeitsvorschlag**
>
> 1. Nennen Sie die Schutzfristen für werdende und junge Mütter.
> 2. Versuchen Sie zu begründen, warum Elternzeit fast ausschließlich von Müttern in Anspruch genommen wird.

---

1 Reformgesetz zum Erziehungsgeld und zur Elternzeit, seit 1. Januar 2001

1.2.1.4   Schwerbehindertenschutz

Schwerbehindert sind Personen mit einem Behinderungsgrad von wenigstens 50. Den Grad der Behinderung stellt das Versorgungsamt fest.

Jeder Arbeitgeber mit mindestens 20 Beschäftigten (ohne Auszubildende) muss wenigstens 5 % der Arbeitsplätze mit Schwerbehinderten besetzen. Kommt er dieser Pflicht nicht nach, muss er pro Monat für jeden nicht besetzten Schwerbehindertenplatz eine Ausgleichsabgabe in Höhe von 100,00 bis 250,00 € an die Hauptfürsorgestelle zahlen (§ 11 SchwbG).

Wenn ein Schwerbehinderter länger als 6 Monate beschäftigt ist, genießt er besonderen Kündigungsschutz. Einer Kündigung muss die Hauptfürsorgestelle zustimmen. Schwerbehinderte haben auch Anspruch auf 5 Arbeitstage Zusatzurlaub pro Jahr (§ 47 SchwbG).

> **Arbeitsvorschlag**
>
> 1.   Wer gilt als schwerbehinderter Arbeitnehmer?
> 2.   Versuchen Sie zu erklären, warum viele Betriebe trotz der Abgabe zu wenig Schwerbehinderte beschäftigen.

1.2.2   Technischer Arbeitsschutz

Wenn Paul M. abends vor dem Fernseher sitzt, gibt es Krach. Krach mit seiner Familie, weil Krach aus dem Lautsprecher kommt. Aber ohne diese Lautstärke kann Paul M. seinen Krimi nicht mehr verstehen. Er ist schwerhörig – durch Lärm. Und er wird es bleiben bis an sein Lebensende. Denn Lärmschwerhörigkeit ist nicht heilbar.

Was ist mit Pauls Gehör geschehen?

Viele Jahre lang hat Paul dort gearbeitet, wo es mit Lärm zuging. Er hat diesen Lärm im Laufe der Jahre immer weniger empfunden. So ist das nun einmal bei meiner Arbeit, hat er gedacht. Man gewöhnt sich dran. Das war sein Irrtum. ...

„Dass Sie gestern bei der Arbeit den Schutzhelm vergessen haben, sieht man, aber raten Sie mal, was ich jahrelang vergessen habe?"

Zuerst verliert ein Lärmschwerhöriger die Empfänglichkeit für hohe Töne, dann versteht er die Sprache nicht mehr richtig, erst recht nicht, wenn mehrere durcheinander sprechen. Wir kennen das von Oma und Opa. Ihre Altersschwerhörigkeit ist jedoch natürlicher Verschleiß. Pauls Ohr aber ist durch zu viel Lärm während zu langer Zeit kaputtgegangen. Frühzeitig.

Was hilft? Man muss den Lärm bekämpfen, durch Maschinen und Anlagen, die weniger Lärm machen, durch schallschluckende Verkapselungen, die den Lärm einsperren, durch technische Mittel also. Das ist nicht leicht und auch nicht immer möglich. Deshalb müssen alle, die in und mit Lärm arbeiten, ihr Gehör durch Gehörschutzmittel vor dem dauernden Zerstörtwerden bewahren.

aus: Blickpunkt Arbeitsrecht

1.2.2.1   Rechtliche Bestimmungen zum Arbeitsschutz

Um die Gefährdung der Arbeitskräfte am Arbeitsplatz möglichst gering zu halten, 1
wurden verschiedene Schutzvorschriften geschaffen.

Gewerbeordnung. Der für den Arbeitsschutz wichtige § 120 a der Gewerbeordnung ver-
pflichtet den Unternehmer, „die Arbeitsräume, Betriebsvorrichtungen, Maschinen und
Gerätschaften so einzurichten und zu unterhalten und den Betrieb so zu regeln, dass die
Arbeitnehmer gegen Gefahr für Leben und Gesundheit so weit geschützt sind, wie es die
Natur des Betriebes gestattet. Insbesondere ist für die Beseitigung des entstehenden Staubs,
der Dünste und Gase sowie der Abfälle Sorge zu tragen." Außerdem wird gefordert, dass
Schutzvorrichtungen an den Maschinen angebracht werden.

Arbeitsstättenverordnung. Sie verlangt, dass die Arbeitsplätze den modernen Erkenntnissen der **Arbeitsmedizin** und der **Betriebshygiene** entsprechen. Die Arbeitsstättenverordnung verlangt z. B. gesundheitlich
zuträgliche Atemluft und erträgliche
Raumtemperaturen in den Arbeitsräu-
men, eine möglichst geringe Lärment-
wicklung und eine zur Bewegung am
Arbeitsplatz ausreichend freie Fläche.

**Gesetz über Betriebsärzte, Sicher-
heitsingenieure und andere Fachkräfte für Arbeitssicherheit.** Hierdurch wird den Unternehmungen vorgeschrieben, bestimmte Auflagen des
Arbeitsschutzes zu erfüllen. Insbesondere werden die Betriebe verpflichtet,
zur Verhütung von Arbeitsunfällen und
Berufskrankheiten **Betriebsärzte** (gilt
nur für größere Betriebe) und **Sicher-
heitsfachkräfte** (z. B. Sicherheitsinge-
nieure) zu bestellen. Kleinere Betriebe
(bis 20 Beschäftigte) brauchen keine spezielle Sicherheitsfachkraft zu bestellen.
Hier genügt ein **Sicherheitsbeauf-
tragter.**

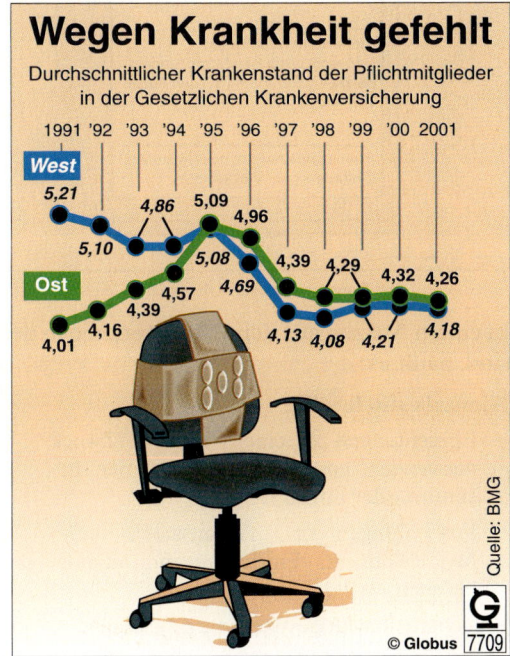

Unfallverhütungsvorschriften. Dies sind rechtsverbindliche Bestimmungen, die von
den **Berufsgenossenschaften** erlassen werden, um Arbeitsunfälle und Berufskrankheiten
zu verhindern oder zu beschränken. Die Durchführung der Unfallverhütungsvorschriften
wird durch technische Aufsichtsbeamte kontrolliert.

Gerätesicherheitsgesetz. Das Gesetz bestimmt, dass Werkzeuge, Geräte, Maschinen und
Beförderungsmittel den sicherheitstechnischen Erkenntnissen und den Unfallverhütungsvorschriften entsprechen müssen.

Verordnung über gefährliche Arbeitsstoffe. In ihr sind Vorschriften über den Umgang mit gefährlichen Arbeitsstoffen enthalten. Ihre Verwendung wird durch die Verordnung beschränkt. Bestimmte Sicherheitsauflagen werden gefordert, um die Arbeitskräfte
nicht zu gefährden. Werden gefährliche Stoffe in den Verkehr gebracht, muss auf der Verpak-
kung folgende Kennzeichnung angebracht sein: Bezeichnung des Stoffes, Herstelleran-
schrift, Gefahrensymbole, Gefahrenhinweise, Sicherheitsratschläge.

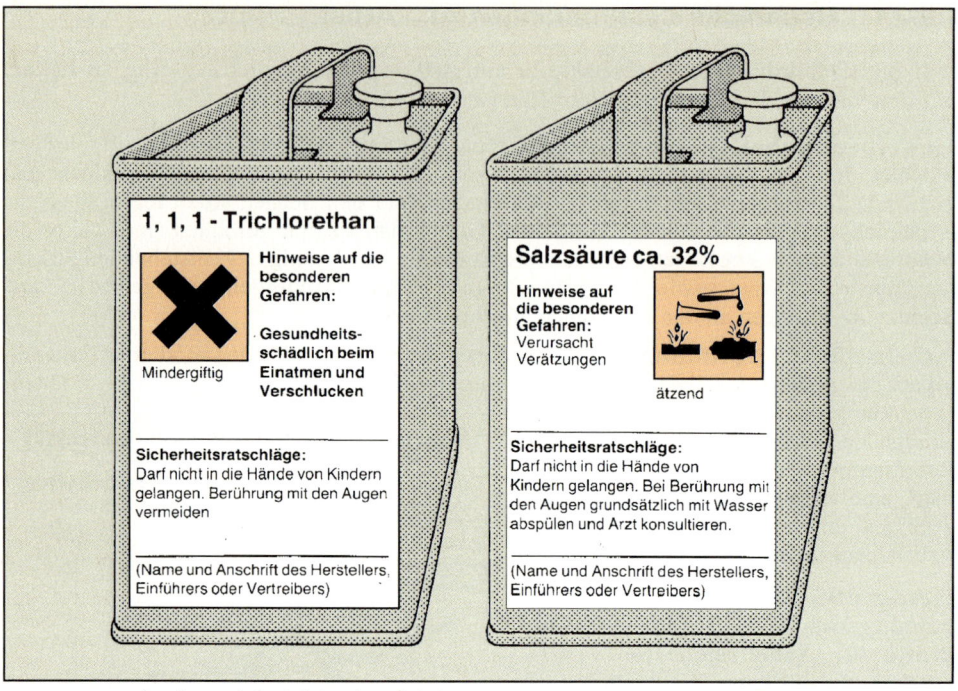

aus: Bundesanstalt für Arbeitsschutz, Arbeit menschlicher gestalten, Dortmund 1990, S. 47

2 In einem Auszug aus den **Pflichten,** die in den Unfallverhütungsvorschriften enthalten sind, heißt es:

Niemals dürfen Sie

— Einrichtungen zu einem anderen Zweck verwenden, als vom Unternehmer bestimmt oder üblich ist;

— Einrichtungen und Arbeitsstoffe unbefugt benutzen, Einrichtungen unbefugt betreten;

— sicherheitswidrige Weisungen befolgen;

— scharfe und spitze Werkzeuge oder andere gefahrbringende Gegenstände in der Kleidung tragen, es sei denn, Schutzmaßnahmen schließen eine Gefährdung während des Tragens aus;

— bei der Arbeit Kleidung tragen, durch die ein Arbeitsunfall, insbesondere durch sich bewegende Teile von Arbeitseinrichtungen, durch Hitze, ätzende Stoffe, elektrostatische Aufladung verursacht werden kann;

— sich durch Alkoholgenuss in einen Zustand versetzen, durch den Sie sich selbst oder andere gefährden können;

— sich an gefährlichen Stellen, insbesondere unter schwebenden Lasten, in Fahr- und Schwenkbereichen von Fahrzeugen und ortsveränderlichen Arbeitsmaschinen sowie in unübersichtlichen Verkehrs- und Transportbereichen unnötig aufhalten;

— Schmuckstücke, Armbanduhren oder ähnliche Gegenstände beim Arbeiten tragen, wenn sie zu einer Gefährdung führen können;

— in feuer- oder explosionsgefährdeten Bereichen rauchen, offenes Feuer und andere Zündquellen verwenden;

— für gesundheitsgefährdende Flüssigkeiten Trinkgefäße, Getränkeflaschen oder Gefäße benutzen, die ihrer Art nach für die Aufbewahrung von Lebens- oder Genussmitteln bestimmt sind; dies gilt auch für Behältnisse, die mit solchen Gefäßen verwechselt werden können.

aus:
Blickpunkt Arbeitssicherheit, Die Welt, 11/1982, S. 11

Ein wirksamer Arbeitsschutz ist auf Ihre Mithilfe angewiesen. Sie vermindern durch Ihren Beitrag das Risiko von Arbeitsunfällen und Berufskrankheiten und beeinflussen außerdem die finanziellen Folgekosten.

Arbeitsvorschlag

1. Was sagt die Gewerbeordnung aus?
2. Welche Bestimmungen enthält die Arbeitsstättenverordnung?
3. Wozu gibt es überhaupt Bestimmungen zum Arbeitsschutz?
4. Welche Unfallverhütungsvorschriften gelten in Ihrem Ausbildungsbetrieb und wo hängen diese Vorschriften aus?
5. Was sind „gefährliche Stoffe" und mit welchen dieser Stoffe haben Sie evtl. an Ihrem Arbeitsplatz zu tun?
6. Wie muss man mit gefährlichen Stoffen umgehen?

1.2.2.2   Organe des Arbeitsschutzes

Um Unfallverhütung und Gesundheitsschutz an den betrieblichen Arbeitsplätzen bemühen sich eine Vielzahl von Organen.

Arbeitsschutzorgane		
vor Ort sind tätig …	**in der Aufsicht sind tätig …**	**in Forschung und Aus- bildung sind tätig …**
• Ärzte • Sicherheitsfachkräfte • Sicherheitsbeauftragte • arbeitsmedizinische Zentren	• Gewerbeaufsichts- beamte • gewerbliche Berufs- genossenschaften • landwirtschaftliche Berufsgenossenschaften	• Bundesanstalt für Arbeitsschutz und Unfallforschung • arbeitsmedizinische Akademien • Ausbildungsstätten für Sicherheitskräfte • Lehrstühle für Arbeitsmedizin

Arbeitsvorschlag

1. Um Unfälle zu vermeiden, müssen auch Sicherheitszeichen beachtet werden. Versuchen Sie die Bedeutung folgender Zeichen zu nennen:

2. Nennen Sie Wirtschaftszweige, in denen sich besonders viele und besonders wenige Arbeitsunfälle ereignen.
   Versuchen Sie die Unfallhäufigkeit zu begründen.
3. Was soll durch die Schutzgesetze erreicht werden?

> **Wichtiges in Kürze**
>
> ○ Arbeitsunfälle, Wegeunfälle, Berufskrankheiten und die damit verbundenen finanziellen Folgekosten machen einen wirksamen Arbeitsschutz notwendig.
>
> ○ Um die Gefährdung der Arbeitskräfte gering zu halten, wurden folgende Schutzbestimmungen geschaffen: Gewerbeordnung, Arbeitsstättenverordnung, Arbeitssicherheitsgesetz, Unfallverhütungsvorschriften, Gerätesicherheitsgesetz und Verordnung über gefährliche Arbeitsstoffe.

1.3 Tarifrecht

1.3.1 Tarifverträge als Ergebnis von Tarifverhandlungen

Das Grundgesetz ermächtigt in Artikel 9 Absatz 3 Arbeitgeber und Arbeitnehmer ausdrücklich dazu, Vereinigungen zur „Wahrung und Förderung der Arbeits- und Wirtschaftsbedingungen" zu bilden.

Im Tarifvertragsgesetz wird den Tarifpartnern das Recht zugesprochen, unabhängig von staatlichen Eingriffen rechtsverbindliche Regelungen über die Arbeitsbedingungen zu treffen.

Die folgende Karikatur drückt aus, dass Tarifauseinandersetzungen oft harte Kämpfe zwischen den Tarifpartnern bedeuten, in denen beide Seiten Zugeständnisse machen müssen.

Alle Jahre wieder   Karikatur: P. Leger

Tarifgebunden sind alle Mitglieder der vertragschließenden Parteien. Allerdings kann der Geltungsbereich erweitert werden. Eine solche **Allgemeinverbindlichkeitserklärung** kann vom Bundesminister für Arbeit und Sozialordnung ausgesprochen werden. Vorausgehen muss dabei der entsprechende Antrag einer Tarifvertragspartei. Ebenso muss der aus Vertretern der Spitzenorganisation von Arbeitgebern und Arbeitnehmern gebildete **Tarifausschuss** mit diesem Schritt einverstanden sein.

Die Vertragsparteien sind für den Gültigkeitszeitraum eines Tarifvertrags an folgende Bedingungen gebunden:

● **Erfüllungspflicht,** d. h., die Mitglieder müssen die Vereinbarungen verwirklichen und die Bestimmungen einhalten,

- **Friedenspflicht,** d. h., Kampfmaßnahmen (Streiks, Aussperrungen) müssen unterbleiben,
- **Nachwirkung,** d. h., die alten Vereinbarungen gelten auch nach Ablauf des Tarifvertrages bis zu einem neuen Abschluss.

Abschluss, Änderungen oder Aufhebung eines Tarifvertrages werden im **Tarifregister** eingetragen. Es wird beim Bundesminister für Arbeit und Sozialordnung geführt. Ebenso verfügen auch die Länder über ein Tarifregister. Es ist öffentlich, d. h., jedermann kann Einsicht nehmen. Jeder Tarifvertrag kann einen schuldrechtlichen Teil (Rechte und Pflichten der Tarifpartner) und einen normativen Teil (arbeitsrechtliche Vorschriften) enthalten.

Man unterscheidet zwischen mehreren Tarifvertragsarten

a) Tarifpartner: Firmen- oder Haustarife, Verbandstarife

Im Normalfall werden die Tarifvereinbarungen zwischen Gewerkschaften und Arbeitgeberverbänden für die gesamte Branche geschlossen. Großunternehmungen (z. B. in der Automobilindustrie) handeln allerdings häufig mit den Gewerkschaften eigene Tarife aus. Im Gegensatz zu den Verbandstarifen gelten diese Abschlüsse lediglich für die Arbeitnehmer eines Betriebes.

Meist werden Tarifverträge für einzelne Bundesländer abgeschlossen. Daneben sind allerdings auch Abschlüsse mit einem kleineren Geltungsbereich (z. B. einzelne Orte) möglich. Andererseits werden die Vertragsvereinbarungen auf Landesebene häufig von anderen Bundesländern übernommen, sodass sich bundeseinheitliche Tarifbestimmungen herausbilden können. Das ist ebenso durch gemeinsame Verhandlungen möglich (z. B. im öffentlichen Dienst).

b) Inhalt: Rahmen- oder Manteltarife, Lohn- und Gehaltstarife

In den Manteltarifen werden Arbeitsbedingungen festgehalten, die sich normalerweise längere Zeit nicht verändern. Dazu gehören Regelungen über Arbeitszeit, Mehrarbeit, Kündigungsfristen, Nachtarbeit, Urlaub, Sonn- und Feiertagsarbeit usw.

In den Lohn- und Gehaltstarifen werden die Arbeitnehmer entsprechend ihrer Ausbildung und der Tätigkeit bestimmten Gruppen zugeordnet. Im Tarifvertrag werden die Lohnsätze sowie Zu- und Abschläge festgelegt, die nach Gruppen, dem Alter und der Ortsklasse gestaffelt sein können.

Das gesamte Tarifgefüge wird dabei von dem **Ecklohn** bestimmt. Dies ist der Normallohn eines Beschäftigten in einer bestimmten Ortsklasse. Mithilfe der Zu- und Abschläge können vom Ecklohn ausgehend alle anderen Löhne errechnet werden.

Arbeitsvorschlag

1. Von wem werden Tarifverträge abgeschlossen und für wen gelten sie?
2. Was versteht man unter einer Allgemeinverbindlichkeitserklärung im Rahmen des Tarifrechts?
3. Nennen und erklären Sie die einzelnen Tarifvertragsarten.
4. Beschreiben Sie die einzelnen Pflichten, an welche die Tarifpartner nach Abschluss eines Vertrages gebunden sind.
5. Erklären Sie die Bedeutung des Ecklohns im Tarifgefüge.

Wichtiges in Kürze

○ Tarifverträge werden von den Tarifpartnern abgeschlossen und gelten nur für die angeschlossenen Mitglieder.

○ Während der Gültigkeit des Tarifvertrages gilt die Friedenspflicht.

○ Manteltarifverträge beinhalten längerfristige Vereinbarungen (z.B. Arbeitszeit, Urlaubsdauer...)

○ Lohn- und Gehaltstarife laufen normalerweise über ein Jahr.

1.3.2   Der Ablauf von Tarifverhandlungen mit Streik und Aussperrung

Nach dem Ablauf oder der Kündigung des Tarifvertrages beginnen die neuen Tarifverhandlungen. Es ist nicht immer leicht, einen Kompromiss zwischen den oft weit auseinander liegenden Vorstellungen zu finden.

Verfolgt man Zeitungsmeldungen über mehrere Wochen, erkennt man schon an den Schlagzeilen die einzelnen Stationen der Tarifauseinandersetzung.

Zum Streik kommt es, wenn in der sogenannten Urabstimmung mindestens 75 % der gewerkschaftlich organisierten Kolleginnen und Kollegen dafür sind.

Der Streik kann nur durch eine gleiche Urabstimmung beendet werden. Hier reicht es aber, wenn 25 % der Gewerkschaftsmitglieder das Streik-Ende wollen.

Während des Streiks gilt das Arbeitsverhältnis als unterbrochen. Die Lohnzahlungspflicht entfällt! Gewerkschaftlich organisierte Arbeitnehmer erhalten Geld aus der Streikkasse ihrer Organisation. Die Höhe richtet sich nach den gezahlten Beiträgen und der Dauer der Zugehörigkeit zur Gewerkschaft. Für die vom Streik nur indirekt betroffenen Arbeitnehmer (z. B. die der Zulieferbetriebe) werden differenzierte Regelungen angewandt.

Arbeitnehmer, die vom Arbeitskampf betroffen sind, erhalten nach bisheriger Rechtspraxis:

● **Streikgeld,** sofern sie Gewerkschaftsmitglieder und unmittelbar am Arbeitskampf (als Streikende oder Ausgesperrte) beteiligt sind;

● **Streikgeld „auf Kulanz",** soweit sie Gewerkschaftsmitglied sind und wegen des Streiks im Kampfgebiet kurzarbeiten müssen;

● **Kurzarbeitergeld,** wenn sie außerhalb des Kampfgebietes kurzarbeiten müssen und die Gewerkschaft für sie nicht annähernd das Gleiche fordert wie im Kampfgebiet, obwohl sie zur gleichen Branche gehören;

● **Kurzarbeitergeld,** wenn sie nicht zur umkämpften Branche gehören;

● **kein Geld,** wenn sie nicht in der kämpfenden Gewerkschaft organisiert sind, aber im Kampfgebiet kurzarbeiten müssen;

● **kein Geld,** wenn sie außerhalb des Kampfgebietes kurzarbeiten müssen, für sie aber annähernd das Gleiche gefordert wird wie im Kampfgebiet.

aus: Informationsdienst des Instituts der deutschen Wirtschaft, 30. Januar 1986

Durch den während des Streiks entstehenden Produktionsausfall sollen die Unternehmen wirtschaftliche Einbußen erleiden. Diese reichen von nicht mehr einzuhaltenden Lieferterminen mit evtl. Vertragsstornierungen bis zu Umsatz- und Gewinneinbußen, da ein großer Teil der Kosten auch während des Produktionsstillstandes weiter anfällt (z. B. Heiz- und Stromkosten, Instandhaltungen usw.)

Das Problem für die Arbeitnehmer besteht aber auch darin, dass sie ihren eigenen Arbeitsplatz gefährden, wenn die Streikmaßnahmen den Betrieb in seiner Existenz bedrohen.

Die Antwort der Arbeitgeber auf Streik – Aussperrung

Als Gegenmaßnahme zum Streik haben die Arbeitgeber das Recht auf Aussperrung. Hier werden Arbeitnehmer von den Unternehmern nicht an ihren Arbeitsplatz gelassen. Ebenso wie beim Streik erfolgt auch bei der Aussperrung keine Lohnzahlung. Die Folge ist, dass die Streikkassen der Gewerkschaften noch stärker belastet werden und nicht organisierte Arbeitnehmer u. U. Sozialleistungen vom Staat erhalten.

Deshalb ist die Aussperrung als Kampfmittel sehr umstritten. Nach höchstrichterlicher Rechtsprechung bleibt sie aber erlaubt, soweit dabei die Verhältnismäßigkeit der Mittel gewahrt wird ...

Angemessen   Karikatur: Pielert

1. Welche Ziele verfolgt die Gewerkschaft mit einem Streik und wann kann gestreikt werden?
2. Was ist eine „Aussperrung" und wann ist sie erlaubt?
3. Was passiert mit der Lohnzahlung, wenn die Arbeitnehmer streiken?
4. Was ist Streikgeld und wer kann es erhalten?
5. Erklären Sie das Wort „Urabstimmung".
6. Insgesamt 60 % der Mitglieder der IG Bau sind für einen Streik. 40 % haben mit „Nein" abgestimmt. Wie geht es weiter?

Wichtiges in Kürze

○ **Streikmaßnahmen sind grundsätzlich nur nach Ende der Friedenspflicht erlaubt.**
○ **Einem Streik muss eine Urabstimmung vorausgehen, in der mindestens 75 % der abgegebenen Stimmen von Gewerkschaftsmitgliedern für den Streik sind.**
○ **Bei Aussperrungsmaßnahmen muss die Verhältnismäßigkeit der Mittel gewahrt bleiben.**
○ **Ein Streik ist beendet, wenn in der Regel mindestens 25 % der Gewerkschaftsmitglieder dafür sind.**
○ **Bei Streik oder Aussperrung zahlt der Arbeitgeber keinen Lohn.**

2 Grundbedingungen menschlicher Arbeit

2.1 Die menschliche Arbeitsleistung

Das Bild aus dem Film „Moderne Zeiten" mit Charlie Chaplin spricht für sich ...

1 **Äußere Arbeitsbedingungen (objektive Voraussetzungen)**

Unter den äußeren Arbeitsbedingungen versteht man die Gegebenheiten, die der Arbeitnehmer am Arbeitsplatz vorfindet.

a) Arbeitsplatzgestaltung

Seit einigen Jahren hört man immer häufiger den Begriff der „Humanisierung des Arbeitslebens". Darunter versteht man, dass die Arbeitsbedingungen menschlicher gestaltet werden sollen, dass die Arbeit den Menschen nicht in seiner Gesundheit gefährdet, ihn in seiner Würde nicht beeinträchtigt und sie seinen Fähigkeiten und Bedürfnissen entspricht.

Die neuen Fertigungstechniken (Fließband, Industrieroboter, Automaten, Computer) werfen hier immer neue Probleme auf, die vor allem auch im seelischen (psychischen) Bereich des Arbeitnehmers liegen.

Im Einzelnen geht es um

- die Anpassung von Geräten, Werkzeugen und Maschinen an den arbeitenden Menschen,
- die Beseitigung von schädigenden Umgebungseinflüssen (gefährliche Arbeitsstoffe, Lärm, Hitze, Kälte usw.),
- Produktionsverfahren, die trotz Rationalisierung den Arbeitnehmer so einsetzen, dass der Wert der eigenen Leistung für das Gesamtprojekt sichtbar bleibt und sich der Arbeitnehmer nicht als bedeutungsloses Glied einer unübersichtlichen Produktionskette einstuft,
- die Schaffung sozialer Einrichtungen, wie Pausenräume, ordentliche sanitäre Anlagen, werksärztliche Betreuung u. Ä.

b) Betriebsklima

Hinter diesem Begriff verbirgt sich das Zusammenspiel zwischen Unternehmensleitung und Belegschaft, aber auch die Zusammenarbeit zwischen den Arbeitskollegen. Die betriebliche Atmosphäre hängt ganz wesentlich davon ab, welcher Führungsstil vorherrscht und inwieweit der einzelne Arbeitnehmer in die betriebliche Organisation eingebunden ist.

c) Arbeitszeit

Die Leistungsfähigkeit ist im Tages- und Wochenverlauf nicht gleichmäßig verteilt. Gesetzgeber und Tarifpartner haben Rahmenbedingungen erlassen, die Arbeitszeit, Pausen und Urlaub regeln. Den Arbeitgebern bleibt Gestaltungsspielraum, die besonderen Belange der Belegschaft zu berücksichtigen, z. B. durch gleitende Arbeitszeit, Vermeidung unnötiger Schichtarbeiten, jahreszeitlich angepassten Arbeitsbeginn.

Das Maximum menschlichen Leistungsvermögens liegt in der Regel in den Vormittagsstunden. Am Nachmittag sinkt die Leistung ab, um in den Abendstunden ein zweites Maximum zu erreichen. Dann sinkt sie fortlaufend, um gegen 3 Uhr nachts ihr Minimum zu erreichen. Wenn keine schwer wiegenden technologischen Gründe (z. B. Hochöfen, Papiermaschinen) oder wirtschaftliche Gründe (sehr kapitalintensive Arbeitsplätze) vorliegen, vermeidet man es, Schichtzeiten in die leistungsschwachen Zeiträume zu legen.

d) Arbeitsorganisation

Hier geht es um die angewandten Fertigungsverfahren, die in engem Zusammenhang mit dem Begriff Arbeitsplatzgestaltung und Arbeitsteilung stehen.

2   **Innere Arbeitsbedingungen (subjektive Voraussetzungen)**

Unter den inneren Arbeitsbedingungen versteht man die persönlichen Voraussetzungen eines Arbeitnehmers. Dazu gehören:

a) Leistungsfähigkeit

Sie hängt u. a. von der Schulbildung, der körperlichen Verfassung, dem Alter, dem Gesundheitszustand, der Berufsausbildung, der Erfahrung, teilweise auch vom Geschlecht ab. Die Arbeitsteilung schafft die Voraussetzung, dass die Arbeitnehmer entsprechend ihren Fähigkeiten eingesetzt werden können.

b) Leistungsbereitschaft

Letztlich hängt es vom Willen und Ehrgeiz des einzelnen Arbeitnehmers ab, inwieweit seine Leistungsfähigkeit auch tatsächlich zum Tragen kommt.

Arbeitsvorschlag

1. Stellen Sie sich vor, dass Sie befragt werden, welche Einstellung Sie zur Arbeit haben. Zur Antwort stehen:

    – „Ich gebe mein Bestes, unabhängig vom Geld."

    – „Arbeit ist ein Geschäft – wer mehr Leistung will, muss auch mehr bezahlen."

    – „Arbeit ist notwendiges Übel – ich arbeite, um zu leben, lebe aber nicht, um zu arbeiten."

    – „Arbeit ist interessant, darf aber das übrige Leben nicht stören."

    – „Zum Streben und Wohlstand gehört auch eine gesunde Einstellung zur Arbeit – wenn nicht jeder versucht sein Bestes zu geben, wird es bergab gehen."

    Welcher der Antworten könnten Sie sich ganz, teilweise oder gar nicht anschließen?

2. Versuchen Sie Ihre eigene Arbeitshaltung zu begründen. Welche Schlussfolgerungen für die Gesamtwirtschaft könnten sich ergeben, wenn alle so denken würden wie Sie.

3. Was versucht folgende Karikatur Ihrer Meinung nach zu verdeutlichen und was hat das mit den Arbeitsbedingungen zu tun?

Sozialpartner   Karikatur: Bensch

2.2   Arbeitsteilung in Betrieb und Gesellschaft

Unter Arbeitsteilung versteht man ganz allgemein das Zerlegen einer Tätigkeit in einzelne Schritte oder Teilleistungen. Sie werden von verschiedenen Personen, Betrieben oder Ländern erbracht. 1

In einer „Untersuchung über Natur und Ursachen des Volkswohlstandes" von Adam Smith liest man als Grundregel jeglichen Wirtschaftens folgenden Absatz:

Jeder kluge Familienvater befolgt den Grundsatz, niemals etwas zu Hause anzufertigen, was er billiger kaufen kann. Dem Schneider fällt es nicht ein, sich die Schuhe selbst zu machen, sondern er kauft sie vom Schuhmacher; dem Schuhmacher andererseits fällt es nicht ein, sich die Kleider selbst herzustellen, sondern er gibt sie beim Schneider in Auftrag und dem Landwirt kommt es nicht in den Sinn, sich dies oder jenes selbst zu machen, sondern auch er setzt die einzelnen Handwerker in Nahrung. Alle sehen den Vorteil darin, ihre Arbeitskraft ganz in der Weise zu betätigen, in der sie etwas von ihren Nachbarn voraushaben und sich mit einem Teil des Ertrages oder was dasselbe ist, mit dem Preis dafür das zu kaufen, was sie darüber hinaus brauchen.

Adam Smith erläuterte die Vorteile der technischen Arbeitsteilung an seinem berühmt gewordenen Beispiel der Stecknadelfabrikation:

Um ein Beispiel von einem wenig belangreichen Gewerbe zu geben, bei welchem man jedoch sehr oft von der Arbeitsteilung Notiz genommen hat, nämlich von der Stecknadelfabrikation, so könnte ein für dies Geschäft ... nicht angelernter Arbeiter, der mit dem Gebrauch der dazu verwendeten Maschine ... nicht vertraut wäre, vielleicht mit dem äußersten Fleiße täglich kaum eine, gewiss aber keine 20 Nadeln machen. In der Art aber, wie dies Geschäft jetzt betrieben wird, ist es nicht nur ein eigenes Gewerbe, sondern teilt sich in eine Zahl von Zweigen, von denen die meisten gewissermaßen wieder eigene Gewerbe sind. Einer zieht den Draht, ein anderer richtet ihn, ein dritter schrotet ihn ab, ein vierter spitzt ihn zu, ein fünfter schleift ihn am oberen Ende, damit der Kopf angesetzt werde; die Verfertigung des Kopfes erfordert zwei oder drei verschiedene Verrichtungen; das Ansetzen desselben ist ein eigenes Geschäft, das Weißglühen der Nadeln ein anderes; ja sogar das Einstecken der Nadeln in Papier bildet ein Gewerbe für sich. So ist das wenig wichtige Geschäft der Stecknadelfabrikation in ungefähr 18 verschiedene Verrichtungen geteilt. Ich habe eine kleine Fabrik dieser Art gesehen, wo nur zehn Menschen beschäftigt waren und manche daher zwei oder drei verschiedene Verrichtungen zu erfüllen hatten. Obgleich nun diese Menschen sehr arm und darum leidlich mit den nötigen Maschinen versehen waren, so konnten sie doch, wenn sie sich tüchtig daranhielten, zusammen zwölf Pfund Stecknadeln täglich liefern. Ein Pfund enthält über 4 000 Nadeln von mittlerer Größe. Es konnten demnach diese Menschen täglich über 48 000 Nadeln machen. Da jeder den zehnten Teil von 48 000 Nadeln machte, so lässt sich's so ansehen, als machte er 4 800 Nadeln an einem Tage. Hätten sie dagegen alle einzeln und unabhängig gearbeitet und wäre keiner für dies besondere Geschäft angelernt worden, so hätte gewiss keiner 20, vielleicht nicht eine Nadel täglich machen können.

aus: A. Smith, Stecknadelfabrikation. An Inquiry into the Nature and Causes of the Wealth of Nations. London 1776. Deutsche Ausgabe von E. Grünfeld. Bd. 1, 3. Aufl., 1923, S. 8 ff.

Eine erste primitive Form der Arbeitsteilung dürfte sich bereits in dem ursprünglichen System der geschlossenen Hauswirtschaft ergeben haben — obwohl hier noch alle wirtschaftlichen Bedürfnisse innerhalb eines Haushaltsverbandes befriedigt wurden. Hier wurden die täglich anfallenden Arbeiten zwischen Männern und Frauen aufgeteilt (z. B. die Männer jagen – die Frauen sammeln Früchte und Wurzeln). 2

Je größer die Gemeinschaften wurden, desto mehr ergab sich die Notwendigkeit, dass Einzelne sich immer stärker den Aufgaben zuwandten, die ihnen besonders lagen und in denen sie besonderes Geschick entfalteten (z. B. verarbeiten einige Frauen Felle zu Kleidung, während die anderen Nahrung sammeln).

In dieser Phase der **Berufsbildung** erfolgte auch die Trennung von Produktion und Konsum. Die einzelnen Berufe umfassten aber immer noch eine Vielzahl verwandter Tätigkeiten, sodass sich bei der weiteren Spezialisierung eine **Berufsspaltung** vollzog (z. B. gerben einige Frauen die Felle, andere nähen sie zusammen).

Im Rahmen der **gesellschaftlichen Arbeitsteilung** wurden selbstständige Betriebe gebildet, deren Produktion jeweils nur einen Teilbereich der Gesamtversorgung ausmacht (z. B. spezialisiert sich eine Gruppe auf die Herstellung von Werkzeugen, eine andere auf die von Bekleidung).

Der Tausch wurde damit zum beherrschenden Element des Wirtschaftslebens. Gesellschaftliche Arbeitsteilung findet man sowohl auf **nationaler** wie auch auf **internationaler Ebene** (z. B. werden in einem Staat Rohstoffe gefördert, die von Unternehmen in einem anderen Staat gekauft und weiterverarbeitet werden).

Die weitere Entwicklung der Arbeitsteilung ist eng mit der fortschreitenden Technisierung verbunden. Die technische Arbeitsteilung zerlegt den Produktionsvorgang, also komplexe Arbeitsvorgänge, in einfache Verrichtungen und Handgriffe. Durch diese innerbetriebliche **Arbeitszerlegung** wird die Ergiebigkeit der Arbeit (Produktivität) weiter gesteigert.

3

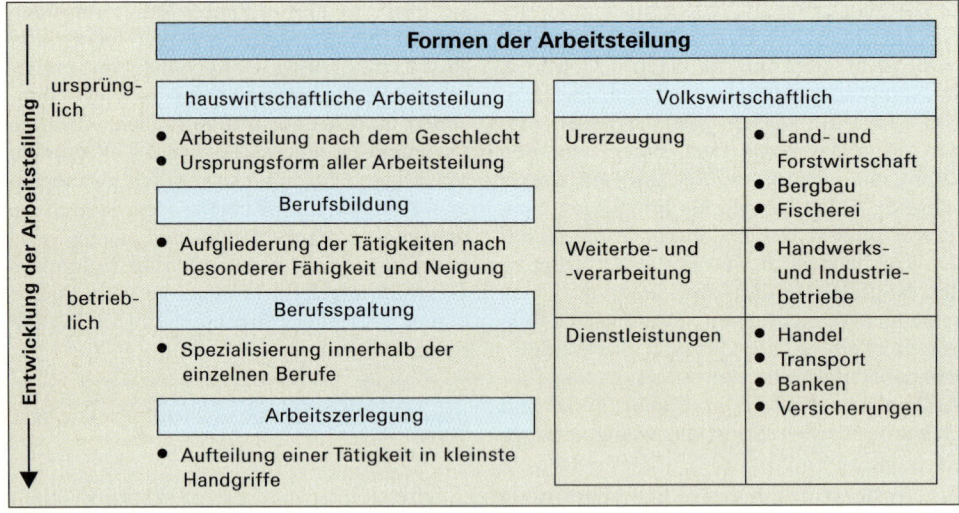

Formen der Arbeitsteilung		
hauswirtschaftliche Arbeitsteilung	**Volkswirtschaftlich**	
• Arbeitsteilung nach dem Geschlecht • Ursprungsform aller Arbeitsteilung	Urerzeugung	• Land- und Forstwirtschaft • Bergbau • Fischerei
Berufsbildung		
• Aufgliederung der Tätigkeiten nach besonderer Fähigkeit und Neigung	Weiterbe- und -verarbeitung	• Handwerks- und Industriebetriebe
Berufsspaltung		
• Spezialisierung innerhalb der einzelnen Berufe	Dienstleistungen	• Handel • Transport • Banken • Versicherungen
Arbeitszerlegung		
• Aufteilung einer Tätigkeit in kleinste Handgriffe		

(linke Randbeschriftung: Entwicklung der Arbeitsteilung — ursprünglich / betrieblich)

Erzeugnisse, die in Betrieben hergestellt werden, profitieren in einem immer stärkeren Maße von einer übernationalen Arbeitsteilung. Besonders ausgeprägt ist dies im Flugzeug- und Automobilbau der Fall. Ein Beispiel macht diesen Sachverhalt deutlich:

Unser Golf - Seine Teile kommen aus aller Welt

❶ Schellen zur Schlauchbefestigung aus **Frankreich**
❷ Verbundglas-Windschutzscheibe aus **Belgien**
❸ Innenspiegel aus **Spanien**
❹ Sonnenblende aus **Frankreich**
❺ Motor für Heckwischer aus **Spanien**
❻ Federmuttern aus **Großbritannien**
❼ Schließzylinder und Schlüssel aus **Spanien**
❽ Türschloss aus **Frankreich**
❾ Bodenbeläge aus **Belgien**
❿ Sitzführungsschienen aus **Südafrika**
⓫ Sechskantschrauben für Räder aus **Italien**

Von
ANDREI SZILAGYI

VW-Golf - der Deutschen liebstes Auto. Aber auch bei der Wolfsburger Traditions-Schmiede ist nicht mehr alles „Made in Germany". Was viele nicht wissen: 960 seiner rund 6 000 Teile kommen aus dem Ausland. BILD zeigt 11 Beispiele.

Arbeitsvorschlag

1. Unterscheiden Sie die Formen der betrieblichen Arbeitsteilung und nennen Sie jeweils Beispiele.

2. Bringen Sie die Texte von Adam Smith und die Darstellung der Formen von Arbeitsteilung in einen sinnvollen Zusammenhang und leiten Sie daraus die wichtigsten Merkmale und Vorteile der Arbeitsteilung ab.

Zur Wiederholung

1. Welche Kerninhalte hat ein Arbeitsvertrag?

2. Angenommen, arbeitsvertraglich werden 20 Werktage Urlaub vereinbart, im Tarifvertrag stehen aber 24 Werktage. Welche Urlaubszeit gilt für den betroffenen Arbeitnehmer?

3. Wie viele Arbeitstage (5-Tage-Woche) entsprechen 18, 24, 27, 30 Werktagen?

4. Ein Maurer lässt seinem Polier absichtlich drei Steine auf den Fuß fallen, als er von ihm wegen häufiger Verspätung getadelt wird.
   Welche arbeitsrechtliche Konsequenz kann das haben?

5. Am 13. Februar kündigt ein Arbeiter. Wann ist der letzte Arbeitstag?

6. Max Schermann erhält von einem Freund ein tolles Angebot über einen neuen Arbeitsplatz. Wann muss er spätestens kündigen, wenn er die neue Stelle am 1. April antreten will?

7. Wodurch unterscheiden sich Zeit- und Leistungslohn?

8. Was versteht man unter dem Leistungsgrad?

9. Nennen Sie jeweils ein Beispiel für einen
   a) betrieblichen,
   b) personenbedingten,
   c) verhaltensbedingten
   Kündigungsgrund.

Zur Wiederholung (Fortsetzung)

10. Entscheiden Sie in den folgenden Fällen:
    a) Heiko ist 16 Jahre alt und besucht die Berufsfachschule. Er möchte in den Ferien drei Wochen bei seinem Onkel „am Bau" arbeiten. Das Geld will er für den Führerschein nehmen. Seine Eltern sind damit einverstanden. Darf Heiko den Ferienjob annehmen oder spricht etwas dagegen?
    b) Die 14-jährige Sabine geht einmal in der Woche für drei Stunden nachmittags zum „Babysitten" und erhält dafür Geld.
    c) In einer Berufsschule gelten folgende Pausenzeiten:
       1. Pause von 09:15 bis 09.30 Uhr,
       2. Pause von 11:00 bis 11:30 Uhr,
       3. Pause von 13:00 bis 13:15 Uhr.
       Eine Klasse möchte gerne schon um 13:10 Uhr beginnen, weil einige Schüler Schwierigkeiten haben, nach der 8. Stunde (die regulär um 14:45 Uhr endet) die Busse zu bekommen, die schon um 14:43 Uhr abfahren.
    d) In einem Malerbetrieb fällt im Oktober viel Arbeit an, weil die Baustellen vor Wintereinbruch abgeschlossen werden müssen. Die beiden Auszubildenden würden in diesem Monat gerne jeden Tag zwei Überstunden machen. Der Chef würde dies auch „gut bezahlen".
    e) Thorsten ist 17 Jahre alt und wird als Metallbauer ausgebildet. Der Ausbildungsbetrieb ist nur fünf Minuten von der Berufsschule entfernt. Der Unterricht dauert von 7:45 bis 14:45 Uhr. Darin enthalten sind 60 Minuten Pause. Der Chef verlangt von Thorsten, dass er sich nach dem Unterricht noch einmal bei ihm meldet, damit er bei Bedarf „die noch fehlende Stunde" arbeiten könne.

11. Wie viele Stunden darf ein Jugendlicher pro Tag und pro Woche arbeiten?

12. Nennen Sie die Bestimmungen über die Ruhepausen, die Jugendlichen zustehen.

13. Wie viele Werk- und Arbeitstage Urlaub erhalten Jugendliche?

14. Wie viel Prozent Schwerbehinderte muss ein Betrieb mit mehr als 20 Arbeitnehmern mindestens beschäftigen?

15. Nennen Sie Organe, die auf die Einhaltung der Arbeitsschutzbestimmungen achten.

16. Was ist ein Manteltarifvertrag?

17. Welcher Unterschied besteht zwischen Streik und Aussperrung?

18. Was versteht man unter Berufsspaltung als Begriff der Arbeitsteilung?

19. Nennen Sie moderne Formen der Arbeitszerlegung und stellen Sie deren Vor- und Nachteile heraus.

20. Ein Arbeiter steht im Akkord und erbringt folgende Leistungen während der 8-stündigen Arbeitszeit:
    ● 200 Stück Gewindestangen schneiden; Vorgabezeit pro Stück 0,5 Minuten,
    ● 50 Rahmen schweißen; Vorgabezeit pro Stück 5 Minuten,
    ● 10 Hülsen abdrehen; Vorgabezeit pro Stück 18 Minuten.
    a) Wie viele Akkordminuten erreicht der Arbeiter?
    b) Wie hoch ist der Minutenfaktor bei einem Akkordrichtsatz von 9,00 €?
    c) Berechnen Sie den Bruttolohn, den Leistungsgrad und den tatsächlichen Stundenlohn des Arbeiters.

1 Formen der Mitbestimmung

In diesen beiden Karikaturen wird das Verhältnis zwischen Arbeitnehmern und Arbeitgebern problematisiert. Ob dies so stimmt, sollen Sie selbst versuchen zu beurteilen.

Quatsch nicht! Das war immer so!

Karikaturen: Wolter

Die Mitbestimmung der Arbeitnehmer ist heute in den meisten Wirtschaftsbereichen durchgesetzt. Wenn die Diskussionen darüber andauern, so liegt das daran, dass mit der Mitbestimmung eine entscheidende Veränderung im Verhältnis zwischen Arbeitgebern und Arbeitnehmern eintrat.

Man unterscheidet heute drei verschiedene Mitbestimmungsebenen:

- **Arbeitsplatzebene,**
- **Betriebsebene** und
- **Unternehmensebene**

Arbeitsplatzebene: Hier finden alle Entscheidungen über den technischen und organisatorischen Arbeitsablauf statt. Folgende Probleme können hier auftreten: Arbeitsplatzgestaltung, Lohneinstufung, Zusammenarbeit in der Gruppe, bestehendes Betriebsklima, soziale Einrichtungen, die vorwiegend den einzelnen Arbeitnehmer betreffen, Urlaubsregelung, Arbeitszeiteinteilung usw.

Betriebsebene: Hier werden Entscheidungen über allgemeine personelle Angelegenheiten getroffen, von denen die gesamte Belegschaft betroffen wird, wie beispielsweise Arbeitsplatzbewertung, Leistungsbeurteilung, Entlohnungssysteme, gleitende Arbeitszeit, Aus- und Fortbildung, Kantinenbetreuung, Werksarzt, Arbeitsablauf und Arbeitsorganisationen, um nur einige zu nennen. Bei diesen Entscheidungen steht demnach nicht der einzelne Mitarbeiter im Mittelpunkt, sondern es geht um das Gesamtwohl der Arbeitnehmer.

Unternehmensebene: Diese Ebene wird auch Managementebene genannt. Auf ihr werden Produktionsziele, Gewinnverteilung, Investitionen, Stilllegungen, Kapazitätsausweitungen, Produktionsverlagerungen, Kurzarbeit, Entlassungen, die Unternehmensorganisation usw. festgelegt.

2 Mitbestimmung auf Betriebsebene

2.1 Wahl und Aufgaben des Betriebsrats

Im Jahr 1952 trat das erste **Betriebsverfassungsgesetz** in Kraft. Wichtigster Bestandteil dieses Gesetzes war die Einrichtung von Betriebsräten als Träger der **Mitwirkungsrechte der Arbeitnehmerschaft.** 1972 wurde das Betriebsverfassungsgesetz erweitert, die Rechte des Betriebsrates wurden detaillierter geregelt und ausgeweitet.

1 **Betriebsräte** können in Unternehmungen mit mindestens fünf ständig beschäftigten wahlberechtigten Arbeitnehmern, von denen mindestens drei wählbar sind, eingerichtet werden.

Die Wahlen finden alle 4 Jahre in der Zeit vom 1. März bis 31. Mai statt.

● **Wahlberechtigt** ist jeder Arbeitnehmer, der das 18. Lebensjahr vollendet hat,

● **Wählbar** ist jeder Wahlberechtigte, der mindestens ein halbes Jahr dem Betrieb angehört.

Wahlausschreiben für die Wahl des Betriebsrats

Aufgrund des Betriebsverfassungsgesetzes ist im Betrieb

Heinz Naumann OHG

ein Betriebsrat zu errichten.

Die Wahl des Betriebsrats findet am ..–04–15 **statt.**

Der Betriebsrat besteht aus __7__ Mitgliedern, davon erhalten

die Arbeiter   __5__ Mitglieder,

die Angestellten   __2__ Mitglieder (§§ 9 und 10 BetrVG).

Aufgrund der am __..–01–30__ erfolgten Abstimmung wird die Betriebsratswahl in **gemeinsamer Wahl** durchgeführt.

Wahlberechtigt sind alle Arbeitnehmer, die das 18. Lebensjahr vollendet haben (§ 7 BetrVG).

Wählbar sind alle Wahlberechtigten, die sechs Monate dem Betrieb angehören oder als in Heimarbeit Beschäftigte in der Hauptsache für den Betrieb gearbeitet haben. Auf diese sechsmonatige Betriebszugehörigkeit werden Zeiten angerechnet, in denen der Arbeitnehmer unmittelbar vorher einem anderen Betrieb desselben Unternehmens oder Konzerns (§ 18 Abs. 1 des Aktiengesetzes) angehört hat. Nicht wählbar ist, wer infolge strafgerichtlicher Verurteilung die Fähigkeit, Rechte aus öffentlichen Wahlen zu erlangen, nicht besitzt (§ 8 Abs. 1 BetrVG).

Wählen oder gewählt werden kann nur, wer in die Wählerliste eingetragen ist (§ 2 Abs. 3 WO).

Die Wählerliste und die Wahlordnung (WO) liegen für die

der Arbeiter im _Personalbüro_

der Angestellten im _Personalbüro_

...ählerliste kann von jedem Wahlberechtigten täglich ... Uhr eingesehen werden. ...

Größe der Betriebsräte nach Betriebsgrößenklassen

Wahlberechtigte Arbeitnehmer	Betriebsratsmitglieder
5–20	1
21 – 50	3
51 – 100	5
101 – 200	7
201 – 400	9
401 – 700	11
2 001 – 2 500	19
4 001 – 4 500	27
5 001 – 6 000	31
7 001 – 9 000	35

In Betrieben mit mehr als 9 000 Arbeitnehmern erhöht sich die Zahl der Mitglieder des Betriebsrats für je angefangene weitere 3 000 Arbeitnehmer um 2 Mitglieder.

Die Hauptaufgabenbereiche des Betriebsrats   2

Der Betriebsrat kann bei Entscheidungen, die die Interessen der Arbeitnehmer berühren, entweder gleichberechtigt mitbestimmen oder lediglich mitwirken, d. h. beratend tätig werden. Diese Einzelfälle sind im Betriebsverfassungsgesetz (BetrVG) geregelt.

Wirtschaftliche Angelegenheiten

Vor geplanten **Betriebsänderungen** hat der Unternehmer den Betriebsrat rechtzeitig und umfassend zu **unterrichten.** Dazu zählen beispielsweise grundlegende Änderungen der **Betriebsorganisation** und des **Betriebszwecks,** die Einführung grundlegend neuer **Arbeitsmethoden** sowie die **Stilllegung** oder Verlegung wesentlicher Betriebsteile oder des Betriebs.

Unternehmer und Betriebsrat haben über die Durchführung der Betriebsänderung einen Interessenausgleich zu versuchen. Kommt es zwischen ihnen bei der Frage, wie die den Arbeitnehmern entstehenden Nachteile ausgeglichen oder gemildert werden können, zu keiner Einigung, so kann der Betriebsrat die **Aufstellung eines Sozialplanes** über die Einigungsstelle erzwingen.

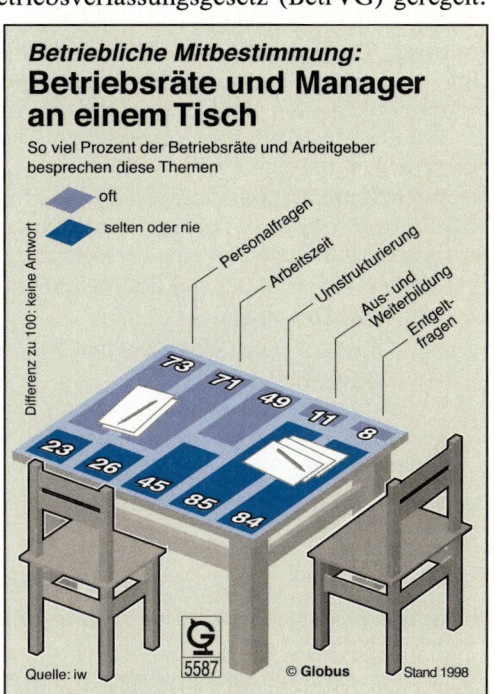

Betriebliche Mitbestimmung:
Betriebsräte und Manager an einem Tisch
So viel Prozent der Betriebsräte und Arbeitgeber besprechen diese Themen

oft
selten oder nie

Differenz zu 100: keine Antwort

Personalfragen · Arbeitszeit · Umstrukturierung · Aus- und Weiterbildung · Entgeltfragen

73 71 49 11 8
23 26 45 85 84

Quelle: iw   5587   © Globus   Stand 1998

Soziale Angelegenheiten

- Fragen der Ordnung des Betriebs;
- Beginn und Ende der täglichen Arbeitszeit einschließlich der Pausen;
- Festsetzung von Kurz- und Mehrarbeit;
- Aufstellung allgemeiner Urlaubsgrundsätze und des Urlaubsplans;
- Form, Ausgestaltung und Verwaltung von Sozialeinrichtungen;
- Zuweisung und Kündigung von Werkswohnungen sowie allgemeine Festlegung der Nutzungsbedingungen;
- Fragen der betrieblichen Lohngestaltung, z. B. Festsetzung der Akkord- und Prämiensätze.

In diesen und in den sonst in § 87 BetrVG genannten Angelegenheiten besteht **gleichberechtigte Mitbestimmung,** die nur dann entfällt, wenn die betreffende Angelegenheit bereits durch Gesetz oder Tarifvertrag geregelt ist. Der Arbeitgeber kann in diesen Angelegenheiten nicht ohne den Betriebsrat entscheiden. Bei Nichteinigung entscheidet die im Gesetz vorgesehene Einigungsstelle verbindlich.

Personelle Angelegenheiten

Das Gesetz unterscheidet zwischen allgemeinen personellen Angelegenheiten und Einzelmaßnahmen. **Zu den allgemeinen personellen Angelegenheiten** gehören: Personalplanung, innerbetriebliche Stellenausschreibung, Personalfragebogen, Beurteilungsgrundsätze und Auswahlrichtlinien.

952799

Bei diesen Maßnahmen sind die Beteiligungsrechte des Betriebsrats unterschiedlich ausgestaltet. Sie reichen vom **Beratungsrecht** über das **Zustimmungserfordernis** bis zur **Mitbestimmung.**

Daneben führt das Betriebsverfassungsgesetz **personelle Einzelmaßnahmen** an. In Betrieben mit mehr als 20 Beschäftigten hat der Arbeitgeber dem Betriebsrat von jeder **Einstellung, Eingruppierung, Umgruppierung** und **Versetzung** unter Vorlage von Unterlagen umfassend Auskunft zu geben und dessen **Zustimmung** einzuholen. Wird sie verweigert, kann der Arbeitgeber das Arbeitsgericht mit dem Antrag anrufen, die fehlende Zustimmung des Betriebsrats zu ersetzen. Der Widerspruch des Betriebsrats muss binnen einer Woche schriftlich erklärt werden.

Nach dem Betriebsverfassungsgesetz ist der Betriebsrat vor jeder Kündigung zu hören. **Eine Kündigung ohne vorherige Anhörung des Betriebsrats ist unwirksam.** Bei ordentlichen Kündigungen kann der Betriebsrat innerhalb einer Woche widersprechen, wenn

- soziale Gesichtspunkte bei der Auswahl der Gekündigten nicht oder nicht ausreichend berücksichtigt wurden,
- die Kündigung gegen eine zwischen Arbeitgeber und Betriebsrat vereinbarte Auswahlrichtlinie verstößt,
- Weiterbeschäftigungsmöglichkeiten für den Arbeitnehmer vorhanden sind,
- eine Weiterbeschäftigung des Arbeitnehmers nach zumutbaren Umschulungs- oder Fortbildungsmaßnahmen möglich wäre — ggf. unter geänderten Vertragsbedingungen.

Bei **außerordentlichen Kündigungen** kann der Betriebsrat nur Bedenken innerhalb von drei Tagen äußern.

Allgemeine Aufgaben

Neben den genannten Beteiligungsrechten gibt das Betriebsverfassungsgesetz dem Betriebsrat eine Reihe allgemeiner Aufgaben.

So hat er beispielsweise Beschwerden von Arbeitnehmern entgegenzunehmen und kann der Belegschaft dienende Maßnahmen beim Arbeitgeber beantragen. Die Eingliederung und Beschäftigung besonders schutzbedürftiger Personen sind von ihm zu fördern.

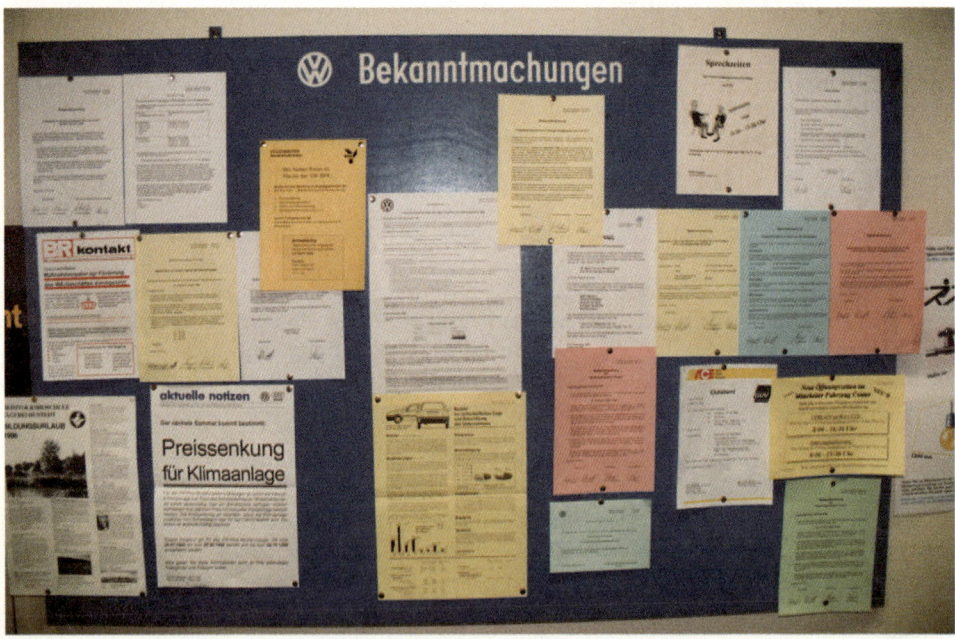

Arbeitsvorschlag

1. Welche Aufgabe hat ein Betriebsrat?

2. In welchen Betrieben können Betriebsräte gewählt werden?

3. Wer ist für die Wahl des Betriebsrates wahlberechtigt und wer ist wählbar?

4. Ein Arbeitnehmer, der seit zwei Monaten im Betrieb ist, will für die Betriebsratswahl kandidieren. Warum kann er nicht gewählt werden?

5. Wie oft und in welchem Zeitraum finden die Betriebsratswahlen statt?

6. Was sind „wirtschaftliche", „soziale" und „personelle" Angelegenheiten?

7. Äußern Sie Ihre Meinung zu folgendem Fall und überprüfen Sie die Rechtslage.
Die Maschinenfabrik Heinz Naumann OHG beschäftigt über 250 Arbeitnehmer. Einer von ihnen ist Fritz Wetzel. Seit fast 10 Jahren steht er im Lager seinen Mann. Viele beneiden ihn wegen der sauberen, angeblich stressfreien Arbeit. Wetzel möchte auch nicht tauschen – er ist zufrieden. Eines Tages wird er zum Abteilungsleiter bestellt. Hier erfährt er, dass er in die Fertigungsabteilung versetzt werden soll. Genaue Gründe werden ihm zwar nicht genannt, aber Wetzel weiß, dass ein guter Bekannter seines Abteilungsleiters schon lange ein Auge auf seinen Posten als Lagerverwalter geworfen hatte. Fritz Wetzel widerspricht daher der Versetzungsanordnung und wendet sich an den Betriebsratsvorsitzenden. Hat er Aussicht auf Erfolg?

8. Ordnen Sie folgende – durch Zeitungsüberschriften umrissene – betriebliche Vorgänge dem Recht des Betriebsrats auf
● Information,   ● Anhörung,   ● Mitbestimmung zu.

Auch Angestellte müssen in Zukunft an die Stechuhr

Sonderschichten zur Bewältigung der großen Nachfrage bei der Matador GmbH

Reiche Beute im Betrieb – fristlos entlassener Mitarbeiter hat zu Hause ein ganzes Warenlager

Kantine geschlossen – bei Haase & Sohn künftig nur noch Fertigmenüs

Ruppert & Co. legt ein Zweigwerk still

Ab nächste Woche Kurzarbeit in der Hansa AG

9. Wovon hängt die Größe und die Zusammensetzung eines Betriebsrats ab?

10. Innerhalb welcher Fristen kann der Betriebsrat einer Kündigung widersprechen?

11. Was steht hinter der Aussage: „Bei der Auswahl der Gekündigten sind soziale Gesichtspunkte zu berücksichtigen"?

12. Worin unterscheidet sich die Mitbestimmung auf Arbeitsplatz- und Betriebsebene?

13. Ein Betrieb will die Mittagspause von bisher 50 Minuten auf 45 Minuten verkürzen. Welches Recht hat der Betriebsrat in dieser Angelegenheit?

2.2   Die Jugend- und Auszubildendenvertretung

Werden in einem Betrieb mindestens fünf jugendliche Arbeitnehmer oder Auszubildende beschäftigt, die das 25. Lebensjahr noch nicht vollendet haben, kann von ihnen eine eigene Vertretung mit einer Amtszeit von 2 Jahren gewählt werden. Bei bis zu 20 Auszubildenden besteht die JAV nur aus einer Person. Die Wahlen finden in der Zeit vom 1. Oktober bis 30. November statt.

Die Jugend- und Auszubildendenvertretung soll sich der besonderen Probleme der jugendlichen Arbeitnehmer im Betrieb annehmen; allerdings kann sie nicht direkt mit der Unternehmensleitung, sondern nur über den Betriebsrat verhandeln.

An allen Sitzungen des Betriebsrats kann ein Vertreter der JAV (ohne Stimmrecht) teilnehmen. Nur wenn Angelegenheiten behandelt werden, die insbesondere jugendliche Arbeitnehmer betreffen, haben alle Jugendvertreter volles Stimmrecht.

© Erich Schmidt Verlag   243 513

3   Mitbestimmung im Aufsichtsrat von großen Kapitalgesellschaften

Bei dieser Mitbestimmungsform geht es in erster Linie um Führungsentscheidungen des Managements.

Die in drei verschiedenen Gesetzen mit unterschiedlichen Geltungsbereichen festgelegte Mitbestimmung gilt für Kapitalgesellschaften und Genossenschaften.

Hier findet man die drei Organe:
- Vorstand   (Leitung)
- Aufsichtsrat   (Überwachung)
- Hauptversammlung   (Beschlussfassung)

Die Mitbestimmung bezieht sich in erster Linie auf die **Zusammensetzung des Aufsichtsrats.** Er kontrolliert die Vorstandstätigkeiten und hat somit Einblick in unternehmerische Entscheidungsprozesse. Bei zwei der drei Modelle werden darüber hinaus Arbeitnehmervertreter direkt in den **Vorstand** gewählt.

3.1 Das Montanmitbestimmungsgesetz

Am 21. Mai 1951 wurde das Montanmitbestimmungsgesetz verabschiedet. Es war das erste paritätische Mitbestimmungsgesetz, d. h., die Arbeitnehmer entsenden genauso viele Vertreter in den Aufsichtsrat wie die Arbeitgeber.

Das Montanmitbestimmungsgesetz hat seine Gültigkeit für **Unternehmen des Bergbaus, der Eisen und Stahl erzeugenden Industrie in der Rechtsform einer Aktiengesellschaft (AG), einer Gesellschaft mit beschränkter Haftung (GmbH) oder einer bergrechtlichen Gewerkschaft mit eigener Rechtspersönlichkeit.**

Hier setzt sich der Aufsichtsrat aus einer gleichen Anzahl von Arbeitgeber- und Arbeitnehmervertretern und einem neutralen Vertreter zusammen. In der Regel sind insgesamt elf Mitglieder in den Aufsichtsrat zu entsenden.

Das Montanmodell schreibt die Wahl eines Arbeitsdirektors vor. Er hat vorwiegend die Personal- und Sozialangelegenheiten des Unternehmens zu vertreten. Er hat sich für die Interessen der Arbeitnehmer einzusetzen, ist aber beispielsweise bei Tarifverhandlungen nicht Arbeitnehmer-, sondern Arbeitgebervertreter.

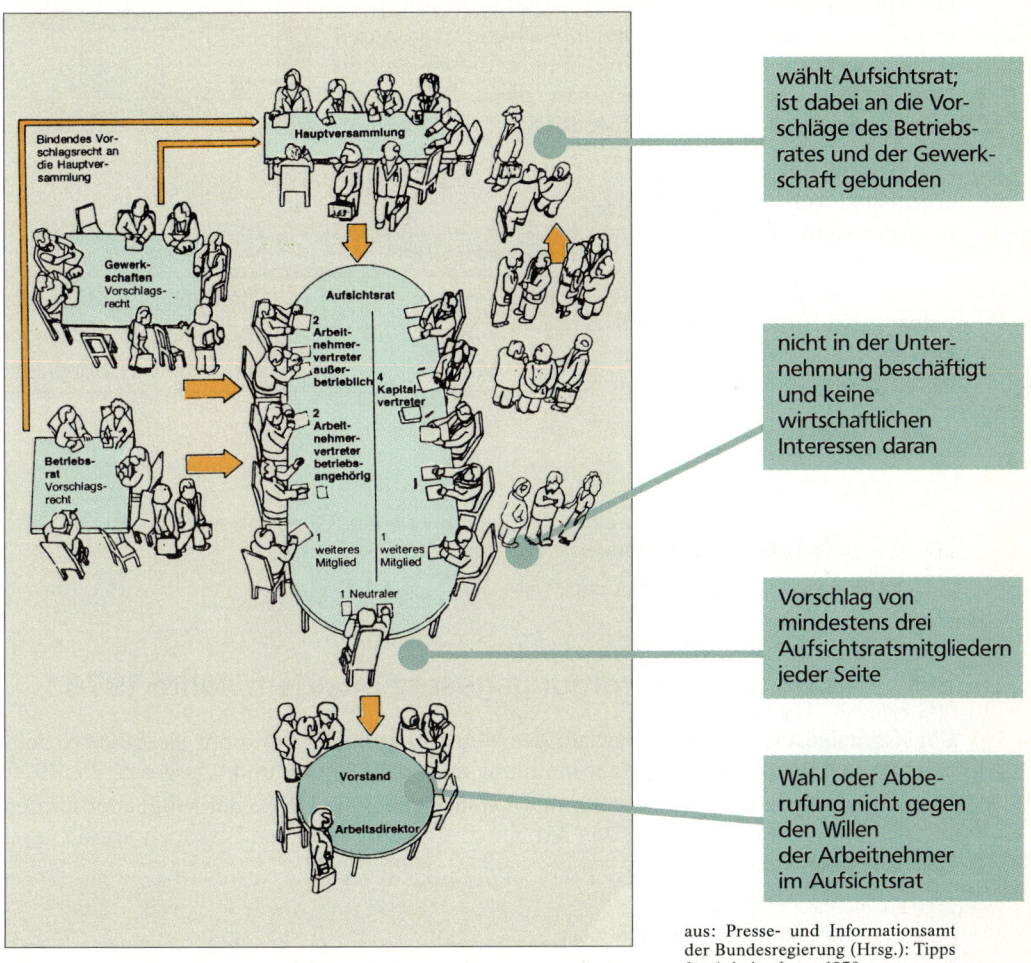

wählt Aufsichtsrat; ist dabei an die Vorschläge des Betriebsrates und der Gewerkschaft gebunden

nicht in der Unternehmung beschäftigt und keine wirtschaftlichen Interessen daran

Vorschlag von mindestens drei Aufsichtsratsmitgliedern jeder Seite

Wahl oder Abberufung nicht gegen den Willen der Arbeitnehmer im Aufsichtsrat

aus: Presse- und Informationsamt der Bundesregierung (Hrsg.): Tipps für Arbeitnehmer 1979

Arbeitsvorschlag

1. Für welche Betriebe gilt die Montanmitbestimmung?
2. Wie viele Mitglieder sitzen nach der Montanmitbestimmung im Aufsichtsrat?
3. Welche Aufgaben hat ein „Arbeitsdirektor"?

3.2 Die Mitbestimmung auf Unternehmensebene nach dem Betriebsverfassungsgesetz

Bei dem Betriebsverfassungsgesetz wird neben der allgemeinen Mitbestimmung der Arbeitnehmer durch den Betriebsrat auch deren Einfluss auf den Aufsichtsrat in Kapitalgesellschaften geregelt.

Das Betriebsverfassungsgesetz gilt außerhalb des Montanbereichs für alle Kapitalgesellschaften mit einer Belegschaftsstärke **unter 2 000 Arbeitnehmern.**

Die Hauptversammlung wählt nach diesen Bestimmungen $^{2}/_{3}$ der Aufsichtsratsmitglieder, während $^{1}/_{3}$ von den Arbeitnehmern bestimmt wird. Wegen dieses Aufteilungsverhältnisses bezeichnet man diese Mitbestimmungsform auch als **„Drittelparität".**

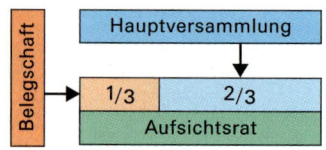

Die Anzahl der Aufsichtsratssitze hängt von der Unternehmensgröße ab, sie muss wegen des Aufteilungsverhältnisses aber in jedem Fall durch drei teilbar sein (mindestens drei Personen) und unterliegt bestimmten Höchstgrenzen:

Grundkapital	Aufsichtsrat
bis zu 1,5 Mio. €	höchstens 9 Mitglieder
über 1,5 Mio. bis 10 Mio. €	höchstens 15 Mitglieder
über 10 Mio. €	höchstens 21 Mitglieder

Arbeitsvorschlag

1. Was heißt „Drittelparität"?
2. Wie viele der 15 Mitglieder eines Aufsichtsrates einer AG mit einem Grundkapital von 6 Mio. Euro sind Arbeitnehmervertreter?
3. Für welche Betriebe gilt die „Drittelparität"?

3.3 Das Mitbestimmungsgesetz aus dem Jahre 1976

Für Kapitalgesellschaften außerhalb des Montanbereiches mit mehr als 2 000 Arbeitnehmern gilt die paritätische Mitbestimmung nach dem Mitbestimmungsgesetz von 1976. Danach wählt die Hauptversammlung (Anteilseigner) die Hälfte der Mitglieder für den Aufsichtsrat. Die anderen, von den Arbeitnehmern zu stellenden Personen, werden drei Untergruppen zugeordnet:

- Arbeiter/Angestellte
- leitende Angestellte
- Gewerkschaftsvertreter

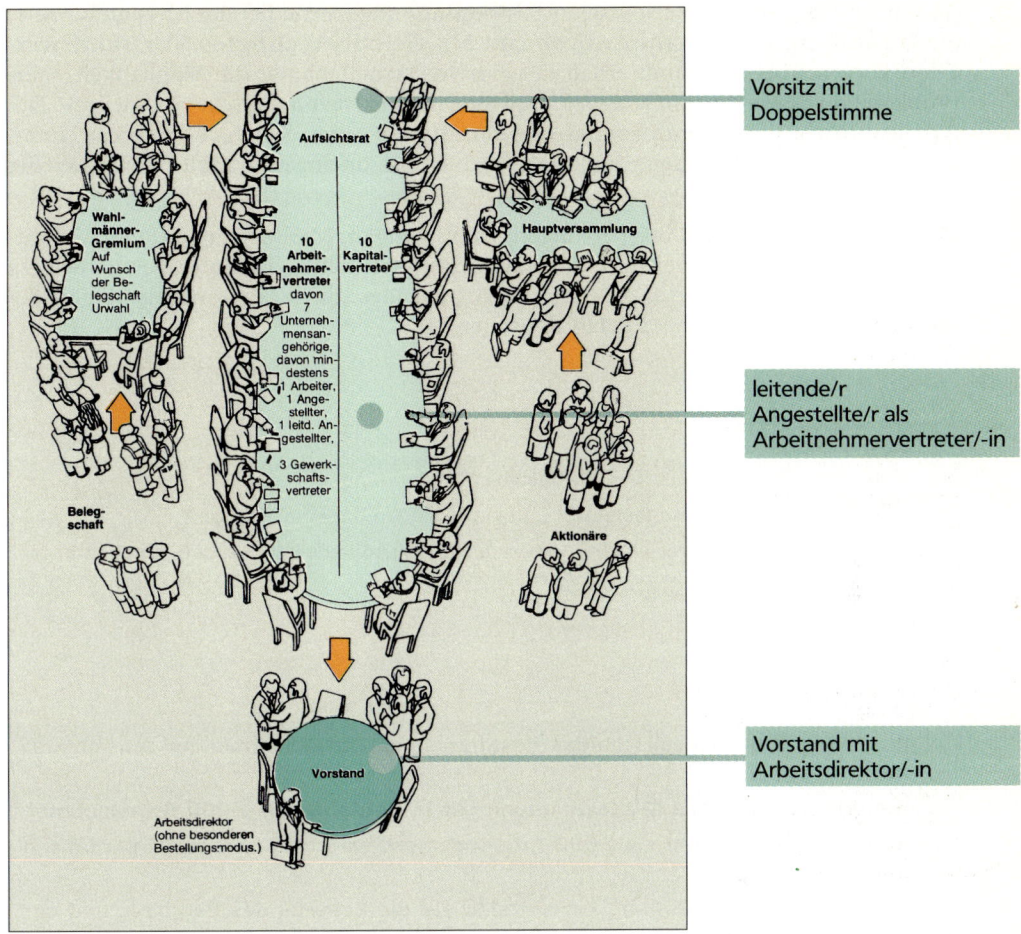

aus: Presse- und Informationsamt der Bundesregierung (Hrsg.): Tipps für Arbeitnehmer 1979

Aufsichtsrat – Zusammensetzung

Arbeitnehmer	Anteils-eigner	Arbeiternehmer		
		Arbeiter/ Angestellte	leitende Angestellte	Gewerk-schaftsvertreter
2 000–10 000	6	3	1	2
mehr als 10 000–20 000	8	5	1	2
mehr als 20 000	10	6	1	3

Arbeiter, Angestellte und die im Unternehmen vertretenen Gewerkschaften unterbreiten Vorschläge zur Wahl. Dabei benennen die leitenden Angestellten eigene Kandidaten, von denen mindestens einer gewählt werden muss. Die Gewerkschaftsmitglieder im Aufsichtsrat werden von den Arbeitern und Angestellten gemeinsam gewählt. (Hat ein Betrieb weniger als 8 000 Beschäftigte, so kann dort direkt gewählt werden, in größeren Betrieben soll die Wahl durch Wahlmänner erfolgen).

Im Geltungsbereich der paritätischen Mitbestimmung ist wie bei der Montanindustrie die **Bestellung eines Arbeitsdirektors als gleichberechtigtes Vorstandsmitglied** vorgeschrieben. Damit erhält der einzelne Arbeitnehmer die Möglichkeit, seine Probleme im Betrieb einem Mitglied der Unternehmensleitung direkt vorzutragen. Der Arbeitsdirektor nimmt eine Sonderrolle ein. Auf der einen Seite gehört er zur Unternehmensleitung, andererseits benötigt er aber das uneingeschränkte Vertrauen der Belegschaft.

In Streitfragen, wie z. B. Aussperrungen, Kündigungen, Maßregelungen oder Verwarnungen, kann es dem Arbeitsdirektor mitunter schwer fallen, beiden Rollen gerecht zu werden. Dies führte u. a. dazu, dass die Arbeitgeber die Tarifautonomie wegen der Stellung des Arbeitsdirektors gefährdet sahen.

Arbeitsvorschlag

1. In welchen Betrieben gilt die „paritätische Mitbestimmung"?
2. Was ist ein „leitender Angestellter" und welche Rolle hat er im Betrieb?
3. Warum ist es nicht ganz einfach, einen „leitenden Angestellten" zu den Arbeitnehmervertretern zu zählen?

Wichtiges in Kürze

○ **In großen Kapitalgesellschaften bestimmen die Arbeitnehmer im Aufsichtsrat mit.**

○ **Die drittelparitätische Mitbestimmung gilt in Betrieben bis 2 000 Arbeitnehmer.**

○ **In Betrieben mit mehr als 2 000 Arbeitnehmern wird im Aufsichtsrat paritätisch mitbestimmt.**

○ **Die Montanmitbestimmung bezieht sich auf die Betriebe des Bergbaus und der Eisen und Stahl erzeugenden Industrie.**

Gemeinsam geht es besser

Zeichnung aus:
Wegweiser durch die Arbeitswelt,
Presse- und Informationsamt der
Bundesregierung, 1991

1   Warum versichern wir uns?

VERSICHERUNG

Unsicher ist's auf dieser Erden,
Drum will der Mensch versichert werden.
Hat er die Zukunft nicht vertraglich,
So wird's ihm vor ihr unbehaglich.
Das Leben ständig in Gefahr,
Zahlt er voraus von Jahr zu Jahr,
Dass auch an unverdienter Not
Er was verdient, selbst durch den Tod.
Die Krankheit wird schon halb zum Spaße,
Weiß man: Das zahlt ja doch die Kasse!
Und wär das Leben je erloschen,
Gäb's hundert Mark für einen Groschen.
Ja, so ein Bursche spekuliert,
Dass durch Gesundheit er verliert!
Der Teufel aber höhnisch kichert:
„Wie seid ihr gegen mich versichert!"
Ja, stellt der Teufel uns ein Bein,
Springt die Versicherung meist nicht ein.
Der allzu Schlaue wird der Dumme:
Zum Teufel geht die ganze Summe,
Und wirklich wertbeständig bliebe
Auch hier nur: Glaube, Hoffnung, Liebe!

Eugen Roth

Seit jeher lebt der Mensch mit dem Bedürfnis sich vor den wirtschaftlichen Folgen von Ereignissen zu schützen, die seine Existenz, sein Leben, seine Gesundheit, Hab und Gut bedrohen. Gefahren und Risiken sind die ungebetenen, meist gefürchteten Wegbegleiter des Menschen.

Der Einzelne will durch Unglücksfälle nicht ruiniert werden. Diesem Bedürfnis des Menschen entsprang die Idee der Versicherung. Ein Blick in die Zeitung belegt täglich: Krankheit, verminderte Erwerbsfähigkeit, vorzeitiger Tod des Ernährers bedrohen die wirtschaftliche Existenz des Einzelnen oder der Familie. Da brennt eine Wohnung, eine Fabrik, ein Geschäft ab — durch Unachtsamkeit oder Brandanschlag. Da dringen Einbrecher in die Wohnung, platzt der Schlauch der Waschmaschine und überflutet Küche und Diele, vernichtet ein Hagelschlag die Ernte des Bauern, stürzt eine Brücke ein, versinkt eine Bohrinsel im Meer, explodiert ein Tanker oder verunglückt ein Jumbo-Jet bei der Landung.

aus: Knospe, J., Risikoschutz durch Versicherungen, Köln 1982, S. 3 ff.

Der Unterschied zwischen Sozial- und Individualversicherung

Die **Sozialversicherung** ist für Arbeitnehmer bis zu einem bestimmten Einkommen eine Pflichtversicherung. Sie besteht aus der gesetzlichen Kranken-, Renten-, Arbeitslosen-, Pflege- und Unfallversicherung. Die Beitragszahlungen richten sich nach der Höhe des Einkommens oder bei der Unfallversicherung nach dem Risiko der entsprechenden Tätigkeit oder Branche.

Bei der **Individualversicherung** sind die Beitragszahlungen unabhängig vom Einkommen, sie werden lediglich vom Risiko bestimmt. Eine Mitgliedschaft ist freiwillig.

In der Sozialversicherung muss ich sein! Die Beiträge werden automatisch von meinem Lohn abgezogen.

Privat und freiwillig bin ich gegen etliche Alltagrisiken versichert, so wie ich es brauche.

2   Die Sozialversicherung

Karl-Heinz Huber wurde im vergangenen Monat als Industrieschlosser in die Reparaturabteilung übernommen. Der vertraglich vereinbarte Monatslohn beträgt 1.780,50 €. Karl-Heinz hat einen Bausparvertrag nach dem „480-€-Gesetz" (Arbeitnehmersparzulage) abgeschlossen. Er erhält dafür vom Arbeitgeber zusätzlich zum Bruttolohn einen Betrag von 19,50 €.

Als ihm der Lohnsachbearbeiter seine erste Lohnabrechnung aushändigt, fährt Karl-Heinz Huber der Schreck in die Glieder. Dass so wenig übrig bleibt, hätte er nicht gedacht. Vor allem die Sozialabgaben überraschen ihn wegen der Höhe:

Lohnabrechnung

	Bruttolohn	1.780,50 €
+	vermögenswirksame Leistung des Arbeitgebers .... +	19,50 €
=	steuer- und sozialversicherungspflichtiges Entgelt	**1.800,00 €**
−	Lohnsteuer .... −	360,00 €
−	Solidaritätszuschlag (5,5 %)	19,80 €
−	Kirchensteuer (9 %)	32,40 €
−	Krankenversicherung	108,00 €
−	Pflegeversicherung	15,30 €
−	Rentenversicherung	173,70 €
−	Arbeitslosenversicherung	56,70 €
=	Nettolohn	**1.034,10 €**
−	vermögenswirksame Leistungen	39,00 €
−	sonstige Abzüge (Vorschuss u. a.)	—
=	Auszahlungsbetrag	**995,10 €**

Karl-Heinz Huber,
Hohe Straße 16,
44139 Dortmund

Stamm-Nr.:
1/343560/85

Steuerklasse: 1
Zahl der Kinderfreibeträge: keine

} 353,70 €
(nur Arbeitnehmeranteil — der Arbeitgeber zahlt noch einmal den gleichen Anteil zuzüglich der Beiträge für die Unfallversicherung)

2.1   Entwicklung der Sozialversicherung

Der Grundstein der deutschen Sozialversicherung, die als erste Regelung dieser Art für zahlreiche andere Staaten Vorbild wurde, legte ein historischer Beschluss: Es war die auf den Reichskanzler Otto von Bismarck zurückgehende „Kaiserliche Botschaft" von Wilhelm I. am 17. November 1881. Die Verelendung des Proletariats durch die Industrialisierung war Auslöser dieser Botschaft. Seit Bismarcks Zeiten hat sich viel getan und unser Sozialstaat wurde ständig weiterentwickelt.

Heute wird von dem Sozialversicherungssystem nahezu die gesamte Bevölkerung der Bundesrepublik Deutschland erfasst.

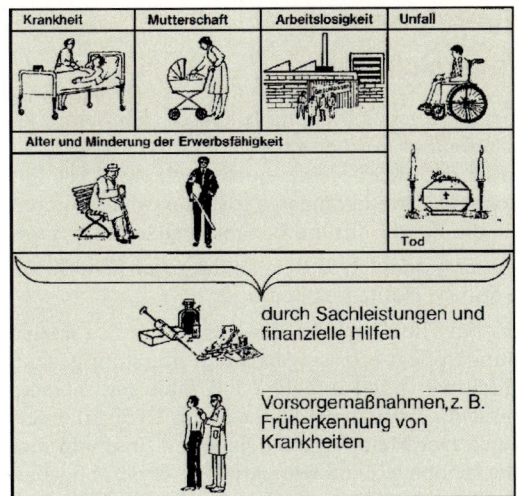

Krankheit	Mutterschaft	Arbeitslosigkeit	Unfall

Alter und Minderung der Erwerbsfähigkeit

Tod

durch Sachleistungen und
finanzielle Hilfen

Vorsorgemaßnahmen, z. B.
Früherkennung von
Krankheiten

aus: Broschüre der Barmer Ersatzkasse, „Die deutsche Sozialversicherung", S. 3

Diese Sozialversicherung gehört uns allen. Denn wir zahlen dafür. Man kann die Sozialversicherung auch als große Sparkasse bezeichnen. Unsere Beiträge und die der Arbeitgeber werden dort eingezahlt, von der Sozialversicherung verwaltet und als Leistungen wieder ausgegeben. Das geschieht nach dem **Solidarprinzip.**

Das heißt: Die Gesunden zahlen für die Kranken, die Jungen für die Alten, die Beschäftigten für die Arbeitslosen usw. Übrigens: Die Sozialversicherung darf keine Gewinne machen. Die eingezahlten Beträge werden überwiegend als Leistungen wieder ausgegeben.

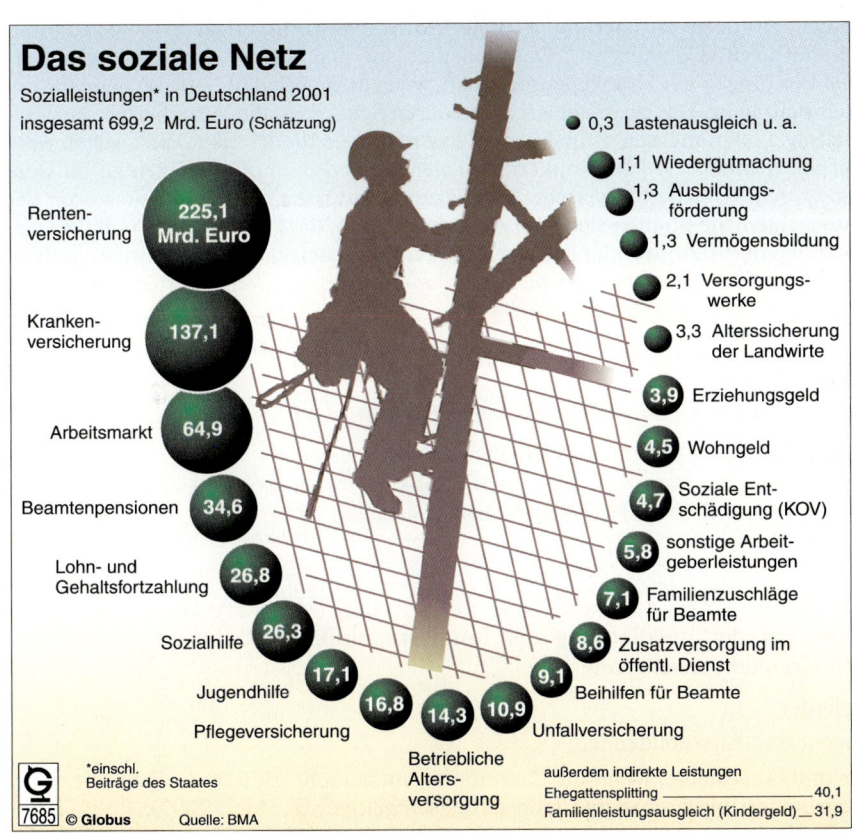

Das soziale Netz

Sozialleistungen* in Deutschland 2001
insgesamt 699,2 Mrd. Euro (Schätzung)

Rentenversicherung — 225,1 Mrd. Euro

Krankenversicherung — 137,1

Arbeitsmarkt — 64,9

Beamtenpensionen — 34,6

Lohn- und Gehaltsfortzahlung — 26,8

Sozialhilfe — 26,3

Jugendhilfe — 17,1

Pflegeversicherung — 16,8

Betriebliche Altersversorgung — 14,3

Unfallversicherung — 10,9

Beihilfen für Beamte — 9,1

0,3 Lastenausgleich u. a.
1,1 Wiedergutmachung
1,3 Ausbildungsförderung
1,3 Vermögensbildung
2,1 Versorgungswerke
3,3 Alterssicherung der Landwirte
3,9 Erziehungsgeld
4,5 Wohngeld
4,7 Soziale Entschädigung (KOV)
5,8 sonstige Arbeitgeberleistungen
7,1 Familienzuschläge für Beamte
8,6 Zusatzversorgung im öffentl. Dienst

*einschl. Beiträge des Staates

7685 © Globus　　Quelle: BMA

außerdem indirekte Leistungen
Ehegattensplitting ———————— 40,1
Familienleistungsausgleich (Kindergeld) — 31,9

2.2 Die Zweige der Sozialversicherung

2.2.1 Die gesetzliche Krankenversicherung

1 Karl-Heinz hat Pech. Soeben hat er eine Grippe überstanden, da bricht er sich beim Skilaufen ein Bein. Nach 14 Tagen Krankenhausaufenthalt wird er mit einem Gips entlassen. Bis dieser endlich abgenommen werden kann, muss Karl-Heinz noch mehrere Male ins Krankenhaus. Die Transport-, Arzt-, Krankenhaus-, Medikamentenkosten usw. übernimmt seine gesetzliche Krankenkasse, genauso wie die Kosten für die Behandlung seiner Grippe.

Karl-Heinz verdient 1.412,00 €, davon bezahlt er monatlich 91,81 € an die gesetzliche Krankenversicherung. Sein Arbeitgeber zahlt die andere Hälfte des Beitrages.

Herr Flor ist der Meister von Karl-Heinz. Er hat Glück gehabt, denn er war in den letzten Jahren nicht ein Mal krank. „Alles Vorbeugung", pflegt er zu sagen, „man muss nur gesund leben, dann wird man auch nicht krank. Doch was nützt mir das? Ich zahle mit meinem Arbeitgeber zusammen 295,00 € Krankenkassenbeiträge im Monat, weil ich 2.250,00 € verdiene. Dabei bin ich Junggeselle und nie krank. Der Meier von nebenan, mit Frau und fünf Kindern, hat doch das siebenfache Risiko. Die rennen laufend zum Arzt und er bezahlt weniger Krankenversicherung, nur weil er weniger verdient. Das muss ich doch mit meinen Beiträgen mitbezahlen. Warum soll ich mich eigentlich sparsam verhalten?"

Die gesetzliche Krankenversicherung ist eine **Solidargemeinschaft** (von Solidarität: Zusammengehörigkeit, Gemeinsinn). Das bedeutet auf der einen Seite, dass jeder Versicherte volle Leistungen der Krankenkasse erhält, wenn er sie braucht — unabhängig davon, wie hoch sein Beitrag ist. Das bedeutet auf der anderen Seite, dass alle Versicherten regelmäßig ihren Beitrag zahlen müssen — unabhängig davon, ob sie die Krankenkasse selten oder nie in Anspruch nehmen. Das Risiko, krank zu werden und die Folgen tragen zu müssen, wird also unter den Versicherten verteilt. Die Gesunden müssen die Krankheitskosten der anderen mitbezahlen. Sie können sich aber darauf verlassen, dass ihnen selber notfalls auch geholfen wird. Wenn die Aufwendungen der Krankenkasse steigen, weil die Krankenzahlen oder die Kosten im Gesundheitswesen wachsen, dann müssen alle Versicherten höhere Beiträge zahlen.

aus: Wochenschau I, Nr. 2, S. 50 ff.

Arbeitsvorschlag

1. Wovon hängt die Höhe der Krankenversicherungsbeiträge ab?
2. Nehmen Sie Stellung zu Flors letzter Frage.
3. Diskutieren Sie die Tatsache, dass Herr Meier mit sieben versicherten Personen weniger bezahlen muss als Herr Flor, der allein versichert ist.

2 **Mitglieder**

Rund 90 Prozent der Bevölkerung der Bundesrepublik Deutschland gehören der gesetzlichen Krankenversicherung an.

Pflichtmitglieder:
- alle Arbeiter und Auszubildende,
- Arbeiter und Angestellte, wenn ihr Einkommen monatlich 3.375,00 € nicht übersteigt (= Beitragsbemessungsgrenze und Jahresarbeitsentgeltgrenze, Stand 2002),
- Rentner, ● Studenten, ● selbstständige Landwirte, ● Behinderte.

Die Nichtversicherungspflichtigen (z. B. Beamte, Unternehmer) können freiwillig Mitglied der gesetzlichen Krankenkasse werden. Die Kasse kann frei gewählt werden.

Leistungen

3

Zur **Sicherung der Gesundheit:** Maßnahmen zur Früherkennung von Krankheit; bei **Krankheit:** Krankenhilfe, Rehabilitationsmaßnahmen; Mutterschaftshilfe, Hilfe bei nicht rechtswidriger Sterilisation und nicht rechtswidrigem Schwangerschaftsabbruch; sonstige Hilfen und bei Tod **Sterbegeld.**

Krankengeld wird ohne zeitliche Begrenzung gewährt, jedoch für dieselbe Krankheit höchstens für 78 Wochen innerhalb von je 3 Jahren. Das Krankengeld beträgt grundsätzlich 70 % des regelmäßigen Arbeitsentgelts, aber auf keinen Fall mehr als 90 % des Nettoarbeitsentgelts.

Eine Übersicht über die **Träger** der gesetzlichen Krankenversicherung gibt nebenstehendes Schaubild (die Wahl der Versicherung ist frei):

4

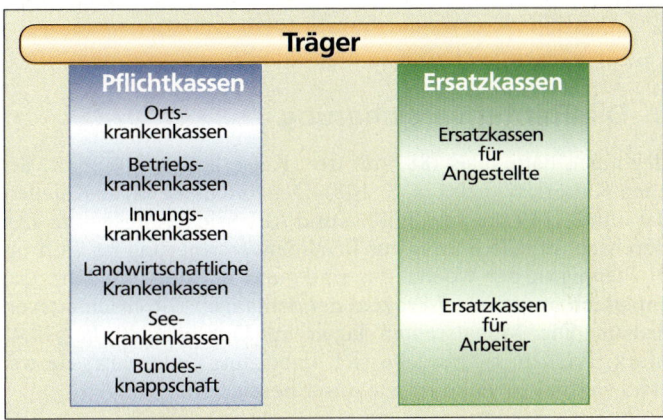

Träger	
Pflichtkassen	**Ersatzkassen**
Orts-krankenkassen	Ersatzkassen für Angestellte
Betriebs-krankenkassen	
Innungs-krankenkassen	
Landwirtschaftliche Krankenkassen	
See-Krankenkassen	Ersatzkassen für Arbeiter
Bundes-knappschaft	

nach:
Barmer Ersatzkasse, a. a. O., S. 9

Karikatur: Mester

„Schon wieder Ebbe?"

Karikatur: Wolter

Finanzierung

5

Die Einnahmen stammen aus den Beiträgen der Mitglieder — je zur Hälfte von den Versicherten und den Arbeitgebern. Wenn der Bruttolohn 325,00 € nicht übersteigt, zahlt der Arbeitgeber die Beiträge allein. Die Beiträge für Arbeitslose zahlt die Bundesanstalt für Arbeit, für Rentner die Rentenversicherung und die Rentner je zur Hälfte. Die Beitragssätze liegen zwischen 13,2 – 14 %. Sie schwanken leicht zwischen den einzelnen Versicherungen. Die Beitragsbemessungsgrenze liegt bei einem Einkommen von 3.375,00 €.

Steigende Ausgaben der Krankenkasse werden mit Beitragserhöhungen ausgeglichen. Daher wird in unterschiedlicher Weise versucht, die Kosten zu senken. In vielen Fällen müssen von den Patienten auch Zuzahlungen geleistet werden, so z. B. für Arzneimittel, Heilmittel, Krankenhausaufenthalte oder für die Kosten anlässlich einer Kur.

1. Nennen Sie die Pflichtmitglieder der gesetzlichen Krankenversicherung.

2. Wer bezahlt die Beiträge?

3. Wer ist Träger Ihrer Krankenversicherung und welche anderen Träger gibt es?

4. Erklären Sie das Prinzip der Solidargemeinschaft in der gesetzlichen Krankenversicherung.

5. Diskutieren Sie, ob ein Zusammenhang zwischen der Krankheitsquote und der wirtschaftlichen Lage besteht.

6. Was müsste/könnte Ihrer Meinung nach getan werden, um den Kostenanstieg zu bremsen?

2.2.2   Die Rentenversicherung

1 Begonnen hatte alles 1881 mit der „Kaiserlichen Botschaft" des alten Kaisers Wilhelm (s. S. 108). Der Reichstag verabschiedete daraufhin 1889 das Invaliditäts- und Alterssicherungsgesetz. Der durchschnittliche Beitrag zur Invalidenversicherung lag 1891 bei 21 Pfennig in der Woche, das sind rund elf Mark im Jahr. Das entsprach ungefähr 1,7 Prozent der damaligen Durchschnittsverdienste. Die Monatsrenten lagen im Durchschnitt bei 10,43 Mark. Freilich, es handelte sich dabei um Goldmark; sie war etwa viermal so viel wert wie unser heutiger €.

Diese karge Rente wurde frühestens ab einem Alter von 70 Jahren gewährt. Heute hingegen kommt ein Durchschnittsverdiener – wenn er 45 Jahre lang Beiträge entrichtet hat – auf netto ca. 1.000,00 €; das ist mehr als zwanzigmal so viel wie damals. Damit erreichen heutige Rentner 70 Prozent des Nettoverdienstes der aktiven Verdiener; vor 100 Jahren hatte ein Rentner nur 18 Prozent dessen, was ein Arbeitnehmer nach Hause brachte. Freilich, auch die Beiträge sind gestiegen; aus den 1,7 Prozent von 1891 sind mittlerweile 19,1 Prozent Beitragssatz geworden, von denen allerdings die Hälfte der Arbeitgeber zahlt. Mehr als die Beitragslast zählt aber für die meisten Arbeitnehmer, dass sie im Alter auf eine angemessene Rente rechnen können.

Globus

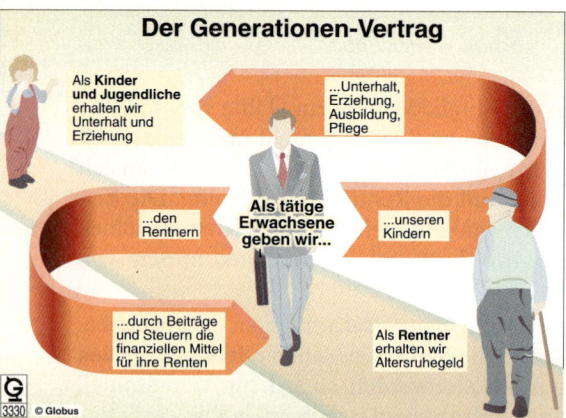

Der Generationen-Vertrag

Als **Kinder und Jugendliche** erhalten wir Unterhalt und Erziehung

...Unterhalt, Erziehung, Ausbildung, Pflege

...den Rentnern

Als tätige **Erwachsene** geben wir...

...unseren Kindern

...durch Beiträge und Steuern die finanziellen Mittel für ihre Renten

Als **Rentner** erhalten wir Altersruhegeld

3330 © Globus

Jedoch wird auch hier wird die Finanzierung immer schwieriger. Längere Lebenserwartungen, geringere Gebührenzahlen, höhere Arbeitslosenzahlen stehen immer weniger Beitragszahlen gegenüber. Die Rente im Alter gilt nicht mehr als sicher. Daher wurde ab 2002 die sog. „Riester-Rente" (genannt nach ihrem Erfinder, Bundesminister Walter Riester) eingeführt. Die Arbeitnehmer sollen sich zusätzlich zur gesetzlichen Rente auch noch eine private Altersrente ansparen. Diese wird vom Staat gefördert.

Beiträge

2

Sie betrugen 2001 19,1 % des Bruttoarbeitsentgelts und werden je zur Hälfte vom Arbeitgeber und Arbeitnehmer (auch Auszubildende) aufgebracht. Wenn der Bruttomonatslohn 325,00 € nicht übersteigt, zahlt der Arbeitgeber die Beiträge allein.

Die Beitragsbemessungsgrenze lag im Jahr 2001 bei 4.500,00 € in den alten und 3.750,00 € in den neuen Bundesländern. Für Arbeitslose übernimmt die Bundesanstalt für die Arbeit die Beitragszahlungen. Selbstständige zahlen ihre Beiträge allein.

Leistungen

3

Die wichtigsten Leistungen sind:

- **Renten** wegen Berufs- und Erwerbsunfähigkeit, Altersruhegelder, Witwen-, Witwer- und Waisenrenten;
- Leistungen wie Kuren und andere Spezialbehand- lungen zum Erhalt der Arbeitsfähigkeit;
- **Umschulung,** Fortbildung, Arbeitserprobung und andere Hilfen zur Erhaltung oder Erlangung eines Arbeitsplatzes.

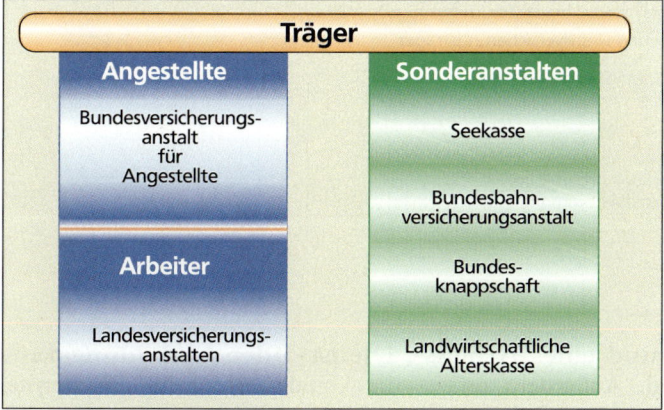

Träger	
Angestellte	**Sonderanstalten**
Bundesversicherungsanstalt für Angestellte	Seekasse
	Bundesbahnversicherungsanstalt
Arbeiter	Bundesknappschaft
Landesversicherungsanstalten	Landwirtschaftliche Alterskasse

Arbeitsvorschlag

1. Beschreiben Sie den Generationenvertrag der Rentenversicherung.
2. Wer zahlt die Beiträge zur Rentenversicherung?
3. Welche Leistungen erbringt die Rentenversicherung?
4. Nennen Sie den Träger Ihrer Rentenversicherung.
5. Diskutieren Sie die nebenstehende Karikatur.

„Den trägst du ... wenn du groß bist!"

Karikatur: Schöpper

2.2.3   Die gesetzliche Unfallversicherung

1 Heute war ein Ingenieur der Berufsgenossenschaft im Betrieb. Karl-Heinz ärgert sich, dass
   er alles so genau überprüft und sogar dem Meister Mängel aufgezeigt hat, die sofort be-
   hoben werden müssten. „Der ist doch von der Unfallversicherung", klärt ihn sein Kollege
   auf. „Aber wir hatten doch gar keinen Unfall", wundert sich Karl-Heinz.

2 ## Leistungen

Die wichtigsten Leistungen der Unfallversicherung sind:

- Maßnahmen zur Verhütung und ersten Hilfe bei Arbeitsunfällen;
- Maßnahmen zur Früherkennung von Berufskrankheiten;
- bei Unfall während der beruflichen Tätigkeit oder auf dem Weg zur Arbeit bzw. auf dem
  Heimweg: Heilbehandlung, Kuren, Verletztengeld, Umschulung, Renten an Verletzte
  oder Hinterbliebene, Sterbegeld.

3 ## Versicherungspflicht

Versichert sind **alle aufgrund eines Arbeits-, Dienst- oder Ausbildungsver-
hältnisses Beschäftigten.** Außerdem erfasst die Unfallversicherung bestimmte
Selbstständige, Kinder, Schüler, Studenten und Lebensretter.

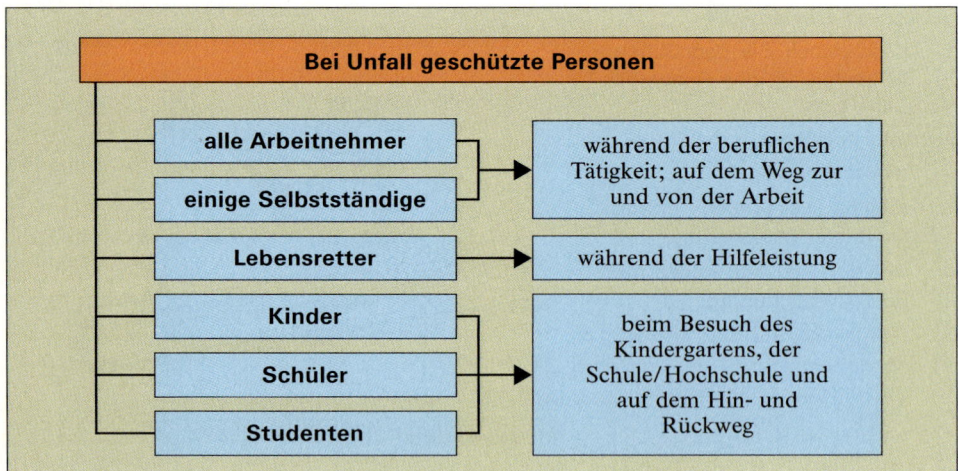

9527114

Beitragshöhe

Die Höhe der zu zahlenden Beiträge wird bestimmt durch die

- Unfallgefährdung in einem Betrieb;
- Lohn- und Gehaltssumme der Mitarbeiter;
- Schwere, Anzahl und Kosten der Unfälle.

Die Versicherungsbeiträge werden **allein vom Arbeitgeber**, bei Kindern in Kindergärten, Schülern und Studenten in der Regel von den Ländern bzw. Gemeinden aufgebracht.

Arbeitsvorschlag

1. Berichten Sie über evtl. Aktivitäten der Berufsgenossenschaft in Ihrem Betrieb.
2. Nennen Sie die wichtigsten Leistungen der Unfallversicherung.
3. Wer zahlt die Beiträge zur gesetzlichen Unfallversicherung?

2.2.4   Die Arbeitslosenversicherung

Karl-Heinz wird in das Personalbüro gerufen. Dort erhält er seine Kündigung. Der Personal-leiter bedauert diesen Schritt und begründet ihn mit der schlechten Auftragslage. „Gehen Sie zum Arbeitsamt und suchen Sie selbst nach einer neuen Stellung", tröstet ihn der Perso-nalleiter, „es ist zwar nicht einfach, aber gute Leute finden immer eine Stelle. Und wenn es nicht sofort klappt, bekommen Sie ja erst einmal Arbeitslosengeld." Das ist bestimmt nicht viel, denkt Karl-Heinz beim Hinausgehen.

Die Beiträge lagen 2001 bei 6,5 Prozent des Bruttoentgeltes ab 325,00 € Bruttover-dienst.

Arbeitgeber und Arbeitnehmer tragen jeweils die Hälfte des Pflichtbeitrages.

nach: Barmer Ersatzkasse, a. a. O., S. 16

Leistungen

- **Arbeitsvermittlung,** Berufsberatung, Vermittlung von Berufsausbildungsstellen, Umschulungsmaßnahmen.
- **Arbeitslosengeld** wird für einen Zeitraum gewährt, der von der Dauer der vorhergehenden Beschäftigung und vom Lebensalter abhängig ist. (Höhe des Arbeitslosengeldes in 2002 für Arbeitslose, die mindestens ein Kind haben, 67 %, für die übrigen Arbeitslosen 60 % des letzten Nettoentgeltes).
- **Arbeitslosenhilfe** wird gewährt, wenn der Anspruch auf Arbeitslosengeld abgelaufen ist, sofern Bedürftigkeit vorliegt (in 2002 für Arbeitslose, die mindestens ein Kind haben, 57 %, für die übrigen Arbeitslosen 53 % des letzten Nettoentgeltes).
- **Kurzarbeitergeld** bei Kurzarbeit im Betrieb.
- Zahlung der **Beiträge für die Kranken- und Rentenversicherung** der Arbeitslosen.
- **Insolvenzgeld.** Es wird vom Arbeitsamt gezahlt bei Ansprüchen auf rückständiges Arbeitsentgelt für die letzten drei Monate vor Eröffnung des Insolvenzverfahrens.
- **Maßnahmen zur Arbeitsbeschaffung (ABM).** In den Genuss dieser Maßnahmen können z. B. Langzeitarbeitslose, schwer vermittelbare oder ältere Arbeitnehmer sowie Arbeitslose in den neuen Bundesländern kommen.

Arbeitsvorschlag

1. Wie viel Arbeitslosengeld bekäme Karl-Heinz bei einem letzten Nettolohn von 900,00 €?
2. Welche Leistungen kann er zusätzlich vom Arbeitsamt beanspruchen?
3. Wer hat keinen Anspruch auf Arbeitslosenunterstützung?
4. Unser Sozialversicherungssystem wird als „soziales Netz", oft aber auch als „soziale Hängematte" bezeichnet.
   Diskutieren Sie diese Aussage unter der Berücksichtigung der Aufgaben eines Netzes und einer Hängematte.
5. Nehmen Sie unter diesem Aspekt Stellung zu unten stehender Karikatur.

2.2.5 Die gesetzliche Pflegeversicherung

Die fünfte Säule der Sozialversicherung ist die gesetzliche Pflegeversicherung. Sie ist ein wichtiger Baustein im System der sozialen Sicherung geworden.

Aufgaben	Pflegebereitschaft im häuslichen Bereich fördern und den Einsatz der Pflegepersonen, die oftmals auf eine eigene Berufstätigkeit verzichten (müssen), honorieren. Kann kein Familienmitglied die Pflege übernehmen, werden die Kosten für professionelle Pflegedienste übernommen.
Personenkreis	Mitglieder der gesetzlichen und freiwilligen Krankenversicherungen.
Leistungen	– **Pflegesachleistungen**, die in Anspruch genommen werden. Diese werden erbracht von geeigneten Pflegekräften. Für unterschiedliche Pflegestufen werden Beträge von 384,00 bis 1.432,00 € (Stufe 3) bezahlt. – **Pflegegeld**, erhält der Versicherte, wenn die Pflege von selbst beschafften Personen z. B. Angehörigen in geeigneter Weise durchgeführt wird. Auch hier findet eine Einteilung in Pflegestufen statt: In der Pflegestufe I werden 205,00 €, in der Pflegestufe II 410 und in der III. Stufe 665,00 € gezahlt. – **Pflegehilfsmittel** werden übernommen, wenn dadurch die Pflege erleichtert wird. – **Zuschüsse** zu besonderen Maßnahmen werden gewährt.
Trägerschaft	Pflegekassen, deren Aufgaben von den Krankenkassen durchgeführt werden.
Finanzierung	Beiträge werden vom Arbeitgeber und Arbeitnehmer jeweils zur Hälfte aufgebracht. In 2001 waren dies 1,7 Prozent (Beitragsbemessungsgrenze: 3.375,00 €).[1]

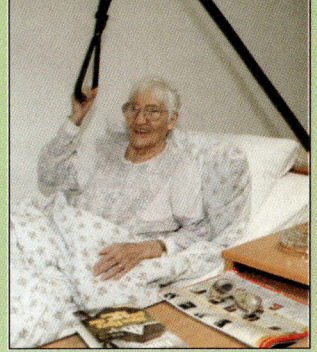

3 Die Individualversicherung

3.1 Was die Individualversicherung bietet

Die Sozialversicherung kann nicht alles. Wer ihr nicht angehören muss oder wer mehr will, als sie bietet, kann individuell vorsorgen und sich einen Schutzanzug nach Maß zulegen. Die Unternehmen der Individualversicherung bieten Schutz gegen fast alle Wechselfälle des Lebens. Anders als die Sozialversicherung bieten sie die Möglichkeit zur individuellen Gestaltung des Versicherungsschutzes. Die Verträge kommen durch den freiwilligen Entschluss des Versicherungsnehmers zustande (Ausnahme: z. B. Autohaftpflicht).

Die Höhe des Versicherungsbeitrags richtet sich nach der Art und Größe des persönlichen Risikos oder der entsprechenden Risikogruppe (Äquivalenzprinzip). Die Pkw-Haftpflicht richtet sich nach Typenklassen und Regionen mit unterschiedlichen durchschnittlichen Unfallhäufigkeiten. Jüngere haben eine höhere Lebenserwartung als Ältere: In der Lebensversicherung zahlen sie daher auch niedrigere Beiträge. Ähnlich ist es in der privaten Krankenversicherung, wobei hinzukommt: Frauen müssen etwas tiefer in die Tasche greifen als Männer, da sie häufiger — statistisch gesehen — zum Arzt gehen.

1

aus: Gesamtverband der deutschen Versicherungswirtschaft e.V., Risikoschutz durch Versicherungen, Köln 1982

---

1 Die Beitragsbemessungsgrenze wird jährlich angepasst. Arbeitnehmer und Arbeitgeber zahlen jeweils die Hälfte der Beiträge, wobei der Arbeitgeber durch den Wegfall eines Feiertages (Buß- und Bettag) abgegolten wird. Wird in einem Bundesland der Feiertag nicht gestrichen, muss häufig der Arbeitnehmer den vollen Beitrag zahlen (Ausnahme: z. B. Sachsen).

3.2   Arten der Individualversicherung

Die Individualversicherung gliedert sich in die Personen- und Schadensversicherung.

[1] **Wichtige Personenversicherungen:**

- **Lebensversicherung:** Sie dient vor allem der Alters- und Hinterbliebenenversorgung. Oft wird die gemischte Lebensversicherung abgeschlossen, die entweder eine Auszahlung bei Tod des Versicherten vornimmt oder bei Erleben zu einem vereinbarten Zeitpunkt (z. B. 60 oder 65 Jahre), die Versicherungssumme plus erworbener Gewinnanteile auszahlt.

- **Private Rentenversicherung:** Die Beiträge werden angelegt und lediglich zur späteren Rentenaufbesserung verwendet: Eine Zahlung im Todesfall entfällt in der Regel. Da die Finanzierung der gesetzlichen Altersrente immer schwieriger wird, wurde ab 2002 die sog. „Riester-Rente" eingeführt (s. S. 112). Verträge zur privaten Altersvorsorge, die vom Bundesaufsichtsamt für das Versicherungswesen (BAV) ein staatliches Gütesiegel (Zertifikat) erhalten haben, werden vom Staat finanziell gefördert.

- **Private Krankenversicherung:** Sie gilt für Selbstständige und Arbeitnehmer, die über der Gehaltsgrenze der gesetzlichen Krankenversicherung liegen. Die Mitglieder der gesetzlichen Krankenversicherung können aber auch eine private Zusatzversicherung oder z. B. eine Krankenhaustagegeld- bzw. eine Verdienstausfallversicherung abschließen.

- **Private Unfallversicherung:** Sie bezahlt für Invalidität oder Tod infolge von Unfällen, die nicht in den Bereich der gesetzlichen Unfallversicherung fallen (z. B. Freizeitunfälle).

- **Berufsunfähigkeitsversicherung:** Bei Verlust der Arbeitskraft durch Krankheit oder einen Unfall, die nicht arbeitsbedingt waren, sind Azubis und Arbeitnehmer in den ersten fünf Arbeitsjahren gar nicht und später durch die gesetzliche Rentenversicherung versichert. Diese zahlt in Abhängigkeit der Höhe und Anzahl der Beiträge. Da beide für junge Arbeitnehmer noch sehr niedrig sind, empfiehlt sich eine private Berufsunfähigkeitsversicherung.

[2] **Die wichtigsten Schadensversicherungsarten sind:**

- **Kfz-Haftpflichtversicherung:** Für die Folgen aller Unfälle, die der Fahrer eines Autos oder Zweirades einem anderen zufügt, kommt die Kfz-Haftpflichtversicherung auf. Jedes Fahrzeug muss versichert sein.

- **Privat-Haftpflichtversicherung:** Nach dem Gesetz haftet jeder unbegrenzt für Schäden, die er anderen zufügt. Wer z. B. als Fußgänger oder Radfahrer einen Verkehrsunfall verursacht, als Hausbesitzer seiner Streupflicht nicht nachkommt, wessen Kind die Scheibe des Nachbarn einschießt bzw. wer einen Hund besitzt, der den Briefträger beißt, haftet für die Schäden. Hier hilft ihm die private Haftpflichtversicherung.

- **Hausratversicherung:** Sie deckt Schäden ab, die an der Haushaltseinrichtung entstehen können (z. B. Brandschäden, Wasserschäden o. Ä.).

- **Rechtsschutzversicherung:** Sie zahlt die Gerichts- und Anwaltskosten im Falle eines Prozesses.

- **Betriebliche Versicherungen** schützen u. a. vor den finanziellen Folgen bei Betriebsunfällen, -unterbrechungen, Personen-, Transportschäden.

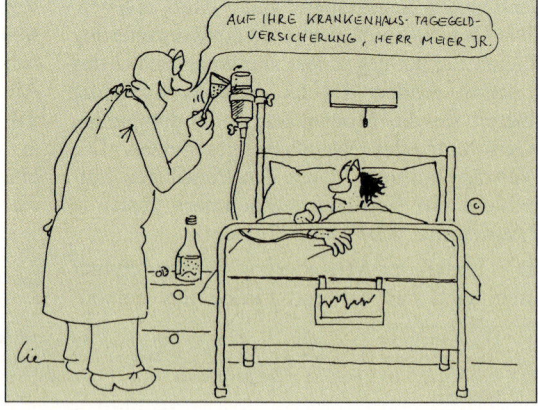

AUF IHRE KRANKENHAUS-TAGEGELD-VERSICHERUNG, HERR MEIER JR.

Auch die Versicherungen können sich rückversichern. So ist z. B. die Finanzkraft eines Unternehmens nicht ausreichend, wenn ein Öltanker mit einer Bohrinsel kollidiert, ein Wirbelsturm hunderte von Gebäuden zerstört. Für diese Fälle werden die Risiken auf zahlreiche Rückversicherungen in der westlichen Welt verteilt.

aus: Versicherungen für junge Leute, a. a. O., S. 9

Arbeitsvorschlag

1. Unterscheiden Sie zwischen privater und gesetzlicher Krankenversicherung.

2. Entscheiden Sie, ob die gesetzliche oder die private Unfallversicherung bei folgenden Unfällen zuständig ist:

   Unfall beim Fußballspielen, auf dem Weg zur Arbeit, als Lkw-Fahrer auf der Fahrt zu einer betrieblichen Baustelle, als Frisörin im Frisörsalon, auf dem Weg zur Schwiegermutter (die kostenlos frisiert werden soll), auf dem Weg von der Arbeit nach Hause – nachdem allerdings noch kurz die Freundin besucht wurde.

3. Inwiefern ergänzen sich gesetzliche Renten- und die Lebensversicherung?

4. Vergleichen Sie die Sozial- und Individualversicherung unter dem Gesichtspunkt: „Was ist sozial an der Sozialversicherung?"

Tipp

Wägen Sie vor Abschluss einer Versicherung genau ab, ob Sie diese benötigen. Vergleichen Sie die Bedingungen, Leistungen und Beitragszahlungen bei verschiedenen Gesellschaften.

Wichtiges in Kürze

○ Die Sozialversicherung setzt sich zusammen aus

  – gesetzlicher Rentenversicherung; sie zahlt Alters- und Hinterbliebenen-, Berufs- und Erwerbsunfähigkeitsrenten, Träger sind die Bundesversicherungsanstalt für Angestellte, die Landesversicherungsanstalten (für Arbeiter), die Bundesknappschaft (für Bergleute) und die Landwirtschaftliche Alterskasse (errichtet bei der Landwirtschaftlichen Berufsgenossenschaft);

  – gesetzlicher Krankenversicherung; Leistungsschwerpunkt bilden die ärztliche und zahnärztliche Behandlung, die Arzneimittelversorgung und Krankenhauspflege;

  – gesetzlicher Unfallversicherung; sie kommt für die Wiederherstellung der Erwerbsfähigkeit und für Unfallrenten auf. Träger sind die Berufsgenossenschaften.

  – Arbeitslosenversicherung; wichtigste Leistungen: Arbeitslosengeld, Berufsberatung, Arbeitsvermittlung, Förderung der beruflichen Qualifikation. Träger ist die Bundesanstalt für Arbeit mit den Landesarbeitsämtern und örtlichen Arbeitsämtern.

  – Pflegeversicherung mit Leistungen für häusliche, ambulante und stationäre Pflege.

○ Die Individualversicherungen sind im Gegensatz zur Sozialversicherung keine Pflichtversicherungen.

○ Die Beiträge der Individualversicherung hängen vom Risiko des Versicherers ab.

○ Die Individualversicherung lässt sich einteilen in Personen- und Schadensversicherung.

Themenkreis 6:
Arbeits- und Sozialgerichtsbarkeit

1 Arbeitsgerichtsbarkeit

1.1 Bedeutung und Zuständigkeit

[1] Die Arbeitsgerichtsbarkeit ist in der Bundesrepublik Deutschland ein von der allgemeinen Gerichtsbarkeit losgelöster selbstständiger Gerichtszweig. Diese Besonderheit lässt sich mit der großen Bedeutung des Arbeitsrechts in einer Industriegesellschaft erklären, die zu einem Großteil aus abhängigen Arbeitnehmern besteht.

Lassen sich Konflikte im Arbeitsprozess nicht innerbetrieblich lösen, können Arbeitsgerichte eingeschaltet werden, um den Rechtsstreit, wie im folgenden Fall, zu entscheiden:

Bei Krankheit nicht zur Kirmes

Wer als Arbeitnehmer krankgeschrieben ist, hat alles zu tun, um seine Genesung zu fördern. Besucht er stattdessen eine Kirmesveranstaltung, kann dies die sofortige Kündigung rechtfertigen.

Der Betroffene litt seit elf Jahren an Gicht und war auch schon vorher deshalb krankgeschrieben gewesen. Als er wegen eines neuerlichen Gichtanfalles arbeitsunfähig krank war, hinderte ihn dies nicht, mit einer Taxe zur Kirmes zu fahren. Dort traf ihn ausgerechnet sein Arbeitgeber. Der Arbeitnehmer gab an, am Morgen bei seinem Arzt eine Spritze wegen der starken Gichtbeschwerden bekommen und dann den ganzen Tag daheim im Bett gelegen zu haben. Erst am späten Abend sei er dann, an Krücken

humpelnd, auf den Festplatz gefahren. Darin sah das Arbeitsgericht einen schweren Verstoß gegen die Pflichten des Arbeitnehmers.

Der Arbeitgeber muss sich auf eine ärztlich attestierte Arbeitsunfähigkeit verlassen können. Er muss sich ... auch darauf verlassen können, dass der Arbeitnehmer alles unterlässt, was diese ärztlichen Feststellungen infrage stellt und der Besserung oder Genesung des Leidens hinderlich sein kann. Im normalen Fall kann der Arbeitnehmer in seiner Freizeit tun und lassen was er will. Wenn er aber im Krankheitsfall seinen vollen Lohn ohne entsprechende Gegenleistung nach den Vorschriften des Lohnfortzahlungsgesetzes fordert, muss er seine private Lebensführung der Arbeitsunfähigkeit anpassen.

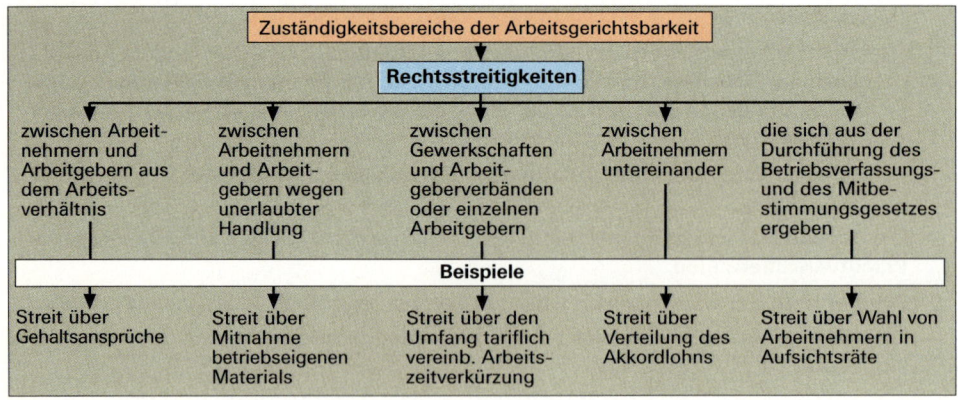

1.2 Aufbau der Arbeitsgerichtsbarkeit

Die mündliche Verhandlung beginnt mit einer **Güteverhandlung,** die vor einem einzelnen Arbeitsrichter stattfindet. Führt diese Verhandlung zu keinem Ergebnis, wird der Rechtsstreit vor einer Kammer des Arbeitsgerichts weiterverhandelt. Neben dieser 1. Instanz gibt es als **Berufungsinstanz** die Landesarbeitsgerichte und als **Revisionsinstanz** das Bundesarbeitsgericht. Es entscheidet vor allem darüber, ob die angefochtenen Berufungsurteile des Landesarbeitsgerichts Rechtsfehler enthalten.

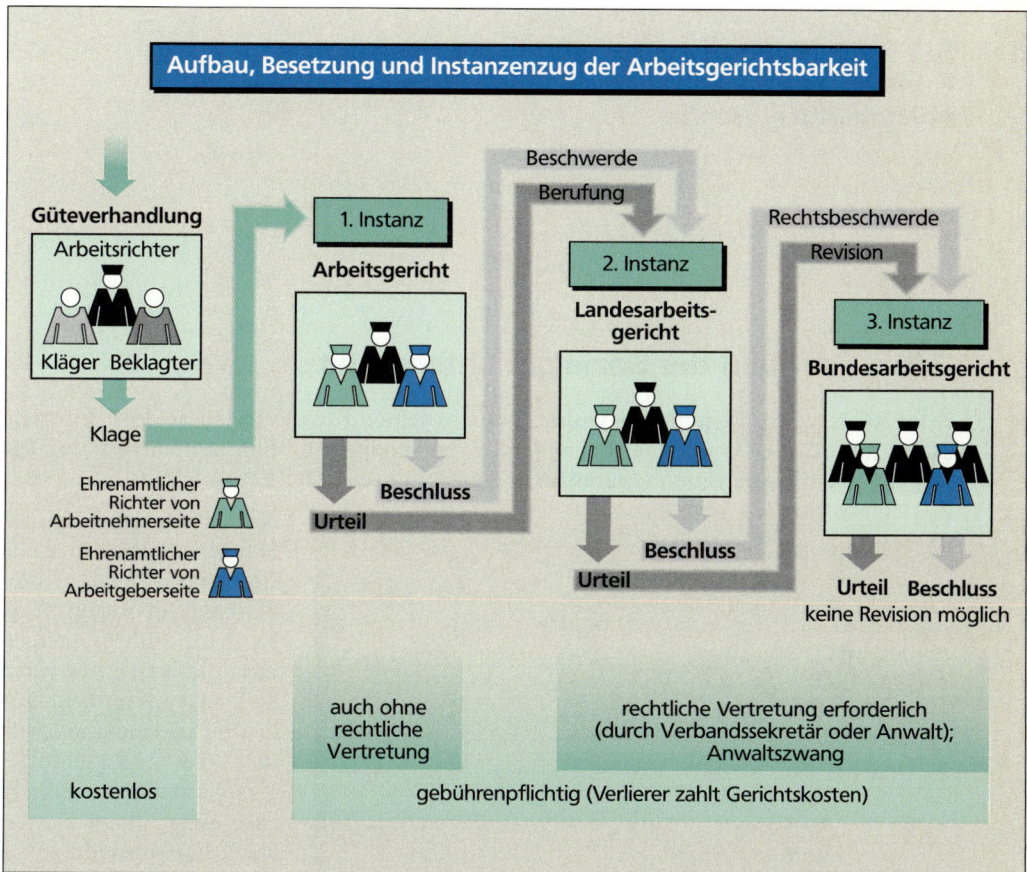

Tipp

Scheuen Sie im Konfliktfall auch nicht davor zurück, Ihre berechtigten Ansprüche mithilfe der Arbeitsgerichtsbarkeit durchzusetzen. Die Gerichtsgebühren sind relativ niedrig. Eine persönliche Vertretung vor dem Arbeitsgericht ist möglich.

Arbeitsvorschlag

1. Für welche Streitigkeiten sind die Gerichte für Arbeitssachen zuständig?
2. Beschreiben Sie den Instanzenweg der Arbeitsgerichtsbarkeit.

2   Sozialgerichtsbarkeit

2.1   Bedeutung und Zuständigkeit

Gerichte für Sozialsachen entscheiden laut **Sozialgerichtsgesetz** über Rechtsstreitigkeiten, die insbesondere folgende Angelegenheiten betreffen:

- Sozialversicherung (Renten-, Kranken-, Pflege-, Unfallversicherung),
- Belange der Bundesanstalt für Arbeit (Arbeitslosenversicherung, Insolvenzgeld, Kinder-
geld),
- Kassenarztrecht (z. B. Streit über Arzthonorare),
- soziale Entschädigung für Kriegsopfer und Soldaten,
- Altershilfe für Landwirte.

2.2   Aufbau der Sozialgerichtsbarkeit

1 Peter Koch, der in Regensburg wohnt, besucht seinen Freund in Düsseldorf. Während
dieser Zeit wird er krank. Der behandelnde Arzt stellt eine Blinddarmentzündung fest
und rät zu einer sofortigen Operation in einem Düsseldorfer Krankenhaus.

Peter Koch   ..-06-20
Uferstraße 11
93059 Regensburg
Tel.: (09 41) 1 23 45

Betriebskrankenkasse der
Maschinenbau-AG
Nussweg 30

93055 Regensburg

Sehr geehrte Damen und Herren,

am 15. Juni .. teilten Sie mir mit, dass Sie die Pflegesätze des
Krankenhauses in Düsseldorf nicht anerkennen. Gegen diesen
Bescheid möchte ich mit folgender Begründung Widerspruch
einlegen:

1. Die Operation in Düsseldorf war dringend erforderlich und
   konnte nicht verschoben werden.
2. Aus Ihren Versicherungsbedingungen ist zu entnehmen, dass
   den Versicherten eine freie Krankenhauswahl zusteht.

Mit freundlichen Grüßen

Peter Koch

Als Peter wieder zu Hause ist, erhält er einen Brief von seiner Krankenkasse in Regensburg. Es wird ihm mitgeteilt, dass die Kasse nur einen Teil der Krankenhauskosten übernehmen will, da das Düsseldorfer Krankenhaus höhere Pflegesätze habe als das seiner Heimatstadt.

Peter ist mit dem Inhalt dieser Nachricht nicht einverstanden. Er erkundigt sich und erfährt, dass man gegen den Bescheid des Versicherungsträgers **Widerspruch** einlegen kann, über den die zuständige Widerspruchsstelle entscheidet.

Zwei Wochen später erhält Peter den Antwortbrief, in dem zu lesen ist, dass sein Widerspruch zurückgewiesen wurde. Er entschließt sich daraufhin vor dem Sozialgericht zu einer . . .

aus: Wegweiser für Verbraucher, Bonn 1981, S. 133

Den **Aufbau der Sozialgerichtsbarkeit** zeigt die folgende Übersicht: 2

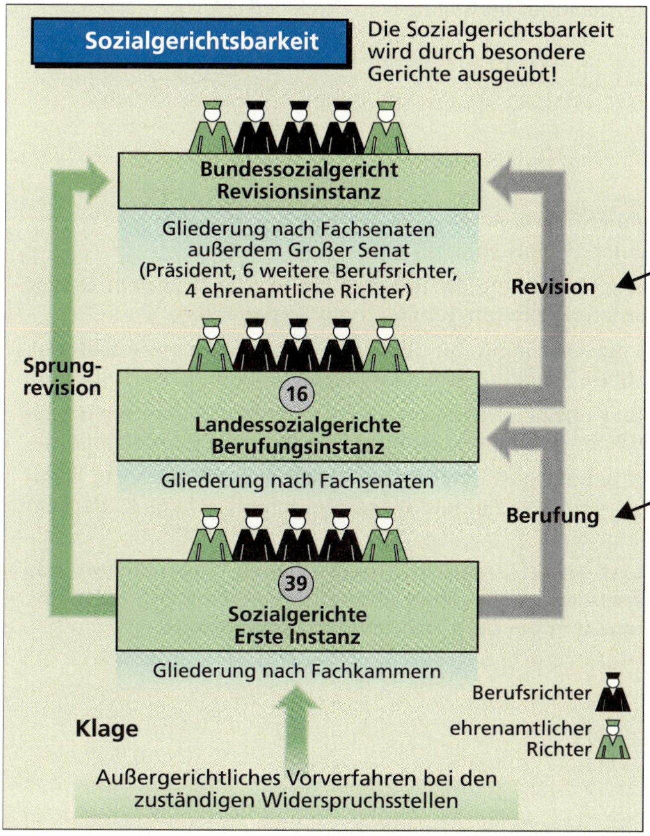

Sozialgerichtsbarkeit

Die Sozialgerichtsbarkeit wird durch besondere Gerichte ausgeübt!

Bundessozialgericht Revisionsinstanz

Gliederung nach Fachsenaten außerdem Großer Senat (Präsident, 6 weitere Berufsrichter, 4 ehrenamtliche Richter)

Revision

. . . kann eingelegt werden, wenn dem Urteil Verfahrensfehler zugrunde liegen oder die Angelegenheit von grundsätzlicher Bedeutung ist.

Sprungrevision

(16) **Landessozialgerichte Berufungsinstanz**

Gliederung nach Fachsenaten

Berufung

. . . wenn man mit dem Urteil der ersten Instanz nicht einverstanden ist.

(39) **Sozialgerichte Erste Instanz**

Gliederung nach Fachkammern

Berufsrichter

Klage

ehrenamtlicher Richter

Außergerichtliches Vorverfahren bei den zuständigen Widerspruchsstellen

nach: Barmer Ersatzkasse, a. a. O., S. 8

| **Die Verfahren vor den Gerichten der Sozialgerichtsbarkeit sind kostenfrei.** **Eine persönliche Vertretung vor dem Sozial- und Landessozialgericht ist möglich.** | **Tipp** |

Arbeitsvorschlag

1. Für welche Rechtsstreitigkeiten sind die Gerichte der Sozialgerichtsbarkeit zuständig?

2. Beschreiben Sie den Aufbau der Sozialgerichtsbarkeit und erläutern Sie die Begriffe „Berufung" und „Revision".

3. Wie begründet das Bundessozialgericht die Ablehnung des Versicherungsschutzes in folgendem Zeitungsartikel?

Krankenkasse muss Auslandstransport nicht bezahlen

Kassel. Wer im Ausland erkrankt und sich in sein Heimatland zurücktransportieren lässt, könnte auf den Kosten sitzen bleiben. Denn die gesetzlichen Krankenkassen müssen in der Regel nicht für die Kosten eines Krankentransportes aus dem Ausland aufkommen. Das gilt nach einer (...) Entscheidung des Bundessozialgerichtes (BSG) in Kassel auch für die Transporte aus EU-Ländern.

Aus möglicherweise vorhandenen Unterschieden in der Qualität der jeweiligen medizinischen Versorgung lasse sich kein Anspruch auf einen Rücktransport ableiten. Ausnahmen wären allenfalls denkbar, wenn ein ausländischer Arzt eine weitere Behandlung des Patienten im Heimatland für notwendig hält. Die Krankenkasse müsse vom beabsichtigten Rücktransport dann vorher zumindest informiert werden.   *(ari)*

aus: HNA vom 24. Februar 1999

Wichtiges in Kürze

O Die Arbeits- und Sozialgerichtsbarkeit sind selbstständige Gerichtszweige, die losgelöst von der allgemeinen Gerichtsbarkeit sind.

O Die Arbeitsgerichtsbarkeit ist zuständig für Rechtsstreitigkeiten aus dem Gebiet des Arbeitsrechts (z. B. Tarifstreitigkeiten, Kündigungsstreitigkeiten).

O Die Sozialgerichtsbarkeit ist zuständig für Streitigkeiten aus dem Gebiet des Sozialrechts (z. B. Streit über Krankenkassenleistungen und Rentenansprüche).

O Der Aufbau der Arbeits- und Sozialgerichtsbarkeit ist dreistufig. Er erstreckt sich auf die Arbeits- bzw. Sozialgerichte, die jeweiligen Landes- und Bundesgerichte.

O Die Arbeitsgerichtsbarkeit beginnt mit einer Güteverhandlung, bei der viele Streitigkeiten bereits beigelegt werden. Verläuft dieses Verfahren erfolglos, beginnt die streitige Verhandlung.

O Der Sozialgerichtsbarkeit ist ein außergerichtliches Verfahren vorgeschaltet, das vor der zuständigen Widerspruchsstelle abläuft. Kommt keine Einigung zustande, beginnt die streitige Verhandlung vor dem zuständigen Sozialgericht.

Themenkreis 7:
Bürgerliches Recht

Die Frage nach **Recht und Gerechtigkeit** taucht im Alltagsleben ebenso wie am Arbeitsplatz immer wieder auf. Meist stehen sich unterschiedliche Meinungen einzelner Personen oder Gruppen gegenüber.

Der Anspruch „im Recht zu sein" kann unterschiedlich begründet werden und erfolgt nicht selten ohne ausreichende Kenntnis der **Rechtsgrundlagen.**

Können sich die streitenden Parteien nicht einigen, weil ihre Rechtsauffassungen zu unterschiedlich sind, müssen Gerichte als **Recht sprechende Organe** durch ihr Urteil eine Lösung herbeiführen.

Rechtsvorschriften bestehen in vielfältigen Formen und Ebenen **in Gesetzen, Verordnungen, Satzungen** usw. Sie sind zum Teil direkt auf einzelne Zielgruppen oder bestimmte Situationen ausgerichtet (z. B. Jugendarbeitsschutz- oder Kündigungsschutzgesetz), können aber auch allgemein gültig sein.

Die Beziehungen zwischen Privatpersonen untereinander oder mit Kaufleuten regelt das **Bürgerliche Gesetzbuch** (BGB). Für Rechtsgeschäfte zwischen Kaufleuten gilt zusätzlich das **Handelsgesetzbuch** (HGB). Weitere wichtige Bestimmungen, die das Zusammenleben regeln, sind in der **Zivil- und Strafprozess-** sowie **der Straßenverkehrsordnung** festgehalten.

1 Grundlagen des Vertragsrechts
1.1 Gegenstände und Personen des Rechtsverkehrs

Gegenstände des Rechtsverkehrs	Personen des Rechtsverkehrs
Die **Gegenstände des Rechtsverkehrs** teilt man ein in Sachen und Rechte. **Sachen** sind körperliche Gegenstände mit Ausnahme von lebenden Personen, z. B. Waren, Maschinen. Die beweglichen Sachen nennt man Mobilien, unbewegliche dagegen Immobilien (Grundstücke und Gebäude). **Rechte** werden von Personen erworben und gewährleisten einen bestimmten Anspruch. Die wichtigsten sind Forderungen gegen Schuldner, Rechte aus Patenten und Lizenzen, Rechte aus Aktien und aus Vermietungen und Verpachtungen.	Das Gesetz unterscheidet zwischen **natürlichen und juristischen Personen.** **Natürliche Personen** sind alle Menschen ab ihrer Geburt. **Juristische Personen** sind Personenvereinigungen und Sacheinrichtungen, die eine eigene Rechtsfähigkeit besitzen. Sie handeln durch Organe, die sich aus natürlichen Personen zusammensetzen und tragen einen rechtlich geschützten Namen, unter dem sie klagen und verklagt werden können. Juristische Personen haften mit dem eigenen Vermögen. Bei den juristischen Personen unterscheidet man: **Juristische Personen des privaten Rechts:** Zu ihnen gehören rechtsfähige (eingetragene) Vereine, wirtschaftliche Vereine (z. B. AG, KGaA, GmbH, e. G.) und Stiftungen (z. B. Volkswagen-Stiftung). **Juristische Personen des öffentlichen Rechts:** Sie bestehen aus Anstalten und Einrichtungen (Rundfunkanstalten, Sparkassen) sowie Körperschaften. Diese setzen sich aus Gebietskörperschaften (z. B. Bund, Ländern, Gemeinden) und Personenkörperschaften (z. B. Innungen, Kammern, Krankenkassen) zusammen.

1.2   Rechts- und Geschäftsfähigkeit von natürlichen Personen

Jeder Mensch wird mit seiner Geburt **rechtsfähig.** So erwirbt er eine Staatsangehörigkeit, einen Namen und evtl. auch Eigentum. Mit den eingeräumten Rechten entstehen dem Menschen aber auch Pflichten.

1 **Eine Auswahl wichtiger Rechte und Pflichten**

Lebensalter	Rechtsstellung
Geburt	Rechtsfähigkeit
6 Jahre	Schulpflicht
7 Jahre	beschränkte Geschäfts- und Deliktsfähigkeit
14 Jahre	beschränkte Strafmündigkeit (= strafrechtliche Verantwortlichkeit); Religionsmündigkeit
15 Jahre	Fahrerlaubnis Mofa
16 Jahre	Ehe- und Eidesfähigkeit, Besuch von Gaststätten und öffentlichen Tanzveranstaltungen bis 24:00 Uhr, Führerschein Klassen 1b, 4 und 5; Pflicht zum Besitz eines Personalausweises
18 Jahre	volle Geschäfts-, Delikts- und evtl. Strafmündigkeit, Ehemündigkeit, Wehrpflicht, Führerschein Klassen 1a und 3; aktives und passives Wahlrecht zum Bundestag, Betriebs- und Personalrat
20 Jahre	Führerschein Klasse 1
21 Jahre	volle Strafmündigkeit, Führerschein Klasse 2
24 Jahre	Recht zur Ausbildung im Handwerk (bei Qualifikation)
25 Jahre	Adoptionsfähigkeit; Befähigung zum Schöffen und ehrenamtlichen Richter beim Arbeits- und Sozialgericht
28 Jahre	keine Pflicht zum Grundwehrdienst mehr
40 Jahre	Wahl zum Bundespräsidenten
45 Jahre	Ende der Wehrpflicht für Mannschaften

2 Im Hinblick auf die **Geschäftsfähigkeit** werden drei Gruppen von natürlichen Personen unterschieden, die Sie aus folgendem Zeitungsartikel erkennen können:

Endlich tun dürfen, was man will

Jeder Jugendliche sehnt den Tag herbei, an dem er endlich machen kann, was er will. Juristisch nennt man das unter anderem: „geschäftsfähig" werden. Wer geschäftsfähig ist, darf sich zum Beispiel ohne Einwilligung der Eltern ein Moped oder ein Auto kaufen, darf Verträge ohne Unterschrift des Erziehungsberechtigten abschließen, darf über sein Geld frei verfügen.

Das Gesetz unterscheidet zwischen der Rechts- und der Geschäftsfähigkeit. Die **Rechtsfähigkeit** „gestattet" die Übernahme von Rechten und Pflichten. Jeder Mensch ist von seiner Geburt an rechtsfähig. Die **Geschäftsfähigkeit** dagegen ist die Fähigkeit, Rechtsgeschäfte selbstständig und voll wirksam wahrzunehmen. Mit der Vollendung des siebten Lebensjahres bis zum Erreichen der Volljährigkeit ist der Minderjährige **beschränkt geschäftsfähig.** Er braucht bei Rechtsgeschäften die Zustimmung des gesetzlichen Vertreters. Verträge, die nicht nur Rechte, sondern auch Pflichten mit sich bringen, bedürfen der vorherigen Zustimmung der Eltern. Das gilt beispielsweise für Kauf-, Miet- und Darlehensverträge.

Der Paragraf 110 BGB, der so genannte Taschengeldparagraf, besagt, dass der Minderjährige über die von seinen Eltern ausgehändigten Geldmittel frei verfügen kann. Der Minderjährige wird im Übrigen dann wie ein Volljähriger behandelt, wenn ihn die Eltern dazu ermächtigen. Haben die Eltern den Minderjährigen ermächtigt, in Dienst oder Arbeit zu treten, so kann er selbstständig und vollwirksam entsprechende Verträge schließen oder kündigen. Er kann einer Gewerkschaft oder Partei beitreten. Er hat das Recht, ein eigenes Lohn- und Gehaltskonto einzurichten. Allerdings unterliegt die empfangene Vergütung der elterlichen Verwaltung. Der Minderjährige muss deshalb grundsätzlich den Lohn oder das Gehalt bei den Eltern abliefern (sofern diese es verlangen ...). aus: BfG-Geldzeitung, Nr. 3, 1982, S. 7

Kinder bis zur Vollendung des 7. Lebensjahres sind ebenso geschäftsunfähig wie Personen, bei denen die freie Willensbestimmung durch dauernde krankhafte Geistesstörung unterbunden ist.

> **Mit der Volljährigkeit erlangt man nicht nur Rechte, sondern auch Pflichten. — Seien Sie daher doppelt vorsichtig beim Unterzeichnen von Verträgen.** **Tipp**

Einige Fälle und Beispiele aus der Praxis ... mit Lösungen ...

● **Darf sich ein Fünfjähriger allein Süßigkeiten oder Spielsachen kaufen?**

In der Praxis geschieht das natürlich, nach dem Gesetz ist es freilich ausgeschlossen. Denn: Erst mit dem vollendeten 7. Lebensjahr wird ein Mensch beschränkt geschäftsfähig, was er dann bis zum 18. Lebensjahr bleibt. Ein Kind, das noch keine 7 Jahre alt ist, kann keine Kaufverträge abschließen, alle seine Willenserklärungen sind nichtig. Er müsste also streng genommen Vater oder Mutter zum Bonbonkauf mitbringen.

● **Kann man ein kleines Kind trotzdem mit einem Zettel zum Einkaufen schicken, kann es Brötchen oder Zigaretten holen?**

Ja, denn in diesem Fall tritt das Kind nicht als Käufer, sondern nur als Bote auf. Es übermittelt die Willenserklärung seiner Eltern, der Kaufvertrag wird zwischen dem Händler und den Eltern geschlossen.

● **Kann ein Kind, das über 7 Jahre alt ist, ohne Einwilligung seiner Eltern gültige Verträge abschließen?**

Nein, denn der § 107 des Bürgerlichen Gesetzbuches (BGB) sagt: „Der Minderjährige bedarf zu einer Willenserklärung ... der Einwilligung seines gesetzlichen Vertreters." Dafür spielt es keine Rolle, ob der Minderjährige erst 7 oder schon 17 Jahre alt ist. Diese Einwilligung kann entweder schon im Voraus gegeben werden oder im Nachhinein, dann handelt es sich um eine Genehmigung.

Ein Beispiel: Ein 17-Jähriger schließt ohne vorherige Einwilligung der Eltern in einem Geschäft einen Kaufvertrag über ein Mofa ab. Der Verkäufer kümmert sich nicht weiter um das Alter des Jugendlichen, hält ihn vielleicht für volljährig. Dieser Vertrag ist „schwebend unwirksam". Wenn die Eltern ihr Veto dagegen einlegen, kann der Händler nicht auf Erfüllung des Vertrages bestehen.

3

● **Kann ein Minderjähriger ohne ausdrückliche Einwilligung oder Genehmigung seiner Eltern einen gültigen Kaufvertrag abschließen, wenn er mit seinem Taschengeld bar bezahlt?**

Ja. Dieser Fall ist eigens in dem sog. Taschengeldparagrafen des BGB geregelt. Danach sind Kaufverträge mit Minderjährigen von Anfang an wirksam, wenn der jugendliche Käufer mit Mitteln bezahlt, die ihm von seinen Eltern zur freien Verfügung oder zu einem bestimmten Zweck überlassen worden sind. Dabei spielt die Höhe der Summe und das Alter des beschränkt geschäftsfähigen Minderjährigen keine Rolle.

Für Ratenzahlungsbeträge ist im Übrigen immer die Einwilligung der Eltern vonnöten, auch dann, wenn der Jugendliche die Raten von seinem Taschengeld zahlen will.

Das trifft auch bei Abonnementverträgen zu.

● **Kann ein Jugendlicher eine Ausbildungs- oder eine Arbeitsstelle annehmen, ohne dass die Eltern zustimmen?**

Nein. Zur Aufnahme von Arbeitsverhältnissen müssen Minderjährige von ihren gesetzlichen Vertretern ermächtigt werden.

aus: Quick, Nr. 23, 29. Mai 1980, Seite 89

aus: Wegweiser
für Verbraucher,
a. a. O., S. 51

Arbeitsvorschlag

1. Die siebzehnjährige Carla kauft sich einen CD-Player für 250,00 €, die sie in fünf Monatsraten von ihrem Taschengeld zu begleichen verspricht. Da Carlas Vater gegen die Musik seiner Tochter ist, verlangt er die Rückgabe des Gerätes. Wer hat Recht?

2. Der sechsjährige Klaus sieht in einem Schaufenster einen Plastikbagger für 17,80 €. Da er ihn gerne haben möchte, geht er nach Hause, nimmt heimlich Geld aus seinem Sparschwein und kauft ihn. Als seine Mutter den Bagger sieht, bringt sie das Spielzeug in das Geschäft zurück und verlangt, dass der Kaufpreis zurückerstattet wird. Der Inhaber weigert sich, das Geschäft rückgängig zu machen, da er den Bagger (es war der Letzte des Sonderangebotes) inzwischen einem anderen Kunden hätte verkaufen können. Beraten Sie die Mutter.

3. Dieter beginnt als Sechzehnjähriger eine Ausbildung als Fleischer. Da er nach zwei Monaten merkt, dass ihm dieser Beruf nicht zusagt, kündigt er seinen Ausbildungsvertrag. Sein Vater erklärt, dass die Kündigung nicht rechtens sei und Dieter die Ausbildung beenden solle, da er froh sein müsse, überhaupt einen Ausbildungsplatz bekommen zu haben und außerdem er, der Vater, ja den Vertrag unterschrieben habe. Begründen Sie, wer im Recht ist.

1.3 Die Vertragsfreiheit und deren Einschränkungen

Die Rechtsordnung in der Bundesrepublik Deutschland erlaubt, von einigen Ausnahmen abgesehen, den freien Abschluss von Verträgen. Dazu gehört, dass die Vertragspartner frei gewählt werden können und sowohl Inhalt als auch Form der Willenserklärungen grundsätzlich in ihrem Ermessen liegen.

Werden bei der Abgabe einer Willenserklärung keine vertraglichen Zusatzregelungen getroffen, gelten die einschlägigen Gesetze als Rechtsgrundlage.

Man unterscheidet folgende Formen zur Abgabe einer Willenserklärung: 1

- **Ausdrückliche Äußerung:** Die Vertragspartner erklären ihren Willen offen in einer für jeden erkennbaren Form. Dies kann schriftlich, mündlich, telefonisch, telegrafisch oder per Fax geschehen.
- **Bloßes Handeln:** Durch ein absichtliches Handeln kann ein Vertrag geschlossen werden (z. B. Erheben der Hand bei einer Versteigerung; Selbstbedienung, Automatenverkauf).
- **Schweigen:** In ganz bestimmten Fällen kann auch Schweigen als Willenserklärung gedeutet werden. Voraussetzung ist jedoch eine schon bestehende Geschäftsbeziehung. Wenn z. B. regelmäßige Lieferungen über einen längeren Zeitraum hinweg üblich oder vereinbart sind, so bedarf es nicht für jede einzelne Lieferung einer ausdrücklichen Willenserklärung.

In bestimmten Fällen **schränkt** das Gesetz die Vertragsfreiheit ein. Entsprechende Regelungen finden sich im BGB (nichtige und anfechtbare Rechtsgeschäfte). Außerdem müssen bei verschiedenen Rechtsgeschäften bestimmte Formvorschriften eingehalten werden.

Nichtige Rechtsgeschäfte 2

Rechtsgeschäfte sind von Anfang an unwirksam (nichtig), wenn die Willenserklärungen

- von Geschäftsunfähigen oder beschränkt Geschäftsfähigen ohne Zustimmung oder Einwilligung der gesetzlichen Vertreter abgegeben wurden (§ 105,1);
  Beispiel: Ein Kind unter 6 Jahren kauft eine Märchen-CD.
- gegen ein gesetzliches Verbot verstoßen (§ 134 BGB);
  Beispiel: Verkauf von Rauschgift.
- gegen die guten Sitten verstoßen (§ 138,1 BGB);
  Beispiel: Eine Sache wurde zu einem Wucherpreis verkauft.
- im Zustand der Bewusstlosigkeit oder vorübergehenden Störung der Geistestätigkeit abgegeben wurden (§ 105, 2 BGB);
  Beispiel: Ein Betrunkener unterzeichnet einen Mietvertrag.
- zum Schein abgegeben wurden und der Vertragspartner unter normalen Umständen diese Tatsache erkennen musste (§ 117 BGB);
  Beispiel: Ein Scheinkaufvertrag wird anstelle einer Schenkung abgeschlossen.
- offensichtlich nicht ernst gemeint sind (§ 118 BGB);
  Beispiel: Herr Müller verkauft sein neues Auto im Scherz für 1,00 €.
- die Notlage eines Vertragspartners ausnutzen (§ 138,2 BGB);

> *Beispiel:* Ein Auszubildender wurde nur deshalb eingestellt, weil der Vater von dem
> Ausbildenden einen Pkw kaufte.

● nicht in der vom Gesetzgeber vorgeschriebenen Form abgegeben werden (§§ 126, 128, 129 BGB). Ein Formzwang besteht wegen einer größeren Sicherheit, leichten Beweisbarkeit sowie zum Schutz vor Übereilung und Leichtfertigkeit.

Folgende Formen sind gesetzlich vorgeschrieben:

● **Schriftliche Form:** Bürgschaftserklärungen (bei Privatpersonen), Schuldversprechen und -anerkenntnisse, Privattestamente sowie Mietverträge, die länger als ein Jahr laufen. Ratenkäufe bedürfen der schriftlichen Form.

● **Öffentliche Beglaubigung:** Anmeldung und Anträge zum Handels- und Güterrechtsregister oder zum Grundbuch müssen schriftlich abgefasst und von einem Notar beglaubigt werden. Bei der Beglaubigung wird die Echtheit der Unterschrift bestätigt.

● **Notarielle Beurkundungen:** Schenkungsversprechen und Grundstücksveräußerungen müssen von einem Notar protokollarisch aufgenommen und beurkundet werden. Beurkundung bedeutet, dass Inhalt und Unterschrift bestätigt werden.

③ Anfechtbare Rechtsgeschäfte

Unter folgenden Bedingungen können zustande gekommene Rechtsgeschäfte durch Anfechtung rückwirkend ungültig gemacht werden:

● Geschäfte, denen ein **Irrtum** zugrunde liegt (§ 119 ff. BGB):

Irrtum in der Erklärung: Die Äußerung zur Willenserklärung einer Partei entspricht nicht dem, was sie wollte.

> **Beispiel:** Durch Versprechen oder Tippfehler wird ein Preis von 18,00 Euro anstatt von 81,00 Euro angegeben.

Irrtum in der Übermittlung: Die Willenserklärung wurde durch die mit der Übermittlung beauftragte Person oder Institution falsch weitergegeben.

> **Beispiel:** Die Post übermittelt falsche Daten.

Irrtum über wesentliche Eigenschaften der Person oder Sache: Der Willenserklärung liegt eine Verwechslung oder Unkenntnis der wahren Sachlage zugrunde.

> **Beispiel:** Eine Verkäuferin verkauft einer Kundin statt Modeschmuck ein echtes Armband.

Handelt es sich jedoch um schuldhafte Unkenntnis oder Irrtum im Beweggrund, so ist der Vertrag nicht anfechtbar.

> **Beispiel:** Ein Käufer möchte den Kauf von Aktien anfechten, da der Kurs entgegen seiner Annahme nicht gestiegen ist.

● Geschäfte, die aufgrund **arglistiger Täuschung** zustande gekommen sind (§ 123 f. BGB).

> **Beispiel:** Ein Autohändler verschweigt beim Verkauf eines gebrauchten Pkw, dass der Wagen unfallbeschädigt ist und versichert sogar, dass er unfallfrei sei.

● Geschäfte, die unter **widerrechtlicher Drohung** geschlossen wurden (§ 123 f. BGB).

> **Beispiel:** Ein Arbeitnehmer droht seinem Arbeitgeber mit einer Anzeige wegen Steuerhinterziehung, wenn er ihm keine Gehaltserhöhung zugestehe.

Die Bedeutung von Allgemeinen Geschäftsbedingungen[1]

4

Beim Abschluss vieler Verträge des täglichen Lebens (z. B. Warenkauf, chemische Reinigung, Versicherung, Automiete, Bankkredit usw.) werden Allgemeine Geschäftsbedingungen oder Allgemeine Lieferungs- und Zahlungsbedingungen zugrunde gelegt. Der „kleine" Kunde hat in der Regel nur die Wahl, zu den vorgeschriebenen Bedingungen abzuschließen oder auf den Abschluss des Vertrages zu verzichten.

In den Geschäftsbedingungen sind alle möglichen Umstände berücksichtigt, welche die Erfüllung des Vertrages beeinflussen können, z. B. Lieferschwierigkeiten, Transport-gefahren, Mängel bei der gelieferten Ware, Zahlungsschwierigkeiten usw.

Besonders beim Kaufvertrag ist es für den Käufer wichtig, die Allgemeinen Verkaufs- und Lieferbedingungen vor Vertragsabschluss sorgfältig zu lesen.

Die Allgemeinen Verkaufs- und Lieferungsbedingungen können im Rahmen der **Vertragsfreiheit** in vielfacher Form vereinbart werden, z. B. durch Unterschreiben des Bestellscheins, Bestätigungsschreiben. Aufdruck auf Preislisten usw. ...

aus: Der Hessische Kultusminister (Hrsg.), Schulfernsehen Hessen, Lerneinheit: Vertragsrecht, Wiesbaden 1975, S. 27

Die Allgemeinen Geschäftsbedingungen stellen zwar prinzipiell keine Einschränkung der Vertragsfreiheit dar. Sie wurden geschaffen, um den täglichen Geschäftsverkehr zu erleichtern. Allerdings hat sich auch herausgestellt, dass in den Bedingungen häufig Klauseln enthalten sind, die eine einseitige Bevorteilung des Verkäufers bedeuten. Der Käufer hat oftmals nicht einmal Gelegenheit und Zeit, die Geschäftsbedingungen genau zu lesen bzw. zu verstehen. Deshalb hat auch hier der Staat einige Einschränkungen auferlegt.

Die Praxis zeigt, dass der Käufer im Allgemeinen keinen Einfluss auf den Inhalt des abzuschließenden Vertrages hat und gezwungen ist, die von den Anbietern aufgestellten Geschäftsbedingungen zu akzeptieren. Dies steht im Widerspruch zur Grundidee der Vertragsfreiheit, welche davon ausgeht, dass die Geschäftspartner den Vertragsinhalt im Einzelnen aushandeln.

Um den Verbraucher als den wirtschaftlich Schwächeren vor einer Übervorteilung durch den Verkäufer zu schützen, erließ der Gesetzgeber Regelungen zu den Allgemeinen Geschäftsbedingungen.

Die wesentlichen Punkte der §§ 305-310 BGB sind:

- Wenn die Allgemeinen Geschäftsbedingungen Bestandteil eines Vertrages werden sollen, muss der Verkäufer bei Vertragsschluss ausdrücklich darauf hinweisen.
- Alle Bestimmungen der AGB müssen klar und verständlich formuliert und dem Verbraucher vor Vertragsabschluss bekannt sein. Gibt es Zweifel bei der Auslegung, geht dies zulasten des Verkäufers.
- Persönliche Absprachen haben Vorrang vor den Klauseln der AGB.
- Überraschende und mehrdeutige Klauseln sind verboten.
- Der Verkäufer darf sich keine unangemessen lange Zeitspanne zur Annahme bzw. Erfüllung des Vertrages vorbehalten.
- Bei Verträgen, die innerhalb einer Frist von vier Monaten erfüllt werden, sind Preiserhöhungsklauseln nicht statthaft.

---

1 Die Allgemeinen Geschäftsbedingungen werden oft „klein Gedrucktes" genannt, da sie den Verträgen zwar anhängen, aber meist tatsächlich sehr klein gedruckt und nur schwer verständlich sind.

Besonders strenge Vorschriften bestehen beim **Kauf auf Abzahlung (Ratenkauf)**. Er bedarf der Schriftform und muss u. a. den Bar- sowie den Teilzahlungspreis, die Teilzahlungsbeträge und -termine enthalten. Innerhalb von vierzehn Tagen kann der Käufer den Vertrag schriftlich widerrufen. Gerichtsstand ist grundsätzlich der Ort des Käufers.

Tipp

> Innerhalb einer Frist von vier Monaten zwischen Kaufvertragsabschluss und Lieferung kann ein Händler eine Preiserhöhung nicht an den Kunden weitergeben – auch wenn er sich dieses Recht vorbehalten hat.

Arbeitsvorschlag

1. Beurteilen Sie die Rechtslage folgender Fälle:

   a) Um Schenkungssteuer zu sparen, schließen Herr Müller und sein Schwiegersohn einen Kaufvertrag zum Schein ab.

   b) Eine Oma möchte ihrem Enkel zum 16. Geburtstag ein Mofa schenken. Unwissend kauft sie ein gebrauchtes Mofa im Wert von etwa 300,00 € zum fünffachen Preis.

   c) In einem Zirkus wird angekündigt: „Wer auf diesem Esel reitet, bekommt 10.000,00 €." Ein Zuschauer schafft es und verlangt das Geld.

   d) Durch den Tippfehler einer Sekretärin bestellt eine Firma 81 anstatt 18 t Rohöl.

   e) Die sechsjährige Petra kauft sich von ihrem Taschengeld ein Comicheft.

   f) Der Fahrer eines Krankenwagens war nur gewillt, einen schwer Kranken ins Krankenhaus zu fahren, als ihm die Frau des Kranken 100,00 € Trinkgeld gab.

   g) Eine Hausfrau unterschreibt die Bestellung eines neuen Staubsaugers, nachdem ihr der Vertreter gedroht hatte, er wolle ihrem Mann von ihrem Hausfreund erzählen, wenn sie bei ihm nichts bestelle.

   h) Der einzige Lebensmittelhändler eines Dorfes berechnet einer alten alleinstehenden Frau bei deren täglichen Einkäufen einen Zuschlag von 100 %.

   i) Die sechzehnjährige Gaby kauft sich von ihrem gesparten Geld ein Mofa.

   j) Herr Schäfer kauft einen teuren Rassehund mit Stammbaum. Später stellt er fest, dass der Stammbaum gefälscht ist.

   k) Ein Autohändler droht Herrn Müller, seinen Sohn, der sich bei ihm zur Probezeit in der Ausbildung befindet, zu entlassen, wenn der Vater nicht einen neuen Wagen bei ihm bestelle.
   Zwei Tage später möchte Herr Müller von dem Kauf zurücktreten. Doch der Autohändler erklärt: „Vertrag ist Vertrag"!

2. Die Allgemeinen Geschäftsbedingungen werden häufig unterschiedlich beurteilt. Versuchen Sie zu erklären, warum Allgemeine Geschäftsbedingungen einerseits unumgänglich sind, andererseits aber von Verbrauchern und ihren Verbänden oft kritisiert werden.

3. Beurteilen Sie folgende Fälle mithilfe des BGB:

   a) Ein Verkäufer weigert sich, einen Monat nach dem Verkauf eines Elektrogerätes eine Reparatur vorzunehmen, da in seinen AGB nur Reparaturansprüchen innerhalb 14 Tagen nach Kauf stattgegeben werden (s. hierzu auch S. 140 f.).

   b) Der Verkäufer liefert einen neuen Pkw in einer anderen als der bestellten Farbe. Den entsetzten Käufer weist er auf die AGB hin, nach denen „Farbabweichungen oder technisch bedingte Änderungen möglich sind."

Wichtiges in Kürze

○ **Gegenstände des Rechtsverkehrs sind Sachen und Rechte.**

○ **Personen des Rechtsverkehrs sind natürliche Personen (Menschen) und juristische Personen (Vereine, AG, GmbH, Stiftungen, Sparkassen usw.).**

○ **Natürliche Personen sind**
  — **rechtsfähig** ab ihrer Geburt;
  — **geschäftsunfähig** bis vor Vollendung des 7. Lebensjahres und bei einem die freie Willensbestimmung ausschließenden Zustand krankhafter Störung der Geistestätigkeit;
  — **beschränkt geschäftsfähig** vom vollendeten 7. bis zum vollendeten 18. Lebensjahr;
  — **unbeschränkt geschäftsfähig** bei Volljährigkeit, wenn sie nicht geschäftsunfähig sind.

○ **Rechtsgeschäfte von ...**
  — **Geschäftsunfähigen sind nichtig;**
  — **beschränkt Geschäftsfähigen bedürfen der Zustimmung des gesetzlichen Vertreters;**
    Ausnahmen sind Taschengeldgeschäfte, Geschäfte aus Arbeitsverhältnissen oder aus selbstständigem Erwerbsbetrieb;
  — **unbeschränkt Geschäftsfähigen sind voll wirksam.**

Verträge, die Sie an der Haustür abgeschlossen haben (z. B. Kauf eines Lexikons oder Zeitschriftenabonnements), können Sie innerhalb von 14 Tagen ohne Nennung von Gründen rückgängig machen — aber: Einschreiben mit Rückschein senden!   **Tipp**

2 Der Kaufvertrag

Rechtsgeschäfte können ein- bzw. zweiseitig sein.

Einseitige Rechtsgeschäfte werden durch eine Willenserklärung wirksam (z. B. Testament, Kündigung).

Zweiseitige Rechtsgeschäfte kommen erst zustande, wenn zwei Willenserklärungen, die inhaltlich übereinstimmen, von zwei Partnern abgegeben werden.

2.1 Ein Kaufvertrag kommt zustande

Ein Kaufvertrag kommt zustande, wenn die Willenserklärungen von Käufer und Verkäufer in **allen** Punkten übereinstimmen.   ☐1

Beispiel: Der Kunde kauft beim Bäcker ein Brot. Hierbei sind rechtlich folgende Vorgänge bedeutsam: Der Kunde, der in den Laden des Bäckers kommt, erklärt dem Bäcker, ein bestimmtes Bauernbrot zum Preis von 2,20 € je kg kaufen zu wollen. Er gibt so das Angebot zum Abschluss eines Kaufvertrages ab.

Holt der Bäcker daraufhin das Brot aus dem Regal und legt es für den Kunden bereit, so nimmt er das vom Kunden abgegebene Angebot an, erklärt also, dass er willens sei, dem Kunden das Kilo Bauernbrot zum Preis von 2,20 € zu verkaufen. Damit ist der (schuldrechtliche) Kaufvertrag geschlossen. Der Kunde hat jetzt gegenüber dem Bäcker Anspruch darauf, dass dieser ihm das Eigentum an dem Brot verschafft, andererseits hat der Bäcker gegen den Kunden Anspruch darauf, dafür das Geld zu bekommen.

> Zum Wesen eines Vertrages gehört es, dass an ihm wenigstens zwei Personen beteiligt sind, die als Schuldner (Versprechender) und Gläubiger (Versprechensempfänger) bezeichnet werden.
>
> Durch die Abgabe von sich deckenden Willenserklärungen führen diese Vertragsparteien den von beiden gewollten Rechtserfolg herbei, d. h., sie können vom jeweiligen anderen Forderungen bzw. Leistungen geltend machen.
>
> aus: Deutsche Handwerkszeitung vom 25. November 1983

Die Willenserklärungen beim Kaufvertrag können auf verschiedene Art abgegeben werden:

- mündlich;   ● stillschweigend;   ● schriftlich;   ● notariell.

Der Gesetzgeber schreibt für den Kauf von Grundstücken und Gebäuden die notarielle Form vor. Bis auf diese Ausnahme überlässt er es den Kaufvertragspartnern, in welcher Form sie ihre Willenserklärungen abgeben.

Es gibt zwei Wege, die zum Abschluss eines Kaufvertrages führen:

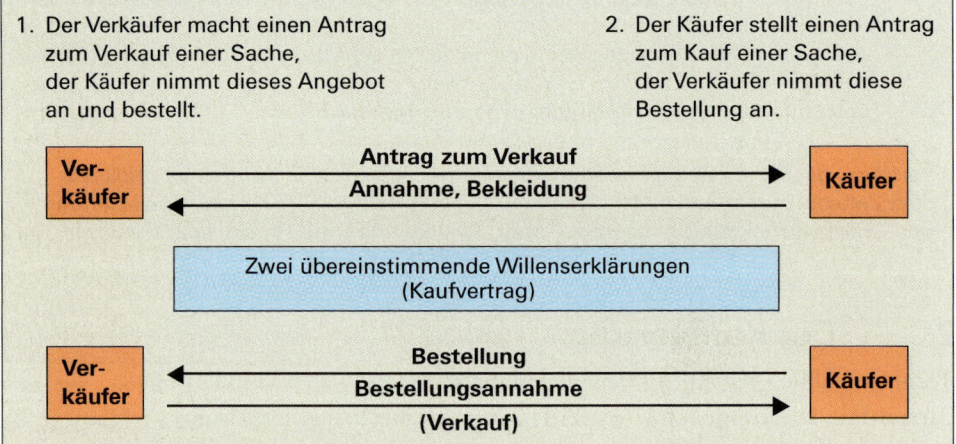

1. Der Verkäufer macht einen Antrag zum Verkauf einer Sache, der Käufer nimmt dieses Angebot an und bestellt.

2. Der Käufer stellt einen Antrag zum Kauf einer Sache, der Verkäufer nimmt diese Bestellung an.

| Verkäufer | Antrag zum Verkauf → / ← Annahme, Bekleidung | Käufer |

Zwei übereinstimmende Willenserklärungen (Kaufvertrag)

| Verkäufer | ← Bestellung / Bestellungsannahme → (Verkauf) | Käufer |

Tipp   Um Irrtümer zu vermeiden und um für evtl. Streitfälle beweiskräftige Unterlagen zu haben, sollten Verträge über größere Beträge grundsätzlich schriftlich geschlossen werden!

2 Information vor dem Kaufvertragsabschluss

Oft ist es für den Käufer ein großes Problem, aus der umfangreichen Angebotspalette das für ihn beste Produkt auszuwählen.

Die Produkte sollten vor allem hinsichtlich folgender Daten verglichen werden:

- Art, Qualität, Gebrauchstauglichkeit und Preise;
- Umtausch und Reklamationsmöglichkeiten;
- Garantieleistungen;
- Kosten und Umfang des Kundendienstes (vor allem bei technischen Produkten);
- Lieferungs- und Zahlungsbedingungen.

aus: Wegweiser für Verbraucher, a. a. O., S. 42

Es gibt zahlreiche Möglichkeiten, diese Information einzuholen:

- Vergleich der Produkte und ihrer Preise in den Auslagen der Geschäfte;
- Vergleich in Anzeigen, Prospekten und Katalogen;
- Erfahrungen von Verwandten und Bekannten;
- Beratungen von Verbraucherorganisationen;
- Beratungen der Verbraucher in Zeitungen, Zeitschriften, Funk und Fernsehen (hier wird auch vor betrügerischen Praktiken gewarnt!);
- Testergebnisse der Stiftung Warentest;
- Anfordern von Angeboten.

Bei miesen Noten sinkt der Absatz

Berlin (G.Z.). Viele Unternehmensmanager warten jeden Monat mit Hoffen und Bangen auf die Zensuren aus Berlin. Gute Noten können den Absatz ihrer Produkte verdoppeln, schlechte Noten aber im Extremfall die Firma bis an den Rand der Pleite treiben. Vergeben werden die Beurteilungen von der Stiftung Warentest, die in ihren vergleichenden Warentests ziemlich alles unter die Lupe nimmt, was es zu kaufen gibt.

Auch für die Konsumenten ist die Stiftung Warentest zu einer Selbstverständlichkeit geworden: Jeden Monat werden sie von einer Fülle von Zeitungen und Zeitschriften über die interessantesten Testergebnisse aus Berlin informiert. Neun von zehn Bundesbürgern, so die jüngsten Befragungsergebnisse, haben schon einmal von der Stiftung Warentest gehört.

Grund für den Erfolg der Stiftung sind nicht allein die Qualitätsvergleiche zwischen den einzelnen Geräten, sondern auch die Preisangaben, die dem einzelnen Konsumenten eine recht genaue Orientierung ermöglichen.

aus: HNA vom 27. Juli 1997

aus: Wegweiser für Verbraucher, a. a. O., S. 40

Kaufen Sie nicht im erstbesten Geschäft ein, sondern nehmen Sie sich die Zeit, und machen Sie sich die Mühe, die Preise für das Produkt Ihrer Wahl an verschiedenen Angebotsstellen miteinander zu vergleichen. Besonders bei teureren Produkten zahlt sich diese kleine Mühe aus.   **Tipp**

3 **Die Anfrage**

Karl Schröder ist gelernter Maurer und will sich daher selbst eine Garage bauen. Um festzustellen, ob und zu welchen Preisen und Bedingungen er von Baustoffhändlern die benötigten Materialien beziehen kann, richtet er an sie verschiedene Anfragen. Dies kann mündlich oder schriftlich geschehen. Die Anfrage kann sich auf einen bestimmten Artikel (z. B. Dachlatten einer bestimmten Länge, Breite und Stärke) beziehen oder sie kann allgemein gehalten sein. Letzteres wäre z. B. dann der Fall, wenn Herr Schröder nach Unterlagen oder Preislisten fragt, mit denen er sich informieren will.

Tipp   Mit einer Anfrage verpflichtet man sich nicht zum Kauf, da sie unverbindlich ist!

4 **Das Angebot**

Herr Schröder bekommt verschiedene Angebote. Sie sind für den Anbieter **rechtsverbindlich,** d. h., egal, ob sie mündlich, schriftlich oder telefonisch abgegeben werden, muss der Anbieter sich an die im Angebot gemachten Angaben halten, falls der Käufer das Angebot rechtzeitig annimmt.

Eine Baustoffhandlung hat einem sehr günstigen Angebot den Zusatz „solange der Vorrat reicht" hinzugefügt. Hiermit hat der Anbieter die Verbindlichkeit aufgehoben. Das Gleiche gilt, wenn ein weiterer Händler durch den Zusatz „Liefertermin vorbehalten" erklärt, dass er nicht an den im Angebot genannten Liefertermin gebunden ist.

Weitere Klauseln, die die Rechtsverbindlichkeit eines Angebotes einschränken, können sein: „freibleibend"; „unverbindlich"; „geringfügige technische (oder modische) Änderungen vorbehalten".

Keine Angebote im rechtlichen Sinne sind Preislisten, Kataloge, Zeitungsanzeigen und Schaufensterauslagen. Sie sind an die Allgemeinheit und nicht − wie für ein Angebot notwendig − an eine bestimmte Person gerichtet. Mit ihnen sollen die Kunden angeregt werden Waren zu bestellen. Der Verkäufer entscheidet dann, ob er die Bestellung annimmt.

Wird einer Privatperson unverlangt Ware ins Haus geschickt, gilt dies als Antrag des Verkäufers zum Kaufabschluss. Der Empfänger kann den Antrag annehmen. Will er dies nicht, muss er die Ware bei sich lagern, bis der Verkäufer sie abholt oder er schickt sie auf Kosten des Verkäufers zurück.

Tipp   Unverlangt ins Haus geschickte Ware darf nicht benutzt werden, wenn sie wieder zurückgeschickt oder zur Abholung bereitgestellt werden soll.
Wenn Sie eine Ware zurücksenden, bewahren Sie den Paketzettel als Beweis gut auf.

5 **Die Bestellung**

Herr Schröder bestellte bei der Fa. „Lieferbeton AG" 10 m^3 Fertigbeton für die Garagenplatte. Da diese Firma ein verbindliches Angebot abgegeben hatte, ist der Kaufvertrag zustande gekommen.

Eine Bestellung sollte enthalten:

- die genaue Bezeichnung der gewünschten Ware (evtl. auch Qualität);
- die Menge und den Preis der Ware (oder Leistung);
- den Liefertermin;   • evtl. Lieferungs- und Zahlungsbedingungen.

Tipp

Lesen Sie von einer Bestellung das „klein Gedruckte" und alle Bestandteile des Kaufvertrages sorgfältig durch und verhandeln Sie evtl. darüber mit dem Verkäufer vor der Unterschrift.
Mündliche Zusagen müssen in den Kaufvertrag aufgenommen werden.

2.2 Inhalte des Kaufvertrags

Neben der genauen Bezeichnung, Menge und Preis der Ware sollten Kaufverträge noch folgende Bestandteile aufweisen, damit keine Missverständnisse entstehen:

- **Zahlungsbedingungen:** Wie viel **Rabatt** wird abgezogen? Darf bei Zahlung innerhalb einer bestimmten Frist (z. B. innerhalb 10 Tagen) **Skonto** abgezogen werden oder gilt: Zahlbar netto Kasse (= zahlbar sofort, ohne Abzug)? Ist ein **Zahlungsziel** gegeben (z. B. „30 Tage netto Kasse") oder muss eine **Voraus-** bzw. **Anzahlung** geleistet werden?

  Beim **Teilzahlungs- oder Ratenkauf** müssen im Kaufvertrag (immer schriftlich!) folgende Daten stehen: Bar- und Teilzahlungspreis, Zahl, Fälligkeit und Betrag der Raten sowie die evtl. Anzahlung, effektiver Jahreszins.

aus: Wegweiser für Verbraucher, a. a. O., S. 57

- **Lieferungsbedingungen:** Hierbei geht es um folgende Einzelheiten:
  - Wer trägt die Transport- und Verpackungskosten?
    (Ist nichts anderes vereinbart, muss sie der Käufer tragen.)
  - Wird die Ware unter Eigentumsvorbehalt geliefert?
    (In diesem Falle bliebe bis zur vollständigen Bezahlung der Verkäufer Eigentümer der Ware.)
  - Wann muss geliefert werden?
    (Bei Großprojekten werden oft für ein Überschreiten des Liefertermins <u>Konventionalstrafen</u> vereinbart.)

- **Erfüllungsort** ist der Ort, an dem Käufer und Verkäufer durch eine rechtzeitige und einwandfreie Leistung ihren vertraglichen Pflichten nachkommen müssen. Die gesetzliche Regelung besagt, dass der Erfüllungsort für die Übergabe der Waren beim Verkäufer, für die Bezahlung beim Käufer liegt.
- **Gerichtsstand:** Wenn einer der beiden Kaufvertragspartner seine Leistung nicht erbringt, wird der Schuldner an dem für seinen Wohnort zuständigen Gericht verklagt.

Arbeitsvorschlag

1. Für welche Verträge ist die notarielle Form vorgeschrieben?
2. Warum sollten bestimmte Verträge schriftlich abgeschlossen werden?
3. Erklären Sie die beiden Möglichkeiten, wie ein Kaufvertrag zustande kommen kann.
4. Welche Möglichkeiten gibt es, um sich vor dem Kauf zu informieren?
5. Familie Müller bekommt unbestellt den ersten von zwanzig Bänden eines Lexikons zur Probe zugeschickt. In dem Begleitschreiben wird erklärt, dass die restlichen Bände folgen, wenn nicht der erste Band innerhalb 14 Tagen zurückgeschickt wird. Müllers möchten das Lexikon nicht.
   Wie müssen sie sich verhalten?
6. Erklären Sie den Begriff „Konventionalstrafe".
7. Warum werden Waren oft unter Eigentumsvorbehalt geliefert?
8. Welche gesetzliche Regelung gilt für den a) Erfüllungsort, b) Gerichtsstand?

Wichtiges in Kürze

- **Ein Kaufvertrag kommt durch zwei übereinstimmende Willenserklärungen zustande (in mündlicher, schriftlicher, notarieller oder stillschweigender Form).**
- **Eine Anfrage ist unverbindlich.**
- **Ein Angebot ist eine an eine bestimmte Person gerichtete Willenserklärung des Verkäufers. Sie ist für ihn verbindlich.**
- **Schaufensterauslagen, Anzeigen in Zeitungen usw. sind keine verbindlichen Angebote, weil sie an die Allgemeinheit gerichtet sind.**

Tipp **Zahlen Sie Ihre Rechnungen so zeitig, dass Sie Skonto abziehen können! Es lohnt sich!**

2.3   Verletzung der Pflichten aus einem Kaufvertrag

Durch den Abschluss eines Kaufvertrags entstehen den Vertragsparteien folgende Pflichten:

Der Verkäufer muss	Der Käufer muss
- die Ware rechtzeitig an den richtigen Ort liefern und - die im Vertrag genannten Waren ohne Mängel übereignen.	- die rechtzeitige Lieferung annehmen und - rechtzeitig bezahlen.

Werden diese Pflichten unvollständig oder gar nicht erfüllt, hat der Gläubiger nach dem neuen Schuldrecht (seit 1. Januar 2002) weit reichende Rechte.

Der Lieferungsverzug   [1]

Herr Schnell hat eine Fertiggarage bestellt. Damit das Auto und das Motorrad möglichst bald sicher verwahrt werden können, vereinbart er, dass die Garage innerhalb neun Wochen geliefert werden soll. Nach 10 Wochen ist die Garage immer noch nicht da. Auf eine Anfrage erhält er die Auskunft, dass sich die Lieferung aufgrund innerbetrieblicher Schwierigkeiten noch weiter verzögern werde. Schnell erhält bei einer Verbraucherberatung folgende Auskunft:

Die Garagen-Bau AG kann in Lieferungsverzug gesetzt werden, wenn folgende Bedingungen gegeben sind:

- Die Lieferung muss fällig sein;
- der Lieferer muss die Verzögerung schuldhaft verursacht haben (das ist immer dann der Fall, wenn keine „höhere Gewalt" im Spiel war);
- der Käufer muss den Lieferer mahnen und ihm eine Frist zur Nachlieferung gewähren. Sie entfällt, wenn der Liefertermin genau bestimmt war (z. B. Lieferung am 1. Juni 20 . .).

Da die Garage auch nach der gesetzten Nachfrist von zwei Wochen noch immer nicht geliefert wurde, hat Schnell als Käufer folgende **Rechte:**

- Weiterhin auf Lieferung bestehen, zusätzlich das Recht auf Schadenersatz wegen der Verzögerung (§ 286,1 BGB);
- Rücktritt vom Kaufvertrag, zusätzlich das Recht auf Schadenersatz für die ausgebliebene Leistung (§ 281 BGB);
- Anstelle des Schadenersatzes statt Lieferung das Recht auf Ersatz seiner Aufwendungen (§ 284 BGB).

> **Tipp**
>
> **Nur wenn Sie den säumigen Lieferer gemahnt und ihm eine angemessene Nachfrist gesetzt haben, haben Sie einen rechtlichen Anspruch auf Vertragsrücktritt und Schadenersatz.**

Die mangelhafte Lieferung   [2]

Frau Michel hat ein neues Farbfernsehgerät bestellt. Doch schon nach fünf Wochen beginnt das Bild zu laufen; außerdem entdeckt sie, dass ein Kratzer am Gehäuse ist.

Der Händler repariert am Tag nach Frau Michels Reklamation das Gerät. Er stellt jedoch die Anfahrt in Rechnung. Frau Michel lehnt dies ab und verlangt ein neues Gerät, da der Händler nicht bereit ist, einen Preisnachlass für den Kratzer zu gewähren.

aus: Wegweiser für Verbraucher, a. a. O., S. 59

Die Definition, wann ein **Sachmangel** vorliegt, wurde im neuen Schuldrecht erheblich ausgeweitet (§ 434 BGB):

- Es gibt keine Unterscheidung mehr zwischen einem Fehler und einer zugesicherten Eigenschaft.

- Kaufvertragsinhalte über die Beschaffenheit der Ware, auch wenn sie nicht schriftlich im Kaufvertrag vermerkt sind, werden jetzt ebenfalls die Angaben des Herstellers und die des Verkäufers insbesondere in der Werbung. Werden also beim Käufer durch Werbeaussagen bestimmte Erwartungen geweckt, muss die Ware des werbenden Unternehmens diese Erwartungen auch erfüllen. Stimmt die Werbeaussage nicht, liegt ein Mangel vor.
- Auch eine fehlerhafte Montageanleitung oder eine unsachgemäße Montage stellen jetzt eine Sachmangel dar (die so genannte „Ikea-Klausel").
- Eine Falschlieferung und ein Mangel in der Menge gelten ebenfalls als Sachmangel.

Es gibt bestimmte **Fristen**, in denen Mängel **spätestens dem Verkäufer** angezeigt werden, damit der Tatbestand einer mangelhaften Lieferung nicht verjährt:

Frist	Mängel ...
30 Jahre	... bei grundbuchlich verankerten Rechten
5 Jahre	... an Gebäuden und Bauwerken und allen dort eingebauten Sachen
3 Jahre	... die vom Verkäufer arglistig verschwiegen wurden und sonst nach 1 oder 2 Jahren verjährt wären
1 Jahre	... an gebrauchten Sachen (gilt nicht für den Kaufvertrag zwischen zwei Privatpersonen)
2 Jahre	... bei allen anderen neuen Sachen, die in den oberen Fristen nicht genannt werden

In unseren Fall muss der Verkäufer Frau Michel mindestens 2 Jahre Garantie gewähren.

Innerhalb der ersten 6 Monate muss der Verkäufer beweisen, dass der Fehler vom Käufer verursacht wurde (Beweislastumkehr, § 476 BGB). Die restlichen 18 Monate muss der Käufer allerdings beweisen, dass der Verkäufer und nicht er selbst den Schaden verschuldet hat.

Rechte des Käufers

Der Käufer einer mangelhaften Ware hat verschiedene Rechte. Diese muss Frau Michels in zwei Schritten geltend machen.

1. Schritt: Nacherfüllung der Pflicht

Zuerst kann der Käufer darauf bestehen, dass die Mängel beseitigt werden und kann wählen zwischen:

Nachbesserung	Ersatzlieferung
Bei dieser Reparatur müssen alle Aufwendungen für Löhne, Transport, Wege und Material vom Verkäufer übernommen werden. Für die Nachbesserung setzt der Käufer dem Verkäufer eine Frist.	Statt einer Nachbesserung kann man auch die Ersatzlieferung einer mangelfreien Ware (= Umtausch) verlangen. Der Verkäufer kann aber die Ersatzlieferung eines neuen Gerätes ablehnen und sich für Nachbesserung entscheiden, wenn er mit geringem Aufwand den Fehler an dem mangelhaften Gerät einwandfrei beheben kann.

Der Verkäufer kann diese beiden Rechte verweigern, wenn eine Nachbesserung oder Ersatzlieferung für ihn nicht mehr möglich sind. Er kann diese auch ablehnen, wenn sie für ihn unverhältnismäßig hohe Kosten verursachen würden. Werden die Mängel nicht beseitigt, dann kann der Käufer gleich ein Recht aus dem zweiten Schritt in Anspruch nehmen.

Üblich ist es aber, dass eine Mängelbeseitigung angestrebt wird. Ist diese auch beim zweiten Versuch gescheitert, kann der Käufer die Rechte aus dem 2. Schritt wählen.

2. Schritt: Preisnachlass, Vertragsrücktritt, Schadenersatz

Wenn eine Nachbesserung oder Ersatzlieferung nicht erfolgreich war oder der Verkäufer diese ablehnte oder es sich um einen Fix- oder Zweckkauf handelte, dann kann der Käufer folgende Rechte geltend machen:

Minderung	Der Käufer erhält einen Preisnachlass, wenn er die mangelhafte Ware behält.
Wandlung	d.h. der Vertrag wird rückgängig gemacht. Dies wird geschehen, wenn der Käufer die mangelhafte Ware auch zu einem reduzierten Preis ablehnt.
Schadenersatz	Zusätzlich zu diesen Rechten kann der Käufer auch noch Schadenersatz verlangen. Es muss aber ein Schaden entstanden sein, der durch die Nachbesserung oder Ersatzlieferung nicht abgedeckt wurde.
	Es kann sich hierbei um einen konkreten und/oder einen abstrakten Schaden handeln.
	Konkreter Schaden: Dieser ist eindeutig beweisbar. Muss z. B. bei Wandlung die Ware woanders teurer beschafft werden, sind der Preisunterschied und die zusätzlich anfallenden Beschaffungskosten ein eindeutig nachweisbarer Schaden.
	Abstrakter Schaden: Er ist nicht eundeutig nachweisbar. Wenn z. B. ein Arzt durch ein mangelhaftes Gerät seinen guten Ruf oder direkt Patienten verliert, läge ein abstrakter Schaden vor.
	Ein konkreter Schaden kann vor Gericht einfach geltend gemacht werden. Bei einem abstrakten Schaden wird sehr oft ein Kompromiss (= Vergleich) geschlossen.

Tipp

Ausschluss der Rechte aus mangelhafter Lieferung durch AGBs oder besondere Vereinbarungen (z. B. „gekauft, wie gesehen") sind beim Gebrauchsgüterkauf nichtig. Beim bürgerlichen Kauf (von Privat an Privat) sind sie aber weiterhin möglich.

Arbeitsvorschlag

1. Welche Rechte wird Schnell in Anspruch nehmen, wenn
   a) eine andere Firma eine ähnliche Garage preisgünstiger anbietet?
   b) er die bestellte Garage weiterhin nehmen möchte, er dann aber seine bisherige Garage einen Monat länger mieten muss? Die Miete beträgt pro Monat 50,00 €.
2. Prüfen Sie, ob die Garagen-Bau AG in Lieferungsverzug geraten würde, wenn folgende Gründe für die Verzögerung verantwortlich wären:
   a) zu viele Aufträge;
   b) Überschwemmung der Produktionsstätten;
   c) Fehler im Büro, da der Auftrag verlegt wurde.
3. Welche Rechte kann Frau Michel in Anspruch nehmen, wenn:
   a) nur ein unwesentlicher Kratzer am Gerät ist?
   b) der Kratzer für jedermann sichtbar ist?

4. Nehmen Sie Stellung, ob Frau Michel die Anfahrt des Händlers zur Reparatur des Fernsehgerätes bezahlen muss.
5. Karl hat ein gebrauchtes Mofa gekauft. Im Kaufvertrag wurde festgehalten, dass es unfallfrei sei. Wenig später bricht während der Fahrt die Lenkstange. Bei dem daraufhin verschuldeten Unfall entsteht am Mofa ein Schaden von 1.000,00 € sowie an Bekleidung 200,00 €. Karl blieb unverletzt.
    Welche Rechte hat Karl, wenn nachgewiesen werden kann, dass die Lenkstange aus einem früheren Unfall angebrochen war?

3 Der Annahmeverzug

Die Gärtnerei Schmidt bestellt bei der Baumschule König 300 verschiedene Obstbäume, die sie im Spätherbst pflanzen will. Nach zwei Wochen erhält Schmidt von einer anderen Baumschule ein günstigeres Angebot. Hier bestellt er die 300 Bäume nochmals. Als der Fahrer von König mit den Bäumen kommt, lehnt Schmidt die Annahme ab. Da König die Ware rechtzeitig und ordnungsgemäß geliefert hat, ist der Käufer Schmidt in Annahmeverzug geraten.

Der Lieferer hat folgende Rechte:
● Rücktritt vom Vertrag und anderweitiger Verkauf der Ware;
● Einlagerung der Ware auf Kosten des Käufers und Klage auf Abnahme und Kostenerstattung;
● Androhung einer Versteigerung und Fristsetzung, Versteigerung der Ware auf Kosten des Käufers (Selbsthilfeverkauf). Bei verderblicher Ware kann dies sofort geschehen (Notverkauf).

4 Der Zahlungsverzug

Elektromeister Werner Wunsch hat Außenlampen für die Fertiggarage von Schnell geliefert und in der Rechnung deutlich darauf hingewiesen, dass die Bezahlung innerhalb von 30 Tagen erfolgen muss. Die Rechnung in Höhe von 251,20 € ist aber 30 Tage nach Rechnungsdatum noch nicht beglichen. Dadurch ist Schnell in Zahlungsverzug geraten. Der Verkäufer kann
● vom Vertrag zurücktreten und Schadenersatz verlangen;
● auf Bezahlung bestehen und
● Verzugszinsen sowie entstandene Kosten (Mahngebühren) berechnen.

Automatisch kommt ein säumiger Schuldner ohne Mahnung nach 30 Tagen nur in Verzug, wenn ein zweiseitiger Handelskauf vorliegt, d. h. ein Betrieb von einem anderen Betrieb etwas kauft.

Kauft ein Privatmann – wie in diesem Fall Herr Schnell – von einem Betrieb, dann muss im Kaufvertrag oder den AGBs vermerkt sein, dass der Zahlungsverzug nach 30 Tagen automtisch eintritt. Fehlt dieser Hinweis, muss eine Mahnung mit Fristsetzung erfolgen. Erst wenn diese Frist abgelaufen ist, kommt der Schuldner in Zahlungsverzug.

Arbeitsvorschlag

1. Welches Recht wird König in Anspruch nehmen?
2. Wer muss die Kosten für Transport, Lagerung und Versteigerung bezahlen?
3. Welche Pflicht hat König vor einer Versteigerung?
4. Wie ändert sich diese Pflicht, wenn für die nächsten Tage so starker Frost gemeldet würde, dass die Bäume nicht mehr gepflanzt werden könnten und damit eingingen?
5. Welches Recht wird Wunsch in Anspruch nehmen (Begründung!)?
6. Welche Kosten können Schnell von Wunsch berechnet werden?

3 Andere wichtige Verträge

3.1 Werk- und Werklieferungsvertrag

Die Heizungsanlage in Herrn Sommers Haus ist defekt. Er einigt sich daher mit einem Heizungsbauer, die Kesselstörung zu beseitigen und lässt gleichzeitig einen neuen, umweltfreundlichen Brenner einbauen. Schon nach drei Wochen ist Herr Sommer über den Handwerker verärgert. Die Rechnung weicht vom Kostenvoranschlag ab. Über die Lieferung und den Einbau des Brenners wurde ein verbindlicher, über die Störungsbehebung — wegen der noch nicht zu schätzenden Arbeitsstunden — ein unverbindlicher Kostenvoranschlag eingereicht. Beide Kostenvoranschläge werden überschritten. Daneben ist der Brenner — laut Messung des Schornsteinfegers — nicht richtig eingestellt. Der Heizungsbauer ist noch immer nicht zur Beseitigung des Mangels gekommen.

Stellt ein Unternehmer auf Bestellung eines Kunden ein Werk her (Möbel, Haus usw.) oder verändert er etwas (Reparatur), liegt ein **Werkvertrag** vor. Nach der Schuldrechtsreform (2002) wird das Kaufrecht angewendet, wenn es sich bei der zu liefernden Ware um vertretbare Sachen handelt (§ 651 BGB); sind nicht vertretbare Sachen anzufertigen, gelten die Vorschriften über den Werkvertrag. Wenn der Unternehmer zusätzlich die dazugehörigen Sachen liefert (z. B. Holz oder Ersatzteile), handelt es sich um einen **Werklieferungsvertrag.** Beide Vertragspartner gehen bei Abschluss folgende Pflichten ein:

● **Pflichten des Unternehmers/Rechte des Bestellers:**
— Der Unternehmer muss das Werk **rechtzeitig** und **mangelfrei,** wie im Vertrag vereinbart, herstellen.

Bei **Verzug** kann der Besteller vom Vertrag zurücktreten und evtl. Schadenersatz verlangen. Das gleiche Recht hat er auch bei mangelhafter Lieferung. Hier kann der Käufer aber auch das Werk behalten und Preisminderung verlangen.

— Der Unternehmer **haftet** beim **Werklieferungsvertrag** für evtl. Fehler am gelieferten Material. Diese Haftung geht beim **Werkvertrag** auf den Kunden über.

— Der Unternehmer ist an den **verbindlichen Kostenvoranschlag** gebunden, d. h., der Besteller muss grundsätzlich nur den vereinbarten Preis bezahlen.

Auch bei einem **unverbindlichen Kostenvoranschlag** darf die Preiserhöhung 20 % nicht wesentlich überschreiten. Der Besteller muss bei wesentlich höheren Preisen benachrichtigt werden. Er kann dann den Auftrag stornieren, muss aber die geleistete Arbeit bezahlen.

aus: Wegweiser für Verbraucher, a. a. O., S. 71

9527143

● **Pflichten des Bestellers/Rechte des Lieferers**

– Tritt ein Besteller vor Fertigstellung vom Vertrag zurück, muss er die bis zu diesem Zeitpunkt erledigten Arbeiten bezahlen.

– Der Kunde muss die vertragsgemäße Ware oder Leistung abnehmen und die Vergütung bezahlen. Kommt er diesen Pflichten nicht nach, gelten die gleichen Bestimmungen wie für den Annahme- und den Zahlungsverzug.

– Der Unternehmer kann das Werk als Pfand bis zur Bezahlung zurückhalten. Nach Androhung kann der Lieferer bei Nichtbezahlung und einer Frist von einem Monat die Sachen versteigern lassen.

3.2   Miet-, Pacht- und Leihvertrag

Gaby hat in der nahen Kreisstadt eine Boutique gepachtet. Da sie auch die darüber liegende Wohnung gemietet hat, benötigt sie für den Umzug einen Kleinlastwagen. Diesen will sie sich unentgeltlich von einem ihr bekannten Schreiner leihen. Die **Leihe** ist eine zeitweise Überlassung zum unentgeltlichen Gebrauch. Der Entleiher darf die Sache nicht ohne Wissen des Verleihers einem anderen überlassen sowie Veränderungen oder Beschädigungen vornehmen.

Über die Nutzung der fertig eingerichteten Boutique wurde ein zweijähriger **Pachtvertrag** mit dem Eigentümer abgeschlossen. Dieser beinhaltet neben Rechten und Pflichten, wie im Mietvertrag, entgegen der Leihe auch die Festlegung eines Entgeltes für die Nutzung.

Bevor Gaby den vom Vermieter vorgelegten **Mietvertrag** für die Zweizimmerwohnung unterschreibt, erkundigt sie sich beim Mieterschutzbund über Folgen aus diesem Vertrag und die wichtigsten **Bestandteile des Mietrechts:**

● Dem vertragstreuen Mieter darf nur dann gekündigt werden, wenn der Vermieter die Wohnung nachweislich selbst benötigt (z. B. Geburt oder Heirat eines Kindes).

● Die Kündigung muss schriftlich erfolgen (unter Angabe der Gründe).

● Eine fristlose Kündigung des Vermieters gilt nur, wenn der Mieter ihn belästigt, sich in Zahlungsverzug befindet, schuldhaft seine Pflichten verletzt (z. B. Störung des Hausfriedens) oder die Wohnung vertragswidrig gebraucht.

● Der Mieter kann unter Einhaltung der jeweiligen Kündigungsfrist zu jedem Monatsletzten (und nicht nur zum Quartalsende!) kündigen.

● Fristlos kann der Mieter bei gesundheitsgefährdender Beschaffenheit der Wohnung oder bei Entziehung des Gebrauchs (z. B. Zuschließen des Kellers) kündigen.

- Als Nebenkosten darf der Vermieter berechnen: Steuern und andere Abgaben für Grundstück und Haus, Kosten für Heizung, Warmwasserbereitung, Wasser, Straßenreinigungs-, Müllabfuhr- und Kanalgebühren, Kosten für Reinigung von Treppen, Hausfluren, Schornstein, Beleuchtung des Hauses, Pflege des Gartens, Kosten für den Betrieb einer Gemeinschaftsantenne und für den Hausmeister.

  Alle diese Kosten müssen jährlich abgerechnet, können jedoch per Umlage monatlich — auch im Voraus — eingezogen werden.

  Für Sozialmietwohnungen dürfen diese Kosten neben der Einzelmiete nur noch als Umlagen berechnet, für alle anderen Wohnungen müssen die Kosten im Mietvertrag aufgeführt werden.

- Ein Vermieter kann eine Mieterhöhung nur verlangen, wenn
  - er die bisherige Miete seit einem Jahr unverändert gelassen hat;
  - der höhere Mietzins die ortsübliche Miete für vergleichbare Wohnungen nicht übersteigt;[1]
  - Modernisierungsmaßnahmen vorgenommen werden, die den Gebrauchswert erhöhen, die Wohnverhältnisse verbessern oder Energie einsparen.

Arbeitsvorschlag

1. Welche Vertragsart liegt in folgenden Fällen vor (Begründung!):
   a) Einsetzen eines neuen Moduls in das Farbfernsehgerät.
   b) Ein Onkel gibt seinem Neffen zinslos 5.000,00 € zum Kauf eines Autos, der Betrag soll in 20 Monatsraten zurückgezahlt werden.
   c) Ein Trockenhaarschnitt wird durch einen Frisör ausgeführt.
   d) Klaus übernimmt die Gastwirtschaft „3 Kronen" gegen die Zahlung von monatlich 1.800,00 €.
   e) Ölwechsel in einer Kfz-Werkstatt.
2. Nennen Sie die Rechte und Pflichten bei Werk- und Werklieferungsvertrag.
3. Wann darf ein Vermieter bzw. ein Mieter kündigen?
4. Wie und in welchem Verhältnis darf die Miete erhöht werden?

Tipp Bei Streitfragen mit Ihrem Vermieter wenden Sie sich an den Mieterschutzbund in der nächsten Stadt. Hier können Sie auch einen Mietvertrag vor der Unterschrift prüfen lassen.

4   Gerichtliches Mahn- und Klageverfahren

Uwe Kröger hat es geschafft. Sein Traum ist erfüllt. Ihm gehört eine 1000er-BMW, die er für 5.000,00 € gebraucht von Harry Maier gekauft hat. Doch schon nach einer Woche hat die Maschine einen Kolbenfresser. Uwe ist froh, dass er das Geld für das Motorrad noch nicht überwiesen hat und will von dem Kauf zurücktreten. Doch Harry Maier denkt gar nicht daran und verlangt stattdessen sofort die 5.000,00 €. Uwe Kröger lehnt dies entschieden ab und glaubt sich im Recht. Daraufhin beantragt der Gläubiger Maier einen gerichtlichen Mahnbescheid gegen Kröger. [1]

---

1 Feststellung der ortsüblichen Miete: Drei vergleichbare Wohnungen nennen; Einholung eines Gutachtens bei einem vereidigten Sachverständigen oder Berufung auf den von der Gemeinde aufgestellten Mietspiegel.

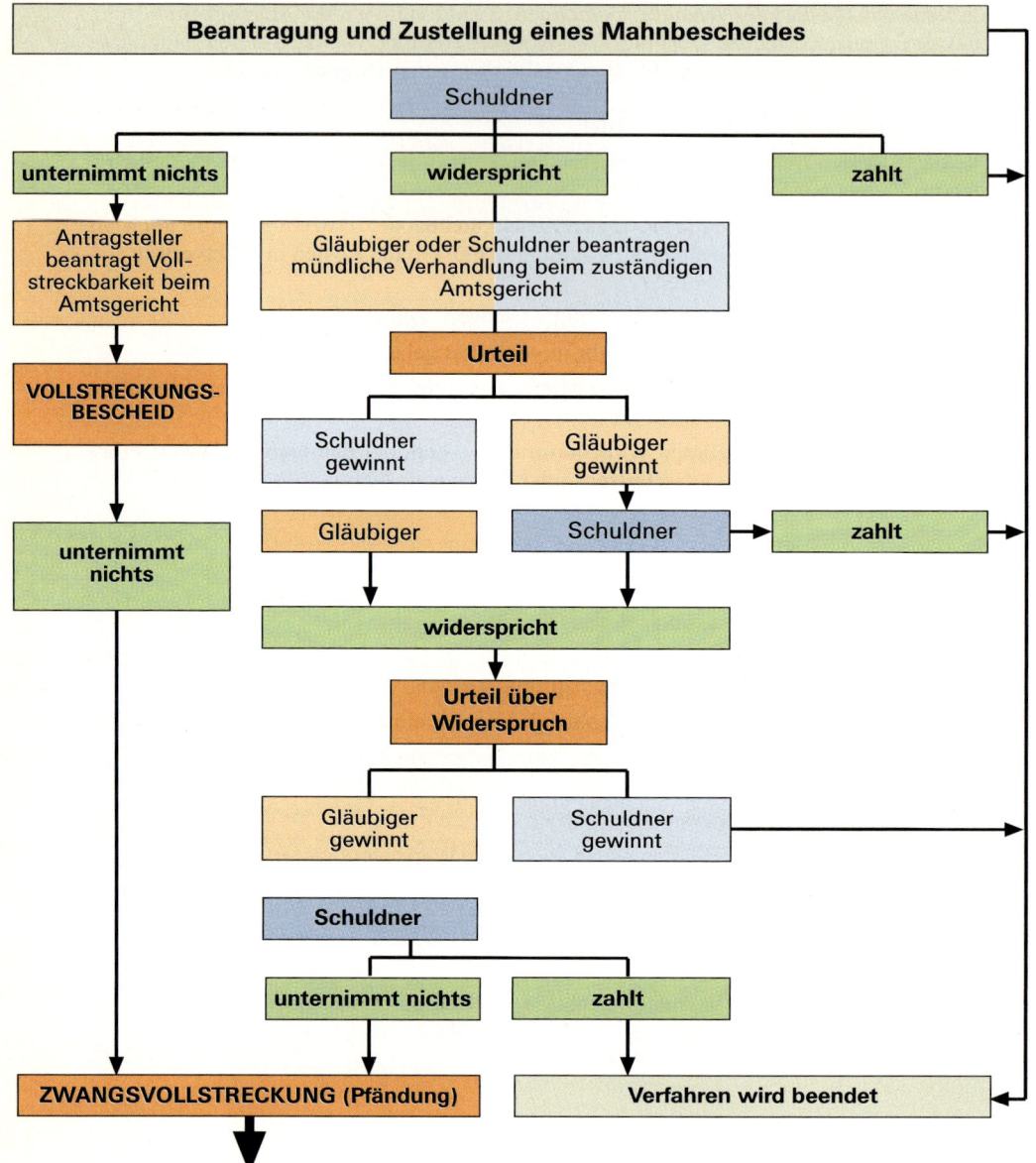

Bewegliche Sachen, wie teuren Schmuck, Münzen usw., nimmt der Gerichtsvollzieher mit. Schwere Sachen, wie Möbel, werden mit einem Pfandsiegel, dem sog. „Kuckuck", gekennzeichnet. Sie werden dann versteigert. Unpfändbar sind Sachen des persönlichen Gebrauchs, des Haushaltes und Sachen, die der Berufsausübung dienen.

Unbewegliche Sachen, d. h. Häuser und Grundstücke, werden versteigert oder zwangsverwaltet (Pacht bekommt Gläubiger).

Löhne können, wenn sie über das Lebensminimum hinausgehen, gepfändet werden. Der Arbeitgeber wird auf Gerichtsbeschluss dazu verpflichtet, den entsprechenden Betrag monatlich abzuführen, d. h., der Arbeitnehmer erhält diesen Lohnanteil gar nicht ausgehändigt.

Zu einem Zivilprozess kommt es, wenn

2

- der Schuldner Widerspruch gegen den Mahnbescheid einlegt;
- der Schuldner Einspruch gegen den Vollstreckungsbescheid erhebt;
- der Gläubiger auf einen Mahnbescheid verzichtet und seine Forderung sofort durch das Gericht eintreiben lassen will.

Das Verfahren findet — wenn der Beklagte eine Privatperson ist — vor dem Gericht statt, in dessen Bezirk er wohnt. Kaufleute können in Verträgen untereinander einen anderen Gerichtsstand vereinbaren.

Die **mündliche Verhandlung** soll den Streit der beiden Parteien klären. Sie stellen ihre Anträge und versuchen, mit Hilfe von Beweismitteln ihren Standpunkt darzulegen. Die mündliche Verhandlung endet mit einem Urteil, einem Vergleich oder der Zurücknahme der Klage.

Gegen das Urteil kann eine der beiden Parteien **Berufung** bei dem übergeordneten Gericht einlegen, wenn der Streitwert 600,00 € übersteigt.

Gegen ein Berufungsurteil vom Oberlandesgericht kann **Revision** beim Bundesgerichtshof eingelegt werden. Hierbei muss jedoch das Oberlandesgericht eine Revision ausdrücklich zugelassen haben.

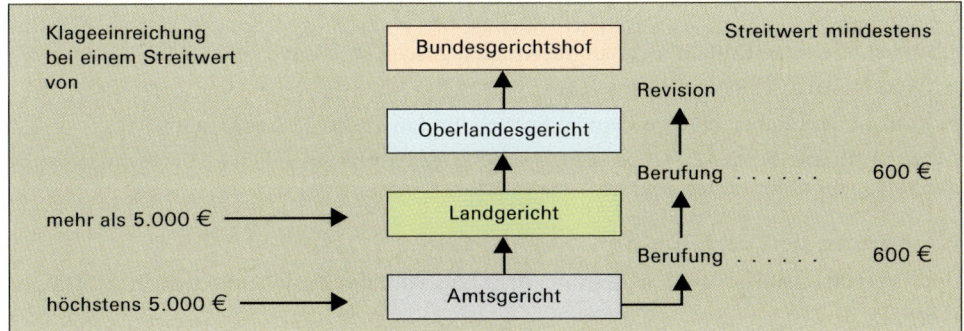

5   Die Verjährung von Forderungen

[1]

Verjährungs-frist	Forderungen	Beginn der Verjährung
3 Jahre	− regelmäßige Verjährungsfrist für alle üblichen Kauf-verträge außer den unten genannten Ansprüchen mit 30- bzw. 10-jähriger Verjährungsfrist.	am 1. Januar des kommenden Jahres
10 Jahre	− Ansprüche aus dem Verkauf einer Immobilie − andere Ansprüche als Schadenersatzansprüche	am Entstehungs-tag der Forderung
30 Jahre	− Schadenersatzansprüche, die auf der Verletzung des Lebens, des Körpers, der Gesundheit oder der Freiheit beruhen − rechtskräftige gerichtlich festgestellte Ansprüche aus Urteilen und Vergleichen, Vollstreckungstitel aus Insolvenzverfahren. − notariell begründete Forderungen − alle Herausgabeansprüche aus Eigentum, z.B. gestohlene oder verliehene Sachen − familien- und erbrechtliche Ansprüche	am Entstehungs-tag der Forderung

[2] Schreinermeister Alheit ist verärgert. Soeben hat er zwei Rechnungen älteren Datums gefunden, die versehentlich nicht an die Kunden geschickt worden sind.

● Vom 15. August 1999 an Firma König;

● vom 17. September 1998 an Familie Schnell für den Verkauf eines Grundstücks.

Alheit prüft am 14. Mai 2002, ob seine Forderungen verjährt sind, d. h., der Schuldner die Zahlung nicht mehr leisten muss.

[3] **Hemmung der Verjährung**

Eine Verjährungsfrist wird gehemmt, d. h., sie verlängert sich um diesen Zeitraum, wenn

● die Vertragspartner in Verhandlungen über den Einspruch eintreten (§ 203 BGB),

● die Rechtsverfolgung eingeleitet wird (§ 204 BGB),

● die Rechtspflege stillsteht (z. B. bei Krieg und Katastrophen),

● der Schuldner sich mit dem Gläubiger auf eine vorübergehende Hemmung einigt (§ 205 BGB).

[4] **Unterbrechung der Verjährung**

Durch eine Unterbrechung beginnt die Verjährungsfrist erneut in voller Länge zu laufen.

Die Verjährung wird unterbrochen, wenn

● eine gerichtliche oder behördliche Vollstreckungshandlung vorgenommen wird,

● der Schuldner die Forderung anerkennt, z. B. durch Teilzahlung, Zinszahlung, Schuldschein.

Tipp   **Eine außergerichtliche Mahnung unterbricht oder hemmt die Verjährungsfrist nicht! Es muss ein gerichtlicher Mahnbescheid sein!**

Arbeitsvorschlag

1. Alexander hat sehr leichtfertig gelebt und daher 18.000,00 € Schulden. Er besitzt ein Motorrad (3.000,00 €), Stereoanlage (400,00 €), Pkw (3.400,00 €), Armband-uhr (40,00 €), Skiausrüstung (450,00 €) und Bekleidung. Sein Monatsverdienst liegt bei ca. 1.800,00 € (netto). Welche Gegenstände können grundsätzlich gepfän-det werden?

2. Der Streitwert des Motorradkaufs (siehe S. 145) ist 5.000,00 €. Vor welchem Gericht wird die Verhandlung stattfinden?

3. Beurteilen Sie, wann die Forderungen von Schreinermeister Alheit (siehe Nr. 2) ver-jähren oder verjährt sind.

4. Stellen Sie die Verjährungsfristen für folgende Ansprüche fest und untersuchen Sie, wann die Forderungen verjährt sind:

   a) Privatmann Schulze verkaufte seinen Pkw am 17. März 1999 an einen Pkw-Händler.

   b) Rechtsanwalt Schmitt schickt am 30. Juni 2000 eine Rechnung an die Firma Maier KG.

   c) Ein entlassener Arbeitnehmer hat noch vom Juli 1999 Lohnansprüche gegen seinen Arbeitgeber.

   d) Ein Großhändler hat seit 12. Dezember 1999 Ansprüche gegen Bäcker Teubner.

   e) Eine Hausfrau lässt beim Metzger am 20. Januar 2000 anschreiben.

   f) Klaus hat die BMW, die er am 17. Mai 1998 gekauft hatte, noch nicht bezahlt. Mit dem Händler ist er übereingekommen, dass er die Rechnung am 1. Februar 2000 von seinem Entlassungsgeld bei der Bundeswehr bezahlen will. Am 30. November 1999 leistet er eine Zinszahlung in Höhe von 6 %.

Wichtiges in Kürze

○ **Eine Hemmung verlängert den Verjährungszeitraum, bei der Unterbrechung beginnt die Verjährung neu zu laufen.**

○ **Wichtige Verjährungsfristen: 3, 10, 30 Jahre.**

○ **Bei der Zwangsvollstreckung (festgesetzt durch das Gericht) werden Sachen oder Löhne gepfändet.**

Arbeitsvorschlag zur Wiederholung

1. Nennen Sie die wichtigsten Lebensjahre, ab denen die Menschen bestimmte Rechte und Pflichten erlangen.

2. Der siebzehnjährige Auszubildende Klaus hat sich eine CD für 9,90 € gekauft. Da sein Vater gegen Techno-Musik ist, verlangt er, dass Klaus die CD zurückbringt. Beurteilen Sie diesen Fall rechtlich.

3. Wann hat eine gelieferte Ware einen Sachmangel?

4. Beim Kauf eines Pkws wird im Vertrag folgender Wortlaut festgehalten: „Preis 17.542,00 € (Preiserhöhungen vorbehalten)". Der Vertrag wird am 15. Januar 2000 geschlossen. Bei der Auslieferung des Wagens nach zwei (fünf) Monaten fordert der Vertragshändler 18.419,10 €, weil das Werk zwischenzeitlich eine 5%ige Preiserhöhung vorgenommen hat. Wie ist die Rechtslage in beiden Fällen?

5. Welche Voraussetzungen müssen die Willenserklärungen der Partner erfüllen, damit ein Vertrag zustande kommt?

6. Unterscheiden Sie zwischen Selbsthilfe- und Notverkauf.

7. Welche Rechte entstehen dem Käufer bei Lieferungsverzug?

8. Nennen Sie die Möglichkeiten bei mangelhafter Lieferung.

9. Unterscheiden Sie zwischen Werk- und Werklieferungsvertrag.

10. Nennen Sie Gründe für Mieterhöhungen bzw. Kündigungen des Mietverhältnisses.

11. Schildern Sie den Gang eines Mahnbescheides.

12. Welche Forderungen verjähren nach 3, 10, 30 Jahren und wann beginnen die jeweiligen Verjährungsfristen?

13. Wodurch kann eine Verjährung unterbrochen oder gehemmt werden und welche rechtlichen Folgen gehen davon jeweils aus?

Themenkreis 8:
Geld – Zahlungsverkehr – Kreditwesen

1   Unser Geld

Wir haben neues Geld bekommen. Zum ersten Mal seit mehr als hundert Jahren wurde ein neuer Name für unsere Währung eingeführt.

Dies geschah zuletzt im Jahre 1871, der Reichsgründung, als in Deutschland Gulden, Taler, Heller und Kreuzer abgeschafft wurden. Dafür kam die Mark – eine Währung, die eine wechselvolle Geschichte haben sollte. Mit der Mark und ihren 100 Pfennigen wurde auch zugleich das Dezimalsystem für die Währung eingeführt. Die Bürger zahlten damals nahezu nur mit Münzen. Dies war auch möglich, denn ein Pfund Rindfleisch kostete ca. 80 Pfennige, ein Zentner Kartoffeln ca. 3,00 Mark.

Die Mark war Zahlungsmittel des Ersten Weltkrieges. Die Möglichkeit, die Geldnoten in Gold umzutauschen, hob die Reichsbank während des Krieges auf. Weil zu wenig Geldscheine im Umlauf waren, brachten Kommunen selbst „Notgeld" in Umlauf.

Hohe Reparationszahlungen an die Siegermächte des Ersten Weltkrieges verschlangen Milliarden Mark. Die Reichsbank druckte immer mehr Geld und bewirkte so eine „Hyperinflation". Die Werte auf den Geldscheinen wurden überdruckt. Bis zu 100 Billionen Mark waren auf den Geldscheinen aufgedruckt. Die Deutschen waren alle Milliardäre, doch sie waren eigentlich bettelarm. Lohnzahlungen wurden in Waschkörben abgeholt. Man musste sich beeilen und sofort etwas für das Geld kaufen, denn es verlor stündlich an Wert. Im Dezember 1923 kostete 1 Pfund Fleisch über drei Billionen Mark und ein Pfund Brot 260 Millionen Mark.

Den Schwarzen Freitag (Zusammenbruch der Aktienmärkte) mit der daraus folgenden Weltwirtschaftskrise und hoher Arbeitslosigkeit erlebte die Mark ebenfalls mit.

Im Dritten Reich wurde die Mark umbenannt in „Reichsmark". Die hohen Rüstungsausgaben belasteten die Währung. Wieder wurde von der Reichsbank immer mehr Geld gedruckt.

Nach Ende des Zweiten Weltkrieges und der Hitler-Diktatur lag Deutschland in Trümmern. Die Reichsmark war wertlos geworden. Lebensmittel gab es auf Marken. Der Schwarzmarkt und der Tauschhandel blühten. Verrechnungseinheit statt des Geldes waren „Lucky Strikes", die Zigaretten der amerikanischen Besatzungssoldaten.

Im Jahre 1948 wurde in den drei Westzonen mit einer Währungsreform die D-Mark (DM) eingeführt. Die ersten DM-Scheine wurden übrigens in den USA gedruckt und in einer geheimen Mission mit Schiffen nach Bremerhaven gebracht. Von dort wurden die Geldscheine per Lkw in die drei Westzonen verteilt. Jeder Bundesbürger bekam am 20. Juni 1948 40,00 DM. Etwas später wurde in der Sowjetischen Besatzungszone, der späteren DDR, die „Ost-Mark" eingeführt. Von da an gab es im geteilten Deutschland zwei Währungen, die DM und die Ost-Mark. Trotz des gleichen Namens „Mark" gingen die beiden Währungen zwei verschiedene Wege, die immer weiter auseinander drifteten. Parallel dazu entzweiten sich auch die beiden Zonen, Westzone (BRD) und Ostzone (DDR), die verschiedene Wirtschaftsordnungen und politische Systeme hatten.

Während sich die DM in den fünfzig Jahren Bundesrepublik Deutschland in der Demokratie und der sozialen Marktwirtschaft prächtig entwickelte, war die Ost-Mark der sozialistischen DDR mit ihrer Zentralverwaltungswirtschaft weder bei den eigenen Bürgern noch im Ausland begehrt. Die DM wurde aber eine sichere Währung ohne hohe Inflationsraten, in der gesamten Welt anerkannt. So war einer der Kernrufe der DDR-Bürger auf den Demonstrationen 1989: „Kommt die D-Mark, bleiben wir, kommt sie nicht, gehn wir zu ihr!".

Mit der Währungs-, Wirtschafts- und Sozialunion übernahm die DDR zum Stichtag 1. Juli 1990 die DM als Zahlungsmittel.
Löhne, Gehälter, Renten, Mieten und andere „wiederkehrende Zahlungen" wurden 1 : 1 umgestellt, bei Bargeld und Bankguthaben waren die Regelungen komplizierter. Mit Übernahme des wirtschafts- und sozialpolitischen Systems der Bundesrepublik und der Einführung der DM als alleinigem Zahlungsmittel war die Eingliederung der DDR praktisch vollzogen.

Die Deutsche Bundesbank wachte über die Stabilität der DM. Und so war trotz der wirtschaftlichen Schwierigkeiten der Wiedervereinigung auch im vereinten Deutschland die DM eine ausgesprochen stabile Währung.

2002 kam der € und ersetzte unsere bewährte DM. Seit Januar 2002 ist der € einziges Zahlungsmittel in den meisten Ländern der Europäischen Union. Und nicht nur die DM, auch andere europäische Währungen, von denen einige viel älter sind als unsere Mark, werden vom € ersetzt.

Es muss sehr wichtige Gründe dafür geben, eine gute Währung, die dem Menschen vertraut ist, durch eine neue zu ersetzen. Denn der Abschied von einer Tradition ist eine Umstellung, die vielen nicht leicht fällt.

Und diese Umstellung von der alten auf die neue Währung war mit großem Aufwand verbunden:

- neues Geld musste gedruckt und geprägt werden,
- alle Automaten mussten die neuen Münzen und Banknoten erkennen,
- die Banken mussten anders buchen,
- die Computerprogramme in den Unternehmen waren umzuschreiben,
- alle Kassensysteme mussten auf Euro und Cent umgestellt werden,
- und letztendlich müssen alle Bürgerinnen und Bürger sich an die neue Währung gewöhnen und mit ihr umgehen können,

denn alle Preise, Löhne, Versicherungsbeiträge, Zinsen, Mieten usw. mussten ja umgerechnet werden.

Gründe für den Euro

Warum nahm man all diese Probleme in Kauf? Weil es in der Tat sehr wichtige Gründe für eine einheitliche Währung in Europa gibt:

● Die Weltwirtschaft wächst immer mehr zusammen. „Globalisierung" nennt man das. Riesige Wirtschaftsräume entstehen, wie der Markt Nordamerika/Kanada, Südamerika, der ostasiatische Raum und als Antwort darauf: die Europäische Union. Deutschland allein ist mit seinen 80 Millionen Einwohnern zu klein, um mit den großen Wirtschaftsräumen zu konkurrieren. China mit 1,2 Milliarden Menschen, Indien mit 900 Millionen und Indonesien mit über 200 Millionen Einwohnern werden nach Schätzungen in ca. 30 Jahren wirtschaftlich bedeutender sein als Deutschland. Daher sichert ein gemeinsamer europäischer Markt mit einer einheitlichen Währung unsere Wirtschaft und damit unsere Arbeitsplätze.

● Jeder vierte Arbeitsplatz hängt in Deutschland vom Export ab. Daher sind unser Land und seine Einwohner besonders auf offene Märkte mit berechenbaren Währungsrelationen angewiesen.

● Allein Wechselkursschwankungen innerhalb der Währungen der EU führten in den letzten Jahren immer wieder zu zweistelligen Milliardenverlusten für die deutsche Wirtschaft. Diese Nachteile für unsere Betriebe werden mithilfe des Euros verringert.

● Der Handel innerhalb der EU stieg Ende des 2. Jahrtausends auf über 1,5 Billionen DM. Davon wurden etwa 45 Milliarden DM für Währungsumtausch und Kurssicherungskosten aufgewendet. Sie entfallen mit einer gemeinsamen Währung.

● Wenn wir in EU-Ländern Urlaub machen, brauchen wir kein Geld mehr umzutauschen. Allein dadurch sparen alle deutschen Urlauber zusammen jedes Jahr etwa 5 Millionen Euro. Neben den Wechselkosten entfällt auch die mühsame Umrechnung am Urlaubsort, denn wir können alles in € und Cent bezahlen, genau wie zu Hause.

Die Umstellung von DM in Euro wird uns also langfristig nützen.

1.1   Funktionen und Formen des Geldes

Aufgaben (Funktionen) des Geldes

[1] Geld erfüllt vier Hauptfunktionen.

- Es dient als **Tauschmittel.** Vor Einführung des Geldes wurde Ware gegen Ware getauscht. Dies war mit erheblichen Schwierigkeiten verbunden, weil die Tauschgegenstände sich entweder wertmäßig nicht entsprachen, aber nicht teilbar waren (z. B. Kuh gegen Wagenrad) oder weil sie vom „Tauschpartner" nicht gebraucht wurden.

- Geld dient als **Wertmesser.** In der Naturaltauschwirtschaft muss jedes Gut laufend geschätzt werden (z. B. wie viele Kartoffeln ist ein Wagenrad wert?). Geld macht dagegen eine allgemeine Preisbildung möglich (z. B. eine CD kostet 19,90 Euro).

  Alle Güter und Dienstleistungen werden mit Geld gemessen, d. h. auf einen Nenner gebracht und sind somit leicht vergleichbar.

- Geld ist **Wertübertragungsmittel.** Ein Bäcker würde ohne Geld von seinen Kunden durch Überlassung anderer Güter oder durch Arbeit bezahlt werden. Er selbst müsste seine Vorlieferanten (z. B. Mehlfabrik) auch mit Gütern (z. B. Brot, Brötchen) bezahlen. Hier ist Geld als Wertübertragungsmittel eine große Erleichterung.

- Geld dient als **Wertaufbewahrungsmittel.** Schon immer haben Menschen Werte, die gerade im Überfluss vorhanden waren, für Zeiten, in denen es diese Werte nicht gibt, angesammelt (z. B. Einlagerung von Kartoffeln). Daneben haben sie laufend kleinere Werte aufbewahrt, um nach einer bestimmten Zeit eine Sache mit großem Wert erwerben zu können (z. B. Sparen für ein Auto). Hier ist Geld, da es nicht verdirbt und sich gut aufbewahren lässt, ein ideales Wertaufbewahrungsmittel.

[2]

Formen des Geldes	Beschreibung
Naturaltausch 	**Naturalwirtschaft.** Vor tausenden von Jahren tauschten die Menschen ihre Waren und Leistungen. Diese Naturalwirtschaft gab es in Deutschland auch kurz nach dem Ersten und dem Zweiten Weltkrieg (Schwarzmarkt), als die Wirtschaft zusammengebrochen und das Geld wertlos war.
Naturalgeld 	**Warengeld.** Steine, Muscheln und andere, in der Natur selten vorkommende Sachen wurden von den jeweiligen Völkern oder Stämmen, nicht aber von Fremden anerkannt.
Metallgeld 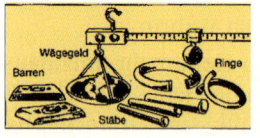	Als die Edelmetalle Gold und Silber zum Zahlungsmittel wurden, prägte man ein Wappen des Königs oder Fürsten auf das Metallstück. Dieser garantierte ein bestimmtes Gewicht. Auf einem Silberbarren wurde eine Marke eingeschlagen. Dieses Stück nannte man dann „eine Marke", daraus wurde unsere „Mark". Danach prägte man Gold- oder Silbermünzen. Sie wurden „Taler" genannt. Aus diesem Begriff wurden z. B. in Schweden „Daler" und später in den USA „Dollar".

Formen des Geldes	Beschreibung
Münzgeld 	**Kurantmünzen.** Bei den ersten Münzen entsprach ihr Metallwert auch ihrem aufgedruckten Münzwert. **Scheidemünzen.** Im Dreißigjährigen Krieg konnte Preußen seine Soldaten nicht mehr bezahlen. Man hatte nicht mehr genügend Gold und Silber. Da kam man auf die Idee, einen Kupfertaler zu prägen, den man nur mit einer dünnen Gold- oder Silberschicht ummantelte. Die Scheidemünze war erfunden. Ihr Metallwert liegt unter dem aufgedruckten Münzwert. Euro und Cent sind Scheidemünzen. **Münzgeld geben die jeweiligen EU-Staaten heraus.**
Papiergeld 	Als man wegen des aufstrebenden Handels immer mehr Geld benötigte, war Metallgeld durch sein Gewicht für den Transport zu schwer. Außerdem hatte man nicht genügend Gold, um die benötigte Geldmenge in Münzen zu prägen. Es wurde Geld aus Papier gedruckt — unsere heutigen Banknoten. Auf diesen ersten Banknoten versprach der jeweilige Herausgeber, den Gegenwert in Gold umzutauschen. Dadurch wurden die Banknoten als Geld anerkannt. Heute wäre dies nicht mehr möglich.
Buchgeld/Giralgeld 	Buchgeld „entsteht" durch Einzahlungen oder Überweisungen auf ein Konto. Man kann es sich jederzeit in Banknoten oder Münzen auszahlen lassen. Es ist heute erheblich mehr Buchgeld als Münz- und Notengeld im Umlauf.
Geldersatzmittel 	Als Geldersatz werden heute Schecks, Kreditkarten, Kundenkarten, die ec-Karte, Geldkarte eingesetzt.
„Computergeld" 	In unseren modernen Volkswirtschaften geht der Trend immer mehr zur bargeldlosen Zahlung. Modernste Form ist das „elektronische Portmonee" POS (= Point-of-Sale-Banking). Hier werden lediglich noch Daten statt der Bezahlung ausgetauscht und Beiträge den Konten zu- oder abgebucht.

Arbeitsvorschlag

1. Nennen und beschreiben Sie die vier Aufgaben unseres Geldes.
2. Unterscheiden und erklären Sie die verschiedenen Geldarten.
3. Unterscheiden Sie zwischen Kurant- und Scheidemünzen.
4. Zu welcher Art von Münzen gehört unser heutiges Münzgeld?

1.2   Geld als gesetzliches Zahlungsmittel

Die beschriebenen Funktionen kann Geld nur erfüllen, wenn es folgenden Anforderungen genügt:

- Es muss als Zahlungsmittel **allgemein anerkannt** sein, d. h., jeder muss es annehmen. Als nach dem 2. Weltkrieg viele Händler das bestehende Geld ablehnten, verlor es seine Aufgabe als Tauschmittel.

- Es muss **knapp** sein, denn wenn es im Überfluss da wäre, würde es an Wert und damit an Kaufkraft verlieren.

- Es muss so zu stückeln sein, dass auch „krumme" Beträge (z. B. 126,82 €) damit bezahlt werden können.

- Es muss gut **transportierbar** und **aufbewahrbar** sein.

- Es muss gegen beabsichtigte Fälschungen möglichst gut **gesichert** sein.

Wichtiges in Kürze

○ **Funktionen des Geldes:** Geld ist Tauschmittel, Wertmesser, Wertaufbewahrungs- und Wertübertragungsmittel.

○ **Arten des Geldes:**

  − Warengeld; z. B. Muscheln;

  − Münzgeld; Kurantmünzen (aufgedruckter Wert = Metallwert), Scheidemünzen (aufgedruckter Wert ist größer als Metallwert);

  − Notengeld; Münz- und Notengeld = Bargeld;

  − Buch- oder Giralgeld; Guthaben auf Sparbüchern, Giro- und anderen Konten.

○ **Geld muss folgende Anforderungen erfüllen:** Es muss allgemein anerkannt, knapp, fast beliebig teilbar, gut transportierbar und aufbewahrbar sowie fälschungssicher sein.

1.3   Der Wert des Geldes

Zwei Arbeiter unterhalten sich in der Frühstückspause über einen Artikel in einer Boulevardzeitung, die vor ihnen auf dem Tisch liegt:

Preissteigerung jetzt 2 Prozent − Geld in Gefahr

A: „Nur 2 % − versteh ich nicht −, ich habe gestern Heizöl getankt, das war doch glatte 10 % teurer als letztes Jahr!"

B: „...was geht mich dein Heizöl an? Meinen Videorecorder habe ich im Sonderangebot um 10 % billiger gekauft − die Preise sind gefallen!"

A: „... so oder so − der Euro ist ein „Teuro" − unser Geld wird jeden Tag weniger wert ..."

So einfach lässt sich die Frage gar nicht beantworten, wer hier im Recht ist, oder? Da es keine einheitliche Preisentwicklung gibt, wird die allgemeine Preissteigerungsrate u. a. am so genannten Preisindex für die Lebenshaltung gemessen:

Was ist das: Preisindex? $\boxed{1}$

Kaum einem anderen wirtschaftlichen Datum wird so viel Aufmerksamkeit geschenkt wie den Preisen.

Nicht nur die Verbraucher interessiert brennend, was um wie viel teurer wird, auch in Politik und Wirtschaft achten die Verantwortlichen genau darauf, wo der Zug hingeht.

Denn davon hängen zum Beispiel der Wert des €, die Lohnforderungen der Gewerkschaften und vieles andere mehr ab, was ins Geld geht.

Hierzulande werden deshalb alle möglichen Märkte genau beobachtet. Das Statistische Bundesamt sammelt in fast allen Bereichen der Wirtschaft Preise, vom Einkauf der für die Produktion notwendigen Güter bis hin zum Verkauf an den Endverbraucher.

Der wichtigste und am häufigsten verwendete Indikator ist der für die Lebenshaltungskosten. Davon gibt es drei, die nach Haushaltsgröße und Einkommen unterscheiden, und dann zu einer Zahl zusammengefasst werden. Die Berechnung basiert auf einer Auswahl von fast 800 Waren und Dienstleistungen, vom Brot über die Miete bis hin zum Haare schneiden. In 118 Gemeinden führen Leute ein Haushaltsbuch, in dem sie genau feststellen, was wie viel kostet.

In diesen **„Warenkörben"** haben die verschiedenen Artikel unterschiedliche „Gewichte", je nachdem, wie groß ihre Bedeutung im Haushalt ist. Damit soll gewährleistet werden, dass eine Preiserhöhung bei Brot stärker durchschlägt als eine für Pralinen.

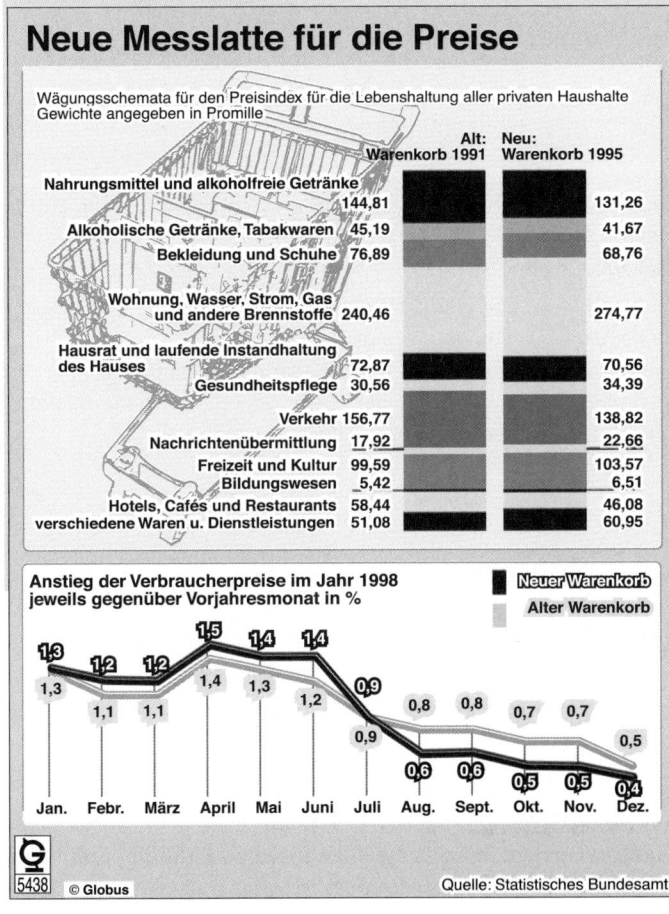

Der so jeden Monat ermittelte Index ist die Messlatte für die Inflation. Er sagt aber nichts darüber aus, wie viel ein einzelner Haushalt tatsächlich mehr ausgeben muss. Denn er ist eine Durchschnittszahl für Millionen von Haushalten. So erfasst der Index beispielsweise die Kosten für Strom, Gas, Heizöl und Kohle. Wenn aber eine Wohnung mit Kohle beheizt wird, schlägt eine Erhöhung des Heizölpreises dort gar nicht zu (Haushalts-)Buche.

nach: sparda aktuell

Neue Messlatte für die Preise

Wägungsschemata für den Preisindex für die Lebenshaltung aller privaten Haushalte
Gewichte angegeben in Promille

	Alt: Warenkorb 1991	Neu: Warenkorb 1995
Nahrungsmittel und alkoholfreie Getränke	144,81	131,26
Alkoholische Getränke, Tabakwaren	45,19	41,67
Bekleidung und Schuhe	76,89	68,76
Wohnung, Wasser, Strom, Gas und andere Brennstoffe	240,46	274,77
Hausrat und laufende Instandhaltung des Hauses	72,87	70,56
Gesundheitspflege	30,56	34,39
Verkehr	156,77	138,82
Nachrichtenübermittlung	17,92	22,66
Freizeit und Kultur	99,59	103,57
Bildungswesen	5,42	6,51
Hotels, Cafés und Restaurants	58,44	46,08
verschiedene Waren u. Dienstleistungen	51,08	60,95

Anstieg der Verbraucherpreise im Jahr 1998
jeweils gegenüber Vorjahresmonat in %

■ Neuer Warenkorb
▨ Alter Warenkorb

1,3 1,2 1,2 1,5 1,4 1,4
1,3 1,1 1,1 1,4 1,3 1,2 0,9 0,8 0,8 0,7 0,7
                              0,9 0,6 0,6 0,5 0,5 0,5 0,4

Jan. Febr. März April Mai Juni Juli Aug. Sept. Okt. Nov. Dez.

5438 © Globus

Quelle: Statistisches Bundesamt

2   Der Wert, d. h. die Kaufkraft des Geldes, bleibt nicht
    gleich. Im Normalzustand geht man davon aus, dass in
    einem Land die Güter- und Geldmenge übereinstim-
    men. Es herrscht **Geldwertstabilität.**

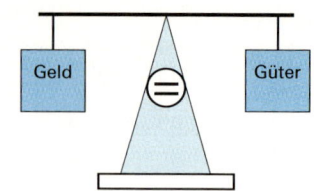

Die Kaufkraft steigt, wenn die Gütermenge größer als die
Geldmenge ist, wobei es gleich ist, ob die Gütermenge
gestiegen oder die Geldmenge gesunken ist. Dies
bewirkt steigenden Geldwert, sinkende Preise und
zunehmende Kaufkraft.

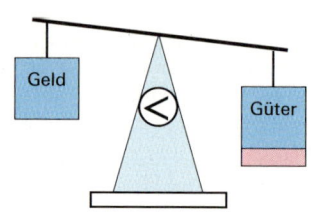

Ist die Geldmenge größer als die Gütermenge, sinkt die
Kaufkraft und damit der Wert des Geldes.

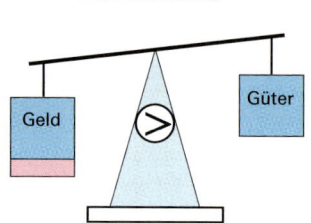

Arbeitsvorschlag

1. Beschreiben und begründen Sie die Funktionen, die Geld erfüllen muss, um als Zahlungsmittel geeignet zu sein.
2. Wie verändert sich der Geldwert, wenn
   a) die Geldmenge steigt, die Gütermenge gleich bleibt;
   b) die Gütermenge schneller als die Geldmenge steigt;
   c) Güter- und Geldmenge gleich bleiben, die Verbraucher aber mehr sparen;
   d) die Güterproduktion vorübergehend nicht mit der Nachfrage Schritt halten kann;
   e) die Geld- und Gütermenge im gleichen Verhältnis steigen?

1.4   Inflation und Deflation

1   **Inflation**

Eine laufende Geldentwertung bezeichnet man als Inflation.

Eine **schleichende Inflation** liegt bei laufenden kleineren Preiserhöhungen vor, die
einen stetigen Wertverlust, d. h. abnehmende Kaufkraft der Währung bewirken.

Von **galoppierender Inflation** spricht man, wenn der Geldwert rapide sinkt und
enorme Preissteigerungsraten auftreten.

Lesen Sie hierzu das folgende Beispiel aus dem Inflationsjahr 1923.

Beispiel: *Vom Juli 1922 bis zum Dezember desselben Jahres stiegen die monatlichen Ausgaben der Reichsregierung auf das Dreiundzwanzigfache. Die Einnahmen dagegen waren in der gleichen Zeit nur auf das Zehnfache gestiegen. Die Beamten, die Angestellten und Arbeiter aber brauchten Gehalt und Lohn! Die Kassen waren leer. So druckte die Regierung immer neue Geldscheine in ihrer Reichsdruckerei. Doch das Gold, das einstmals als „Deckung" dafür vorhanden war, war längst dahingeschwunden: als Kriegsausgaben und Wiedergutmachungszahlung.*

*So waren die Papierscheine immer weniger wert. Man bekam immer weniger dafür. Die „Kaufkraft" der Mark war dahin. Die Preise stiegen. Die **„Inflation"** begann, sie erreichte im Jahre 1923 ihren furchtbaren Höhepunkt.*

1 kg Roggenbrot (mit Zusatz von Weizenmehl) hatte im Dezember des jeweiligen Jahres gekostet:	*Nun aber begann der Preis erst richtig zu steigen: Das Brot kostete im*
1913 . . . . 26 Pfennig	*Dez. 1922 . . . . 163,15 Mark*
1914 . . . . 32 Pfennig	*Jan. 1923 . . . . 250,00 Mark*
1915 . . . . 40 Pfennig	*Febr. 1923 . . . . 389,00 Mark*
1916 . . . . 34 Pfennig	*Mai 1923 . . . . 482,00 Mark*
1917 . . . . 45 Pfennig	*Juni 1923 . . . . 1.428,00 Mark*
1918 . . . . 53 Pfennig	*Juli 1923 . . . . 3.465,00 Mark*
1919 . . . . 80 Pfennig	*Aug. 1923 . . . . 69.000,00 Mark*
1920 . . . . 2,37 Mark	*Sept. 1923 . . . . . . 1.512.000,00 Mark*
1921 . . . . 3,90 Mark	*Okt. 1923 . . . 1.743.000.000,00 Mark*
	Nov. 1923 201.000.000.000,00 Mark
	Dez. 1923 399.000.000.000,00 Mark

Ein Zeitzeuge erzählte von dieser Zeit:

„Es war schrecklich. Wir bekamen in immer kürzeren Abständen unser Geld — erst monatlich, dann wochenweise, dann fast jeden Tag. Es waren immer mehr Scheine und immer größere Summen. Aber man bekam immer weniger dafür. Mutter musste mit dem Geld sofort zum Bäcker und Kaufmann rennen, aber in der Zwischenzeit kosteten Brot, Mehl, Margarine und Gemüse schon wieder das Doppelte und Dreifache.

Die Firmen holten täglich in Waschkörben und Reisekoffern die Geldscheine von der Bank.

Weil das Geld sofort wieder verfiel, wollte kein Bauer und kein Händler mehr etwas verkaufen, wenn er nicht musste. Nur die Ware hatte Wert, nicht das Geld. Ja, wenn man gute ausländische Banknoten besaß, etwa Schweizer Franken, schwedische Kronen oder USA-Dollars, dann konnte man alles haben! Aber solches Geld hatten nur die ‚Schieber', die ihre trüben Geschäfte mit der Not der anderen machten! Wer keine ‚Beziehungen' hatte, dem erging es schlecht." aus: Ebeling, H., Reise in die Vergangenheit, Bd. IV, Braunschweig 1969, S. 168 f.

Deflation

2

Eine Deflation im Sinne von Preissenkungen kommt heute kaum vor. Sie entspringt eher der Theorie, dass die Preise dann gesenkt werden müssten, wenn die Nachfrage hinter dem Angebot zurücksteht. In Wirklichkeit sind Preissenkungen nur in Ausnahmefällen möglich, weil ein großer Teil der Kosten eines Unternehmens konstant ist. Preissenkungen können sich die Unternehmen auch in wirtschaftlich schwierigen Zeiten kaum leisten. Realistisch ist aber, dass die Betriebe schärfer kalkulieren müssen und damit in jedem Falle die Preissteigerungen geringer ausfallen als in Zeiten starker Nachfrage.

Für die Stabilität der DM sorgte die Deutsche Bundesbank. Es ist ihr über 50 Jahre lang hervorragend gelungen, die DM stabil zu halten. Sie galt in der Welt als eine der härtesten Währungen.

Jetzt wachen die Europäische Zentralbank (EZB) zusammen mit den einzelnen Zentralbanken der Euro-Länder (man spricht vom „System der Europäischen Zentralbanken") über die Stabilität des €.

Ähnlich wie früher die Deutsche Bundesbank wird versucht, mit der Veränderung der Geldmenge und der Zinsen auf die Wirtschaft Einfluss zu nehmen. So kann der € stabil gehalten werden. Daneben kann das System der Europäischen Zentralbanken die Politik in der EU bei ihren Bemühungen unterstützen, neben der Preisstabilität die anderen wirtschaftspolitischen Probleme, wie z. B. die Arbeitslosigkeit, in den Griff zu bekommen.

Arbeitsvorschlag

1. Mit der Inflation ist es wie mit einer Lawine: Wenn man sie nicht frühzeitig eindämmt, wird sie zum Selbstläufer, d. h., sie wird immer größer, bis sie nicht mehr aufzuhalten ist. Erklären Sie dies an der Inflation in Deutschland in den Jahren 1922/1923.

2. Eine Inflation kann bei der Bevölkerung sehr hohen Schaden anrichten. Besonders bei den Arbeitnehmern, Sparern und Rentnern, die für ihre Altersrente gespart haben. Versuchen Sie die Situation dieser Bevölkerungsgruppen in der Inflation zu erklären.

3. Warum trifft eine Inflation die Eigentümer von Grundstücken, Gebäuden, Betrieben nicht ganz so hart?

4. Wer wacht heute über die Stabilität des €?

Wichtiges in Kürze

○ **Die Preissteigerungsrate (Inflationsrate) wird mit dem Preisindex für Lebenshaltung gemessen.**

○ **Geldwertstabilität: Die Geldmenge ist gleich groß wie die Gütermenge.**

○ **Der Geldwert steigt, wenn die Gütermenge größer als die Geldmenge ist.**

○ **Geldwertverfall: Die Geldmenge ist größer als die Gütermenge.**

○ **Eine schleichende Inflation bedeutet eine dauernde, langsame Geldentwertung.**

○ **Eine galoppierende Inflation bedeutet eine hohe und schnelle Geldentwertung.**

2   Zahlungsverkehr

2.1   Zahlungsarten – Übersicht

Abhängig davon, ob und wo Gläubiger und Schuldner ein Konto haben, gibt es folgende **Zahlungsarten:**

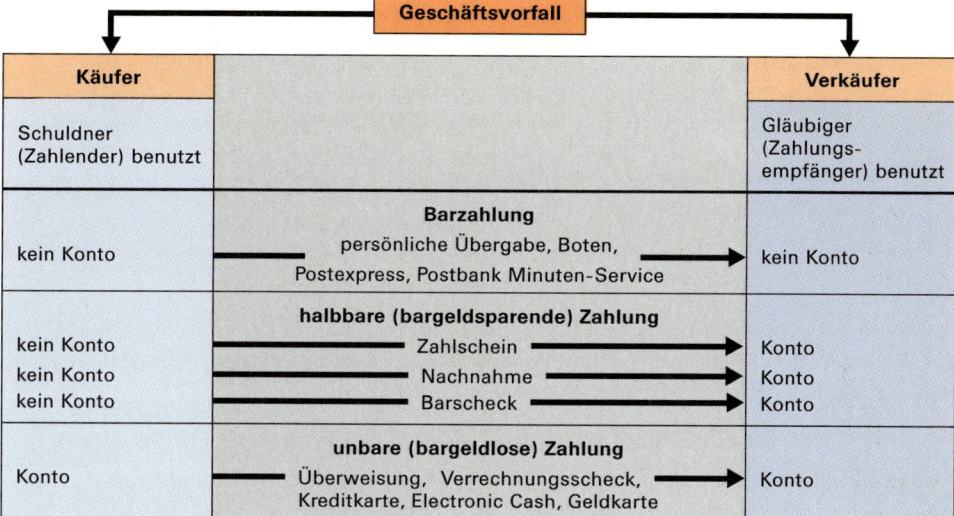

Käufer	Geschäftsvorfall		Verkäufer
Schuldner (Zahlender) benutzt			Gläubiger (Zahlungs-empfänger) benutzt
kein Konto	**Barzahlung** persönliche Übergabe, Boten, Postexpress, Postbank Minuten-Service		kein Konto
kein Konto	**halbbare (bargeldsparende) Zahlung** Zahlschein		Konto
kein Konto	Nachnahme		Konto
kein Konto	Barscheck		Konto
Konto	**unbare (bargeldlose) Zahlung** Überweisung, Verrechnungsscheck, Kreditkarte, Electronic Cash, Geldkarte		Konto

2.2   Die Barzahlung

Heiko Hesse aus 44141 Dortmund, Rote-Erde-Str. 176, hat vom Fernsehfachgeschäft Edith Schumacher aus 59425 Unna, Zechenstr. 5, einen gebrauchten PC für 325,00 € gekauft. Am nächsten Tag will er das Geld – wie vereinbart – bringen, doch er hat keine Zeit. Welche Möglichkeiten hat Heiko, wenn beide über kein Konto verfügen?

● Zusenden des Geldes in einem Post-Express-Brief;

● Zahlung mit dem Postbank Minuten-Service: Heiko zahlt den Betrag bei seiner Postfiliale in Dortmund ein und erhält eine Auftragsnummer, die er Edith Schumacher telefonisch mitteilt. Mit dieser Nummer und ihrem Personalausweis kann Frau Schumacher des Geld nach spätestens einer Stunde bei ihrer Postfiliale in Unna abholen.

● die Zahlung durch persönliche Übergabe oder durch einen Boten.

Als Beweis für die geleistete Zahlung sollte der Zahlende vom Empfänger eine **Quittung** verlangen.

> **Heften Sie Quittungen in einem eigens angelegten Schnellhefter mit der Aufschrift „Bezahlte Rechnungen" sofort nach Erhalt ab.**   **Tipp**

> **Arbeitsvorschlag**
>
> 1. Warum ist es wichtig, bei Barzahlung eine Quittung zu erhalten und diese aufzuheben?
> 2. Da Edith Schumacher aber keinen Quittungsblock hat, muss sie die Quittung selbst formulieren. Was müsste alles auf dieser Quittung stehen?

2.3   Zahlung mit Zahlschein bei Bank und Post und per Nachnahme

Achim Schubert, Hirschberger Straße 17, 34246 Vellmar, erhält von der Autoreparatur-
werkstatt Waldemar Schäfer & Sohn, Neue Landstraße 18 a, 35043 Marburg/Lahn eine
Rechnung zugesandt:

Beispiel: Rechng.-Nr.: 31827		Datum: 27. August 20..
Motorreparatur am 14. August 20..		519,20 €
	+ 16 % USt	83,06 €
Rechnungssumme		602,26 €
Zahlbar binnen 14 Tagen ohne Abzug.		

Postbank Frankfurt/M.   oder   Sparverein Marburg
BLZ: 50 010 060, Kto.-Nr. 1700 33-602   BLZ: 600 40 13, Kto.-Nr. 55 308

Achim Schubert besitzt noch kein Bank- oder Postbankkonto. Er bezahlt den Betrag bei
der nächsten Postfiliale bar auf das Postbankkonto des Empfängers ein (das Gleiche
hätte er auch bei einer Bank oder Sparkasse tun können).

Dabei füllt er folgenden Vordruck aus:

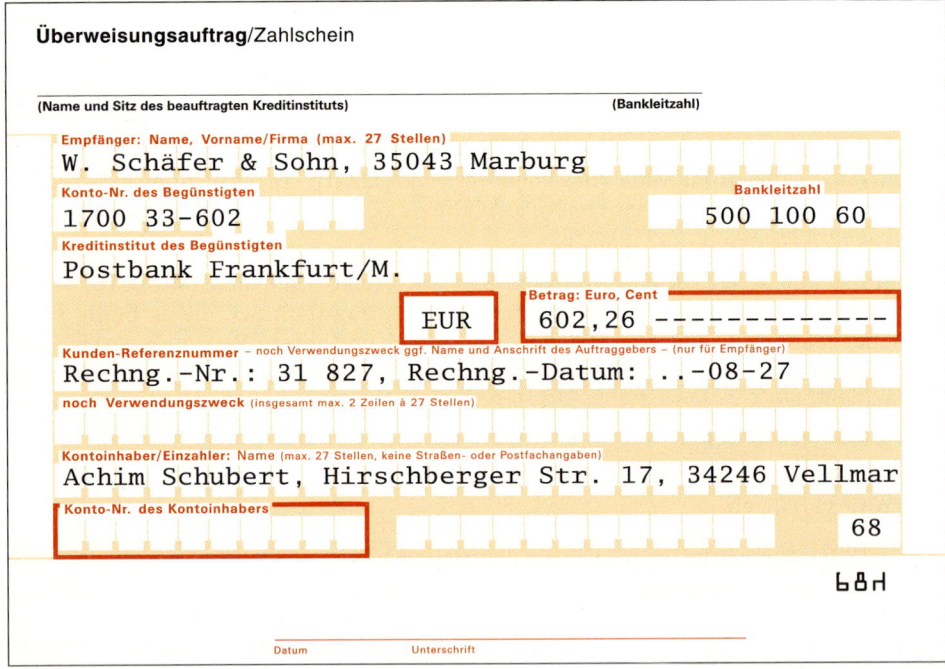

Dem Empfänger wird der Betrag auf seinem Bank- oder Postbankkonto gutgeschrieben. Dies kann er dem Kontoauszug, dem der Empfängerabschnitt beiliegt,
entnehmen.

Nachnahme – Inkasso durch die Zusteller   2

Mit Nachnahmesendungen können fällige Geldbeträge zusätzlich zur normalen Beförderung von der Post oder privaten Paketdiensten eingezogen werden.

Vor allem bedienen sich Versandhäuser bei neuen Kunden oder auch solchen, die schon mehrmals in Zahlungsverzug geraten sind, der Nachnahme. Daneben kann aber auch jeder andere, der ein Konto hat, per Nachnahme Beträge einziehen lassen.

Der Rechnungsbetrag (plus Porto, Nachnahme- und evtl. Paketzustell- und Zahlscheinentgelt) wird im Zahlschein eingetragen. Der Postzusteller händigt die Sendung nur gegen Barzahlung dieses Betrages aus. Der Rechnungsbetrag wird dann auf das Konto des Versenders eingezahlt. Wenn der Empfänger den Betrag nicht bezahlt, bleibt die Sendung 7 Tage in der Postfiliale liegen. Wenn sie dann der Empfänger noch immer nicht abgeholt hat, geht die Sendung an den Absender zurück.

Per Nachnahme können Waren in Paketen und Päckchen versendet werden. Es ist aber auch möglich, Rechnungen oder Mahnungen mit Brief oder spezieller Postkarte per Nachnahme zu versenden.

Immer wieder versuchen Betrüger, per Nachnahme unbestellte Waren zu verkaufen. Prüfen Sie genau, ob Sie die Ware bestellt haben, bevor Sie sie annehmen!   **Tipp**

Arbeitsvorschlag

1. Unter welchen Voraussetzungen wird man mit Zahlschein bezahlen?
2. Herr Schubert bekommt nach einiger Zeit von seiner Werkstatt eine Zahlungserinnerung, da er vergessen habe, den Betrag einzuzahlen. Wie kann er das Gegenteil beweisen?
3. Füllen Sie einen Zahlschein für folgende Rechnung aus:

   Empfänger: Schäfer-Versand GmbH, Waldstraße 38 a,
   34270 Schauenburg

   Einzahler: Fritz Sippel, Holunderweg 7;
   36205 Sontra

   Betrag: 123,50 €
   Rechnung Nr. 879/00 vom 15. November 2000
4. Wann wird die Sendung per Nachnahme hauptsächlich eingesetzt?

2.4   Die Eröffnung eines Girokontos

Harald beginnt am 1. August 20.. eine Ausbildung als Koch im Hotel Seeblick. Sein zukünftiger Personalchef bittet ihn, dass er ein **„Girokonto"** eröffnen solle, auf das seine Ausbildungsvergütung monatlich überwiesen werde.

Heute ist es eine Selbstverständlichkeit, dass Lohn oder Gehalt bzw. die Ausbildungsvergütung auf ein Girokonto überwiesen und nicht mehr bar ausgezahlt werden. Es ist aber auch Grundlage, um am modernen Zahlungsverkehr teilnehmen zu können.

[1] **Ein Girokonto wird eröffnet**

Zur Kontoeröffnung benötigt man einen Personalausweis und die Einwilligung des gesetzlichen Vertreters, wenn man noch nicht volljährig ist. Die Kontoeröffnung selbst ist kostenlos. Von den meisten Banken wird aber eine Gebühr für die Kontoführung erhoben. Für Auszubildende und Schüler ist dies in der Regel frei. Für die Kontoauflösung dürfen die Banken ebenfalls keine Gebühren erheben.

Tipp   Es lohnt sich in jedem Fall, die Kontoführungsgebühren, die Guthaben, vor allem aber die Zinsen für Dispokredite und Kontoüberziehungen der einzelnen Banken zu vergleichen. Die Unterschiede sind zusammengerechnet auf ein Jahr zum Teil erheblich. Wählen Sie dann die für Sie günstigste Bank.

Die Einlagen auf Girokonten werden in der Regel nur sehr niedrig (oftmals nur mit 0,5 %) verzinst, da man jederzeit den gesamten Betrag abheben kann.

Kontoinhabern mit regelmäßigem Einkommen oder Vermögen wird ein so genannter „Dispositionskredit" eingeräumt. Damit kann man sein Konto um das zwei- oder dreifache Monatseinkommen überziehen. Die Zinsen liegen meist über denen eines gewöhnlichen Darlehens. Überzieht man diese Dispokreditgrenze oder man überzieht das Konto ohne Einräumung eines Dispokredits, dann werden nochmals 4 bis 5 Prozent Zinsen zusätzlich berechnet.

[2] **So führt man ein Konto**

Auf das Girokonto gehen nicht nur laufende Zahlungen, wie Ausbildungsvergütung, Lohn, Waisengeld o. Ä., sondern auch Einzelüberweisungen ein. Vom Girokonto kann man Überweisungen tätigen, Daueraufträge erteilen, Abbuchungen ermächtigen, ausgestellte Schecks abbuchen lassen, aber auch Bargeld am Schalter oder Bankautomaten holen. Jugendliche unter 18 Jahren und nicht kreditwürdige Kunden erhalten eine Bankkarte, mit der sie bargeldlos bezahlen und Geld abheben können. Dies geht aber nur, wenn ein Guthaben auf dem Konto ist, d. h., es kann nicht überzogen werden. Die anderen Kunden erhalten eine ec-Karte, mit der Geldbeträge abgehoben oder überwiesen werden können. In den meisten Geschäften und Restaurants kann man mit ihr auch bargeldlos bezahlen. Man kann mit ihr auch den Dispokredit nutzen. Außerdem kann der Chip auf der Karte mit bis zu 200,00 € aufgeladen werden, durch Abbuchung vom Girokonto. Mit dem aufgeladenen Chip kann man die Karten dann als sog. „Geldkarte" benutzen.

Generell ermöglicht das Girokonto vier Wege, seine Bankgeschäfte zu tätigen:
— Schaltergeschäfte zu Öffnungszeiten der Bankschalter,
— Geschäfte am Bankautomaten zu jeder Zeit,
— Homebanking über das Internet oder einen Onlinedienst,
— Telefonbanking.

Tipp   Auf dem Girokonto sollte nie zu viel Geld liegen, da man kaum Zinsen bekommt. Das Konto nur in Notfällen überziehen, weil die Sollzinsen recht hoch sind. Geld, das nicht für Überweisungen benötigt wird, sollte per Dauerauftrag auf ein Sparbuch überwiesen werden. Übersteigt das Guthaben auf dem Sparbuch 4 Monatseinkommen, sollte man sich über weitere zinsgünstigere Anlageformen informieren.

Alle Kontobewegungen werden auf Kontoauszügen festgehalten. Diese sollte man laufend kontrollieren und in einen Ordner abheften. Sie dienen nämlich wie Quittungen auch als Zahlungsbelege.

2.5   Überweisung durch Bank- oder Postbankkonto

Der größte Teil aller Zahlungen wird heute bargeldlos vorgenommen. Oft liegen den Rechnungen, die man erhält, schon ausgefüllte Überweisungsformulare bei. Eingetragen werden müssen nur noch der Betrag, die eigene Kontonummer und das Überweisungsdatum. Außerdem ist der Überweisungsbeleg zu unterschreiben:

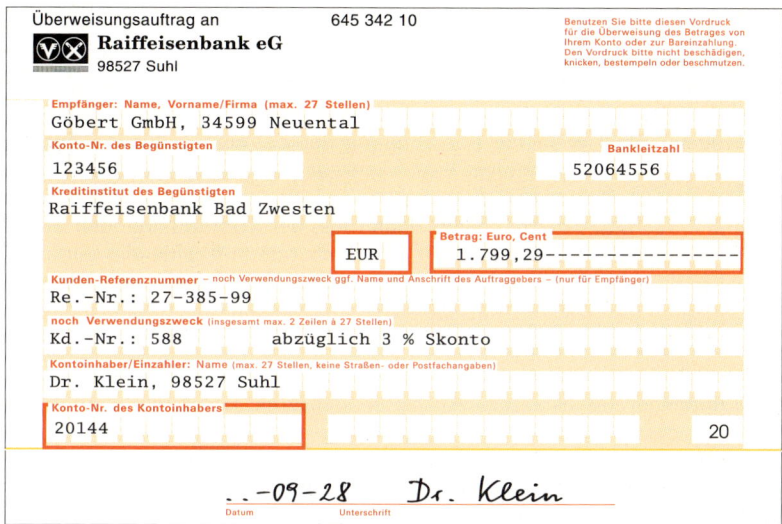

Das erste Blatt ist ein Beleg für die Bank, der Durchschlag dient als Einzahlerquittung. Unternehmungen drucken die Zahlungsbelege gleich mit den Rechnungen auf Endlospapier. Dann sind die Quittungen rechts oder links an den Beleg angehängt.

Die Quittung wird bald ganz entfallen, da die Daten ja auf dem Kontoauszug genannt sind und so auch als Beleg dienen können.

2.6   Besondere Formen der Überweisung

Dauerauftrag

Keine Zahlungen vergessen mit Dauerauftrag: Fallen immer wiederkehrende Zahlungen **in gleicher Höhe zu gleichen Zeitpunkten** an denselben Zahlungsempfänger an, ist es sinnvoll, seiner Bank oder Sparkasse einen Dauerauftrag zu erteilen.

Bis auf Widerruf werden dann automatisch Beträge überwiesen, ohne dass der Zahlungspflichtige sich selbst darum kümmern muss.

Bedingungen für den Dauerauftrag sind:

- Der Zahlungsbetrag bleibt gleich (Miete, Zinsen, Beiträge usw.);
- es handelt sich immer um denselben Empfänger und
- der Zahlungstermin wiederholt sich regelmäßig.

Mit einem Dauerauftrag beauftragt der Schuldner also seine Bank, die Überweisungen zu den angegebenen Zeiten automatisch auszuführen.

Einfacher mit Lastschrift

Mit einer Lastschrift zieht der Zahlungsempfänger einen Betrag bei der Bank des Zahlungspflichtigen ein. Der Zahlungsvorgang wird also im Gegensatz zur Überweisung vom Gläubiger und nicht vom Schuldner ausgelöst. Zuvor muss der Schuldner aber mit dieser Einzugsvereinbarung einverstanden sein. Dies geschieht entweder durch Unterschrift eines Abbuchungsauftrages bei der Bank oder einer Einzugsermächtigung beim Gläubiger.

● **Einzugsermächtigung:**
Zahlungspflichtige erteilen den Zahlungsempfängern eine schriftliche Einzugsermächtigung, einmalig oder aber auch mehrmals Beträge von ihren Konten einzuziehen. Die bezogene Bank prüft die Berechtigung der Zahlung nicht. Das Einzugsverfahren wird heute oftmals im Zahlungsverkehr mit vor allem mittleren und kleineren Beträgen und bei der POZ-Zahlung (siehe hierzu Seite 169) angewendet. Sollte eine Einzugsermächtigung unrechtmäßig erfolgt sein, dann muss der Kontoinhaber den Betrag bei seiner Bank unverzüglich zurückfordern. Für Kreditinstitute untereinander gilt hierfür eine Frist von sechs Wochen. Nach dieser 6-Wochen-Frist kann man eine Rückgabe notfalls noch gerichtlich durchsetzen, falls sie unrechtmäßig war.

● **Abbuchungsauftrag:**
Der Schuldner gibt seiner Bank den Auftrag, Lastschriften des Gläubigers auszuführen. Er unterschreibt also einen Antrag bei der Bank. Das Kreditinstitut prüft bei jeder Lastschrift, ob für sie ein Abbuchungsauftrag vorliegt. Daher werden so überwiegend hohe Forderungen zwischen Unternehmungen eingezogen. Nach der Einlösung ist gegen die Abbuchung ein Einspruch nicht mehr möglich.

Arbeitsvorschlag

1. Füllen Sie a) einen Bank-, b) einen Postbanküberweisungsauftrag für folgenden Fall aus: Sie zahlen den Beitrag für Ihre Kfz-Versicherung (an die Sicherheit AG, Köln, Versich.-Schein 16-12-480036/2 für das Jahr .., Betrag 376,28 €, Bankverbindungen: Sparkasse Köln, BLZ 200 800 25, Konto-Nr. 123 456 oder Postbank Köln 36-40826, Konto-Nr. 19755/3).

2. Welche Vorteile haben Dauerauftrag bzw. Einzugsverfahren?

3. Prüfen Sie, ob man sich für nachfolgende Zahlungen des Dauerauftrages oder Einzugsverfahrens bedienen kann: Zahlung an ein Versandhaus; Kfz-Haftpflicht; Unfallversicherung; Stromgeld; Beitrag für Sportverein; Müllabfuhr; Wassergeld.

2.7   Wir lösen einen Scheck ein

Mit der Scheckausstellung beauftragt der Kontoinhaber seine Bank, dem Scheckinhaber eine bestimmte Summe zu zahlen (**Barscheck**) oder auf dessen Konto zu überweisen (**Verrechnungsscheck**).

Unterscheidung zwischen Bar- und Verrechnungsscheck

Durch den Zusatz „Nur zur Verrechnung" kann man aus jedem Bar- einen Verrechnungsscheck machen. Dies geht jedoch nicht umgekehrt, da eine Streichung dieses Zusatzes als nicht erfolgt gilt, d. h. ungültig ist. So kann z. B. ein unehrlicher Finder oder ein Dieb einen Verrechnungsscheck nicht in einen Barscheck umwandeln und sich den Betrag bar auszahlen lassen.

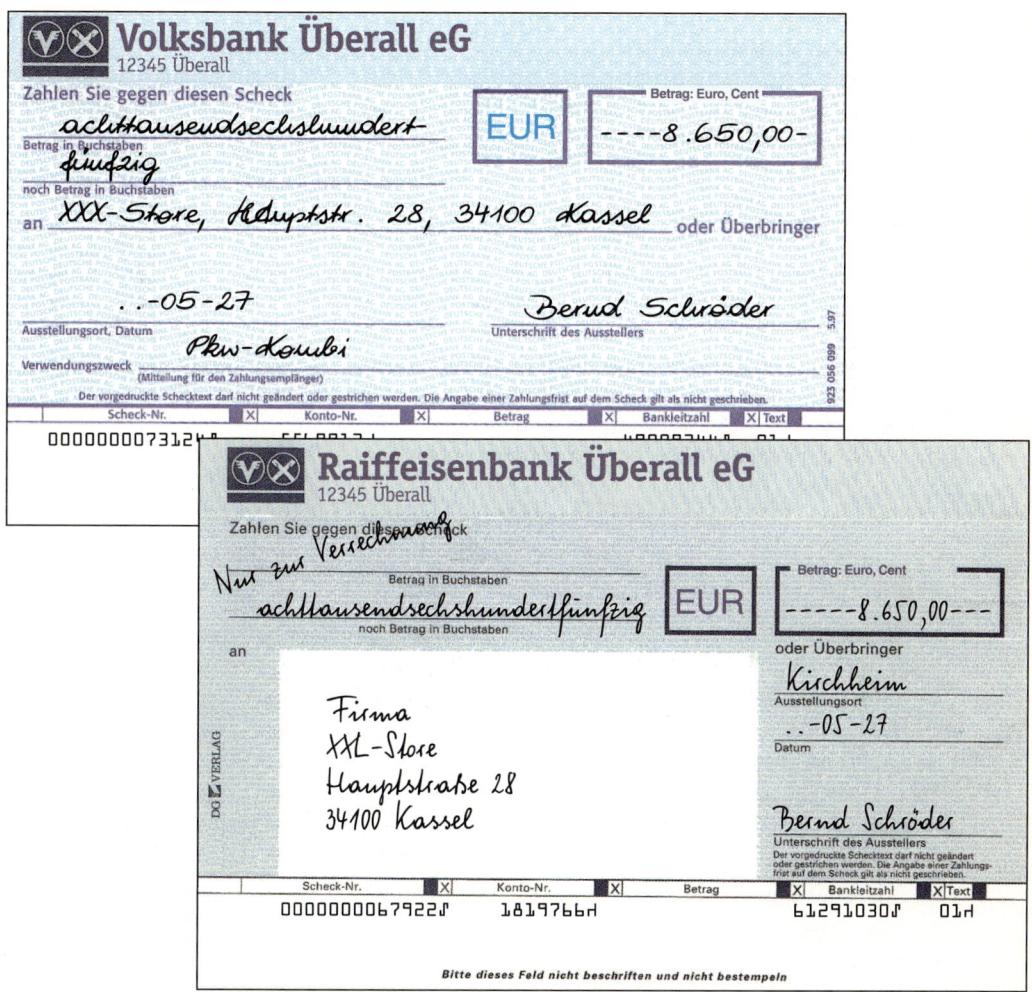

Im Geschäftsverkehr werden für hohe Beträge meist die **Orderschecks** eingesetzt. Diese erkennt man an dem roten Streifen am rechten Rand mit dem Vermerk „Orderscheck". Bei ihnen fehlt der Zusatz „oder Überbringer". Damit wird der Scheck nur an den eingesetzten Zahlungsempfänger bezahlt.

Auf Reisen kann man Reiseschecks (auch „Travellerschecks" genannt) verwenden. Es gibt sie in verschiedenen Währungen und verschiedenen Stückelungen. Der Betrag ist schon auf den Schecks aufgedruckt. Bei Erhalt der Schecks wird der Betrag sofort vom Konto abgebucht. Der Käufer unterschreibt beim Kauf jedes Scheckformular einmal sofort, wenn er es bekommt. Bei der Einlösung unterschreibt er nochmals auf dem Scheckformular. Damit kann seine Unterschrift direkt verglichen werden.

„Oder-Travellerschecks" sind für Ehepartner gedacht, die beide bei Erhalt unterschreiben und damit auch getrennt einen Travellerscheck einlösen können. Meist muss man bei Einlösung noch den Reisepass vorlegen.

Tipp

> Es empfiehlt sich, Travellerschecks zusätzlich zur ec-Karte und/oder Kreditkarte auf Reisen in das Ausland mitzunehmen. Doch man sollte nicht zu viele kaufen, weil sie vorher bezahlt werden müssen (Zinsverlust) und bei ihrer Rückgabe eine Gebühr anfällt.

Arbeitsvorschlag

1. Füllen Sie einen Barscheck für folgenden Fall aus:
   Sie haben bei dem Elektrofachgeschäft in Ihrem Schulort einen Kassettenrekorder für 177,00 € gekauft (fehlende Angaben selbst einsetzen).
2. Welche Unterschiede bestehen zwischen einem Bar- und einem Verrechnungsscheck?

Wichtiges in Kürze

- Mit dem Post-Express-Brief kann einem Empfänger Bargeld zugeschickt werden. Er kann bis 25.000,00 € versichert werden.
- Bei Barzahlung muss eine Quittung ausgestellt werden.
- Bei Zahlung mit Zahlkarte oder Zahlschein zahlt der Schuldner bar, der Gläubiger bekommt den Betrag überwiesen.
- Einen Barscheck kann der Inhaber bei der Bank gegen Bargeld einlösen.
- Bei einem Verrechnungsscheck bekommt der Empfänger den Betrag auf seinem Konto gutgeschrieben.
- Die Überweisung und der Verrechnungsscheck (bargeldlose Zahlung) setzen voraus, dass Zahlender und Zahlungsempfänger ein Konto haben.
- Bei dem Dauerauftrag zahlt die Bank regelmäßig einen gleich bleibenden Betrag an denselben Empfänger.
- Mit dem Einzugsverfahren können verschieden hohe Beträge von demselben Empfänger eingezogen werden.

2.8 Plastik, Chips und Bytes – moderne Zahlungsmittel

Gerade im modernen Zahlungsverkehr vollzog sich in den letzten Jahren ein immer schnellerer Wandel, der sich auch in Zukunft noch fortsetzen wird. Moderne Zahlungsformen sollen schneller, sicherer, preiswerter sein. Die technischen Möglichkeiten werden immer besser.

Ein „Multitalent" ist die ec-Karte mit eingebautem Chip (siehe Seite 172).

Wie lange wird es eigentlich überhaupt noch Bargeld geben? Insider meinen: nicht mehr sehr lange.

Rund 80 Millionen Plastikkarten mit unterschiedlichen Geldfunktionen sowie ungezählte Kundenkarten von Betrieben (Bahncard, Karten von Lebensmittelhandelsbetrieben usw.) allein in Deutschland sprechen eine deutliche Sprache. 43 Millionen ec-Karten, 15 Millionen Kredit- und mehr als 20 Millionen Bankkundenkarten sind hier im Umlauf. Die Vorteile von „Plastikgeld" sind offensichtlich. Da diese Währung beinahe überall akzeptiert wird, ersetzt sie die Barzahlung und bietet dem Verbraucher erhebliche Vorteile. Mithilfe der Plastikkarten ist Geld (fast) immer verfügbar. Sie bieten dem Eigentümer ein hohes Maß an Sicherheit. Selbst bei Verlust ist der Inhaber noch geschützt.

2.8.1 Zahlung mit Kreditkarte

Insgesamt vier Anbieter von Zahlungssystemen, EUROCARD, Visa, American Express und Diners Club, werben um den Kunden mit Kreditkarte.

Beim Bezahlen z. B. der Hotelrechnung wird ein so genannter Leistungsbeleg unterschrieben, den diese Vertragsunternehmen, z. B. Hotels, Tankstellen (davon gibt es ca. 14 Millionen weltweit) aus den Daten der jeweiligen Kreditkarte erstellen. Die monatliche Rechnung wird als Gesamtbetrag bequem vom Konto abgebucht, dadurch wird kostengünstig nur ein Buchungsvorgang ausgelöst. Manchmal lassen sich sogar Zinsvorteile erzielen, da ja nur einmal pro Monat vom Konto des Karteninhabers abgebucht wird.

Im Inland steigt die Zahl der Kreditkarten jährlich. Inzwischen sind ca. 15 Millionen Stück im Umlauf, obwohl hier der Handel die ec-Karte bevorzugt. Im Ausland, vor allem in den USA, Australien und Südostasien, ist die Kreditkarte gebräuchlichstes Zahlungsmittel. Die Kreditkarte dient dort gleichzeitig als Sicherheit für Hotels, Autovermieter usw.

In Deutschland werden immer mehr Produkte (CDs, Elektrogeräte usw.) in Fernsehen und Rundfunk vorgestellt. Die Bestellung erfolgt dann per Telefon und die Abrechnung mit Nachnahme oder mit Kreditkarte.

Auch Geschäfte im Internet werden zunehmend mit Kreditkarte abgewickelt. Letztendlich dient die Kreditkarte auch im Internet als Ausweis, z. B. für nicht jugendfreie Angebote.

Für den Karteninhaber entstehen folgende Vor- und Nachteile:

Vorteile für den Karteninhaber:
- anstatt größerer Geldmengen braucht man nur eine Kreditkarte zum Einkauf, auf Reisen usw. mitzunehmen: vermindertes Risiko von Verlust oder Diebstahl;
- bequemes Zahlen mit Karte und Unterschrift;
- übersichtliche Abrechnung durch Aufstellung aller Zahlungen mit Kreditkarte innerhalb eines Monats;
- zinsfreier Kredit bis zur monatlichen Abbuchung;
- versichert gegen Verlust der Karte.

Nachteile für den Karteninhaber:
- Bezahlung einer Jahresgebühr;
- viele Unternehmen nehmen keine Kreditkarten entgegen;
- Gefahr, mehr auszugeben als bei Barzahlung oder mit Scheck, dadurch mögliche höhere Verschuldung;
- mangelnder Überblick über den täglichen Kontostand.

2.8.2   Electronic Cash

1990 wurde in Deutschland das rein elektronische Bezahlen mit der ec-Karte eingeführt. Dabei wird die Karte durch eine Art elektronischer Registrierkasse gezogen, wobei die Kontoverbindung identifiziert wird. Der Kaufbetrag wird bestätigt, die Geheimzahl eingegeben und in verschlüsselter Form an das

Rechenzentrum der Konto führenden Bank übertragen. Dort wird unter anderem geprüft, ob die Karte als gesperrt gemeldet ist, ob die Geheimzahl richtig eingegeben wurde und ob auf dem Konto genügend Geld ist bzw. der Verfügungsrahmen ausreicht. Erst danach wird der Bezahlvorgang genehmigt, indem das Kassenterminal einen Beleg mit der Aufschrift „Zahlung erfolgt" ausdruckt. Das Logo auf der Rückseite der ec-Karte gibt den Hinweis auf ihre Einsatzmöglichkeit.

Quelle: Bonus, Magazin der Volks- und Raiffeisenbanken, Nr. 8/99, S. 8

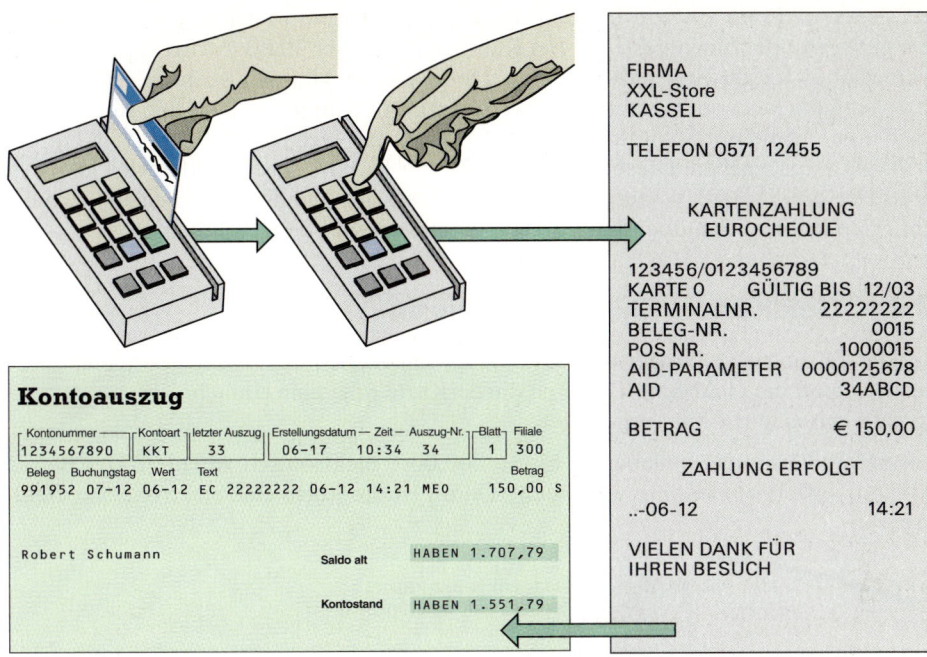

FIRMA
XXL-Store
KASSEL

TELEFON 0571 12455

KARTENZAHLUNG
EUROCHEQUE

123456/0123456789
KARTE 0   GÜLTIG BIS 12/03
TERMINALNR.   22222222
BELEG-NR.   0015
POS NR.   1000015
AID-PARAMETER   0000125678
AID   34ABCD

BETRAG   € 150,00

ZAHLUNG ERFOLGT

..-06-12   14:21

VIELEN DANK FÜR
IHREN BESUCH

Kontoauszug

Kontonummer	Kontoart	letzter Auszug	Erstellungsdatum — Zeit — Auszug-Nr.	Blatt	Filiale
1234567890	KKT	33	06-17 10:34 34	1	300

Beleg	Buchungstag	Wert	Text			Betrag
991952	07-12	06-12	EC 22222222 06-12 14:21 MEO			150,00 S

Robert Schumann   **Saldo alt**   HABEN 1.707,79

                                   Kontostand   HABEN 1.551,79

2.8.3   POZ – die elektronische Lastschrift

Eine POZ-Lastschrift   **Erklärung**

Kartenzahlung (ELV)

RHEIKA-DELTA
Warenhandelsgesellschaft mbH ◄——————— Zahlungsempfänger
Herkules Bau und Garten
34576 Homberg
Tel.: 05681 99120

Ich ermächtige hiermit die oben genannte Firma, den aus- ◄——— Einzugsermächtigung
gewiesenen Zahlungsbetrag von meinem durch Kontonummer
und Bankleitzahl bezeichneten Konto über das Lastschrift-
verfahren einzuziehen.

Ich ermächtige mein Kreditinstitut, welches durch die
angegebene BLZ bezeichnet ist, bei Nichteinlösung der
Lastschrift oder bei Widerspruch gegen die Lastschrift,
der oben genannten Firma auf Anforderung meinen Namen
und meine vollständige Anschrift mitzuteilen.

Ich bin damit einverstanden, dass meine Daten elektronisch
verarbeitet und gespeichert sowie im Falle der Nichteinlösung in eine Sperrdatei aufgenommen werden.

02-12-12 / 11:31:43

Konto   : 0001819755
Bankleitzahl : 520 645 58
gültig bis   : 12 04

Beleg: 4870
Kasse: 1

Zahlungsbetrag: 52,43 €

Unterschrift:

Da keine Zahlungsgarantie erfolgt, muss der
Gläubiger bei Widerspruch oder Nichteinlösung
den Betrag außergerichtlich oder gerichtlich
einfordern bzw. einklagen. Hierfür benötigt er
von der Bank die Anschrift des Schuldners.

Bei Beträgen über 30,00 Euro wird die Sperrdatei
der Kreditwirtschaft abgefragt. Bei einer Nichteinlösung oder einem Widerspruch sieht dann
der Verkäufer sofort, dass der Kunde nicht kredit-
würdig ist und kann den Betrag bar einziehen
bzw. auf den Verkauf verzichten.

Datum der Einzugsermächtigung

Bankverbindung

Zahlungsbetrag

Unterschrift

POZ bedeutet **P**oint of Sale **o**hne **Z**ahlungsgarantie. Die ec-Karte wird durch den Leser gezogen oder hineingesteckt. Bei Kaufbeträgen über 30,00 € wird die Sperrdatei der Deutschen Kreditwirtschaft abgefragt. Der Kassierer gibt den Rechnungsbetrag ein (dieser Vorgang kann auch automatisch erfolgen). Der Kunde bestätigt den Rechnungsbetrag — es erscheint „Karte akzeptiert" im Terminal. Der Kassenbeleg (mit Durchschrift) wird ausgegeben. Diesen unterschreibt der Kunde. Das Original wird als Lastschriftbeleg an die Bank weitergegeben. Das Konto des Kunden wird belastet und die wichtigsten Information über den Vorgang erscheinen auf dem Kontoauszug.

2.8.4 Geldkarte – Chip statt Münzen

Einzelhandelsbetriebe, Drogerien, Gaststätten, Tankstellen usw. akzeptieren heute oft die Geldkarte. Dafür ist die ec-Karte oder eine einfache Bankcard mit einem Chip ausgerüstet.

Diesen Chip kann man beliebig oft bis zu 200,00 € elektronisch aufladen. Der Betrag wird dann jeweils vom Konto abgebucht. Damit ist die Karte eine elektronische Geldbörse.

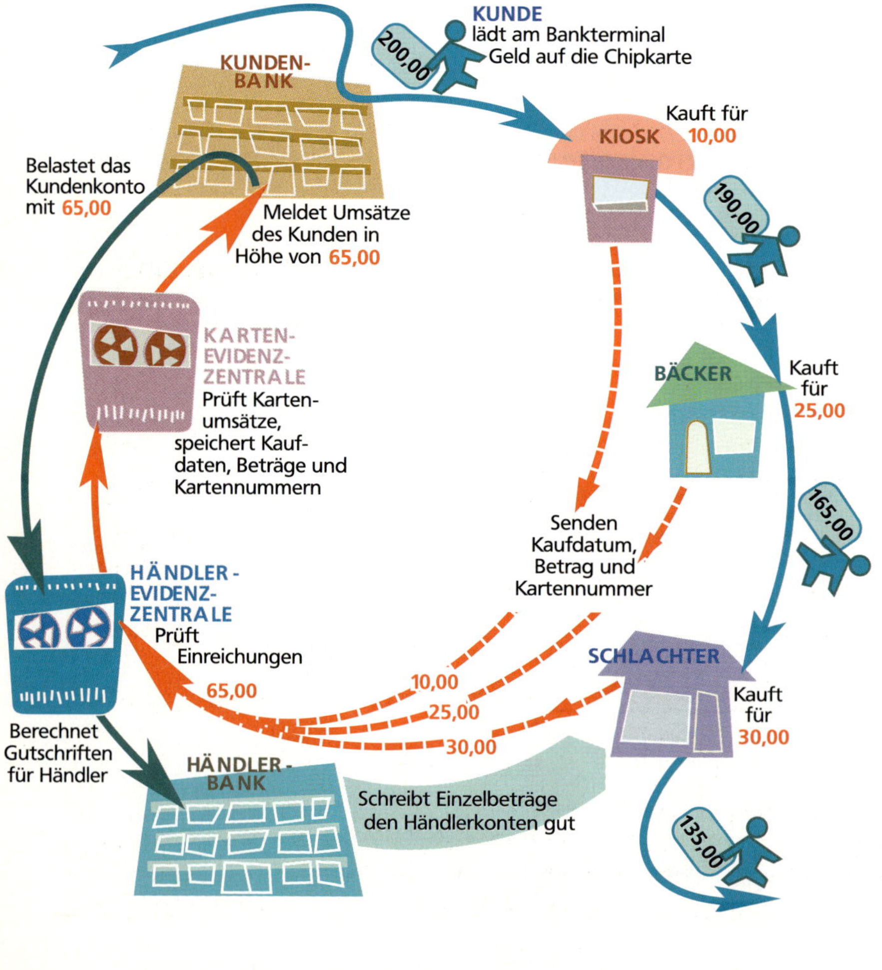

KUNDE
lädt am Bankterminal
Geld auf die Chipkarte

200,00

KUNDEN-BANK

Kauft für **10,00**
KIOSK

190,00

Belastet das
Kundenkonto
mit **65,00**

Meldet Umsätze
des Kunden in
Höhe von **65,00**

Kauft
für
25,00
BÄCKER

KARTEN-EVIDENZ-ZENTRALE
Prüft Karten-umsätze,
speichert Kauf-daten, Beträge und
Kartennummern

165,00

Senden
Kaufdatum,
Betrag und
Kartennummer

HÄNDLER-EVIDENZ-ZENTRALE
Prüft
Einreichungen

65,00

10,00
25,00
30,00

SCHLACHTER

Kauft
für
30,00

Berechnet
Gutschriften
für Händler

HÄNDLER-BANK

Schreibt Einzelbeträge
den Händlerkonten gut

135,00

Quelle:
Die Woche,
23. Febr. 1996

9527172

Mit ihr werden vor allem Kleinbeträge bezahlt. Dazu wird die Karte mit dem Chip in ein Zahlungsterminal gesteckt und der Betrag bestätigt. Damit „wandert" elektronisches Geld vom Chip in das Terminal des Gläubigers. Dies geschieht ohne Geheimzahl und/oder Unterschrift. Im Terminal kann der Gläubiger Buchungen sammeln und diese dann mit einem Modem über eine normale Telefonleitung an die Börsenevidenzzentrale senden. Diese schreibt die Summe der eingegangenen Zahlungen gut. Auch an Parkschein-, Fahrkartenautomaten, Kartentelefonen usw. kann mit der Chipkarte bezahlt werden.

Mithilfe eines Taschenkartenlesers können der Saldo und die letzten Zahlungsvorgänge kontrolliert werden.

Die Geldkarte ist also eine ideale Ergänzung zum Electronic Cash für kleinere Beträge.

Tipp

Sicherer Umgang mit Kredit-, Geld- und ec-Karte:
— Unterschreiben Sie die Karte sofort nach Empfang.
— Lernen Sie die PIN (personal identification number) auswendig und vernichten Sie das Schreiben, in dem die Geheimzahl mitgeteilt wurde.
— Notieren Sie die PIN nirgendwo – weder auf der Karte noch im Adressbuch oder an anderen vermeintlich sicheren Stellen.
— Geben Sie Karte und PIN nicht an andere Personen weiter.
— Lassen Sie die Karte nicht im Auto liegen, auch nicht im Handschuhfach oder in der Handtasche unter dem Sitz.
— Behandeln Sie Plastikgeld ebenso sorgfältig wie Ihre Barschaft.
— Kontrollieren Sie alle Einträge auf dem Beleg – bevor Sie unterschreiben. Bewahren Sie die Belege bis zur monatlichen Abrechnung auf. Im Zweifelsfall sind Sie beweispflichtig.
— Machen Sie Kopien Ihrer Karten und bewahren Sie diese separat auf.
— Vermeiden Sie Kosten, indem Sie im Inland bei Ihrer Hausbank bzw. im Verbund der Banken Geld abheben. Die Kosten für den Service legt die Hausbank fest.
— Geben Sie gültige Karten (bei Kündigung usw.) zurück oder zerschneiden Sie diese. Die Rückgabe am Schalter sollte man sich quittieren lassen.

Was tun, wenn eine Karte abhanden kommt?
Wenn die Karte abhanden kommt, muss sie umgehend gesperrt werden. Legen Sie deshalb die Telefonnummer der Kartengesellschaft oder Bank, bei der Sie die Karte sperren lassen können, zu den persönlichen Unterlagen, die jederzeit verfügbar sind. In einigen Fällen ist es ratsam, vor dem Urlaub die entsprechende (Auslands-)Nummer von der eigenen Bank zu erfragen.
Bei Kreditkarten haften die Besitzer vor der Verlustanzeige mit bis zu 50,00 €. Nachdem das Kreditkartenunternehmen informiert wurde, trägt es die Schäden in voller Höhe.
Bei ec-Karten übernimmt die Bank den Schaden, es sei denn, der Karteninhaber trägt eine Mitschuld. Wer nämlich grob fahrlässig handelt, indem er beispielsweise seine PIN auf der Karte notiert, muss den Schaden, der vor der Verlustanzeige entstanden ist, in begrenztem Umfang selbst tragen. Dieser Eigenanteil hängt von den Vertragsbedingungen mit der Hausbank ab und kann bis zu 500,00 € pro Kalendertag betragen.
Geldkarten sind bei Verlust wie Bargeld. Mit ihnen kann ja ohne Unterschrift, Ausweis, PIN oder TAN-Nummer so lange bezahlt werden, bis die Karte leer ist. Daher sollten Sie nicht unbedingt immer mit dem Höchstbetrag aufladen.
Quelle: bonus, Heft 8/99

2.8.5   Telefon- und Onlinebanking –
der Zahlungsverkehr der Zukunft

Für viele Verbraucher eine alltägliche Situation: Es ist am Arbeitsplatz mal wieder spät geworden, zu spät für etliche dringende Dinge, die erledigt werden sollten, auch für den Besuch bei der Bank. Neben der Arbeit gibt es auch noch die Hobbys und die Freizeit: Freunde, Sport usw. Schnell mal Bargeld ziehen und dabei den Kontostand ausdrucken – das klappt inzwischen auch nachts noch am Automaten. Doch was tun, wenn am Feierabend die längst fällige Überweisung raus muss oder sich im Gespräch mit Kollegen ein günstiges Aktiengeschäft auftut, das keinen Aufschub duldet? Die Antwort heißt: „Onlinebanking". Nahezu alle Banken und Sparkassen bieten ihren Kunden an, die meisten gängigen Geldgeschäfte von zu Hause per Telefon und/oder Computer abzuwickeln. Ob nachts um zwei, morgens um sechs oder am Wochenende – rund um die Uhr kommen die Kunden an ihre Konten. Bloß zweimal mit der Maus klicken: Schon ist der Dauerauftrag gelöscht, ist der Aktienkauf auf dem Weg. So genannte Direktbanken haben einen weiteren Vorteil: Sie brauchen kein teures Filialnetz, wickeln alle Aufträge über Call-Center ab und können daher viele Geldgeschäfte günstiger erledigen als traditionelle Kreditinstitute.

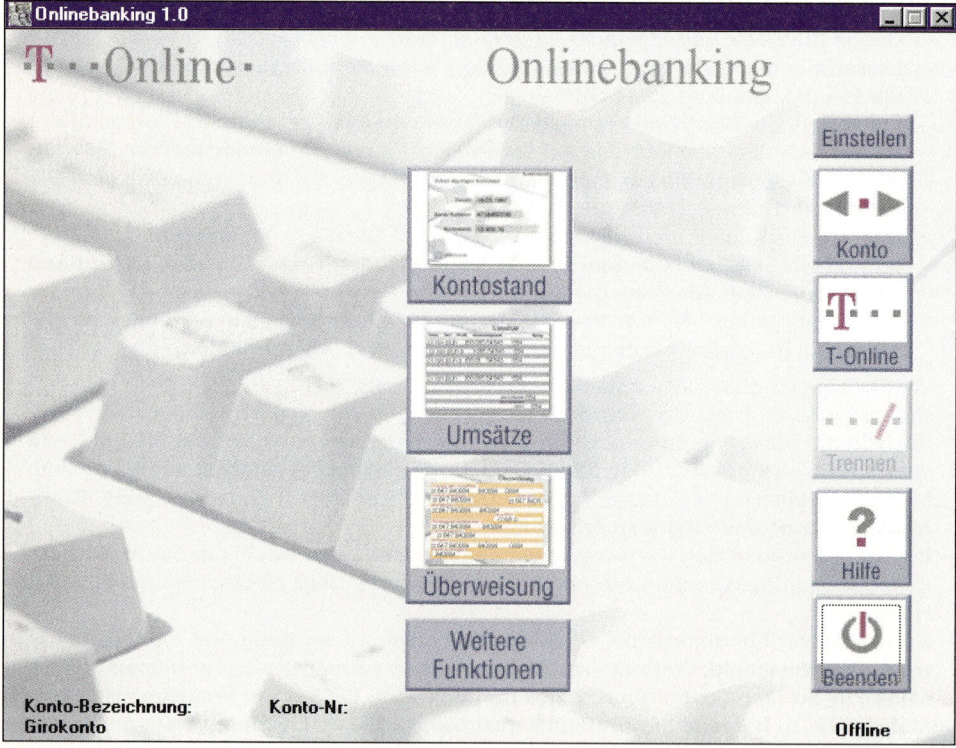

Die Idee kommt an. Vor allem junge Kunden verlassen immer öfter ihre Bank und verzichten auf einen persönlichen Kontobetreuer am Schalter. Sie wechseln zu der Bank, die ihnen die günstigsten Gebühren oder den schnellsten und umfangreichsten Service anbietet. Hält die Bank nicht, was sie in der Werbung verspricht, wird sie wieder gewechselt.

In den USA vertrauen bereits mehr als zehn Millionen Menschen ihr Geld den Direktbanken an, doch auch in Deutschland sind diese im Kommen. Spätestens in zehn Jahren wird es, glauben Experten, kaum mehr die heute üblichen Bankfilialen geben. Ansprechpartner für komplizierte Fragen finden Kunden dann allenfalls noch bei kleinen Bankshops in Kaufhäusern oder Tankstellen o. Ä.

Doch Vorsicht beim Bankwechsel: Die in allen Bereichen beste Direktbank gibt es nicht. Sie unterscheiden sich in ihren Leistungen und man muss die für sich günstigste Bank heraussuchen. Die eine bietet weltweit kostenlose Bargeldabhebungen, verlangt aber Gebühren für die Kontoführung. Bei der anderen sind Überziehungszinsen auf dem Girokonto niedrig, dafür ist die Telefonhotline teurer als bei der Konkurrenz. Seine optimale Bank findet nur, wer sich durch einen Dschungel von Kontokonditionen wühlt und Preise vergleicht.

So sehr günstige Angebote locken, ein Bankwechsel kostet Zeit, Nerven, Briefe und/oder Telefongespräche. Wer eine jahrelange Kontoverbindung lösen oder gar die Bank wechseln will, muss eventuelle Daueraufträge kündigen, ec- und Kreditkarten tauschen und allen, denen man Einzugsermächtigungen gegeben hatte, sowie dem Arbeitgeber, der Lohn, Gehalt oder Ausbildungsvergütung überweist, die geänderte Bankverbindung mitteilen. Sonst wird einem unversehens das Telefon oder der Strom gesperrt oder der Lohn kommt nicht an.

> **Bankumsteiger lassen am besten in den ersten Monaten Alt- und Neukonto parallel laufen.**   **Tipp**

Der Einstieg bei einer neuen Direktbank ist ähnlich mühsam wie der Ausstieg bei der alten Bank. Anders als in der Filiale hat der Interessent nur den Mitarbeiter am Servicetelefon, der beim Ausfüllen der Formulare hilft. Sind die Unterlagen eingereicht, dauert es etwa zwei Wochen, bis die neue Kontoverbindung steht.

Im Internet gibt es zunehmend die Möglichkeit, per Einzugsermächtigung zu zahlen. So werden z. B. mit „Firstgate" Kleinbeträge ab 1,00 € vom Konto abgebucht. Man gibt seine Bankverbindung an, genehmigt per Klick die Abbuchung und kann die Leistung der Internetseite erhalten.

Für Telefonbanking benötigt man nur ein Telefon, für Onlinebanking ein Modem oder einen Internetzugang. Hier kann man sich entweder über Onlinedienste, wie z. B. T-online, AOL oder CompuServe, oder aber direkt über das Internet in den Computer seiner Bank einwählen.

Inzwischen gibt es sogar die Möglichkeit, mit dem Handy zu bezahlen.

Arbeitsvorschlag

1. Welche Kreditkartengesellschaft kennen Sie?
2. Diskutieren Sie die Vorteile und die eventuellen Gefahren der Zahlung mit Kreditkarte.
3. Unterscheiden Sie zwischen POS- und POZ-System und nennen Sie möglichst mehrere Betriebe aus Ihrer Umgebung, die eine der beiden Zahlungssysteme haben.
4. Beschreiben Sie den Ablauf der Zahlung mit Geldkarte.
5. Unterscheiden Sie zwischen Telefon- und Onlinebanking.

2.9   Die Ausstellung eines Wechsels

Schlossermeister Herbert Thiel erhält am 23. Februar 20 .. von der Eisen- und Stahl-großhandlung Fröhlich & Wolf 40 Garagentore zu einem Rechnungswert von ins-gesamt 25.380,00 € geliefert. Die Tore sollen in die Lagerhallen einer Fabrik eingebaut werden. Thiel rechnet damit, diese Arbeiten in etwa acht Wochen beenden zu können. Erst danach hätte er das Geld, um die Lieferrechnung zu bezahlen. Aus verschiedenen Gründen will Thiel keinen Überbrückungskredit bei einer Bank aufnehmen. Daraufhin einigt er sich mit seinem Großhändler über die Ausstellung eines Wechsels:

Der Wechsel ist eine **Urkunde, durch die der Aussteller** (hier: Eisen- und Stahl-großhandlung Fröhlich & Wolf als Gläubiger) **eine andere Person** (hier: Herbert Thiel als Schuldner) **auffordert, an ihn oder einen anderen zu einem bestimm-ten Zeitpunkt** (hier: 23. April) **eine bestimmte Summe** (hier: 25.380,00 €) **zu zahlen.** Damit ähnelt der Wechsel einem normalen Schuldschein, der ebenfalls eine Forderung des Gläubigers durch die Unterschrift des Schuldners bestätigt.

In der Wechselurkunde kann der Name des Gläubigers als Zahlungsempfänger ebenso eingetragen werden wie der einer anderen Person.

Verwendungsmöglichkeiten eines ausgestellten Wechsels

Der Gläubiger kann den Wechsel ...

... bis zum Verfalltag (Fälligkeitstag) selbst behalten und ihn an diesem Stichtag oder an einem der beiden folgenden Werktage dem Schuldner vorlegen, damit dieser die gestundete Summe bezahlt

oder

... als Zahlungsmittel zum Ausgleich eigener Schulden an eine andere Person (z. B. einen Lieferanten) weiterreichen. In diesem Falle muss der Wechsel-nehmer als neuer Besitzer am Verfalltag bei dem Schuldner den Betrag ein-holen. Die Weitergabe des Wechsels muss auf der Rückseite vermerkt werden (Indossament).

Zahlt der Schuldner am Verfalltag nicht, wird **Wechselprotest** erhoben. Durch einen Notar oder einen Gerichtsbeamten wird der Schuldner dabei nochmals zur Zahlung aufgefordert. Zahlt er nicht, folgt die Wechselklage mit einer entsprechenden Ver-urteilung des Schuldners.

3 Kredite

Unter einem Kredit versteht man die Überlassung von Geld an einen anderen mit der Zusage, dieses nach einer bestimmten Laufzeit wieder zurückzugeben. Als Entgelt für diese Überlassung erhält der **Kreditgeber** Zinsen. Die **Rückzahlung** (Tilgung) erfolgt in einer Summe oder in mehreren Raten (Teilbeträgen).

Ohne Kredite könnten viele Unternehmen ihre Leistungen nicht erbringen und die meisten Menschen kein Haus bauen. Ein Auto auf Kredit kaufen bedeutet, dass Geld für ein Konsumgut zunächst ausgegeben und erst später gespart wird. Somit werden nicht nur Käufe früher ermöglicht, sondern auch Arbeitsplätze gesichert.

Wer einen Kredit braucht und keinen „reichen Onkel" hat, geht zu einer Bank. Das Kreditgeschäft ist eine der wichtigsten Aufgaben der Banken, deshalb werden sie auch „Kreditinstitute" genannt. Sie fassen die Einlagen, die sie in unterschiedlich großen Beträgen von den Sparern erhalten haben, zusammen und geben sie als Kredit an die Kreditnehmer weiter. Sie sind damit praktisch die Vermittlungsstelle zwischen beiden Gruppen, wobei sie den Sparern sichere und Zins bringende Geldanlageformen bieten und den Kreditnehmern in vielen Fällen erst die Möglichkeit verschaffen, Kredite aufzunehmen. Sie bieten dabei ihren Kunden verschiedene Kreditformen an, die dem jeweiligen Kreditzweck nach Laufzeit und Rückzahlungsbedingungen angemessen sind. Eine der Voraussetzungen für eine Kreditaufnahme ist allerdings, dass der Kunde volljährig ist. aus: Böhmer, G., Umgang mit Geld, Wiesbaden 1982, S. 27

Der Dispositionskredit

Bei vorübergehendem Geldbedarf erlauben die Banken ihren Kunden, dass sie ihr Girokonto überziehen. So ist Svenja z. B. froh, dass ihr damals die Bank einen Dispositionskredit eingeräumt hatte, der nur Kosten verursacht, wenn er in Anspruch genommen wird und keine umständlichen Formalitäten erfordert. In diesem Monat kam es nämlich besonders hart, denn neben den laufenden Ausgaben musste sie eine Werkstattrechnung bezahlen. Die kurze Zeit später fällig werdende Kfz-Versicherung in Höhe von 528,60 € konnte sie in diesem Monat nicht mehr bezahlen. Ein Ausweg ist ihr Dispositionskredit, mit dem sie ohne weiteres ihr Konto überziehen und in den nächsten Monaten durch verstärktes Sparen wieder ausgleichen kann.

Da der Dispositionskredit meist unter einem Jahr läuft, ist er ein **kurzfristiger** Kredit.

Das Anschaffungsdarlehen

Bei dem geplanten Kauf eines langlebigen Konsumgutes (z. B. Möbel, Motorrad) geht die Summe über die des Dispositionskredites hinaus. So muss Klaus, der 7.500,00 € zur Finanzierung eines gebrauchten Pkw aufnehmen muss, für sein Anschaffungsdarlehen einen Vordruck mit folgenden Angaben ausfüllen: persönliche Daten, Verwendungszweck des Kredites, Darlehenshöhe, Laufzeit, Zinssatz, Tilgung und Sicherheiten. Als Sicherheit verlangt die Bank bei einem Pkw eine Vollkaskoversicherung und die Überlassung des Kfz-Briefs bis zur vollständigen Rückzahlung des Kredites. Daneben können auch Gehaltsabtretungen oder Bürgschaften als Sicherheiten dienen.

Klaus bekommt das Darlehen in Höhe von 7.500,00 € in einer Summe ausgezahlt. Die Rückzahlung muss er in festen monatlichen Beträgen leisten. Diese setzen sich aus dem Zinsbetrag und der Tilgungsrate, die von der Laufzeit des Kredits bestimmt wird, zusammen. Da diese Laufzeiten meist ca. 1–5 Jahre betragen, werden Anschaffungsdarlehen auch als **mittelfristige** Kredite bezeichnet.

Der Hypothekarkredit

3 Bei der Finanzierung von Grundstücks- oder Häuserkäufen werden zur Sicherung fast immer die Grundstücke verpfändet. Die Verpfändung erfolgt in der Form einer Hypothek oder einer Grundschuld. **Grundschuld** und **Hypothek** werden im Grundbuch, einem öffentlichen Register für Grundstücke, eingetragen und geben dem Kreditgeber das Recht, das Grundstück zu verwerten (verkaufen, vermieten, versteigern) und mit dem Erlös daraus den Kredit zurückzuführen, wenn der Kreditnehmer seinen Kredit nicht mehr zurückzahlen kann.

Die Laufzeit eines **Hypothekarkredites** kann bis zu 30 Jahre betragen. Wenn er zurückgezahlt ist, wird die Hypothek oder Grundschuld im Grundbuch gelöscht. Dient der Kredit der Baufinanzierung, so werden in der Regel gleich bleibende Raten – Annuitäten – vereinbart, die der Kreditnehmer monatlich oder vierteljährlich zahlen muss und die der Verzinsung und der Tilgung des Darlehens dienen.

Der Lieferantenkredit

4 Heizungsbauer König leitet einen bisher gut laufenden eigenen Betrieb mit fünf Gesellen und zwei Auszubildenden. Doch in letzter Zeit hat er immer wieder Zahlungsschwierigkeiten, die hauptsächlich auf die schlechte Zahlungsmoral seiner Kunden zurückzuführen sind.

Die heute eingegangene Rechnung über 8.300,00 € (Materialien für die Heizung in einem Neubau) kann er nicht sofort begleichen. Dies ist ärgerlich, denn bisher nutzte er immer den Abzug von 3 % Skonto bei sofortiger Zahlung aus.

Die Zahlungsbedingungen lauten: „Zahlung innerhalb 10 Tagen abzüglich 3 % Skonto, innerhalb 30 Tagen rein netto". Der Lieferant hat seinen Kunden damit einen kurzfristigen **Lieferantenkredit** eingeräumt.

Arbeitsvorschlag

1. Unterscheiden Sie zwischen lang- und kurzfristigen Krediten.
2. Nennen Sie die Unterschiede zwischen einem Dispositionskredit und einem Anschaffungsdarlehen.
3. Welchen Kredit beantragt man zur Baufinanzierung?
4. Welche Sicherheit hat der Kreditgeber, wenn man einen Hypothekarkredit für einen Eigenheimbau nicht mehr zurückzahlen kann?

Tipp

– Versuchen Sie bei der Bezahlung von Rechnungen so zeitig zu zahlen, dass Sie Skonto abziehen können.
Die Zahlungsfrist ist meist unten auf der Rechnung angegeben.

– Vergleichen Sie die Bedingungen, bevor Sie einen Kredit nehmen wollen, anhand der Effektivverzinsung.

Wichtiges in Kürze

○ Beim Dispositionskredit wird die Möglichkeit gegeben, sein Girokonto zu überziehen.

○ Bei Anschaffungsdarlehen wird vom Kreditgeber eine Sicherheit verlangt.

○ Hypothekendarlehen werden durch Grundstücke und Gebäude abgesichert.

○ Ein Konsumkredit wird von einem Endverbraucher in Anspruch genommen, ein Investitionskredit finanziert Investitionsgüter (Maschinen, Anlagen usw.).

Arbeitsvorschlag zur Wiederholung

1. Welche Funktionen des Geldes werden in folgendem Fall angesprochen?
   Birgit hat von ihrer Oma zum Schulabschluss 200,00 Euro erhalten. Da sie neue Jeans benötigt, vergleicht sie in mehreren Jeans-Shops die Preise und kauft schließlich in der Boutique „Top-Two" eine Jeans-Hose für 68,80 Euro. 32,00 Euro behält sie als Taschengeld, die restlichen 100,00 Euro zahlt sie erst einmal auf ihr Sparbuch ein. Zwei Wochen später kauft sie ihrem jüngeren Bruder einen Lederball für 11,60 Euro.

2. Unterscheiden Sie zwischen Noten- und Giralgeld.

3. Welche Anforderungen werden an unser heutiges Geld gestellt?

4. Was ist ein Preisindex?

5. Nennen Sie Auswirkungen der Inflation.

6. Welche Möglichkeiten der Barzahlung gibt es?

7. Unterscheiden Sie zwischen Dauerauftrag und Einzugsverfahren.

8. Warum kann man einen Verrechnungs- nicht in einen Barscheck umwandeln?

9. Wie funktioniert ein Travellerscheck?

10. Wie läuft die Bezahlung mit Geldkarte?

11. Unterscheiden Sie zwischen dem Dispositionskredit und dem Anschaffungsdarlehen.

12. Was sagt die nebenstehende Grafik aus?

1   Die Notwendigkeit des Wirtschaftens

1.1   Konsumbedürfnisse des Menschen

Nils, Auszubildender im 3. Lehrjahr, steht – wie er meint – „voll unter Stress". Ärger mit der Freundin, Ärger in der Schule, Ärger mit dem Chef und dann auch noch die kaputte Maschine und kein Geld in der Tasche ... „Bis zum Monatsende sind es auch noch mehr als zwei Wochen", überlegt Nils. Was tun? Das Konto überziehen, einen Kredit aufnehmen, „Kumpels anpumpen" oder einfach auch mal verzichten? Kein Diskobesuch, kein Kino ... mit dem Fahrrad oder mit dem Bus, vielleicht aber auch zu Fuß zur Arbeit und zur Schule ... Möglichkeiten gäbe es schon, wenn ... Ja, wenn was?

Und dann fängt Nils an zu träumen. „Wenn ich erst einmal die Gesellenprüfung habe, dann werde ich loslegen können. Dann werden erst einmal die Koffer gepackt und es geht mit Marina zusammen mindestens drei Wochen zum Urlaub in die Südsee ..., danach ein schnelles Auto, eine eigene Wohnung und ... und ... und ..."

Das Ende der Mittagspause reißt Nils aus den Träumen, die Arbeitswirklichkeit hat ihn wieder. Aber was wäre die Welt ohne solche Wünsche, Träume und Bedürfnisse. Nun, die Sonne schiene wie bisher, Bäume wüchsen, Blumen blühten ... Aber gäbe es auch Autos und Flugzeuge? Würde unser Wohlstand wachsen? Würde die Wirtschaft blühen?

Die Bedürfnisse lassen sich nach verschiedenen Merkmalen ordnen. Die Einteilung der Bedürfnisse kann nicht für alle Menschen gleich sein. Zum anderen wandeln sich die Bedürfnisse auch im Laufe der Zeit. Eine Übersicht gibt folgendes Schaubild:

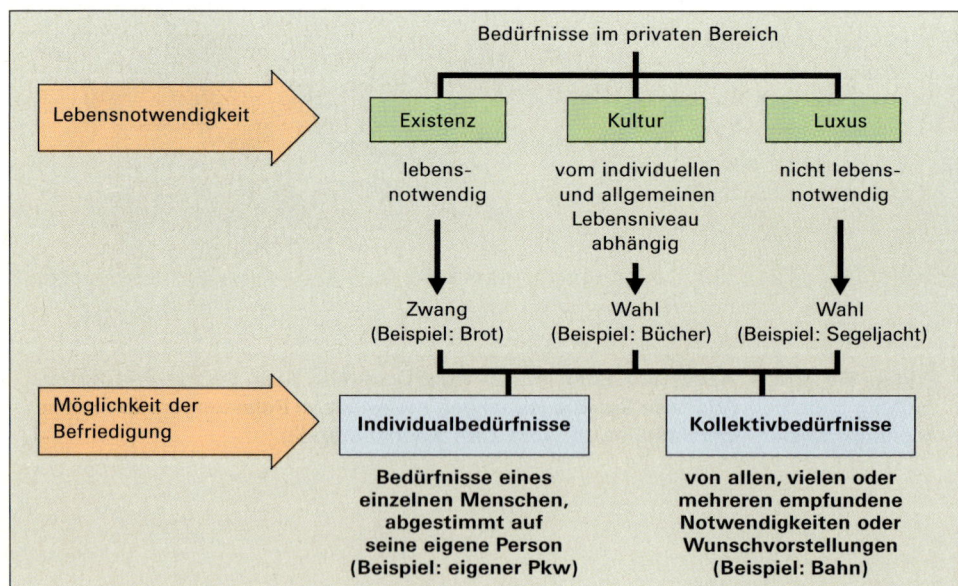

Arbeitsvorschlag

1. Welche Bedürfnisse unterscheidet man?

2. Warum ist es nicht ganz einfach zu entscheiden, ob ein Konsumwunsch zu den Existenz-, Kultur- oder Luxusbedürfnissen gehört?

3. Immer mehr Deutsche sehen eine Urlaubsreise als unverzichtbar an. Nach einer Meinungsumfrage glauben mehr als 70 %, dass eine Flugreise heutzutage kein Luxus mehr sei. In der gleichen Umfrage haben sogar 90 % aller Auszubildenden angegeben, dass sie entweder schon ein Auto besitzen oder es als selbstverständlich ansehen, sich schnellstmöglich ein Fahrzeug anzuschaffen. Wie ordnen Sie diese Bedürfniswünsche ein?

4. In einer Talkshow im Fernsehen äußert sich ein anwesendes Model so: „Natürlich habe ich eine Wohnung in New York und Miami. Kleidung kaufe ich auch nicht im Supermarkt. Das hat mit Luxus nichts zu tun. Dieser Lebensstandard ist für mich ein absolutes ‚Muss', denn damit verdiene ich mein Geld." Wie sehen Sie das?

5. Welche Rolle spielen die Werbung und der technische Fortschritt für den Bedürfniswandel?

6. Überlegen Sie, was es für die Wirtschaft, den Wohlstand, aber auch für die Umwelt bedeuten würde, wenn sich die Konsumenten mehr bescheiden würden.

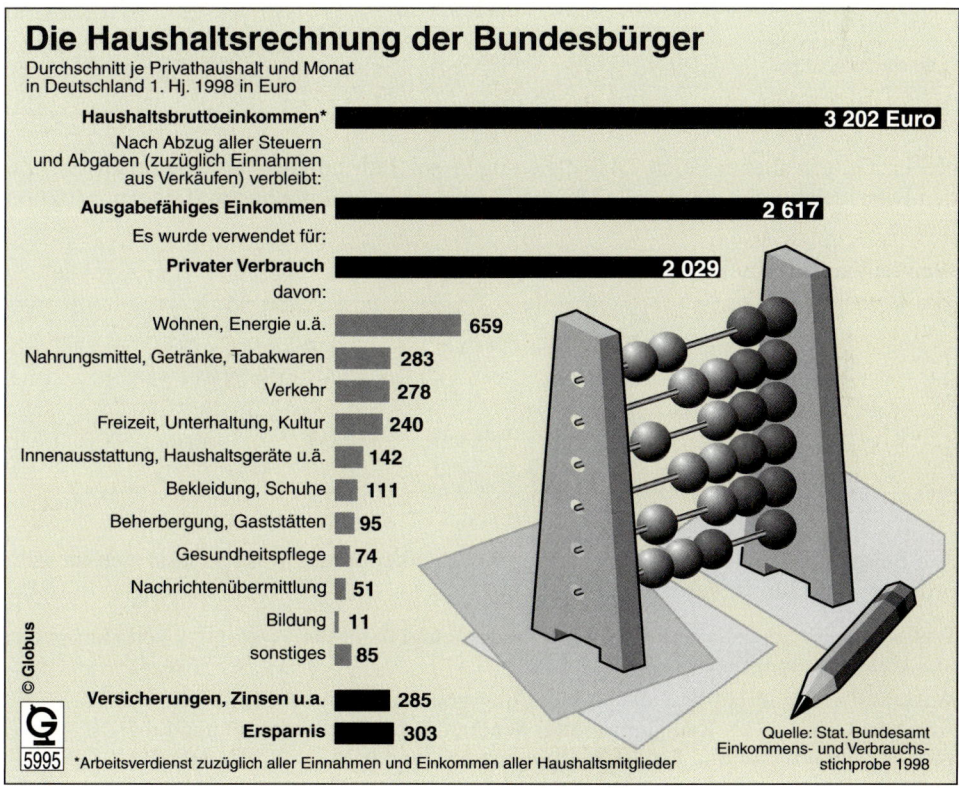

Die Haushaltsrechnung der Bundesbürger

Durchschnitt je Privathaushalt und Monat
in Deutschland 1. Hj. 1998 in Euro

Haushaltsbruttoeinkommen*   **3 202 Euro**

Nach Abzug aller Steuern
und Abgaben (zuzüglich Einnahmen
aus Verkäufen) verbleibt:

Ausgabefähiges Einkommen   **2 617**

Es wurde verwendet für:

Privater Verbrauch   **2 029**

davon:

Wohnen, Energie u.ä.	659
Nahrungsmittel, Getränke, Tabakwaren	283
Verkehr	278
Freizeit, Unterhaltung, Kultur	240
Innenausstattung, Haushaltsgeräte u.ä.	142
Bekleidung, Schuhe	111
Beherbergung, Gaststätten	95
Gesundheitspflege	74
Nachrichtenübermittlung	51
Bildung	11
sonstiges	85

Versicherungen, Zinsen u.a.   **285**

Ersparnis   **303**

© Globus

5995

*Arbeitsverdienst zuzüglich aller Einnahmen und Einkommen aller Haushaltsmitglieder

Quelle: Stat. Bundesamt
Einkommens- und Verbrauchs-
stichprobe 1998

1.2   Güter und Dienstleistungen zur Bedürfnisbefriedigung

Die Vielzahl von Gütern, die bereitsteht um die menschlichen Bedürfnisse zu decken, lässt sich nach verschiedenen Merkmalen einteilen:

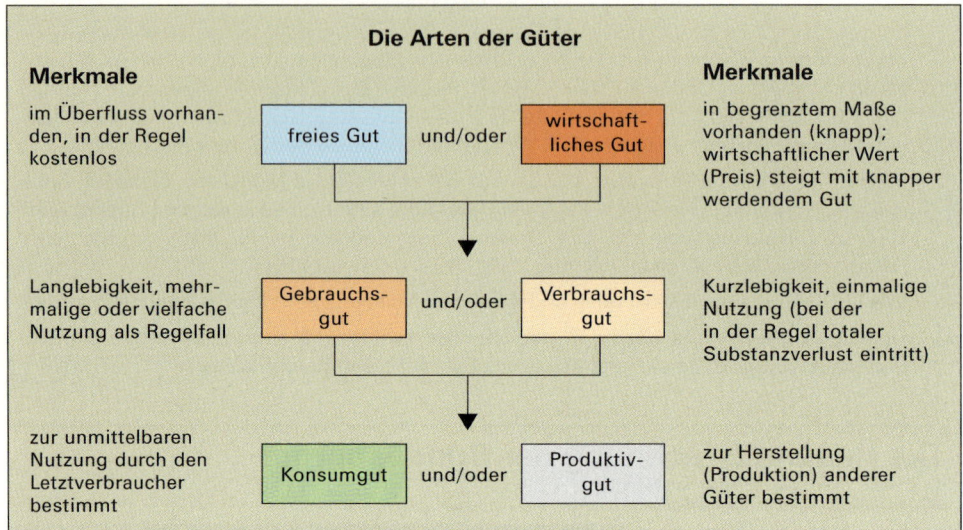

Neben Gütern dienen auch Dienstleistungen zur Befriedigung von Bedürfnissen. Zu den Dienstleistungen zählen alle Tätigkeiten, die nicht unmittelbar zur Güterproduktion führen.

Man teilt sie allgemein in folgende Gruppen ein:

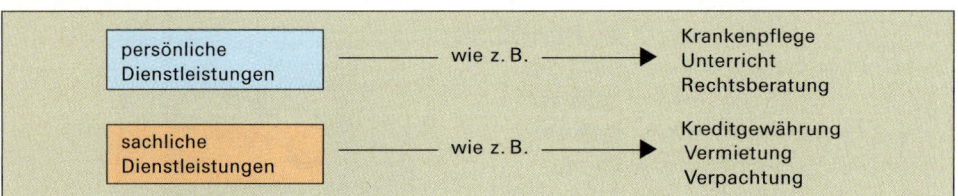

Am Beispiel der vielfältigen Verwendungsmöglichkeiten des Wassers lässt sich die Einordnung von Gütern verdeutlichen:

Wasser ist ein Naturprodukt. Es wird gesammelt und dient der Versorgung von Haushalten und Unternehmungen.

Wasser ist im Haushalt bei der Zubereitung von Speisen und Getränken unentbehrlich. Außerdem wird es als Reinigungsmittel benötigt. Schließlich arbeitet auch die Zentralheizung mit diesem Gut und für die Pflanzenbewässerung wird es ebenso gebraucht.

Mindestens eine gleich große Rolle spielt das Wasser in der Industrie. Hier wird es zum einen als Energiequelle (z. B. bei der Stromerzeugung durch Generatoren) eingesetzt oder es geht als Rohstoff direkt in das Endprodukt ein (z. B. bei der Getränkeherstellung). Andererseits wird es wie im privaten Haushalt zur Reinigung benötigt. Wasser wird auch als Kühlmittel eingesetzt (z. B. bei der Stahlerzeugung oder in Kraftwerken).

Während das Brauchwasser teilweise ohne vorherige Aufbereitung verwendet werden kann und in Einzelfällen sogar direkt aus offenen Gewässern entnommen wird (z. B. bei der Kühlung in Kraftwerken), muss das Trinkwasser sorgfältig gereinigt werden. Das ursprünglich kostenlose Naturprodukt Regenwasser kostet nach dieser Aufbereitung Geld — nicht zuletzt deshalb, weil es nicht mehr unbegrenzt zur Verfügung steht.

Arbeitsvorschlag

1. Was ist ein „Konsumgut" und worin besteht der Unterschied zu einem „Produktivgut"?

2. Welche der folgenden Waren sind Verbrauchsgüter? Butter, Pkw, Computer, Benzin, Heckenschere, Klebstoff, Schreibmaschinenpapier, Pinsel, Backgewürz, Frisörschere, Socken, Rasierschaum, Leitungswasser, Tomaten, Fernseher, Disketten, CDs, Bücher, Autozeitschrift, Zigaretten, Tapeten, Schnittblumen.

3. In welchen Fällen handelt es sich sowohl um ein Gebrauchs- als auch um ein Produktionsgut? Lkw einer Spedition, Gerüst eines Malerbetriebes, Stahlvorräte in einem Metallbaubetrieb, Zeichenmaschine in der Arbeitsvorbereitung, Kaffeemaschine im Büro, Farbe für die Lackierung von Metallbauteilen, Wasser zur Kühlung einer Drehmaschine, Mehl in einer Bäckerei, Backofen einer Pizzeria.

4. Nennen Sie Beispiele für freie Güter.

1.3   Voraussetzungen wirtschaftlichen Handelns

Seit jeher haben die Menschen Wünsche und Bedürfnisse. Es sind Mangelgefühle, verbunden mit dem Bestreben, diesen Mangel zu beseitigen. Bestimmte Bedürfnisse, wie Nahrung und Kleidung, haben wir, um am Leben zu bleiben. Andere Wünsche, etwa nach einer Waschmaschine oder einem Auto, entstehen, weil sie uns das Leben angenehm gestalten. Die Bedürfnisse des Menschen haben die Eigenschaft, dass sie praktisch unbegrenzt sind.

Doch unserer Unersättlichkeit sind Grenzen gesetzt. Die Ursache liegt in der Knappheit der Güter. Von Knappheit sprechen wir, wenn von einem Gut eine größere Menge verlangt wird als vorhanden ist. Die Güter sind entweder von Natur aus knapp oder aber nicht in dem Zustand vorhanden, dass wir sie, so wie sie sind, verbrauchen können. Sie müssen zuerst aufbereitet, d. h. be- oder verarbeitet werden, was natürlich mit Kosten verbunden ist. Diese Güter haben folglich einen Preis, der umso höher ist, je knapper dieses Gut ist.

Neben den knappen wirtschaftlichen Gütern gibt es freie Güter, die die Natur dem

Menschen in unbegrenzter Menge von selbst zur Verfügung stellt, wie z. B. Luft. Diese Güter haben keinen Preis.

Für die Wirtschaft sind die knappen wirtschaftlichen Güter entscheidend, denn sie zwingen den Menschen, mit den vorhandenen Gütern auszukommen, sie so zu verwenden, dass der Nutzen möglichst groß ist. Und das ist der Grund, weshalb man wirtschaftet und weshalb es eine Wirtschaft gibt.

Die Wirtschaft soll eine Brücke schlagen zwischen unseren unbegrenzten Bedürfnissen und den knappen Gütern, die uns zur Bedürfnisbefriedigung zur Verfügung stehen. Wirtschaften als Tätigkeit ist folglich die Bereitstellung und Verwendung knapper Güter mit dem Ziel, die Bedürfnisse der Menschen zu befriedigen. Die Wirtschaft ist die Gesamtheit aller Einrichtungen, die diesem Ziel dienen.

Doch nicht allein die Güterknappheit und die Preise engen unsere unendlich großen Bedürfnisse ein. Mitentscheidend sind unsere finanziellen Mittel, unsere Einkommen, die begrenzt sind. Das zwingt uns zum „Haushalten". Der Mensch muss stets von neuem entscheiden, welche Bedürfnisse den Vorrang haben sollen. Dabei bedeutet die Entscheidung für ein Bedürfnis meistens den Verzicht auf ein anderes. Die Vernunft gebietet dem Menschen zu versuchen, mit den gegebenen Mitteln den größtmöglichen Nutzen zu erzielen. Bedürfnisse haben wir, solange wir leben.

Ob wir ein Gut wirklich brauchen können, stellt sich vielfach erst dann heraus, wenn wir es besitzen. Häufig sind unsere Bedürfnisse maßlos und übertrieben, manchmal sogar unnütz.

Die Mittel zur Bedürfnisbefriedigung sind Güter, die von der Wirtschaft bereitgestellt werden. Die Befriedigung, die ein Gut gewährt, ist sein Nutzen. Der Nutzen ist eine ebenso bestimmende Größe beim Wirtschaften wie die Knappheit. Der Käufer verhält sich nicht anders als der Anbieter. Die Knappheit verhindert, dass beide einen maximalen Nutzen erzielen können. Deshalb müssen sie durch Zielfestlegung und planvolles Vorgehen versuchen, einen möglichst großen Nutzen für sich zu erzielen.

aus: Kleiner Wirtschaftsspiegel, Nr. 7, Sept. 1978

Arbeitsvorschlag

1. Warum muss man als Privatperson mit den zur Verfügung stehenden Mitteln wirtschaften?
2. Was versteht man unter dem Wort „Nutzen"?
3. Sie haben noch 30,00 Euro in der Tasche und möchten gerne ins Kino gehen (5,00 Euro), sich eine der neuesten CDs kaufen (19,90 Euro), aber genauso gerne auch mit einem Freund in die Disko gehen (ca. 10 Euro). Außerdem hatten Sie sich vorgenommen, für die Anschaffung eines Mountainbikes jeden Monat etwas Geld zurückzulegen. Vor welchem Problem stehen Sie und wie können Sie zu einer Lösung kommen?

1.4   Das Wirtschaftlichkeitsprinzip

[1] In der Pause unterhalten sich zwei Auszubildende über ihre Zukunftspläne:

„Ich möchte einmal möglichst wenig arbeiten und trotzdem möglichst viel verdienen", sagt der eine.

„Das hört sich ja gut an", antwortete der andere. „Aber bist du sicher, dass das auch funktioniert? Möglichst wenig arbeiten bedeutet doch, dass du versuchen willst, überhaupt nichts zu tun. Wo willst du dann auf ehrliche Weise viel Geld verdienen? Ich glaube, du stellst dir etwas vor, was in Wirklichkeit gar nicht geht. Das wäre ja genauso, als wollte man für möglichst wenig Geld möglichst viel kaufen oder mit möglichst wenig Benzin möglichst weit fahren oder möglichst wenig lernen und gleichzeitig möglichst gute Leistungen erzielen oder . . ."

Die beiden Auszubildenden können sich nicht einigen, wer Recht hat. Kann man mit möglichst wenig Mitteleinsatz (Arbeit, Geld, Zeit ...) möglichst viel erreichen oder nicht?

Versuchen Sie, eine Antwort zu finden und sie zu begründen.

Gerade weil die menschlichen Bedürfnisse unbegrenzt, die dafür zur Verfügung stehenden Produktionsfaktoren aber knapp sind, muss der Mensch damit haushalten und wirtschaften. Diesen Grundsatz bezeichnet man als **ökonomisches Prinzip** (Wirtschaftlichkeitsprinzip). [2]

Je nachdem, ob die einzusetzenden Mittel oder die angestrebten Leistungen festgelegt sind, spricht man vom **Maximal- oder Minimalprinzip.** Man muss sich letztlich für ein Vorgehen entscheiden. Aber es ist unmöglich, den Aufwand minimieren und gleichzeitig den Erfolg maximieren zu wollen.

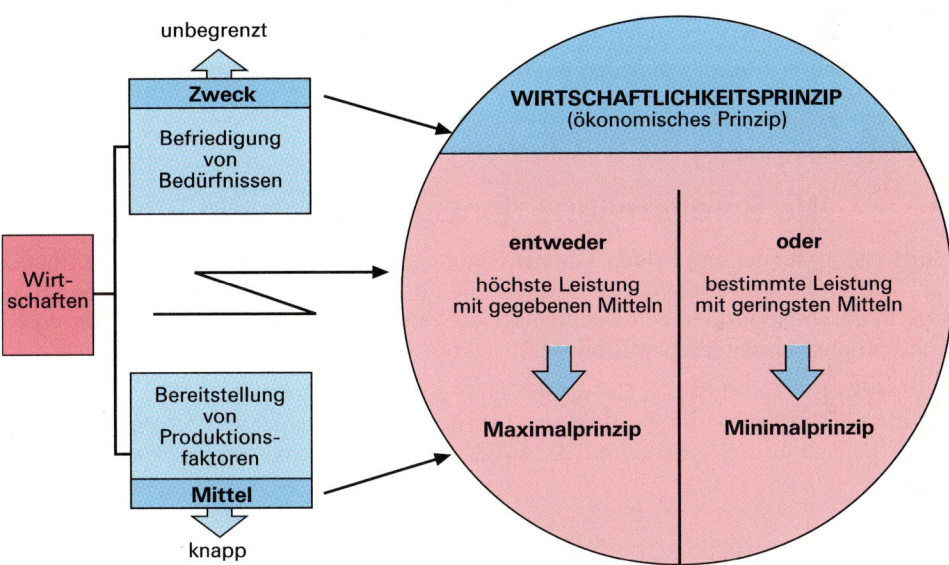

1. Wie müsste der Auszubildende seine Zukunftspläne für Arbeit und Einkommen jeweils formulieren, wenn er nach dem Maximal- oder Minimalprinzip verfährt?

2. Nennen Sie jeweils drei andere Beispiele für das Minimal- und das Maximalprinzip.

Wichtiges in Kürze

○ Bedürfnisse sind Konsumwünsche des Menschen. Man unterscheidet:

  – Existenzbedürfnisse,

  – Kulturbedürfnisse,

  – Luxusbedürfnisse,

  – Individualbedürfnisse,

  – Kollektivbedürfnisse.

○ Zur Befriedigung der menschlichen Bedürfnisse werden Güter hergestellt und Dienstleistungen angeboten. Man unterscheidet:

  – freie und wirtschaftliche Güter,

  – Konsum- und Produktivgüter,

  – Gebrauchs- und Verbrauchsgüter.

○ Wirtschaftliches Handeln ist notwendig, um mit den knappen Mitteln den persönlichen Bedarf zu decken.

○ Die beiden Zielrichtungen wirtschaftlichen Handelns sind:

  – Maximalprinzip, d. h. mit gegebenen Mitteln einen möglichst großen Erfolg anzustreben;

  – Minimalprinzip, d. h. einen bestimmten Erfolg mit geringstmöglichem Mitteleinsatz zu erreichen.

2 Die Bereitstellung der Güter durch die Produktion

Zur Leistungserstellung in den Unternehmungen werden Produktionsfaktoren benötigt. Das sind die Grundkräfte und Mittel, die notwendig sind, um die Produkte herzustellen, die die menschlichen Bedürfnisse decken. Man unterscheidet zwischen volks- und betriebswirtschaftlichen Produktionsfaktoren.

Aus volkswirtschaftlicher Sicht erfolgt eine generelle, allgemein gültige Betrachtung jeglicher Grundlagen der Produktion. Dagegen stehen in der Betriebswirtschaft die Wirtschaftsgüter im Vordergrund, die auf den Beschaffungsmärkten erworben werden müssen.

2.1 Volkswirtschaftliche Produktionsfaktoren

2.1.1 Der Boden als natürliches Produktionselement

1 Unter Boden versteht man neben der Erdoberfläche auch die Rohstoffe und Bodenschätze, Wasserkraft und die anderen von der Natur gegebenen Energiequellen. So ist der Boden einmal Standort der Produktion, zum anderen Produktionselement. Der Boden dient als Quelle von Rohstoffen, sobald die Bodenschätze wie Kohle, Erz, Erdöl usw. abgebaut werden und sofern er zum Anbau (in der Land- und Forstwirt-schaft) genutzt wird. Bei der land- und forstwirtschaftlichen Nutzung gehört zum Begriff Boden auch das Klima, das den Bodenertrag entscheidend beeinflusst.

Boden kann nicht vermehrt werden. Zwar gibt es auf der Welt weite Strecken nicht oder ungenügend genutzten Bodens, dessen Erschließung setzen jedoch geografische, klimatische und nationale

nationale Gegebenheiten Grenzen. So ist die Bodenknappheit für die in dicht besiedelten Kulturstaaten lebenden Menschen ein volkswirtschaftliches Problem ersten Ranges.

Durch bessere Bearbeitung (Pflügen, Eggen usw.), durch Aufwand von Düngemitteln und Ähnlichem kann das Pflanzenwachstum günstig beeinflusst werden. Auch neue Züchtungen, Anwendungen von Schädlingsbekämpfungsmitteln und der Einsatz von Maschinen haben den Ertrag der landwirtschaftlichen Nutzfläche in den Kulturstaaten erheblich gesteigert. . . .

Jedoch können die Bodenerträge auch bei Einsatz von technischen und chemischen Hilfsmitteln nicht unbegrenzt vermehrt werden.

aus: Wochenschau, Nr. 2, Okt. 1983, Seite 26

Es kann sogar soweit gehen, dass der Ertrag abnimmt, wenn zuviel gedüngt oder bearbeitet wird.

Beispiel für das Gesetz vom abnehmenden Bodenertrag: 2

Zeit-raum	Dünger-einsatz	Ernte-ertrag	Mehrertrag zum Vorjahr
0	–	–	–
1	50	25	25
2	100	50	25
3	150	100	50
4	200	200	100
5	250	350	150
6	300	480	130
7	350	550	70
8	400	500	–50

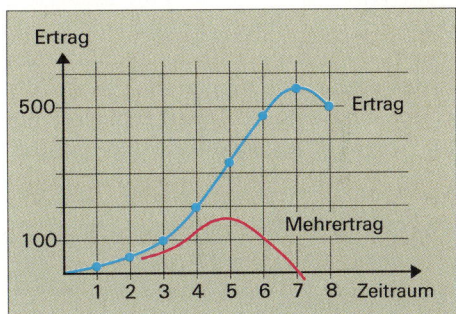

Ein Schüler übertrug dieses Beispiel einmal auf die Erde und nannte dies „das Gesetz von den zertretenen Kartoffeln". Was er damit meinte, war ganz einfach: Durch Bearbeitung des Bodens kann der Ertrag gesteigert werden. Wenn dem Boden durch ständiges Hacken und Häufeln aber überhaupt keine Ruhepause gegönnt wird, können die Kartoffeln nicht wachsen. Die Ernte verläuft zwar auch schneller, wenn mehr Menschen eingesetzt werden. Andererseits gibt es auch hier eine Höchstgrenze, nach deren Überschreiten mehr Schaden angerichtet als Nutzen erreicht wird.

Wichtige Erkenntnisse:

- Der Gesamtertrag wächst bei steigendem Düngereinsatz. Er ist aber nicht beliebig vermehrbar. Der Höchstertrag liegt in diesem Beispiel bei 550 kg.
- Den höchsten Ertragszuwachs im Vergleich zum Vorjahr erzielt man bei einer Steigerung des Düngereinsatzes von 200 auf 250 kg. Der Mehrertrag liegt hier bei 150 kg. Danach nehmen die Ertragszuwächse ab.

Arbeitsvorschlag

1. Versuchen Sie, das „Gesetz vom abnehmenden Bodenertrag" in eigenen Worten wiederzugeben.

2. Zeigen Sie an voranstehendem Beispiel das Verhältnis von Düngereinsatz und Ernteertrag und erläutern Sie die Begriffe „Gesamtertrag" und „Mehrertrag".

3. Überlegen Sie, ob man das „Gesetz vom abnehmenden Bodenertrag" auch auf andere Bereiche der Wirtschaft übertragen kann.

3 Zur Gütererstellung dient der Boden als **Anbau-, Abbau- und Standortboden.** Als **Anbauboden** finden wir ihn in der Land- und Forstwirtschaft. Nach jeder Ertragsgewinnung in mehr oder weniger langen Zwischenräumen, wenn wir etwa an den Getreideanbau oder die Waldnutzung denken, steht er uns erneut zur Verfügung. Die Bodenfläche kann hier dauernd genutzt werden, weil der Boden entweder selbstständig seine Kräfte erneuert oder der Mensch durch Verwendung von Düngemitteln diesen Vorgang beschleunigt.

Aus unterschiedlichen Gründen wird aber gerade der Düngemitteleinsatz auch sehr kritisch gesehen. Alternative Anbaumethoden sollen die Natur schonen und den Schadstoffgehalt landwirtschaftlicher Produkte verringern.

Sowohl für die Landwirtschaft als auch für die Industrie hat der Boden als **Standortboden** seine Bedeutung. Boden kann nicht vermehrt werden, er lässt sich aber auch nicht transportieren. Für den Landwirt ergibt sich daraus die Notwendigkeit, bei seiner Standortwahl sowohl auf Bodenqualität als auch auf die klimatischen Bedingungen zu achten. Es lässt sich nicht überall alles anbauen (z. B. keine Apfelsinen in Nordskandinavien), obwohl mithilfe der Technik, durch die Züchtung resistenter Sorten und durch Verbesserung der Düngemittel, heute Möglichkeiten offen stehen, an die man vor einigen Jahrzehnten noch nicht gedacht hatte. Inwieweit sie tatsächlich genutzt werden, ist eine Frage der jeweiligen Kosten und der zu erzielenden Erlöse.

In der Industrie kann man grundsätzlich zwischen gebundenem und freiem Standort unterscheiden. Rohstoff und Energie gewinnende Industriebetriebe sind an die entsprechenden Vorkommen (z. B. Kohle oder Wasser) gebunden. Die übrigen Unternehmen haben einen frei wählbaren Standort, wobei frei wählbar nicht unbedingt beliebig wählbar heißt. In erster Linie wird es auch hier bei der Wahl darauf ankommen, den kostengünstigsten Standort auszusuchen.

Im Bergbau (Kohle, Erz, Salz), bei der Erdöl- und Erdgasgewinnung, in Steinbrüchen ist der Boden **Abbauboden.** Er ist hier nur einmalig nutzbar. Die bei der Bedarfsdeckung verbrauchten Werte sind nicht mehr ersetzbar.

1. Erläutern Sie die verschiedenen Nutzungsarten des Bodens.
2. Welche Bedeutung hat der Boden als „Standortsbasis"
   a) für die Landwirtschaft,   b) für die Industrie?
3. Stellen Sie die Wichtigkeit des Bodens in seiner Eigenschaft als Rohstoffträger (Abbauboden) dar.

2.1.2 Der Produktionsfaktor Arbeit

Die menschliche Arbeitskraft ist im Zusammenspiel der Produktionsfaktoren das wichtigste Element. Dabei versteht man unter Arbeit jede körperliche und geistige Tätigkeit des Menschen, die ausgeübt wird, um ein Einkommen zu erzielen. Insofern nimmt der Mensch im Wirtschaftsleben eine Doppelstellung ein; er ist Verbraucher, dessen Bedürfnisse zu befriedigen das Ziel der Wirtschaft überhaupt ist, und er ist Träger des Produktionsfaktors Arbeit. Die einer Volkswirtschaft zur Verfügung stehende Gütermenge hängt entscheidend vom Ausmaß der insgesamt verfügbaren Arbeit und deren Qualität ab. Das Ausmaß der verfügbaren Arbeit wird bestimmt von Bevölkerungszahl und vom Verhältnis zwischen Gesamtbevölkerung und Erwerbstätigen (bzw. Erwerbsfähigen) in einem Lande. Daraus ergibt sich, dass der Altersaufbau und der Gesundheitszustand der Bevölkerung für den Produktionsfaktor Arbeitskraft von besonderer Bedeutung ist. Auch Arbeitszeit, Arbeitsintensität und Qualität der Arbeit spielen eine wichtige Rolle für den Begriff Arbeit, schließlich auch die Frage, wie weit zur Verfügung stehende Arbeit tatsächlich genutzt wird (Problem der Arbeitslosigkeit).

Dass die **Arbeit** im gesamten Wirtschaftsablauf eine **zentrale Stellung** einnimmt, ist ohne weiteres daraus zu erkennen, dass ohne sie weder der Boden bearbeitet noch Kapitalgüter (Maschinen usw.) hergestellt werden können; **ohne Arbeit ist weder Güterproduktion noch technischer Fortschritt möglich.** Boden und Kapital werden erst durch den Willen und die Leistungskraft des Menschen, also durch Arbeit, ihrem eigentlichen Zweck zugeführt.

Ein weiteres Kennzeichen hebt die Arbeit gegenüber Boden und Kapital hervor. Sie ist, da **an Menschen gebunden,** in besonderem Maße sozialen Bezügen unterworfen. Schon darum kann sie nicht mit beliebig vermehrbaren Waren auf eine Stufe gestellt werden. Vor allem aber auch deshalb nicht, weil die Arbeitskraft unzertrennbar verbunden ist mit dem ganzen Menschen, der eine Seele besitzt, die Berücksichtigung fordert.

Qualifikation ist gefragt

Von je 100 Erwerbstätigen sind beschäftigt mit: im Jahr 1985 / im Jahr 2010

	1985	2010
Höherqualifizierten Arbeiten (z.B. Führungsaufgaben, Organisation u. Management, Forschung, Entwicklung, Lehren, Beraten)	28	39
Mittelqualifizierten Arbeiten (z.B. Fachtätigkeiten in Produktion, Fachverkäufer, Sachbearbeiter)	45	43
Einfachen Arbeiten (z.B. Hilfsarbeiten, Reinigung, leichte Bürotätigkeit, Lagerhaltung, Verkaufshilfen)	27	18

Globus 8352 · Quelle: IAB/Prognos

aus: Wochenschau, a. a. O., S. 27

9527189

1. Welche verschiedenen Arten der Arbeit unterscheidet man?

2. Menschliche Arbeit wird immer mehr durch Maschinen und Roboter ersetzt. Wie kann man versuchen, sich als Arbeitnehmer vor drohender Arbeitslosigkeit zu schützen?

3. Rechnen Sie aus, um wie viel % die Arbeitskosten je Stunde in Ost- und Westdeutschland von denen in Kanada, Japan, Großbritannien u. der Schweiz abweichen.

4. Welche Auswirkungen können die Lohnkostenunterschiede für die einzelnen Industriestaaten haben?

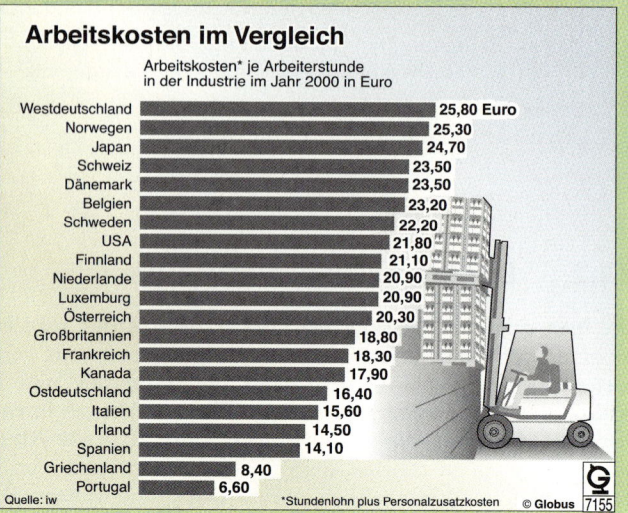

Arbeitskosten im Vergleich

Arbeitskosten* je Arbeiterstunde in der Industrie im Jahr 2000 in Euro

Westdeutschland	25,80 Euro
Norwegen	25,30
Japan	24,70
Schweiz	23,50
Dänemark	23,50
Belgien	23,20
Schweden	22,20
USA	21,80
Finnland	21,10
Niederlande	20,90
Luxemburg	20,90
Österreich	20,30
Großbritannien	18,80
Frankreich	18,30
Kanada	17,90
Ostdeutschland	16,40
Italien	15,60
Irland	14,50
Spanien	14,10
Griechenland	8,40
Portugal	6,60

Quelle: iw   *Stundenlohn plus Personalzusatzkosten   © Globus 7155

2.1.3   Kapital als abgeleiteter Produktionsfaktor

Die Wirksamkeit der Arbeit kann durch Maschinen, Geräte usw. gesteigert werden. Sie dienen dazu, die Herstellung anderer Güter zu ermöglichen — Güter, mit denen der Mensch anschließend arbeitet. In diesem Sinne ist **Kapital die Gesamtheit der produzierten Produktionsmittel.** Man bezeichnet das Kapital als abgeleiteten Produktionsfaktor, weil es nicht nur von der Natur vorgegeben wird.

1 Produktionsmittel können — wie folgendes Beispiel zeigt — erst durch das Zusammenwirken der natürlichen Faktoren Boden und Arbeit geschaffen werden.

Einem zivilisationsmüden Menschen gelingt es, eine einsame, unbewohnte Insel im Atlantik ausfindig zu machen. Dort angekommen, versenkt er sein Boot und ist nun auf sich allein gestellt. Das einzige Nahrungsmittel, das er nutzen kann, sind die Fische, die sich mit bloßen Händen fangen lassen. Aber diese Arbeit ist recht mühselig, und es dauert oft den ganzen Tag, bis er fünf Fische gefangen und seinen Hunger gestillt hat.

Außerdem erscheint es ihm auf die Dauer unerträglich, sich nur von Fischen zu ernähren. Aber zum Beerensuchen fehlt ihm — will er nicht dauernd Hunger leiden — die Zeit und zum Jagen brauchte er Pfeil und Bogen.

Um dieses Problem für die Zukunft zu meistern, muss er seine Fischfangmethode verbessern. Er kommt zu dem Schluss, dass ihm nichts anderes übrig bleibt, als vorübergehend seinen Fischfang einzuschränken und sich in der so frei werdenden Zeit eine einfache Angel zu bauen; über das notwendige technische Wissen dazu verfügt er. In den zwei Tagen der Herstellung dieses Gerätes muss er sich mit nur drei Fischen als Nahrungsgrundlage begnügen und leidet so für diesen begrenzten Zeitraum Hunger. Danach ist es aber möglich, in der Hälfte der Zeit genauso viele Fische wie vorher zu fangen. In der anderen Tageshälfte bereichert er seinen Tisch durch das Pflücken von Beeren und Früchten. Außerdem kann er sich nun auch Pfeil und Bogen bauen, um auf Jagd zu gehen.

1. Stellen Sie dar, auf welche Produktionsfaktoren dieser Mensch nach Ankunft auf der Insel zunächst nur zurückgreifen kann.

2. Welche besonderen Probleme entstehen dadurch für ihn? Welche Lösung strebt er an?

3. Die Angel, die er sich baut, stellt für ihn den Produktionsfaktor Kapital dar. Zeigen Sie an dem Beispiel, welche Bedingungen gegeben sein müssen, damit der Produktionsfaktor Kapital entsteht.

   Versuchen Sie, die Voraussetzungen und Konsequenzen, die mit der Erstellung des Kapitals in dem Beispiel verbunden waren, zu erfassen und zu verallgemeinern.

4. Welche besondere Bedeutung hat der Produktionsfaktor Kapital für die Erhöhung des Lebensstandards dieses Menschen?

5. Stellen Sie die Rolle der Bildung (bzw. des Wissens) in vorliegendem Falle dar.

Kapitalgüter werden in erster Linie geschaffen, um die Knappheit der Produktionsfaktoren zu überwinden. [2]

Kennzeichnend für alle reichen Länder ist, dass sie eine gute Kapitalausstattung haben, während die wenig entwickelten Länder zwar reich an Arbeitskräften und oft auch an Naturschätzen sind, aber an Kapital und Wissen Mangel leiden. Auch die Überwindung der Armut in unserem Land nach dem Krieg war nur möglich über eine rasche Kapitalbildung. Dabei darf nicht verkannt werden, dass diese Entwicklung ohne entsprechende Arbeitsleistung und Bodennutzung nicht möglich gewesen wäre.

Weil aber der Besitz an Kapital wirtschaftliche Macht bedeutet, war die Welt lange Zeit in zwei Lager gespalten über die Frage, wie sich die vom Kapitalbesitz ausgehende wirtschaftliche Macht am besten kanalisieren lässt. Je nachdem, welche Antwort auf die Frage gefunden wurde, kam es zu unterschiedlichen Gesellschaftsordnungen.

In dem einen Lager, in der so genannten westlichen Welt, ist man der Meinung, dass sich die produktive und wohlstandsvermehrende Kraft des Kapitals am besten entfalten kann, wenn es **Privateigentum** und dabei wiederum Eigentum möglichst vieler Wirtschaftssubjekte ist. Dem Staat fällt dabei die Aufgabe zu, durch entsprechende Gesetze dafür zu sorgen, dass mit dem sich in privater Hand befindenden Kapital kein Machtmissbrauch getrieben wird.

In dem anderen Lager war man der Meinung, dass es zu gefährlich sei, dem Einzelnen durch das Eigentum an Produktionsmitteln wirtschaftliche Macht in die Hände zu geben. Deshalb hatte man in diesen so genannten sozialistischen Ländern das Privateigentum an Kapital abgeschafft und es zu **Kollektiveigentum,** d. h. der Gesamtheit gehörend, gemacht. Eine Kontrolle der wirtschaftlichen Macht des Kapitals sollte hier vom Volke ausgehen.

Seit Mitte der 80er-Jahre setzte die damalige Sowjetunion als bislang führendes Land der sozialistischen Staatengemeinschaft verstärkt auf einen politischen und wirtschaftlichen Demokratisierungskurs. In der Folge versuch(t)en die meisten Länder des ehemaligen Ostblocks, ihre Wirtschaftssysteme marktwirtschaftlich zu orientieren.

Mit der deutschen Vereinigung im Jahre 1990 wurde das Wirtschaftssystem der früheren DDR binnen kürzester Zeit von der sozialistischen Planwirtschaft in die soziale Marktwirtschaft überführt. Der (noch bis heute andauernde) Prozess war nur mit staatlicher Unterstützung in Milliardenhöhe möglich.

Arbeitsvorschlag

1. Was versteht man unter dem „Kapital"
   als Produktionsfaktor?
2. Warum bezeichnet man das Kapital als
   einen abgeleiteten Produktionsfaktor?
3. Welche Auswirkungen hat die ständig
   zunehmende Automatisierung auf die
   Situation am Arbeitsmarkt?

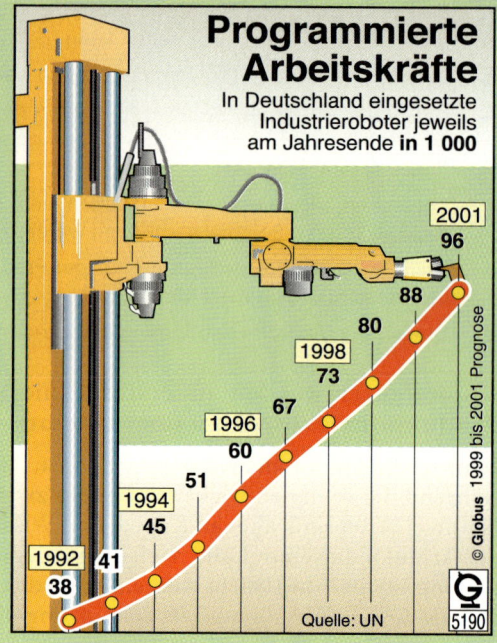

Programmierte Arbeitskräfte

In Deutschland eingesetzte
Industrieroboter jeweils
am Jahresende **in 1 000**

2001
96

88

80

1998
73

67

1996
60

51

1994
45

1992 41
38

© Globus 1999 bis 2001 Prognose

Quelle: UN

5190

2.2   Betriebliche Produktionsfaktoren

Aus betriebswirtschaftlicher Sicht unterscheidet man zwischen

● **Arbeit,**   ● **Werkstoffen und**   ● **Betriebsmitteln als Produktionsfaktoren.**
Zu den Betriebsmitteln zählen Grundstücke, Gebäude, Maschinen und Werkzeuge. Zu
den Werkstoffen gehören Roh-, Hilfs- und Betriebsstoffe.

Rohstoffe

Diese sind diejenigen Grundstoffe, die im Produktionsprozess in das Erzeugnis eingehen und seine stofflichen Hauptbestandteile sind (z. B. Leder bei der Schuhproduk-
tion, Papier bei der Herstellung von Büchern und Zeitungen).

Hilfsstoffe

Sie sind kein Hauptbestandteil des fertigen Produkts. Vielmehr erfüllen sie nur eine
Hilfsfunktion für die Rohstoffe, indem sie diese verbinden, verstärken, veredeln usw.
Hilfsstoffe sind z. B. Schrauben, Nieten und Farben für die Autoproduktion.

Betriebsstoffe

Sie werden zur Durchführung des Leistungsprozesses in allen betrieblichen Bereichen
eingesetzt, ohne Bestandteil des fertigen Produkts zu werden. Im Produktionsbereich
zählen zu den Betriebsstoffen Benzin, Koks, Strom, Kohle, Wasser usw., im Verwal-
tungsbereich Schnellhefter, Vordrucke, Sichthüllen und Kugelschreiber usw.

Kombination der Produktionsfaktoren

Die Kombination der Produktionsfaktoren vollzieht sich nicht automatisch, sondern sie erfolgt durch bewusstes menschliches Handeln, das sich in leitende, planende, organisierende und überwachende Tätigkeiten einteilen lässt. Diese Tätigkeiten werden als **dispositive** Arbeit bezeichnet. Ihnen gegenüber steht die **ausführende Arbeit.** Da ohne die dispositive Arbeit die betrieblichen Funktionen nicht wahrgenommen werden können, ist es zweckmäßig, sie aus dem Gesamtbereich der menschlichen Arbeit auszugliedern und als selbstständigen Produktionsfaktor aufzufassen. Somit gibt es vier Produktionsfaktoren: **Betriebsmittel, Werkstoffe, ausführende Arbeit** (Elementarfaktoren) und **dispositive Arbeit** (dispositiver Faktor).

Elementarfaktoren		dispositiver Faktor	
Betriebsmittel	– Gebäude – Grundstücke – Maschinen – Werkzeuge	**Leitung** **Planung**	Aufgaben, die den betrieblichen Ablauf organisieren und sicherstellen, dass die gesteckten Ziele erreicht werden können. In diesem Bereich fallen alle Mitarbeiter mit eigenen Zuständigkeitsbereichen oder dem Recht, anderen Anweisungen zu erteilen.
Werkstoffe	– Rohstoffe – Hilfsstoffe – Betriebsstoffe	**Organisation**	
Arbeit	– ausführende Tätigkeiten	**Kontrolle**	

Arbeitsvorschlag

1. Welche grundsätzlichen Unterschiede bestehen bei der Kombination der oben beschriebenen Faktoren zwischen Industrie- und Dienstleistungsbetrieben?

2. Was versteht man in der Betriebswirtschaftslehre unter dispositiver Arbeit?

3. Nennen Sie Unterschiede zwischen volkswirtschaftlichen und betriebswirtschaftlichen Produktionsfaktoren.

4. Um welche Produktionsfaktoren handelt es sich in folgenden Fällen:
   a) Papier in einer Tapetenfabrik
   b) Borsten bei einem Hersteller von Pinseln
   c) Bohrmaschine
   d) Hebebühne in Kfz-Werkstatt
   e) Schmieröl für Kettenförderanlage
   f) Arbeiter am Fließband
   g) Leiter der Arbeitsvorbereitung
   h) Kranführer in Metallfabrik
   i) Klebstoff beim Möbelfurnier
   j) Dichtungsband bei der Fensterproduktion
   k) Hobelmaschine
   l) Betriebsleitung
   m) Zange im Installationsbetrieb
   n) Knöpfe bei der Hemdenproduktion
   o) Neubau eines Werkstattgebäudes
   p) Anschaffung eines Fertigungsroboters

Themenkreis 10:
Markt und Preisbildung

1   Der Markt als Treffpunkt von Angebot und Nachfrage

1.1   Marktarten

Ein Markt in volkswirtschaftlichem Sinne liegt vor, wenn Angebot und Nachfrage zusammentreffen.

Die Märkte können nach verschiedenen Gesichtspunkten eingeteilt werden:

1 **Gütermärkte**

Konsumgütermärkte, auf denen die Unternehmen dem Wiederverkäufer oder dem Endverbraucher Waren zum Kauf anbieten, die für den Konsum bestimmt sind.

Nach der Art der Verkäufer unterscheidet man Groß- und Einzelhandelsmärkte. Zusätzlich lässt sich eine weitere Unterteilung nach der jeweiligen Warenart schaffen (z. B. Textilmärkte, Automobilmärkte usw.).

Investitionsgütermärkte, auf denen Waren für die Weiterbe- oder -verarbeitung (Rohstoffe, Halbfertigwaren) und Produktionsmittel (Maschinen) gehandelt werden.

2 **Faktormärkte**

Arbeitsmarkt, auf dem Arbeit suchende Menschen mit den Anbietern von Arbeitsplätzen zusammentreffen.

Eine staatliche Arbeitsmarkteinrichtung sind die Arbeitsämter.

Davon unabhängige Verbindungen können beispielsweise durch Zeitungen (Stellengesuche und -angebote) hergestellt werden.

Immobilienmärkte, die auf den An- und Verkauf von Grundstücken, Gebäuden, Hallen o. Ä. spezialisiert sind. Die Objekte können sowohl gewerblich als auch privat nutzbar sein. Immobilien werden oft mithilfe eines Maklers (= Vermittler) gehandelt.

Kreditmärkte, auf denen Privatpersonen und Unternehmungen kurz-, mittel- oder langfristige Gelder aufnehmen können.

Hierzu gehören neben privaten Geldvermittlern in erster Linie die Banken und Sparkassen. Sie arbeiten mit den Einlagen ihrer Kunden, indem sie das Geld verleihen.

Dienstleistungsmärkte

Hier werden z. B. Versicherungs-, Verkehrs-, Nachrichtenleistungen angeboten. Zu den Dienstleistungen gehören alle Tätigkeiten, die nicht unmittelbar zur Güterproduktion führen.

Ihr beliebter u. preisgünstiger

**Taxi- und
Mietwagenbetrieb**

87 00/87 70

Stadtfahrten

3

Wegen ihrer besonderen Bedeutung werden die Faktormärkte (z. B. Arbeitsmarkt) allgemein aus den Dienstleistungen ausgegliedert und gesondert betrachtet.

Arbeitsvorschlag

1. Erläutern Sie den Unterschied zwischen Güter-, Faktor- und Dienstleistungsmärkten.
2. Erörtern Sie, um welche Marktart es sich in folgenden Fällen jeweils handelt und welche Leistungen angeboten und nachgefragt werden:

   a) Jahrmarkt   d) Wochenmarkt   g) Versicherungsmakler
   b) Automobilwerkstatt   e) Industriemesse   h) Baumarkt
   c) Taxistand   f) Textilfachgeschäft   i) Briefmarken-
                                                                 versteigerung

---

1.2   Marktformen

Auf dem Markt versuchen Anbieter und Nachfrager ihre Zielvorstellungen zu verwirklichen. Eine große Rolle spielt dabei der Preis.

Unter wirtschaftlichen Gesichtspunkten sind die Ziele der Käufer und Verkäufer entgegengesetzt. Während der Anbieter versucht, einen möglichst hohen Preis zu erzielen, will der Nachfrager möglichst wenig bezahlen. Das Ergebnis des Preisbildungsprozesses hängt in erster Linie davon ab, welche Macht der einzelne Marktpartner besitzt, d. h., wie dringend die Kauf- oder Verkaufswünsche sind und welche Rolle der Wettbewerb auf beiden Seiten spielt.

Nach der Anzahl der Marktpartner unterscheidet man grob die folgenden Marktformen:

- **Monopol** mit nur einem Anbieter und/oder nur einem Nachfrager

  Monopole erlauben dem Anbieter oder Nachfrager, seine Ziele (insbesondere einen hohen Preis) „mit Macht" durchzusetzen. Reine Monopolstellungen sind zwar selten, aber insbesondere dann vorhanden, wenn es sich auf Seiten der Anbieter um völlig neue Produkte handelt oder wenn z. B. staatliche Stellen als alleiniger Nachfrager auftreten.

  Die Monopolstellung kann umso besser genutzt werden, je dringlicher die Nachfrage bzw. je stärker die Abhängigkeit des Geschäftspartners ist.

- **Oligopol** mit nur wenigen Anbietern und/oder Nachfragern

  In dieser Marktform ist zwar eine gewisse Konkurrenz vorhanden, aber die gegenseitige Abhängigkeit erlaubt kein freies Handeln.

  So kann z. B. ein Mineralölhersteller seine Preise nicht völlig frei gestalten. Zieht die Konkurrenz z. B. bei einer Preiserhöhung nicht mit, sind Absatzschwierigkeiten die Folge. Das Ergebnis ist, dass ein abgestimmtes Anbieterverhalten oft deutlich zu erkennen ist.

- **Polypol** mit vielen Anbietern und/oder Nachfragern

  In der Idealvorstellung befinden sich auf einem Markt viele Anbieter und viele Nachfrager. Die freie Konkurrenz erlaubt keine Abstimmungen und bietet insbesondere für den Nachfrager die besten Voraussetzungen, durch einen Angebotsvergleich günstigst einzukaufen. Aber auch die Anbieter haben im Wettbewerb um den Nachfrager grundsätzlich die gleichen Chancen, da keiner von ihnen marktbestimmend oder deutlich marktführend ist.

Arbeitsvorschlag

1. Erläutern Sie die drei genannten Marktformen und klären Sie jeweils die „Machtverhältnisse" zwischen Anbietern und Nachfragern.

2. Welche Folgen gehen von einem abgestimmten Anbieterverhalten im Oligopol auf das Marktgeschehen aus?

3. Für wie wahrscheinlich halten Sie es, dass ein Monopolist tatsächlich jeden beliebigen Preis am Markt durchsetzen kann?

---

2   Der Preisbildungsprozess

2.1   Preisbildung auf vollkommenen Märkten

Angebot und Nachfrage sind nur in den seltensten Fällen gleich groß. Ein Ausgleich erfolgt auf dem Markt über den Preis.

Über die Höhe des tatsächlichen Marktpreises entscheiden viele Faktoren. Wichtig ist dabei die Marktmacht.

1

Die **Nachfrager** handeln in der Regel nach dem **Minimalprinzip,** d. h., sie wollen für eine bestimmte Ware oder Leistung möglichst wenig bezahlen.

→ Je niedriger der Preis, desto größer die Nachfrage.

→ Je höher der Preis, desto niedriger die Nachfrage.

Die **Anbieter** handeln in der Regel nach dem **Maximalprinzip,** d. h., sie wollen für ihre Waren und Leistungen möglichst hohe Preise erzielen.

→ Je höher der Preis, desto größer das Angebot.

→ Je niedriger der Preis, desto kleiner das Angebot.

Beispiel:

Preis/€	N
1,00	30
2,00	25
3,00	20
4,00	15
5,00	10

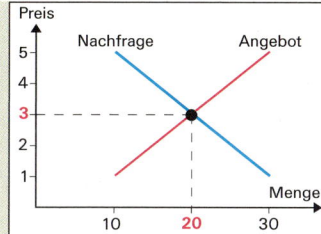

Preis/€	A
1,00	10
2,00	15
3,00	20
4,00	25
5,00	30

Wenn Angebot und Nachfrage ausgeglichen sind, ist das **Marktgleichgewicht** erreicht (hier bei einem Preis von 3,00 € und einer Menge von 20 Stück).

2

Der **Nachfrager** hat eine **marktstarke Position,** wenn

→ das Angebot größer ist als die nachgefragte Menge.

→ der Anbieter verderbliche Waren verkaufen muss.

→ die angebotenen Waren nicht lebensnotwendig sind und auf einen Kauf verzichtet werden kann.

→ möglichst viele Konkurrenzbetriebe gleiche oder ähnliche Waren anbieten.

Der **Anbieter** hat eine **marktstarke Position,** wenn

→ die Nachfrage größer ist als die zur Verfügung stehende Menge.

→ der Kaufwunsch der Nachfrager dringend ist.

→ Waren mit einem bestimmten Prestigewert angeboten werden.

→ für die Zukunft mit Preissteigerungen gerechnet werden muss.

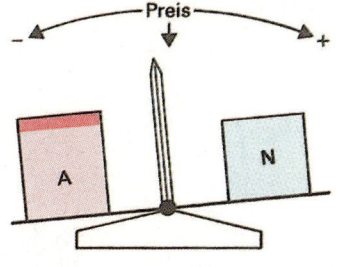

Angebotsüberhang

Preise geraten unter Druck und sinken.

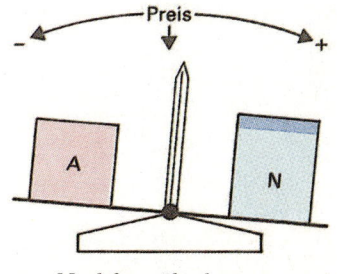

Nachfrageüberhang

Preise können erhöht werden.

Ein **vollkommener Markt** ist aber nur vorhanden, wenn allein der Preis kaufentscheidend ist, d. h. folgende Bedingungen gegeben sind:

- völlig gleiche Angebote (homogene Güter)
- dem Verbraucher ist es völlig gleich, wo und bei wem er kauft (keine Präferenzen)
- die Zeit für die Beschaffung spielt keine Rolle
- der Verbraucher hat einen vollständigen Überblick über das gesamte Angebot (Markttransparenz)
- auf Marktveränderungen wird sofort reagiert

Arbeitsvorschlag

1. Irene Weber, Inhaberin eines Steuerbüros in Eisenach, liest in der Zeitung folgende Anzeige:

> ## Auktionshaus Neumann
> **Versteigerung aus Betriebsauflösung**
>
> Am Freitag, dem 17. Juni .., werden in der Stadthalle Eisenach meistbietend versteigert:
> - 3 Kopiergeräte, Modell Zephir, 6 Monate alt, Neupreis 1.900,00 € pro Stück, Mindestgebot 500,00 €
> - Stühle, Garderobeneinrichtung, sonstige Gegenstände
> Besichtigungsmöglichkeit am Versteigerungstag ab 8:00 Uhr.

Frau Weber ist interessiert und will an der Versteigerung teilnehmen, um die Kopiergeräte möglichst günstig zu erwerben.

a) Wovon hängt es ab, ob Frau Weber die Kopiergeräte erhält (ersteigern wird) oder nicht?

b) In einem Gespräch vor Versteigerungsbeginn erfährt Frau Weber, dass sich insgesamt offensichtlich 5 Personen für die Kopiergeräte interessieren, die aber alle verschiedene Preisvorstellungen haben:

Person A: höchstens 500,00 €   Person C: höchstens 700,00 €
Person B: höchstens 600,00 €   Person D: höchstens 800,00 €

Frau Weber wäre bereit höchstens 900,00 € zu bezahlen. Erstellen Sie für diese Nachfrage eine entsprechende Kurve.

2. Wann spricht man von einem „vollkommenen Markt"?

3. Versuchen Sie Beispiele für vollkommene Märkte zu finden und erklären Sie, warum diese eher die Ausnahme darstellen und die meisten Märkte unvollkommen sind.

4. In einem anderen Fall ist folgende Marktsituation gegeben:

Preis/€	5,00	10,00	15,00	20,00	25,00	30,00
Angebot/St.	—	20	40	60	80	100
Nachfrage/St.	100	80	60	40	20	—

a) Welche Auswirkungen haben steigende Preise auf Angebot und Nachfrage?
b) Wodurch ist die Gleichgewichtssituation gekennzeichnet?
c) Stellen Sie die Marktsituation grafisch mit Angebots- und Nachfragekurve dar.
d) Welcher Gleichgewichtspreis ergibt sich?

5. Wie wird der Preisbildungsprozess ablaufen, wenn die Bedingungen des vollkommenen Marktes nicht oder nur teilweise gegeben sind?

2.2 Preisbildung im unvollkommenen Markt

Märkte im tatsächlichen Wirtschaftsgeschehen sind unvollkommene Märkte. Sie erkennt man vor allem daran, dass neben dem Preis auch noch andere Faktoren die Kaufentscheidung beeinflussen.

Ein Beispiel für unvollkommene Märkte begegnet z. B. jedem Autofahrer, der tanken will. Er kann bei den einzelnen Tankstellen für das eigentlich doch völlig gleichartige (homogene) Produkt Benzin auf ganz unterschiedliche Preise treffen. Besonders groß ist der Preisunterschied zwischen Autobahn- und Ortstankstellen.

Auf unvollkommenen Märkten sind Güter oder Dienstleistungen vertreten, die aus Sicht der Verbraucher meist heterogen (verschiedenartig) sind. Ein Grund ist darin zu sehen, dass Unternehmen sich bemühen, anders zu sein als die Mitbewerber. Sie versuchen z. B. über einen guten Service, freundliche Kundenbedienung und attraktive Lieferungs- und Zahlungsbedingungen ein besonderes Ansehen zu erhalten und mithilfe der Werbung ihrem Angebot den Anschein von Einzigartigkeit zu geben. Mangelnde Marktübersicht der Verbraucher und die Tatsache, dass es ihnen nicht egal ist, wann, wo und bei wem sie ihre Produkte kaufen, lassen aus homogenen (gleichartigen) Produkten heterogene Ware werden. Marktsituationen dieser Art findet man z. B. bei Handwerkern, Einzelhändlern, Tankstellen und auch zahlreichen Dienstleistungsbetrieben.

Arbeitsvorschlag

Andreas W. hat sich selbstständig gemacht. Er betreibt eine Tankstelle in der Nähe der Kleinstadt Neuhaus. Der lokale Tankstellenmarkt um den Ort Neuhaus stellt sich wie folgt dar:
— freie Tankstelle von Andreas W. an der Zubringerstraße nach Neuhaus,
— Autobahntankstelle 5 km von der Abfahrt Neuhaus entfernt,
— städtische Tankstellen (T1 und T2), davon eine am Ende und eine am Anfang des Ortes.

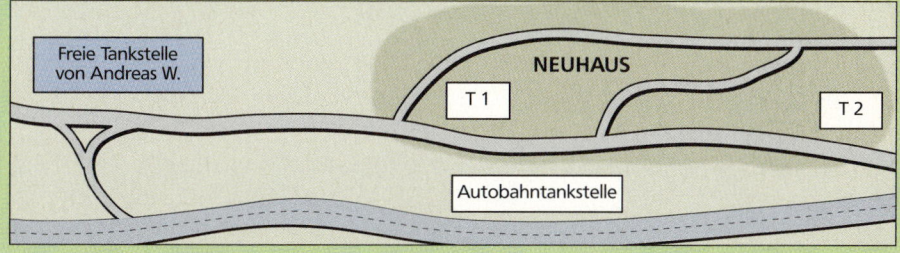

1. Die Autobahntankstelle verlangt für einen Liter Superbenzin 1,05 Euro. Welchen Preis würden Sie den anderen Tankstellen empfehlen?
2. Welche Möglichkeiten sehen Sie für Andreas W., seinen preispolitischen Spielraum zu vergrößern?
3. Der Inhaber der städtischen Tankstelle (T2) senkt den Preis um 5 Cent. Diskutieren Sie die Auswirkungen auf die anderen Tankstellen.
4. Unterscheiden Sie zwischen vollkommenen und unvollkommenen Märkten.

Wichtiges in Kürze

O   Wenn Angebot und Nachfrage zusammentreffen, spricht man von einem Markt.

O   Die wichtigsten Marktformen sind:
  — Monopol (ein Anbieter und/oder ein Nachfrager)
  — Oligopol (wenige Anbieter und/oder wenige Nachfrager)
  — Polypol (viele Anbieter und/oder viele Nachfrager)

O   Der Preis bestimmt Angebot und Nachfrage:
  — Je höher der Preis, desto höher ist das Angebot (steigende Verkaufsbereitschaft), aber desto niedriger ist die Nachfrage.
  — Je niedriger der Preis, desto niedriger ist das Angebot (sinkende Verkaufsbereitschaft), aber desto höher ist die Nachfrage.

O   Angebot und Nachfrage regulieren den Preis:
  — Je höher die Nachfrage (bei gleich bleibendem Angebot), desto höher ist der Preis.
  — Je höher das Angebot (bei gleich bleibender Nachfrage), desto niedriger ist der Preis.

O   Zu den Bedingungen des Preisbildungsmodells gehören:
  — gleiche (homogene) Güter,
  — vollständiger Marktüberblick,
  — Gleichbehandlung aller Marktpartner, d. h. keine Bevorzugungen,
  — sofortige Anpassung an Marktveränderungen,
  — Vorhandensein vollständiger Konkurrenz mit vielen Anbietern und Nachfragern.

Themenkreis 11:
Wirtschaftsordnungen

Wirtschaften heißt planen. Planen muss jeder Haushalt, jede Unternehmung, jede Gemeinde und jeder Staat. So entstehen in einem Land eine Vielzahl von Einzelplänen, die sich berühren, verflechten und voneinander abhängig sind.

Die Wirtschaftsordnung eines Staates entscheidet darüber, wie diese Pläne aufeinander abgestimmt werden. Mit ihr bestimmt der Staat, wie viel Freiheit die einzelnen Wirtschaftsteilnehmer bei der Verwirklichung ihrer Ziele haben.

Für die Frage, von wem diese Entscheidungen getroffen werden, gibt es grundsätzlich drei Möglichkeiten:

- Werden alle Einzelpläne durch Zwang einem zentralen Gesamtplan untergeordnet, der bestimmt, welche Produkte wann, wie, wo hergestellt und von wem verbraucht werden, handelt es sich um eine zentralgelenkte Wirtschaft; man nennt sie „Zentralverwaltungswirtschaft".

- Wenn die einzelnen Wirtschaftsteilnehmer freie Entscheidungen treffen und auf einem freien Markt zusammentreffen, um ihre Güter und Leistungen auszutauschen, spricht man von der „freien Marktwirtschaft".

- Wird die völlige Freiheit durch Bestimmungen zum Schutze des wirtschaftlich Schwächeren vom Staat eingeschränkt, handelt es sich um die „soziale Marktwirtschaft".

1   Die freie Marktwirtschaft

Das Prinzip der freien Marktwirtschaft wird von folgenden Merkmalen bestimmt:

- Der Staat greift überhaupt nicht in das Wirtschaftsgeschehen ein. Er sorgt lediglich für Sicherheit und den persönlichen Schutz, die Rechtspflege und Bildung.

- Die Unternehmer entscheiden ganz allein, wo, wie, wann und was produziert wird.

- Die Produktionsmittel (= Kapital, daher „Kapitalismus") sind Privateigentum.

- Jeder kann überall einen Betrieb oder ein Geschäft eröffnen, es jederzeit vergrößern oder weitere hinzukaufen.

- Über Einfuhr oder Ausfuhr von Wirtschaftsgütern entscheiden die Wirtschaftssubjekte allein.

- Vertragspartner haben beim Vertragsabschluss völlige Freiheit.

- Die Entscheidung, was und wie viel gekauft wird, liegt ausschießlich bei den Käufern.

- Angebot und Nachfrage bestimmen den Preis (auch der Arbeit).

- Weniger wettbewerbsfähige Unternehmen werden vom Markt verdrängt.

Der Kapitalismus des 19. Jahrhunderts hat große Erfolge erzielt. Neben der Industrialisierung und der Massenproduktion, durch die immer mehr Produkte auch für die Bürger erschwinglich wurden, entstanden sowohl neue Verkehrswege als auch neue Märkte.

Folgende **Missstände** wurden aber auch durch die freie Marktwirtschaft begünstigt:

- Das Angebot an Arbeitskräften überstieg durch die zunehmende technische Entwicklung immer mehr die Nachfrage. Dieser Prozess führte zu immer niedrigerer Entlohnung und letztlich zur Verelendung der Arbeiterklasse.

- Der ruinöse Wettbewerb führte bald dazu, dass kleine Unternehmungen von den großen ausgeschaltet oder übernommen wurden. Es bildeten sich Monopole und Kartelle, die den Wettbewerb vermeiden und die Preise diktieren konnten.

- Durch diese überhöhten Preise erzielten marktstarke Unternehmen überhöhte Gewinne, die zu einer wachsenden Kapitalkonzentration auf Kosten der Vermögenslosen führten.

Ein Beispiel aus jener Zeit verdeutlicht die damit verbundenen sozialen Zustände:

„Vom zweiten Lohn wurden lange Hosen für mich gekauft, damit ich älter wirken sollte und Arbeit suchen konnte; es galt mitzuarbeiten zum Unterhalt der Familie.

Zuerst war ich natürlich zur Schule angemeldet worden. In Berlin gab es nur vormittags Unterricht; das ermöglichte es mir nachmittags bis abends arbeiten zu gehen.

Der erste Versuch missglückte. Ich hatte eine Stelle in einem Geschäft für Klempnerbedarf gefunden, für das ich mit einem Handkarren Bleirohre und Wasserhähne an Klempner zu liefern hatte. Doch schon nach einigen Tagen wurde ich von der Polizei ‚aufgeschrieben‘, weil ich den überladenen Karren auf einer ansteigenden Straße nicht ziehen konnte und einen Menschenauflauf verursachte. In der nächsten Stelle war ich Austräger bei einem Mützenmacher. Ich erhielt drei Mark in der Woche und täglich eine Tasse Malzkaffee mit einer Semmel. Der Mützenmacher war Witwer, den Hausstand führte eine Haushälterin. Hier blieb ich eineinhalb Jahre. Dann heiratete der Mann nochmals und die neue Frau sagte mir: ‚Der Nachmittagskaffee für dich wird abgeschafft.‘ Ich gab die Stelle auf, weil mich ohne die Semmel und den Kaffee hungerte. Die Arbeitszeit war auch zu lang, sie dauerte öfters bis 8 und 9 Uhr abends.

Mittlerweile war ich vierzehn Jahre alt geworden und aus der Schule entlassen. Eine Lehrstelle konnte ich nicht sogleich finden, weil die Lehrherren ein ‚Lehrgeld‘ verlangten und keinen Arbeitslohn geben wollten. Meine Mutter hatte kein Geld, ihr Verdienst reichte für unseren Unterhalt nicht aus. Wir hatten Zeiten, in denen es ab Donnerstag bis zur Lohnzahlung am Sonnabend kein Mittagessen gab. Unsere Hauptsorge war stets, das Geld für die Wohnungsmiete bereit zu haben. Zudem war unsere Mutter sehr oft krank. Krankheitstage wurden nicht bezahlt. Aufs Brot wurde Schmalz, Kunsthonig oder Rübensaft gestrichen. Wir waren arm im bittersten Sinne des Wortes: Mangel an Nahrung, Mangel an Wohnraum, Mangel an Zeit.“

Karl Retzlaw: Spartakus, Aufstieg und Niedergang. Erinnerungen eines Parteiarbeiters, Frankfurt 1971, S. 19

2 Die Zentralverwaltungswirtschaft

Aufgrund vorgenannter Mängel der „Freien Marktwirtschaft" entwickelten Karl Marx und Friedrich Engels die **„Zentrale Planwirtschaft",** in der der Staat durch eine allumfassende Planung wirtschaftliche Aktivitäten lenken und dirigieren sollte.

Dies wurde die Basis für die Wirtschaftsordnungen der osteuropäischen Staaten. Nach der Oktoberrevolution im Jahre 1917 wurde in der UdSSR die Zentralverwaltungswirtschaft eingeführt. Als Besatzungsmacht führte die Sowjetunion nach dem Zweiten Weltkrieg diese Ordnung auch in der ehemaligen DDR ein.

Die Sowjetische Besatzungszone des ehemaligen Deutschen Reiches war eine hoch industrialisierte Volkswirtschaft. Hier befanden sich schwerpunktmäßig die Standorte von Verarbeitungsbetrieben. Die Sowjets griffen in zweifacher Hinsicht in dieses Wirtschaftsgefüge ein:

- Sie nutzten das vorhandene Wirtschaftspotenzial zum Aufbau der eigenen Wirtschaft. Dazu wurden ganze Betriebe demontiert und in die Sowjetunion transportiert. Außerdem beschlagnahmten sie Sachwerte aus öffentlichem und privatem Besitz. Aus der laufenden Produktion mussten direkte Lieferungen als Reparationsleistungen abgeführt werden.
- Nach sowjetischem Muster wurde in mehreren Phasen ein sozialistisches Eigentum geschaffen. Die weit gehende Abschaffung des Privateigentums war die wichtigste Voraussetzung für die zentrale Wirtschaftsplanung.

Planerfüllung

Während in marktwirtschaftlichen Systemen Löhne und Gewinne die Hauptanreize zur Leistungs- und Zielerfüllung sind, wurde in der Zentralverwaltungswirtschaft mit anderen Mitteln versucht die Wirtschaftsteilnehmer zur Planerfüllung zu veranlassen. Die Arbeitnehmer wurden mit Auszeichnungen (z. B. „Held der Arbeit") oder aber Vergünstigungen wie Urlaubsreisen, besseren Wohnungen usw. motiviert. Daneben drohten aber auch bei Unterschreitung des Plansolls Sanktionen (besonders für Betriebsleiter).

Doch bald taten sich wesentliche Schwachpunkte der Zentralverwaltungswirtschaft — in allen Ländern des Comecon[1] mehr oder weniger stark ausgeprägt — auf:

- Auch nur geringste Fehlplanungen führten zu Engpässen bei Rohstoffen und Fertigprodukten. Konsumgüter wurden knapp.
- Diese Versorgungsengpässe führten in Teilen der Bevölkerung zu mangelndem Leistungswillen und niedriger Produktivität.
- Dazu kam noch Misswirtschaft. Außerdem fehlte es an Privateigentum in Betrieben, die durch mehr Anpassungs- und Leistungswillen Versorgungslücken gedeckt hätten.

Viele Produkte des täglichen Lebens mussten staatlich subventioniert[2] werden. Dies führte zu steigenden Zahlungsschwierigkeiten der sozialistischen Staaten. Ein Teufelskreis, der zu immer größeren wirtschaftlichen Schwierigkeiten führte.

---

1 Comecon = ehemalige Wirtschaftsgemeinschaft der osteuropäischen Staaten
2 Subventionen = staatliche Zahlungen zur Unterstützung von Betrieben

2 ## Wie die ehemalige DDR-Wirtschaft funktionierte

Aus Angst vor politischen Unruhen wagte die DDR-Führung nicht, die subventionierten Preise für Mieten und Grundnahrungsmittel, Dienstleistungen und Verkehrsmittel anzuheben — was verheerende Folgen hatte: Weil die Billigmieten nur ein Drittel der Kosten deckten, waren in Privateigentum stehende Häuser dem Verfall preisgegeben. Und weil das subventionierte Brot billiger war als Weizen, wurden Hühner in der DDR mit Brot statt mit Getreide gefüttert.

Für die Absurditäten der Kommandowirtschaft nennt Schürer heute das folgende Beispiel: „Lieferte ein Züchter ein Kaninchen an den Staat, erhielt er dafür 60 Mark. Kaufte er es danach geschlachtet und ausgenommen bei der Staatlichen Handelsorganisation HO zurück, kostete es trotz der aufwendigen Arbeit nur 15 Mark."

Als Hauptursache des Niedergangs erwies sich Artikel 9 der Verfassung: „Die Volkswirtschaft der Deutschen Demokratischen Republik ist sozialistische Planwirtschaft". Nicht der Markt, sondern der Plan bestimmte die Preise. Die Produktion wurde nicht von der Nachfrage gesteuert, sondern durch Willkür und Wunschdenken der Regierenden. Wenn Volkskammer-Präsident Horst Sindermanns Enkel

echte Levis-Jeans verlangten, kam das Thema auf die Tagesordnung des Politbüros. Wenn Honecker mit einem 256-Kilobit-Mikrochip made in GDR renommieren wollte, musste der gebaut werden — koste es, was es wolle. „Die Selbstkosten für einen Chip", so Schürer, „betrugen 536 Mark. Der Verkaufspreis war in der DDR auf 16 Mark festgelegt."

Unter planungsbedingten Versorgungsengpässen — vom Dosenöffner bis zur Badekappe, vom Dübel bis zum Fertigmörtel — litten Privathaushalte wie Betriebe. Gedrückt wurde die Produktivität der DDR-Wirtschaft aber auch durch die Gleichmacherei bei den Löhnen und durch die Schwäche der Ost-Mark: Die Werktätigen verdienten während der Ära Honecker zwar mehr Geld als zuvor, konnten damit aber nur wenig anfangen.

Auf eine Wohnung mussten DDR-Familien 5 Jahre lang warten, auf ein Telefon 10 Jahre, auf einen Wartburg 15 Jahre. Genussmittel wie Schokolade oder Südfrüchte waren entweder überteuert oder gar nicht zu haben. Höherwertige Konsumgüter wie MZ-Motorräder oder „Praktika"-Spiegelreflexkameras gingen gleich in den Westen. (...)

Quelle: Der Spiegel Nr. 46 vom 15. Nov. 1999

3 In der ehemaligen DDR fand nach der Wiedervereinigung eine Ablösung des gescheiterten Wirtschaftssystems statt. Bei diesem Prozess stellte sich heraus, dass die Schwierigkeiten bei dem Übergang von der Planwirtschaft zur Marktwirtschaft viel größer waren, als man ursprünglich geglaubt hatte.

Die Abschottung von ganzen Industriezweigen vom internationalen Wettbewerb hatte dazu geführt, dass diese Betriebe unter marktwirtschaftlichen Konkurrenzbedingungen keine Überlebenschance mehr hatten, wie dies z. B. bei der Textil- und Uhrenindustrie der Fall war. Andere Industriezweige in den neuen Bundesländern, wie z. B. die Kohle-, Stahl- und Kaliindustrie, litten unter dem Nachteil, dass auch in den westlichen Bundesländern Überkapazitäten abgebaut werden mussten. Die marktwirtschaftlich erfahreneren Westbetriebe waren bei diesem Verteilungskampf nicht selten die Erfolgreicheren.

Tut mir leid Jungs!
War halt nur so'ne Idee von mir...

Zeichnung: Roland Beier/DDR (1990)

Eine besondere Einrichtung, die Treuhandanstalt, wurde geschaffen, um die volkseigenen Betriebe der ehemaligen DDR in Privatbesitz zu überführen. Einerseits wurden hier beachtliche Privatisierungserfolge erzielt. Andererseits jedoch wurde das Ziel, möglichst viele Arbeitsplätze zu erhalten und neue zu schaffen, in vielen Wirtschaftsbereichen nicht erreicht. Auch 10 Jahre nach der Wiedervereinigung ist die Arbeitslosenquote in den neuen Bundesländern im Durchschnitt noch erheblich höher als in den alten Bundesländern.

Arbeitsvorschlag

1. Welcher Zusammenhang besteht (zwangsläufig) zwischen Wirtschaftsordnung und Eigentumsformen an Produktionsmitteln?

2. Worin unterscheiden sich „freie Marktwirtschaft" und „Zentralverwaltungswirtschaft"?

3. Warum ist es fast unmöglich, das gesamte Wirtschaftsgeschehen eines Landes zentral zu lenken?

3 Die soziale Marktwirtschaft – Wirtschaftsordnung der Bundesrepublik Deutschland

Nach dem Zweiten Weltkrieg und im Anschluss an die Währungsreform wurde in der Bundesrepublik Deutschland mit dem Aufbau der „sozialen Marktwirtschaft" begonnen. Diese Wirtschaftsordnung sollte nach dem Willen ihrer Gründer wesentliche Fehler der freien Wirtschaftsauffassung des 19. Jahrhunderts vermeiden. Ein möglichst hohes Maß an persönlicher Freiheit innerhalb der Wirtschaft sollte zwar erhalten bleiben, doch sollte der Staat die Aufgabe übernehmen, Auswüchse zu Lasten der wirtschaftlich und sozial schwächeren Bürger durch entsprechende Eingriffe zu verhindern.

Wettbewerbspolitik

1

Die im Grundgesetz garantierte Selbstbestimmung schlägt sich im Wirtschaftsbereich in dem Prinzip der Vertragsfreiheit nieder. Sie stellt sicher, dass jede Person oder Unternehmung grundsätzlich selbst entscheiden kann, ob, mit wem und mit welchem Inhalt sie einen Vertrag schließt.

Überall, wo wir Tatbestände vorfinden, bei denen die Voraussetzungen echter Vertragsfreiheit aufgrund ungleicher Machtverteilung fehlen, haben Gesetzgebung oder Rechtsprechung korrigierend zum Schutz des schwächeren Vertragspartners einzugreifen.

Wichtige Maßnahmen bzw. Gesetze sind z. B.:

- Gesetz gegen **Wettbewerbsbeschränkungen:** Hierdurch werden Zusammenschlüsse, wie z. B. Kartelle von Unternehmungen, verboten, wenn sie den freien Wettbewerb unterbinden und damit den Markt-Preis-Bildungsprozess ausschalten. Ebenso sind Preisabsprachen zwischen Konkurrenten verboten.

- Gesetze und Aufklärung zum Schutze der Verbraucher: So wird z. B. die Vertragsfreiheit bei einseitigen Handelskäufen oder bei Verträgen von beschränkt Geschäftsfähigen zum Schutze des wirtschaftlich Schwächeren eingeschränkt.

- Verbot von sittenwidrigen oder Wuchergeschäften: Hierdurch wird ein überhöhtes Gewinnstreben auf Kosten der Verbraucher eingeschränkt.

2 Einkommens- und Sozialpolitik

Der Staat versucht durch verschiedene Maßnahmen, die Einkommen der Wirtschaftsteilnehmer gerechter zu verteilen, als dies durch das reine Marktgeschehen erfolgt.

Die besser Verdienenden werden durch die **Steuerprogression** bei steigendem Einkommen mit relativ höheren Abgaben belegt als die Bezieher niedrigerer Einkommen.

Auf der anderen Seite haben die weniger Verdienenden durch das **Vermögensbildungsgesetz** die Möglichkeit mit Zuschüssen der Arbeitgeber und des Staates bescheidene Vermögen zu bilden. Daneben werden durch die **Sozialgesetze** Leistungen wie Sozialhilfe, Wohngeld, Ausbildungsförderungen usw. an sozial Schwächere gezahlt.

3 Konjunktur- und Strukturpolitik

Der Staat kann versuchen den Konjunkturverlauf zu beeinflussen. In einem Wirtschaftsabschwung mit zunehmender Arbeitslosigkeit kann er z. B. durch vermehrte Aufträge an die Wirtschaft (Straßenbau, Schwimmbäder, Schulen usw.) die Nachfrage erhöhen und die Wirtschaft ankurbeln.

Daneben kann er Not leidende Unternehmungen in besonderen Ausnahmefällen mit Kreditbürgschaften oder direkten **Subventionen** stützen.

Mit der **Strukturpolitik** versucht der Staat Nachteile für Not leidende Wirtschaftsbereiche oder strukturell benachteiligte Gebiete abzubauen (z. B. in den neuen Bundesländern).

4 Öffentliche Unternehmungen

Der Staat übernimmt in der Wirtschaft Aufgaben, zu denen private Unternehmer nicht bereit wären, da keine Gewinne – evtl. sogar Verluste – gemacht werden.

Wenn z. B. städtische Nahverkehrsbetriebe nur von privaten Unternehmen betrieben würden, wäre zu erwarten, dass sich deren Fahrplan in erster Linie an der Nachfrage ausrichtete. Unrentable Strecken würden nicht befahren. Die Folge wäre eine ungleiche und teilweise völlig unzureichende Versorgung insbesondere ländlich abgelegener Gebiete. Seit der Privatisierung der Deutschen Bahn wurden z. B. zahlreiche nicht genügend ausgelastete Teilstrecken stillgelegt.

5 Verbraucherberatung und Verbraucherschutz

Die Haushalte als Konsumenten stehen heute einem vielfältigen und kaum übersehbaren Warenangebot gegenüber. Die Position jedes einzelnen Verbrauchers wird dadurch geschwächt, dass die Verbraucher ihre Kräfte auf den Kauf vielfältiger, aber vergleichsweise kleiner Warenmengen aufteilen müssen. In einer funktionsfähigen Marktwirtschaft haben die Verbraucher aber die Chance zu verhindern, dass an ihren Bedürfnissen vorbeiproduziert wird. Dazu stehen ihnen die Mittel des Konsumverzichtes, der Kritik, der Reklamation und der Anklageerhebung zu. Trotzdem ist jeder Einzelne von ihnen in einer schwachen Position: Die Verbraucher müssen deshalb durch eine Verbraucherpolitik unterstützt werden, die ihnen vertrauenswürdige Informationen, rechtlichen und organisatorischen Beistand liefert.

Gutachten des Sachverständigenrats, Bundestags-Drucksache, 7/4326, Ziff. 277, 1985

Verbraucher- und Schuldnerberatungen in allen Städten helfen bei Rechtsfragen und führen notfalls auch Prozesse gegen Lieferanten bzw. Kreditgeber.

Die **Stiftung Warentest** – ein von der Bundesregierung finanziertes Institut – testet neue Produkte und veröffentlicht die Ergebnisse. Viele Verbraucher nutzen diese fachmännischen Ratschläge vor dem Einkauf.

Gesetze schützen vor versteckten Klauseln in Kaufverträgen, zu hohen Zinsen, falschen Ratenberechnungen. Käufe an der Haustür, auf freien Plätzen und bei Verkaufsveranstaltungen wie Kaffeefahrten u. Ä. können ohne Begründung vom Käufer innerhalb von zwei Wochen widerrufen werden. Das Gleiche gilt auch für Ratenkäufe, dauernde Lieferungen wie Abonnement und Kreditverträge. Bei letzteren müssen der effektive Jahreszinssatz als Vergleichszins, die Höhe, Anzahl und Fälligkeit der Raten sowie der Bar- und Ratenpreis angegeben werden. Nach dem Produkthaftungsgesetz können die Produzenten für Schäden, die durch Mängel an dem Produkt entstanden sind, haftbar gemacht werden.

Mit der Integration der Verbrauchschutzgesetze ins Bürgerliche Gesetzbuch durch die Gesetzesform 2002 ist der Stellenwert des Verbraucherschutzes gefestigt worden. Zugleich wurden die Rechte des Verbrauchers ausgeweitet.

Tarifautonomie

6

Gewerkschaften als Vertreter der Arbeitnehmer und einzelne Arbeitgeber bzw. Arbeitgeberverbände handeln Arbeitsbedingungen, Löhne und Einkommen ohne Eingriffe des Staates aus. Durch die unabhängige Gerichtsbarkeit wird sichergestellt, dass diese ausgehandelten Fakten für jeden einzelnen Arbeitnehmer nicht unterschritten werden dürfen. Durch diese Garantie konnten in wirtschaftlich schlechteren Zeiten die Arbeitnehmer nicht gegeneinander ausgespielt werden oder sich gegenseitig unterbieten, um einen Arbeitsplatz zu bekommen oder ihn zu erhalten.

Durch die Gesetze in der EU werden allerdings zahlreiche – meist soziale – Eingriffe des Staates in die Wirtschaft immer mehr beschnitten. So können z. B. ausländische Subunternehmer ausländische Arbeitnehmer, die in Deutschland beschäftigt sind, unter Tariflohn bezahlen. Außerdem wird mit dem Zusammenwachsen der Märkte in der Welt durch moderne Kommunikationsmethoden und schnellere Transportmittel ebenfalls Druck auf „zu" soziale Gesetze in Deutschland ausgeübt. Die Diskussion um längere Ladenöffnungszeiten, Sonn- und Feiertagsarbeit, drei Schichten usw. und die immer größeren Unternehmenszusammenschlüsse sind Folgen davon.

Arbeitsvorschlag

1. Welche Aufgaben hat der Staat in der sozialen Marktwirtschaft?
2. Vergleichen Sie diese Aufgaben mit denen des Staates in der freien Marktwirtschaft.
3. Warum schränkt der Staat in einer sozialen Marktwirtschaft die Vertragsfreiheit ein?
4. Wie versucht der Staat eine gerechtere Einkommensverteilung zu erreichen?
5. Nennen Sie Beispiele für die Sozialpolitik.
6. Warum werden Subventionen gezahlt?

Wichtiges in Kürze

○ In der sozialen Marktwirtschaft bestehen Vertragsfreiheit und Recht auf Eigentum.

○ Der Staat greift in das Wirtschaftsgeschehen ein, um die wirtschaftlich schwächeren Bürger vor Benachteiligungen durch die wirtschaftlich stärkeren zu schützen.

○ Die wichtigsten Maßnahmen des Staates hierfür sind: Wettbewerbspolitik, Einkommens- und Sozialpolitik, Konjunktur- und Strukturpolitik.

○ Staatliche Unternehmungen sollen in der sozialen Marktwirtschaft Aufgaben übernehmen, die private Unternehmungen wegen mangelnder Gewinnerwartungen nicht oder nur zu überhöhten Preisen durchführen würden.

○ In der Zentralverwaltungswirtschaft werden die gesamten Wirtschaftsabläufe von staatlichen Stellen im Voraus geplant.

4 Von der EWG zur EU
Herausforderung und Chance des gemeinsamen Marktes

Im Jahre 1957 schlossen sich Belgien, Deutschland, Frankreich, Italien, Luxemburg und die Niederlande zur Europäischen Wirtschaftsgemeinschaft (EWG) zusammen. Heute besteht die Europäische Union aus 15 Mitgliedern. 13 weitere ost- und südeuropäische Staaten haben Beitrittsanträge gestellt oder befinden sich schon in entsprechenden Verhandlungen.

Damit wird Europa zu einem mächtigen Wirtschaftsraum, der von „vier Freiheiten" geprägt ist:

● Keine Grenzen für Menschen
(freie Arbeitsplatzwahl, Niederlassungsfreiheit, Wegfall von Grenzkontrollen, gegenseitige Anerkennung von Diplomen und Prüfungszeugnissen ...)

● Keine Grenzen für Waren
(Freiheit im öffentlichen Auftragswesen, Vereinheitlichung von Mehrwert- und Verbrauchsteuern, Anpassung von Normen ...)

● Keine Grenzen für Kapital
(Freier Geld-, Kapital- und Warenverkehr, gemeinsame Währung)

● Keine Grenzen für Dienstleistungen
(Liberalisierung der Verkehrsmärkte (z. B. Güterverkehr), freier Markt für Banken und Versicherungen ...)

Arbeitsvorschlag

1. Welche Länder gehören heute zur Europäischen Union?
2. Welche wirtschaftlichen Folgen können von der Öffnung des europäischen Marktes ausgehen?

Themenkreis 12:
Die Leistung der Wirtschaft

Produktionsverfahren werden eingesetzt, um betriebliche Leistungen zu erstellen. Dies geschieht sowohl im Handwerks- wie auch im Industrie-, Handels- und Dienstleistungsbetrieb.

Die Leistungen aller Unternehmungen kann man zusammenfassen und gelangt somit zu der Gesamtleistung einer Volkswirtschaft.

1   Leistungsmessung in einem einzelnen Betrieb

Häufig wird versucht die Leistung einer Unternehmung nur nach den getätigten Umsätzen zu messen. Dieses Vorgehen ist aber nicht korrekt, denn in den Umsätzen sind in der Regel Bestandteile enthalten, die mit der eigentlichen auf den betrachteten Betrieb zurückzuführenden Leistung nichts zu tun haben.

Beispiel: *Die Firma „Installations- und Anlagentechnik Hermann Fischer OHG" erhält den Zuschlag für die Elektroinstallationsarbeiten in einem Neubau. Mit einem Angebotspreis von 5.052,96 € (netto 4.376,00 € + 16 % Mehrwertsteuer) lag sie am niedrigsten.*

Bei der Kalkulation des Angebotes ging die Firmenleitung von folgenden Kostenfaktoren aus:

	Arbeitslohn 70 Std. à 40,00 €	
	inkl. Lohnnebenkosten	*2.800,00 €*
+	*Materialeinsatz*	*1.050,00 €*
	(Leitungen, Steckdosen usw.)	
+	*Abschreibungskosten*	*110,00 €*
	(Wertverlust der Maschinen und Werkzeuge)	
		3.960,00 €
+	*10 % Gewinnzuschlag*	*396,00 €*
		4.356,00 €
+	*16 % MWSt*	*696,96 €*
	Angebotspreis	*5.052,96 €*

Insgesamt wurde durch die Wirtschaftstätigkeit der „Hermann Fischer OHG" ein zusätzliches Einkommen von 3.196,00 € geschaffen. Davon entfallen 2.800,00 € auf Löhne und 396,00 € auf den Gewinn.

Aus dem Angebotspreis bzw. dem Umsatz der Unternehmung lässt sich dieser Wertzuwachs auch rückwärts berechnen:

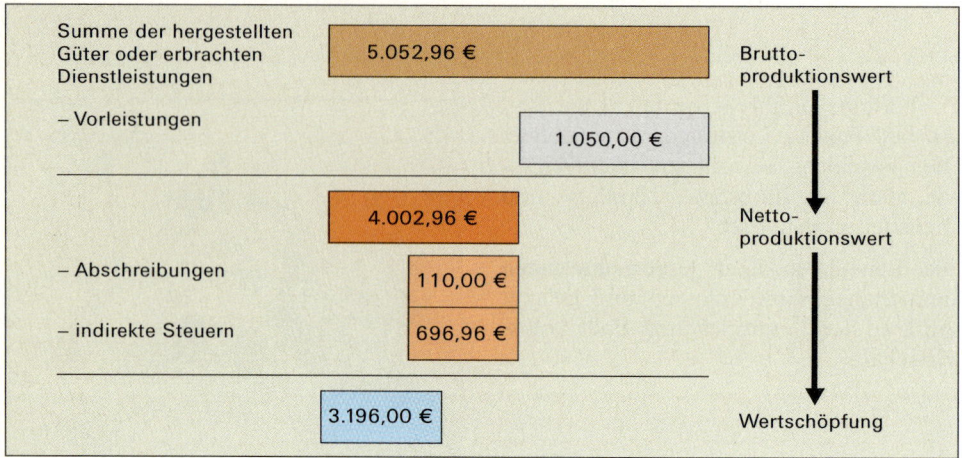

Bei der Berechnung des Wertzuwachses der im Produktionsprozess verwendeten Güter durch den Einsatz der Produktionsfaktoren Arbeit, Boden und Kapital müssen Vorleistungen und Abschreibungen gesondert betrachtet werden. Hierbei handelt es sich einmal um Leistungen eines anderen Betriebes (Zulieferer) und zum anderen um einen Werteverzehr (Abschreibungen). Ebenso stellt der Anteil der indirekten Steuern (z. B. MWSt) keinen echten Leistungszuwachs dar.

Zahlt der Staat Subventionen, erhöhen diese die Wertschöpfung einer Unternehmung. Sie werden somit zum Nettoproduktionswert addiert.

Arbeitsvorschlag

1. Welche Kosten müssen bei der Kalkulation eines Angebotes berücksichtigt werden?
2. Berechnen Sie den Angebotspreis: 25 Arbeitsstunden á 45,80 €, Materialeinsatz: 480,25 €, Abschreibungskosten: 74,75 €, Gewinnzuschlag: 8 %, Mehrwertsteuer: 16 %.
3. Wie hoch darf der Angebotspreis netto (ohne MWSt) höchstens sein, wenn ein Kunde bereit ist, höchstens 6.000,00 € einschließlich 16 % MWSt zu zahlen?
4. Was ist die „Wertschöpfung" und wie wird sie ermittelt?

2　Leistungsmessung in einer Volkswirtschaft

Als Bruttosozialprodukt bezeichnet man die wirtschaftliche Gesamtleistung eines Staates. Bei der Ermittlung des Sozialproduktes werden die Werte der erbrachten Dienstleistungen aller Unternehmungen in einer Summe zusammengefasst.

Aus dem Bruttosozialprodukt errechnet sich das **Volkseinkommen als die Summe aller Einkommen der Produktionsfaktoren** in einem bestimmten Zeitraum. Das Volkseinkommen unterteilt sich in Einkommen aus selbstständiger Tätigkeit **(Gewinnquote)** und unselbstständiger Tätigkeit **(Lohnquote).**

Während die Zusammenfassung aller einzelwirtschaftlichen Nettoproduktionswerte das Bruttosozialprodukt ergibt, errechnet sich das Volkseinkommen aus der Summe aller Wertschöpfungsbeiträge der einzelnen Unternehmungen. □1

Beispiel: An der Herstellung und dem Verkauf von Apfelsaft sind drei Wirtschaftseinheiten beteiligt:

— *Obstanbau (Landwirtschaft)*
— *Obstverwertung (Mosterei)*
— *Handel (Groß- und Einzelhandel)*

Vereinfachend wird angenommen, dass das Endprodukt des einen Betriebs vollständig in den nachfolgenden Betrieb als Vorleistung eingeht. Die Betriebe beschäftigen sich nur mit der ihnen in diesem Beispiel zugewiesenen Aufgabe.

Die „Bruttoproduktionswerte" stellen die jeweils angenommenen Verkaufs- oder Marktpreise dar. Sie gehen als Vorleistung jeweils in die Rechnung der folgenden Wirschaftseinheit ein.

Einzelwirt- schaftliche Rechnung	Landwirtschaft		Mosterei		Handel		Gesamtwirt- schaftliche Rechnung
	Löhne und Gewinne	= Verkaufs- erlös der Apfel- ernte	Vorleistung (Apfel- ankauf), Löhne und Gehälter	Verkaufs- erlös der Apfelsaft- flaschen	Vorleistung (Apfelsaft- flaschen), Löhne und Gewinne	Einzel- handels- verkaufs- wert	
							Summe
Brutto- produktionswert	80		170		240		490
– Vorleistungen	–		80		170		250
= Netto- produktions- wert	80		90		70		240 = Brutto- sozial- produkt
– Abschreibungen	–10		–12		–16		– 38
							202 = Netto- sozial- produkt
– im Preis ent- haltene Steuern	–15		–20		–23		– 58
+ Subventionen	+ 5		–		–		+5
= Wertschöpfung	60		58		31		149 = Volksein- kommen

Das Beispiel zeigt den Zusammenhang zwischen der einzel- und gesamtwirtschaftlichen Rechnung.

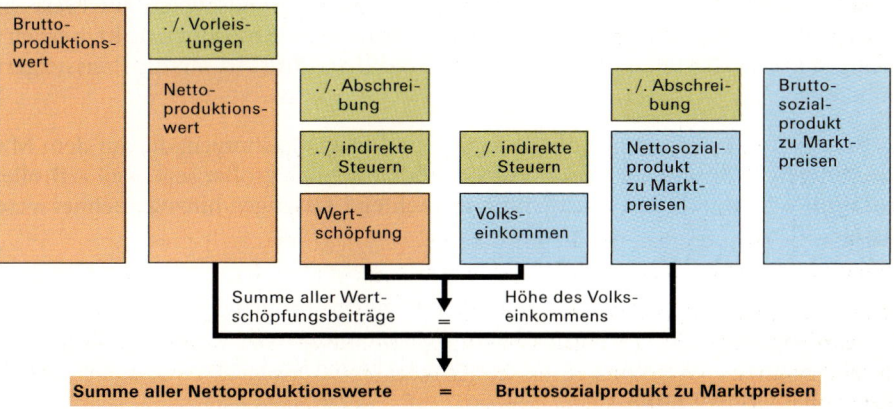

2 Sowohl im Netto- als auch im Bruttosozialprodukt sind die indirekten Steuern, mit denen die Waren belastet sind, noch enthalten. Um zu dem zur Verteilung anstehenden Einkommen des gesamten Volkes **(Volkseinkommen)** zu gelangen, müssen die indirekten Steuern abgezogen werden. Zuwendungen des Staates in Form von Subventionen werden zu dem Nettosozialprodukt addiert, weil sie das Volkseinkommen erhöhen.

Bruttosozialprodukt zu Marktpreisen − Abschreibungen	**Abschreibung:** durch Nutzung entstehender Wertverlust.
Nettosozialprodukt zu Marktpreisen − indirekte Steuern + Subventionen	**Indirekte Steuern:** verteuern ein Produkt „künstlich" und müssen daher vom Marktwert der Ware abgezogen werden. **Subventionen:** verbilligen ein Produkt „künstlich" und müssen daher dem Marktwert der Ware zugeschlagen werden.
Nettosozialprodukt zu Faktorkosten = **Volkseinkommen**	**Faktorkosten:** durch die Produktion verursachte Lohnkosten.

Die **indirekten Steuern** stellen einen **Anspruch des Staates auf einen Teil der Wertschöpfung** dar.

Durch die Gewährung von **Subventionen** übernimmt der Staat dagegen einen **Teil der Kosten des Produzenten.**

Arbeitsvorschlag

1. Was versteht man unter dem „Sozialprodukt"?
2. Wie unterscheiden sich „Bruttosozialprodukt zu Marktpreisen" und „Nettosozialprodukt zu Marktpreisen"?
3. Was ist das „Volkseinkommen"?
4. Wie groß ist das Volkseinkommen bei folgenden Zahlenangaben?

	a)	b)	c)
Bruttosozialprodukt:	1.200	1.790	5.220 (einschl. 16 % MWSt.
Abschreibungen:	200	120	8 %
indirekte Steuern:	150	180	?
Subventionen:	50	−	225

3 Das Sozialprodukt beinhaltet zwei Bestandteile: Menge und Preis. Die Ursachen einer Veränderung der Wirtschaftsleistung lassen sich daher grundsätzlich auf Preis- oder Mengenänderungen zurückführen. Bei dem **nominalen Sozialprodukt** werden die jeweiligen Preise zugrunde gelegt, das **reale Sozialprodukt** ist um die Preissteigerungen bereinigt.

Das Sozialprodukt erfasst nur die Sachgüter und Dienstleistungen, die auf dem Markt gegen Entgelt getauscht werden. Es wird daher tatsächlich größer sein, weil z. B. alle im **Haushalt** oder durch **Schwarzarbeit** erbrachten Leistungen hinzugerechnet werden müssten.

Vornehmlich in den Bereichen Bauen, Renovieren und Reparieren wirtschaften viele „private Handwerker" in die eigene Tasche und zahlen somit keine Steuern und Sozialbeiträge. Handelt es sich auch noch um Personen, die z. B. wegen Erwerbslosigkeit Arbeitslosengeld oder -hilfe oder aus anderen Gründen Sozialleistungen empfangen, ist der Schaden doppelt groß.

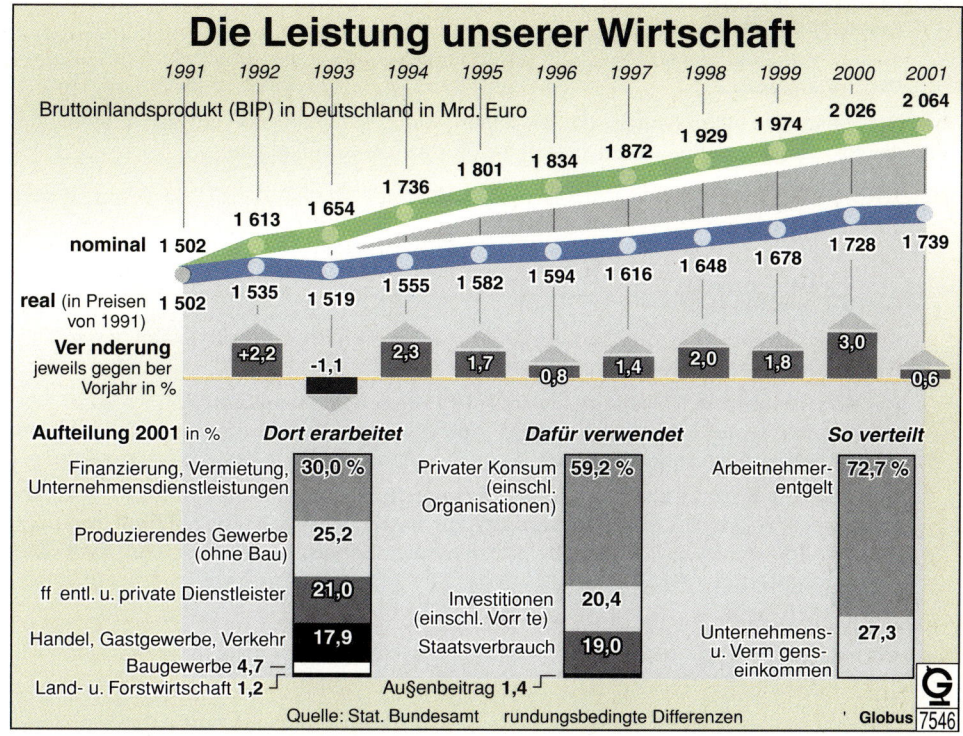

Die Leistung unserer Wirtschaft

	1991	1992	1993	1994	1995	1996	1997	1998	1999	2000	2001
Bruttoinlandsprodukt (BIP) in Deutschland in Mrd. Euro								1 929	1 974	2 026	2 064
					1 801	1 834	1 872				
				1 736							
		1 613	1 654								
nominal	1 502									1 728	1 739
						1 594	1 616	1 648	1 678		
		1 535	1 519	1 555	1 582						
real (in Preisen von 1991)	1 502										
Veränderung jeweils gegenüber Vorjahr in %		+2,2	-1,1	2,3	1,7	0,8	1,4	2,0	1,8	3,0	0,6

Aufteilung 2001 in %	Dort erarbeitet		Dafür verwendet		So verteilt	
Finanzierung, Vermietung, Unternehmensdienstleistungen	30,0 %		Privater Konsum (einschl. Organisationen)	59,2 %	Arbeitnehmer-entgelt	72,7 %
Produzierendes Gewerbe (ohne Bau)	25,2					
öffentl. u. private Dienstleister	21,0		Investitionen (einschl. Vorräte)	20,4		
Handel, Gastgewerbe, Verkehr	17,9		Staatsverbrauch	19,0	Unternehmens- u. Vermögens-einkommen	27,3
Baugewerbe	4,7					
Land- u. Forstwirtschaft	1,2		Außenbeitrag 1,4			

Quelle: Stat. Bundesamt   rundungsbedingte Differenzen   Globus 7546

Auch die Auftraggeber haben natürlich ihre Gründe. Sie sparen Geld, weil Schwarzarbeit billiger ist als regulär kalkulierte Handwerksarbeit.

Das Nachsehen haben der Staat und die Sozialversicherung und mit ihnen das Heer der Millionen Verdiener, die von ihren Einkommen ordnungsgemäß Sozialabgaben und Steuern abführen.

Schließlich geht Schwarzarbeit auch zu Lasten der vielen „ehrlichen" Handwerker. Sie verlieren dadurch Aufträge im Wert von annähernd 25 Milliarden Euro. Das sind etwa zehn Prozent des gesamten Handwerksumsatzes!

Für jeden Schwarzarbeiter liegt ein Arbeitsloser auf der Straße

Quelle: BA (Hrsg), Dialog, Jahrgang 3, Februar 1996, S. 2

Arbeitsvorschlag

1. Was ist der Unterschied zwischen dem nominalen und realen Wachstum des Brutto-sozialprodukts?

2. Mit welchem Anteil waren die einzelnen Wirtschaftsbereiche an der Erarbeitung des Bruttosozialproduktes beteiligt und wofür wurde es verwendet.

3. Welche Leistungen sind im „offiziellen" Sozialprodukt nicht enthalten?

Wichtiges in Kürze

○ Das Sozialprodukt ist die Summe aller in einem bestimmten Zeitraum erstellten Güter und Dienstleistungen.

Bei der nominalen Messung wurden die Preise des jeweiligen Jahres zugrunde gelegt. Die reale Bewertung erfolgt auf der Grundlage eines Basisjahres und rechnet Preissteigerungen heraus.

○ Den Teil des Sozialproduktes, der als Entgelt für die Produktionsfaktoren „selbst-ständige und unselbstständige Arbeit" zur Verfügung steht, bezeichnet man als Volkseinkommen. Es unterteilt sich in die Lohnquote (ca. 70 %) und die Gewinnquote (ca. 30 %).

3   Die Verteilung des Volkseinkommens

Das Volkseinkommen stellt im weitesten Sinne ein Entgelt für den Einsatz der Produktionsfaktoren Arbeit, Boden und Kapital dar.

Arbeit in diesem Sinne leisten Selbstständige (Unternehmer) und Unselbstständige (Arbeitnehmer).

Das Kernproblem einer gerechten Verteilung des gemeinsam erwirtschafteten Produktionsergebnisses besteht darin, einen Schlüssel zu finden, der zum einen leistungsbezogen ist, andererseits aber auch soziale Züge aufweist.

1

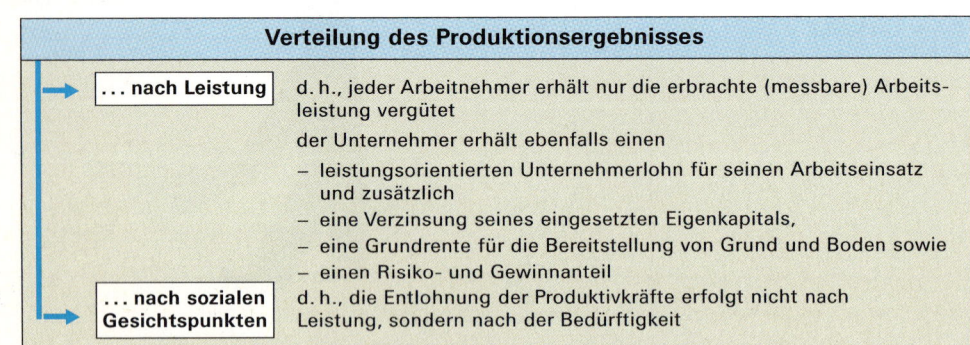

Verteilung des Produktionsergebnisses	
... nach Leistung	d.h., jeder Arbeitnehmer erhält nur die erbrachte (messbare) Arbeits-leistung vergütet
	der Unternehmer erhält ebenfalls einen
	– leistungsorientierten Unternehmerlohn für seinen Arbeitseinsatz und zusätzlich
	– eine Verzinsung seines eingesetzten Eigenkapitals,
	– eine Grundrente für die Bereitstellung von Grund und Boden sowie
	– einen Risiko- und Gewinnanteil
... nach sozialen Gesichtspunkten	d.h., die Entlohnung der Produktivkräfte erfolgt nicht nach Leistung, sondern nach der Bedürftigkeit

Das folgende Beispiel veranschaulicht, von welchen grundsätzlichen Schwierigkeiten das Problem der gerechten Einkommensverteilung begleitet ist:

Beispiel: *Eine alte Frau besitzt einen großen Garten mit einem Kirschbaum. Da sie selbst die Früchte nicht ernten kann, bittet sie ihren Nachbarn, einen 22-jährigen jungen Mann, darum. Er erklärt sich auch dazu bereit, muss sich aber eine Leiter von einer jungen Witwe borgen, die selbst nicht mehr arbeiten kann, weil sie ihre 4 Kinder versorgen muss. Daher hat sie nur sehr wenig Geld und führt ein auf das Notwendigste beschränkte Dasein.*

Der junge Mann hat nach einem halben Tag drei Körbe voller Kirschen gepflückt.

Wie würden Sie die Ernte auf die drei daran beteiligten Personen aufteilen? Denken Sie daran: Die Frau besitzt den Baum, der junge Mann pflückt und die junge Frau stellt die dafür unbedingt notwendige Leiter zur Verfügung.

Die Frage der Einkommensverteilung hängt ganz wesentlich von der Wirtschaftsordnung ab. In der sozialen Marktwirtschaft der Bundesrepublik Deutschland verbinden sich leistungsbezogene und soziale Merkmale. |2|

Das bedeutet, dass der Staat auch bei der Verteilung des Volkseinkommens Einfluss nimmt, ohne dass er den einzelnen Wirtschaftspartnern direkte Vorschriften erteilen kann.

Zu den so genannten **Umverteilungsmaßnahmen des Staates** gehören z. B.:

- einkommensabhängige Steuersätze (niedrige Einkommen werden geringer besteuert als hohe Einkommen)
- Freibeträge oder pauschale Ermäßigungen bei der Einkommensteuer
- Mietbeihilfen und Wohngeld für gering verdienende Arbeitnehmer oder kinderreiche Familien
- Kindergeld, Sozialhilfe usw.
- Maßnahmen der Vermögensbildung (Sparprämiengesetz, vermögenswirksame Leistungen der Arbeitgeber)

Einkommen aus unselbstständiger Arbeit sind alle **Löhne der Arbeiter** und die **Gehälter von Angestellten und Beamten.** Der vom Volkseinkommen verbleibende Rest gehört danach zu den Einkommen aus selbstständiger Arbeit. Dazu gehören **Gewinne, Miet-, Pachteinnahmen und Zinserträge.** Die Gruppen der Selbstständigen, Arbeitnehmer und Rentner/Pensionäre setzen sich im Hinblick auf die Einkommenshöhe jeweils sehr unterschiedlich zusammen. So gehört z. B. neben dem Hilfsarbeiter auch das Vorstandsmitglied einer AG zu den Arbeitnehmern. Ebenso findet man in der Gruppe der Selbstständigen neben Kioskbesitzern auch große Einzelunternehmer.

Arbeitsvorschlag

1. Nennen Sie Umverteilungsmaßnahmen des Staates.
2. Unterscheiden Sie zwischen Einkommen aus selbstständiger und unselbstständiger Arbeit.
3. Vielen gehen die Umverteilungsmaßnahmen des Staates zu weit, anderen nicht weit genug. Versuchen Sie die Eckpunkte der einzelnen Positionen herauszuarbeiten.

3   Die gesamtwirtschaftliche Einkommensverteilung wird mit den Messziffern **Lohn- und Gewinnquote** erfasst:

$$\text{Lohnquote} \quad = \quad \frac{\text{Einkommen der Unselbstständigen} \cdot 100}{\text{Volkseinkommen}}$$

$$\text{Gewinnquote} = \frac{\text{Einkommen der Selbstständigen} \cdot 100}{\text{Volkseinkommen}}$$

Die Einkommensverteilung ist Gegenstand der jährlichen Tarifauseinandersetzungen.

Dabei wissen die Beteiligten, dass dieser Kampf einem Tauziehen gleicht, bei dem jeder auch noch so kleine Bodengewinn der einen Seite eine entsprechende Einbuße der anderen Seite bedeutet.

Auf die volkswirtschaftliche Einkommensverteilung übertragen heißt das, dass eine höhere Lohnquote zwangsläufig zu einer geringeren Gewinnquote führt und umgekehrt höhere Gewinnquoten entsprechend weniger für Löhne und Gehälter übrig lassen:

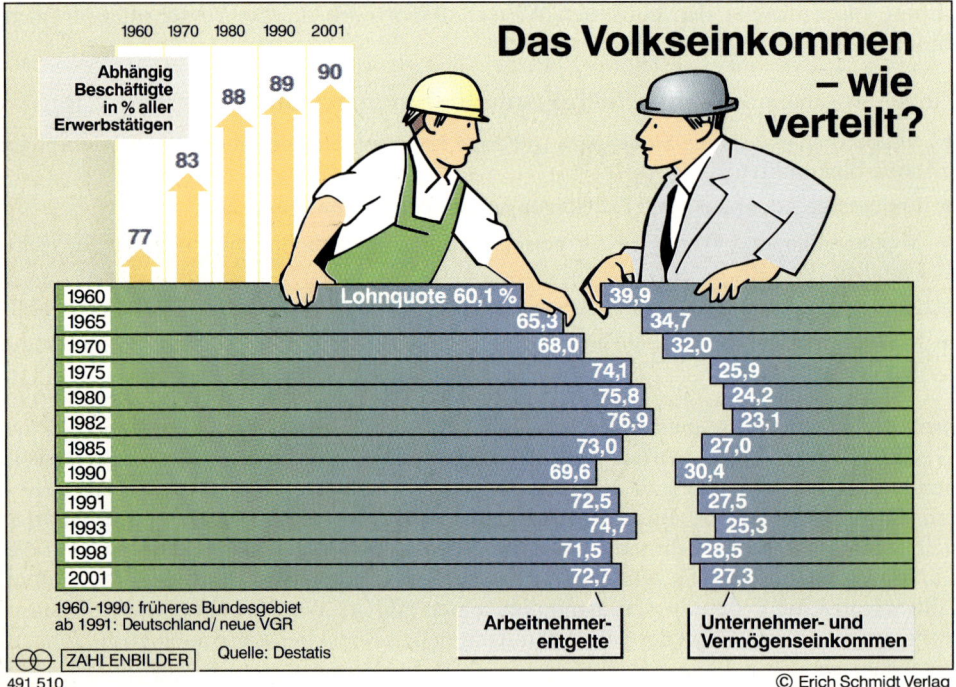

Arbeitsvorschlag

1.   Erläutern Sie die Begriffe „Lohnquote" und „Gewinnquote".

2.   Welche Auswirkungen könnte die Einkommensverteilung im Zusammenhang von Gewinnquote und Investitionsbereitschaft haben?

4 Sparformen und Sparförderung

Das private Geldvermögen der Deutschen wird auf mehrere Billionen Euro beziffert. Die Gelder der Privathaushalte sind unterschiedlich angelegt (vgl. Grafik). Bei einer gleichmäßigen Verteilung kämen auf jeden Haushalt etwa 60.000,00 €. Aber zum einen besteht ein deutlicher Unterschied zwischen den alten und den neuen Bundesländern, zum andern ist festzustellen, dass wenige Sparer viel und viele Sparer wenig haben, manche auch gar nichts sparen können.

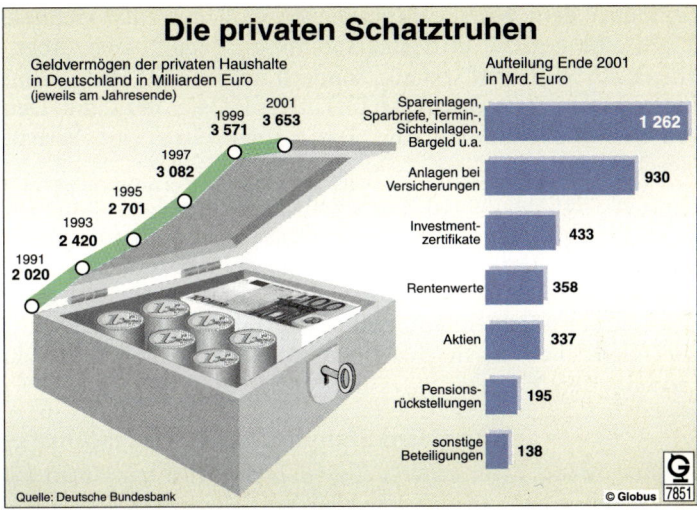

Der Staat versucht schon seit Beginn der 50er-Jahre die Vermögensbildung in Arbeitnehmerhand zu fördern. Einen Überblick über die gegenwärtigen Möglichkeiten gibt das folgende Schaubild. Aus ihm wird aber auch deutlich, wie begrenzt diese „Hilfe zum Reichtum" letztlich doch ist ...

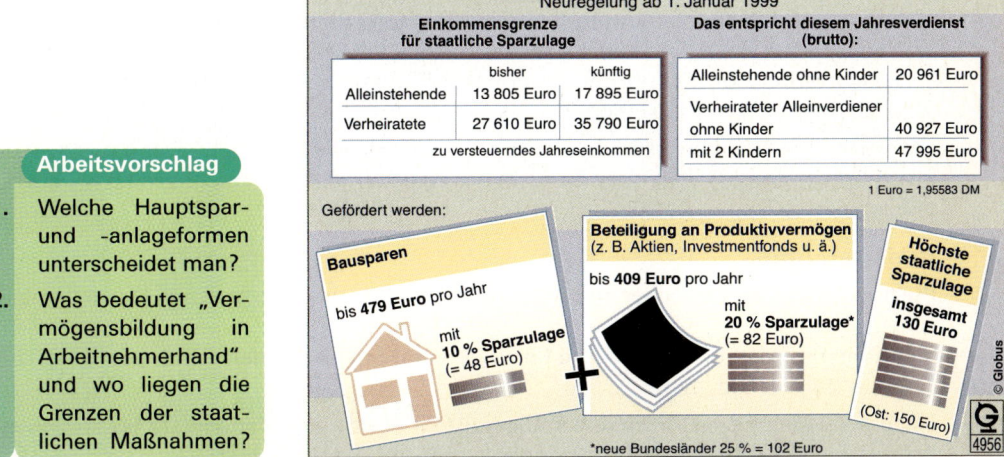

Arbeitsvorschlag

1. Welche Hauptspar- und -anlageformen unterscheidet man?

2. Was bedeutet „Vermögensbildung in Arbeitnehmerhand" und wo liegen die Grenzen der staatlichen Maßnahmen?

Themenkreis 13:
Staatliche Wirtschaftspolitik

1   Ziele der staatlichen Wirtschaftspolitik

1 ### Überblick

Das System der sozialen Marktwirtschaft verlangt, dass der Staat sich nicht gleichgültig gegenüber dem Wirtschaftsgeschehen verhält. Er hat vielmehr den Wirtschaftsablauf durch eine gezielte Wirtschaftspolitik zu beeinflussen. Aber nicht nur der Staat ist Träger der Wirtschaftspolitik, sondern im Rahmen der Europäischen Union auch die Europäische Zentralbank (EZB). Diese löste 1999 die Deutsche Bundesbank ab. Außerdem beeinflussen die Tarifpartner durch ihr Verhalten das wirtschaftliche Geschehen.

Die Ziele der staatlichen Wirtschaftspolitik wurden erstmals in dem 1967 verabschiedeten **„Gesetz zur Förderung der Stabilität und des Wachstums der Wirtschaft"** formuliert und danach ständig weiterentwickelt. Die damals aufgestellten vier Hauptziele sind auch heute noch für den Staat und alle an der Wirtschaftspolitik Beteiligten ein verpflichtender Orientierungsrahmen. Da alle Ziele zwar angestrebt werden, aber nicht alle vier gleichzeitig zu verwirklichen sind, spricht man auch von einem **„magischen Viereck"**.

> ### Aus dem Stabilitäts- und Wachstumsgesetz:
> § 1 Bund und Länder haben bei ihren wirtschafts- und finanzpolitischen Maßnahmen die Erfordernisse des gesamtwirtschaftlichen Gleichgewichts zu beachten. Die Maßnahmen sind so zu treffen, daß sie im Rahmen der marktwirtschaftlichen Ordnung gleichzeitig zur **Stabilität des Preisniveaus**, zu einem **hohen Beschäftigungsstand** und **außenwirtschaftlichem Gleichgewicht** bei steigendem und **angemessenem Wirtschaftswachstum** beitragen.

2 ### Die Ziele im Einzelnen:
Hoher Beschäftigungsstand (Vollbeschäftigung)

Neben finanziellen Einbußen und sozialen Benachteiligungen der Betroffenen entstehen auch dem Staat bei hoher Arbeitslosigkeit erhebliche Mehrausgaben (Arbeitslosengeld, Arbeitslosenhilfe), denen geringere Einnahmen (Steuern und Sozialversicherungsbeiträge) gegenüberstehen.

Ein hoher Beschäftigungsstand gilt eigentlich erst dann als erreicht, wenn die Arbeitslosenquote unter 2 % liegt oder die Zahl der Arbeit Suchenden nicht größer als die der offenen Stellen ist.

Preisstabilität

Preissteigerungen schwächen den Wert des Geldes im In- und Ausland. Sie stellen kein echtes Wachstum, sondern nur eine Aufblähung des Geldvolumens dar. Die Geldfunktionen werden ausgehöhlt, die Gläubiger und Sparer werden durch den Verfall des Geldwertes geschädigt.

Nach der Meinung von Sachverständigen ist eine geringe Inflationsrate bis zu 2 % mit dem Ziel der Preisstabilität zu vereinbaren (relative Preisstabilität).

Außenwirtschaftliches Gleichgewicht

Werden auf längere Zeit mehr Güter importiert als exportiert und fließen der Volkswirtschaft auch keine sonstigen Devisen zu, besteht die Gefahr, dass ein Land international zahlungsunfähig wird. Übersteigen dagegen laufend die Exporte die Importe, so fließt mehr Geld in den Wirtschaftskreislauf, dem geringere Gütermengen gegenüberstehen. Dadurch wird die Inflation gefördert.

Angemessenes Wirtschaftswachstum

Die Erreichung dieses Ziels wird gemessen am Wachstum des Sozialprodukts. Es wird maßgeblich von der Höhe der Investitionen beeinflusst.

Daneben sind aber auch Faktoren wie berufliche Bildung sowie Forschung und Entwicklung für das Wirtschaftswachstum wichtig.

Das Wirtschaftswachstum wird in den letzten Jahren wegen der mit verursachten Umweltbelastung und der fortschreitenden Ausbeutung von Rohstoffen kritisiert. Es wird aber nach wie vor für notwendig gehalten, weil eine wachsende Wirtschaft u. a.

- einen größeren Güterverbrauch ermöglicht,
- die Beschäftigungsprobleme vermindert,
- eine Ausdehnung der sozialen Leistungen und der vom Staat gewährten Entwicklungshilfe ermöglicht,
- die Vermögensbildung erleichtert.

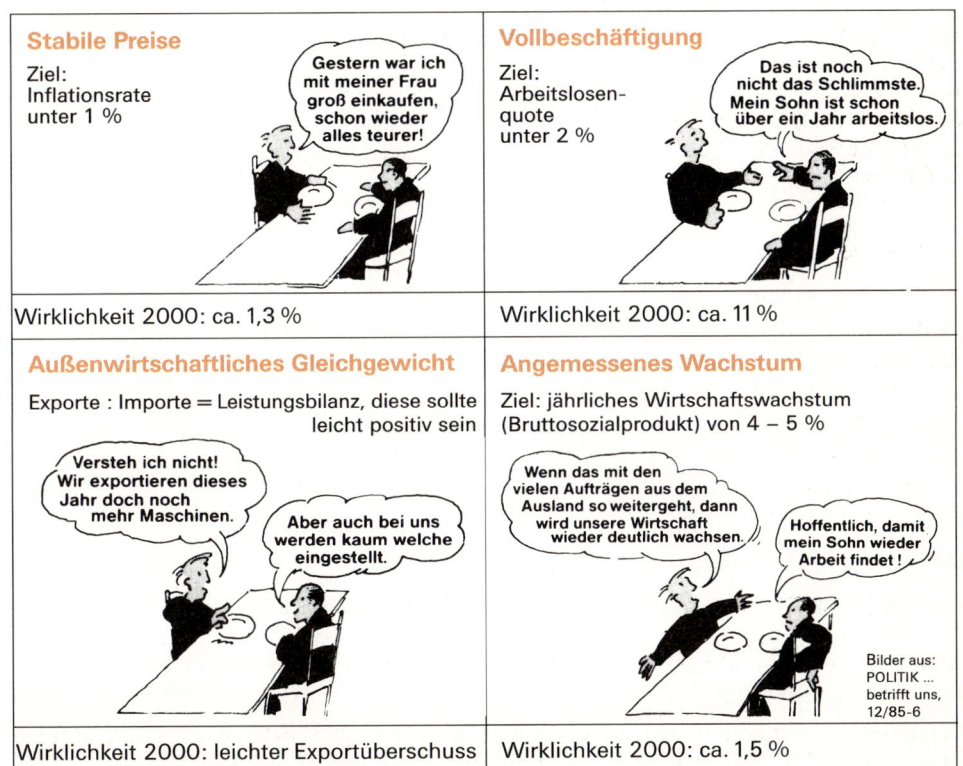

Obwohl selbst diese vier Wirtschaftsziele zusammen kaum zu erreichen sind, ist der Zielkatalog bei weitem noch nicht vollständig. Seit Jahren sind weitere staatliche Verpflichtungen in der Diskussion, die aus dem Viereck ein Fünf-, Sechs- und sogar Siebeneck gemacht haben. Diese drei weiteren sind:

Gerechtere Einkommens- und Vermögensverteilung

Diese Zielvorstellung geht davon aus, dass durch eine rein marktorientierte Einkommens- und Vermögensverteilung bestimmte Bevölkerungsschichten (z. B. Arbeitslose, Rentner, Arbeiter, kinderreiche Familien) benachteiligt würden. Durch seine Steuerpolitik, die z. B. höhere Einkommen stärker belastet als kleinere und mittlere, beeinflusst der Staat eine Einkommensumverteilung.

Erhaltung einer lebenswerten Umwelt

Wirtschaftliches Wachstum ist häufig verbunden mit einem steigenden Abbau von Rohstoffvorkommen und einer zunehmenden Belastung der Umwelt. Die Forderung, den Umweltschutz in das Grundgesetz aufzunehmen, wird daher immer lauter. Man hat auch inzwischen erkannt, dass Umweltschutz kein Wachstumshemmer sein muss, denn Umweltschutz schafft auch Arbeitsplätze und spart spätere Folgekosten für so genannte „Umweltreparaturen". Trotzdem bleiben die Ziele „Wachstum" und „Umweltschutz" oftmals unvereinbar.

Gerechtere Verteilung der Arbeit

Hohes Wirtschaftswachstum führt nicht unbedingt zu einem deutlichen Abbau der Arbeitslosigkeit. Oftmals werden mehr oder effektivere Maschinen eingesetzt oder die anfallenden Mehrarbeit muss von den in den Betrieben vorhandenen Arbeitskräften mit geleistet werden. Diese Erfahrung führt dazu, dass eine gerechtere Verteilung der Arbeit immer stärker diskutiert wird und eines Tages vielleicht sogar das Ziel „Vollbeschäftigung" ablöst.

3 Zielkonflikte

Die vier, fünf, sechs oder sogar sieben wirtschaftspolitischen Ziele stehen teilweise im Widerspruch zueinander. Es ist zumindest fraglich, ob sich das Streben nach Wirtschaftswachstum, Vollbeschäftigung und Wohlstand mit der Preisstabilität und insbesondere dem Umweltschutz vereinbaren lässt.

Während einerseits ein Außenhandelsgleichgewicht im Zielkatalog steht, ist man andererseits in wirtschaftlichen Krisenzeiten über jede Mark Exportüberschuss froh …

Daher muss der Staat zumindest vorübergehend Schwerpunkte setzen und dabei ggf. andere Ziele vernachlässigen, um sie zu einem späteren Zeitpunkt aufzugreifen.

Arbeitsvorschlag

1. Nennen Sie die Zielforderungen des Stabilitäts- und Wachstumsgesetzes.
2. Begründen Sie die Forderung nach einer gerechteren Verteilung der Arbeit.
3. Was kann man unter dem Begriff „Umweltreparatur" verstehen und in welchem Zusammenhang steht dieser mit wirtschaftlichen Zielen?
4. Erklären Sie den Begriff „Zielkonflikt" und verdeutlichen Sie ihn an einem Beispiel.

2 Konjunktur

2.1 Der Konjunkturverlauf

In einer Marktwirtschaft verläuft das gesamtwirtschaftliche Geschehen, das man auch als Konjunktur bezeichnet, nicht gleichmäßig, sondern es unterliegt laufend Schwankungen.

Schon vor über 100 Jahren wurde begonnen, die Vielzahl der Konjunkturschwankungen zu untersuchen. Man stellte fest, dass sie in ihrem Verlauf alle sehr ähnlich waren und die Form von Wellen hatten.

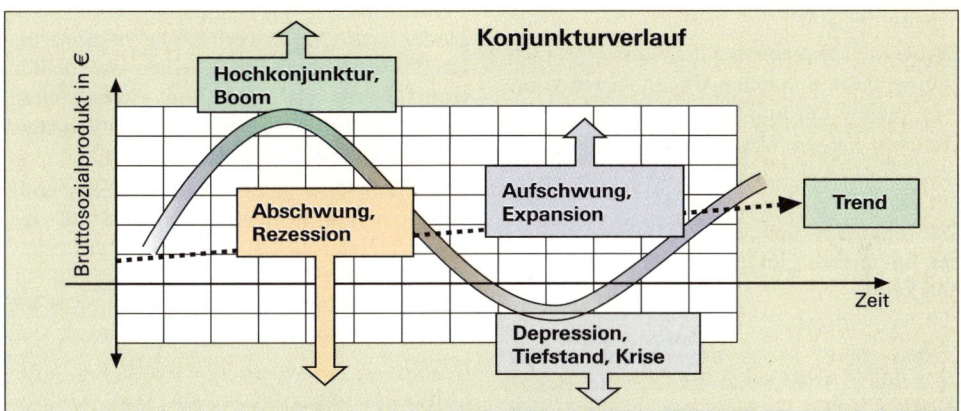

Der Konjunkturverlauf wird in folgende **Phasen** eingeteilt:

- **Tiefstand** (Depression)
- **Aufschwung** (Expansion)
- **Hochkonjunktur** (Boom)
- **Abschwung** (Rezession)

2.2 Folgen der Konjunkturschwankungen

Wenn Haushalte und Unternehmungen weniger konsumieren bzw. investieren, führt das letztlich zu einer hinter der Höhe des Angebotes zurückbleibenden Nachfrage. Die Überproduktion kann für einen gewissen Zeitraum durch eine Erhöhung der Lagerbestände aufgefangen werden. Tritt jedoch keine Nachfrageerhöhung ein, bleibt der Unternehmung schließlich keine andere Wahl, als die Produktion durch Maßnahmen wie Kurzarbeit oder Entlassung von Arbeitskräften zu drosseln.

Da jedoch das Gesamteinkommen der Arbeitnehmer aufgrund der steigenden Arbeitslosigkeit sinkt, ist wegen der damit verbundenen geringeren Kaufkraft keine Nachfragesteigerung, sondern eine weitere Senkung zu erwarten. Durch verringerte Gewinnaussichten wird die Investitionsbereitschaft der Unternehmer ebenfalls sinken, die Investitionsgüterindustrie verbucht rückgängige Auftragszahlen. Die weiter eingeschränkten Absatzchancen der Unternehmungen führen wiederum zu verstärktem Personalabbau. Die Angst der Beschäftigten vor Entlassungen steigt, die Ausgaben werden zugunsten höherer Ersparnisse gedrosselt. Der Kreislauf dreht sich weiter. Die wirtschaftliche Entwicklung erreicht u. U. ihren Tiefstand mit sehr hoher Arbeitslosigkeit.

[1]   Dazu eine passende Satire:

Konsumgerechtigkeit

Von Hans Gebhardt

Die zwei Männer kamen abends nach sieben. Ich saß gerade beim dritten Bier vor dem Fernseher und schaute mir die Werbung an.

Die Herren zeigten ihre Ausweise: Zwei Kontrolleure vom Verband für konsumgerechtes Verhalten. „Sie fahren kein Auto", begann der eine.

„Schon seit fast einem Jahr", antwortete ich.

„Obwohl Sie sich einen Wagen leisten könnten", meinte der andere.

„Ich will keinen Wagen mehr. Im Stadtverkehr lohnt es sich nicht. In Urlaub fahre ich mit der Bahn oder ich fliege."

„Sie erlauben sich einen Konsumverzicht, der für unsere Gesellschaft gefährlich werden kann."

„Ist das verboten?"

„Noch nicht", antwortete einer der beiden Besucher. „Aber wenn Ihr Beispiel Schule macht, werden wir bald ein entsprechendes Gesetz haben. Sie schädigen nämlich den Staat. Er verliert jährlich ein paar tausend Mark an Kraftfahrzeug-, Benzin-, Ölsteuer und so weiter."

„Vor allem aber schaden Sie unserer Wirtschaft", fügte der andere hinzu. „Es ist wie eine Kettenreaktion: Die Autofabriken verdienen nichts, der Händler hat Verluste. Sie kaufen kein Benzin, lassen keine Reparaturen ausführen, brauchen keine Winterreifen, kein Zubehör."

„Aber dafür gebe ich doch anderweitig Geld aus: Ich fahre öfters Taxi, trinke mehr Alkohol."

„Das sind keine Argumente. Ein Mann mit Ihrem Einkommen hat einen Wagen zu fahren."

„Und wie ist es mit dem Umweltschutz?"

„Das lassen Sie mal unsere Sorge sein. Verhalten Sie sich lieber etwas vorsichtiger: Wir haben uns in Ihrer Stammkneipe erkundigt. Sie propagieren den Konsumverzicht in aller Öffentlichkeit."

„Das ist ja ..."

„Jeder siebente Erwerbstätige in unserem Land", unterbrach mich einer der beiden Kontrolleure, „lebt von der Automobilindustrie. Leute wie Sie sind dabei, unsere Gesellschaftsordnung zu zerstören."

Der Mann griff in seine Aktentasche, holte einige Prospekte heraus, legte sie auf den Tisch. „Dies sind ein paar Angebote", sagte er. „Die neuesten Modelle. Unverbindlich. Aber sie sollten sich gut überlegen, was Sie machen. Unser Verband lässt nicht mit sich spaßen."

„Mittelklassewagen", befahl sein Kollege. „Sie sind der Typ für einen Mittelklassewagen. Wir werden uns gelegentlich erkundigen. Auf Wiedersehen."

Als die beiden draußen waren, merkte ich, dass ich zitterte. „Was wollten die denn?" fragte Uschi aus der Küche. „Sie haben uns erwischt", antwortete ich. „Zwei Kontrolleure vom Verband für konsumgerechtes Verhalten."

„Das musste ja kommen", meinte Uschi. „Du mit deinem Konsumverzichtsfimmel. Sie halten dich sicher für einen Extremisten. Du stehst bestimmt schon auf der Liste."

„Sie haben Prospekte dagelassen."

„Gott sei Dank", sagte Uschi. „Dann hast du ja noch eine Chance."

Maßgebend für die konjunkturelle Entwicklung sind auch außenwirtschaftliche und wirtschaftspolitische Einflüsse.

Welche Folgen eine verstärkte Güternachfrage auf die Konjunktur haben kann, ergibt sich aus nachstehender Abbildung. Die Konjunkturspirale beschreibt den stetigen Wechsel der einzelnen Konjunkturphasen.

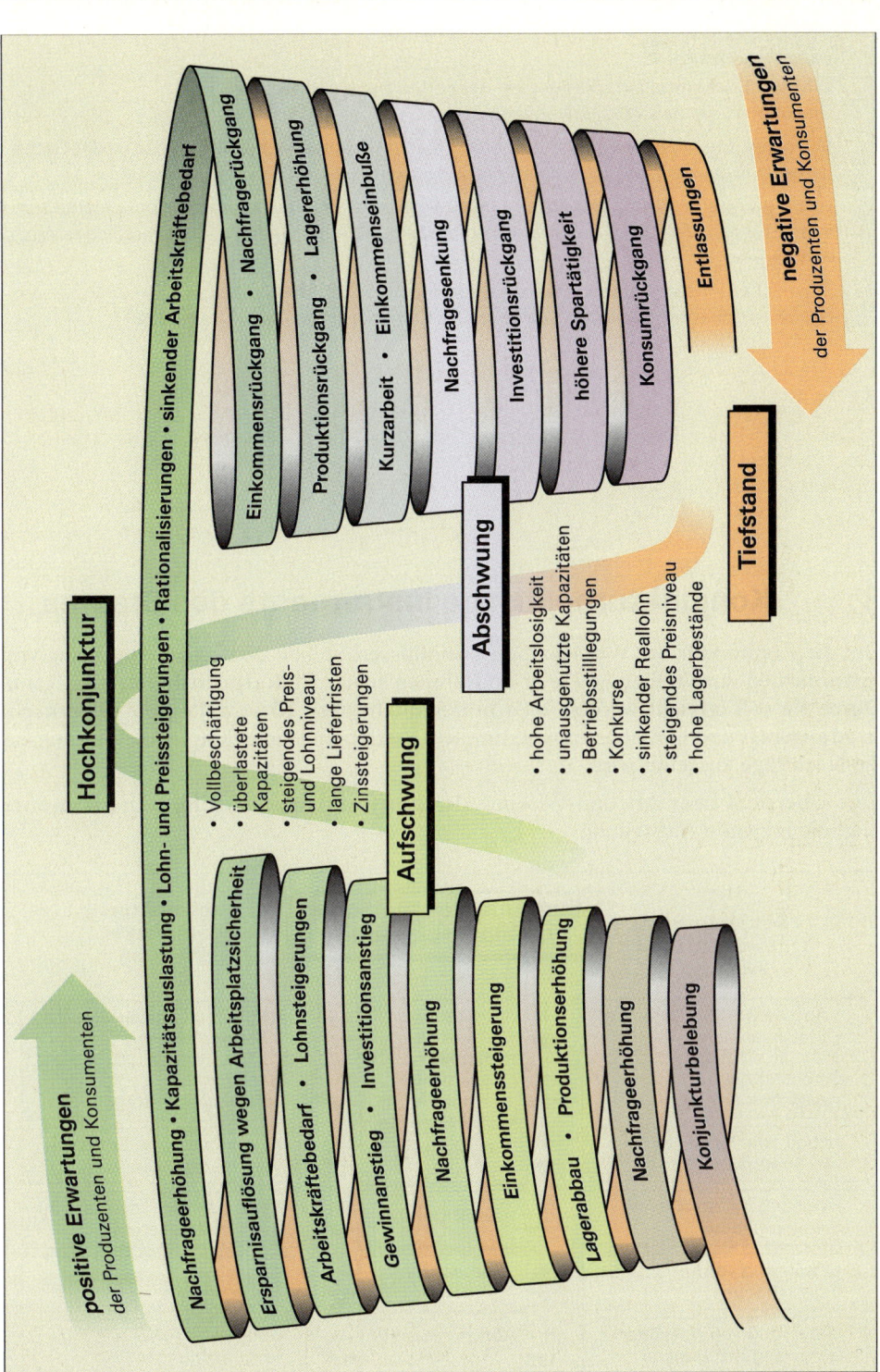

2

negative Erwartungen der Produzenten und Konsumenten

positive Erwartungen der Produzenten und Konsumenten

Hochkonjunktur

Nachfrageerhöhung • Kapazitätsauslastung • Lohn- und Preissteigerungen • Rationalisierungen • sinkender Arbeitskräftebedarf

• Vollbeschäftigung
• überlastete Kapazitäten
• steigendes Preis- und Lohnniveau
• lange Lieferfristen
• Zinssteigerungen

Einkommensrückgang • Nachfragerückgang
Produktionsrückgang • Lagererhöhung
Kurzarbeit • Einkommenseinbuße
Nachfragesenkung
Investitionsrückgang
höhere Spartätigkeit
Konsumrückgang
Entlassungen

Abschwung

• hohe Arbeitslosigkeit
• unausgenutzte Kapazitäten
• Betriebsstilllegungen
• Konkurse
• sinkender Reallohn
• steigendes Preisniveau
• hohe Lagerbestände

Tiefstand

Aufschwung

Nachfrageerhöhung wegen Arbeitsplatzsicherheit
Ersparnisauflösung wegen Arbeitsplatzsicherheit
Lohnsteigerungen
Arbeitskräftebedarf • Investitionsanstieg
Gewinnanstieg
Nachfrageerhöhung
Einkommenssteigerung
Lagerabbau • Produktionserhöhung
Nachfrageerhöhung
Konjunkturbelebung

1. Welcher Sachverhalt wird in der vorstehenden Satire angesprochen?
   Diskutieren Sie den Wirklichkeitsgehalt der Satire.

2. Verfolgen Sie, welche Auswirkung eine Einschränkung des Konsums (wie in der Satire dargestellt) auf die wirtschaftliche Entwicklung eines Landes haben könnte.

3. Lohn- und Gehaltserhöhungen können zu Verbrauchssteigerungen der Konsumenten im Inland führen. Verfolgen Sie an der Konjunkturspirale auf Seite 223 die möglichen Auswirkungen.

4. Zu welchen Auswirkungen können Erhöhungen der Lohnnebenkosten z. B. durch höhere Sozialversicherungsbeiträge führen (siehe Konjunkturspirale auf Seite 223)?

3   Konjunkturpolitische Instrumente des Staates

Um die Konjunktur der Wirtschaft zu beeinflussen, stehen dem Staat eine Reihe von Instrumenten zur Verfügung, die er im Rahmen seiner **Fiskalpolitik** einsetzen kann. Durch sie soll erreicht werden, dass in konjunkturellen Krisenzeiten die Güternachfrage angeregt und in Zeiten konjunktureller Überhitzung eine dämpfende Wirkung auf die Nachfrage ausgeübt wird.

Eine Übersicht über Art und Wirkung der **konjunkturpolitischen Instrumente** zeigt die folgende Aufstellung:

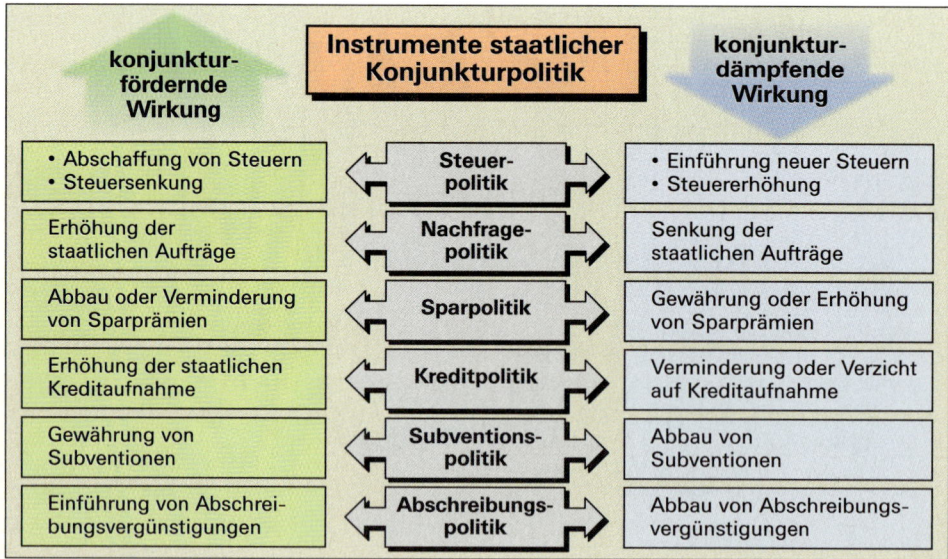

konjunktur-fördernde Wirkung	Instrumente staatlicher Konjunkturpolitik	konjunktur-dämpfende Wirkung
• Abschaffung von Steuern • Steuersenkung	Steuer-politik	• Einführung neuer Steuern • Steuererhöhung
Erhöhung der staatlichen Aufträge	Nachfrage-politik	Senkung der staatlichen Aufträge
Abbau oder Verminderung von Sparprämien	Sparpolitik	Gewährung oder Erhöhung von Sparprämien
Erhöhung der staatlichen Kreditaufnahme	Kreditpolitik	Verminderung oder Verzicht auf Kreditaufnahme
Gewährung von Subventionen	Subventions-politik	Abbau von Subventionen
Einführung von Abschreibungsvergünstigungen	Abschreibungs-politik	Abbau von Abschreibungsvergünstigungen

aus: Informationsdienst
des Instituts der deutschen Wirtschaft, o. Jg.

Was ist das?
Antizyklische Fiskalpolitik

Ziel einer antizyklischen Fiskalpolitik ist, die Ausschläge von Konjunkturzyklen zu dämpfen. Zu diesem Zweck sollen die finanzpolitischen Instrumente von Fall zu Fall so eingesetzt werden, dass die konjunkturellen Schwankungen der privaten Nachfrage durch staatliche Nachfrage geglättet werden.

Zu diesen Instrumenten gehören: Öffentliche Ausgaben, Steuersätze und steuerliche Bemessungsgrundlagen. Sie werden zur Anregung oder Abschwächung der gesamtwirtschaftlichen Nachfrage verändert.

Das Stabilitätsgesetz sieht je nach Konjunktursituation folgende fiskalpolitischen Eingriffe vor:

● Veränderung der Einkommen- und Körperschaftsteuer um 10 Prozent längstens für ein Jahr;

● Verschiebung öffentlicher Ausgaben und Stilllegung frei gewordener Mittel im Boom;

● Finanzierung zusätzlicher öffentlicher Ausgaben aus einer Konjunkturausgleichsrücklage in der Rezession bzw. deren Finanzierung in Boomzeiten;

● Beschränkung der Abschreibungsmöglichkeiten (Boom) bzw. Gewährung eines Investitionsbonus bis zu 7,5 Prozent der Anschaffungs- oder Herstellungskosten (Rezession).

Darüber hinaus ist es nach dem Haushaltsrecht grundsätzlich möglich, einen bestimmten Teil der öffentlichen Ausgaben über Kredite zu finanzieren.

Tatsache ist, dass der Staat Mühe hat, diese Vorstellungen umzusetzen. Ab Mitte der Neunzigerjahre bahnte sich in Deutschland die größte Wirtschaftskrise nach dem Zweiten Weltkrieg an. Aber die Kassen des Staates sind leer. Konjunkturausgleichsrücklagen gibt es nicht. Steuererleichterungen sind nicht möglich, weil die staatlichen Haushalte ohnehin schon riesige Löcher aufweisen und jeder Steuerpfennig benötigt wird. Die Abgaben werden eher erhöht als gesenkt. Von antizyklischer Politik ist keine Spur zu sehen, denn auch der Staat muss auf die Ausgabenbremse treten.

Arbeitsvorschlag

1. Welche Zielsetzung verfolgt die antizyklische Fiskalpolitik?
2. Entscheiden Sie, ob die folgenden staatlichen Maßnahmen eine Konjunktur fördernde oder dämpfende Wirkung haben: Mehrwertsteuer wird erhöht, Werftindustrie erhält Subventionen, Bauindustrie wird durch öffentliche Aufträge unterstützt, Sparprämien werden gekürzt.

Wichtiges in Kürze

○ Das Stabilitäts- und Wachstumsgesetz nennt als Zielforderungen:
  – Vollbeschäftigung, – angemessenes Wirtschaftswachstum,
  – Preisstabilität, – außenwirtschaftliches Gleichgewicht.
○ Nicht alle Ziele lassen sich zusammen erreichen. So besteht z. B. ein Zielkonflikt zwischen Vollbeschäftigung und Preisstabilität.
○ Der Konjunkturverlauf wird in Phasen (Tiefstand, Aufschwung, Hochkonjunktur, Abschwung) eingeteilt.

Themenkreis 14:
Öffentliche Abgaben

1   Öffentliche Abgaben im Überblick

1

Der Staat kassiert mit

Der ideale Steuerzahler

Karikatur:
Hans-Joachim
Stenzel

aus: Informationen
zur politischen Bildung,
Nr. 241, 1993, S. 15

Über das Problem der Steuerbelastung wird schon so lange diskutiert, wie es Steuern gibt. Waren die Leibeigenen im Mittelalter ohne Zweifel mit dem „Zehnten", den sie abzugeben hatten, nicht zufrieden, so haben wir heute berechtigte Zweifel, ob es nicht zu viel ist, dass fast ein halbes Jahr für den Staat, die Gemeinden und die Sozialversicherungen gearbeitet werden muss.

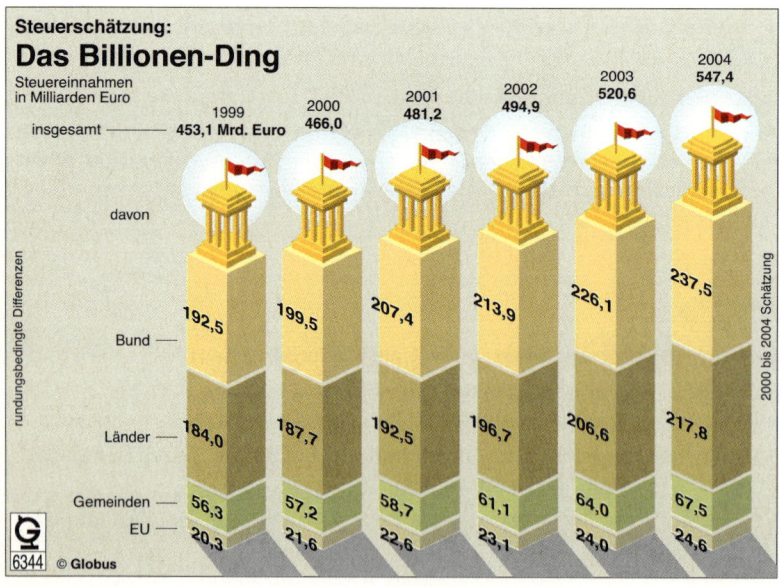

Steuerschätzung:
Das Billionen-Ding

Steuereinnahmen
in Milliarden Euro

insgesamt —

rundungsbedingte Differenzen

2000 bis 2004 Schätzung

	1999 453,1 Mrd. Euro	2000 466,0	2001 481,2	2002 494,9	2003 520,6	2004 547,4
Bund	192,5	199,5	207,4	213,9	226,1	237,5
Länder	184,0	187,7	192,5	196,7	206,6	217,8
Gemeinden	56,3	57,2	58,7	61,1	64,0	67,5
EU	20,3	21,6	22,6	23,1	24,0	24,6

davon

6344 © Globus

Abgabearten

Der Staat benötigt Geld, um seine zahlreichen Aufgaben wahrnehmen zu können. Der größte Teil dieser Beträge wird durch Abgaben der Bürger aufgebracht. Die Abgaben im engeren Sinne, d. h. ohne Kirchensteuer und Sozialabgaben, lassen sich wie folgt einteilen:

- **Steuern:** Geldleistungen, die von dem Staat erhoben werden, ohne dass ihnen eine spezielle Gegenleistung gegenübersteht.

- **Gebühren:** Sie werden für bestimmte Amtshandlungen des Staates (z. B. Passgebühren) und für die Benutzung öffentlicher Einrichtungen erhoben.

- **Beiträge:** Sie werden für Vorteile aus öffentlichen Leistungen erhoben, in dessen Genuss der Beitragspflichtige kommt (z. B. Erschließungsbeiträge für Grundstücke).

- **Zölle:** Dies sind Abgaben, die beim Überqueren der Gebietsgrenzen eines Staates erhoben werden. Man unterscheidet Einfuhr-, Ausfuhr- und Durchfuhrzölle.

Notwendigkeit der öffentlichen Abgaben

Finanzierung öffentlicher Aufgaben

Bund, Länder und Gemeinden kassieren von ihren Bürgern Geld, um damit unterschiedliche Aufgaben zu erfüllen:

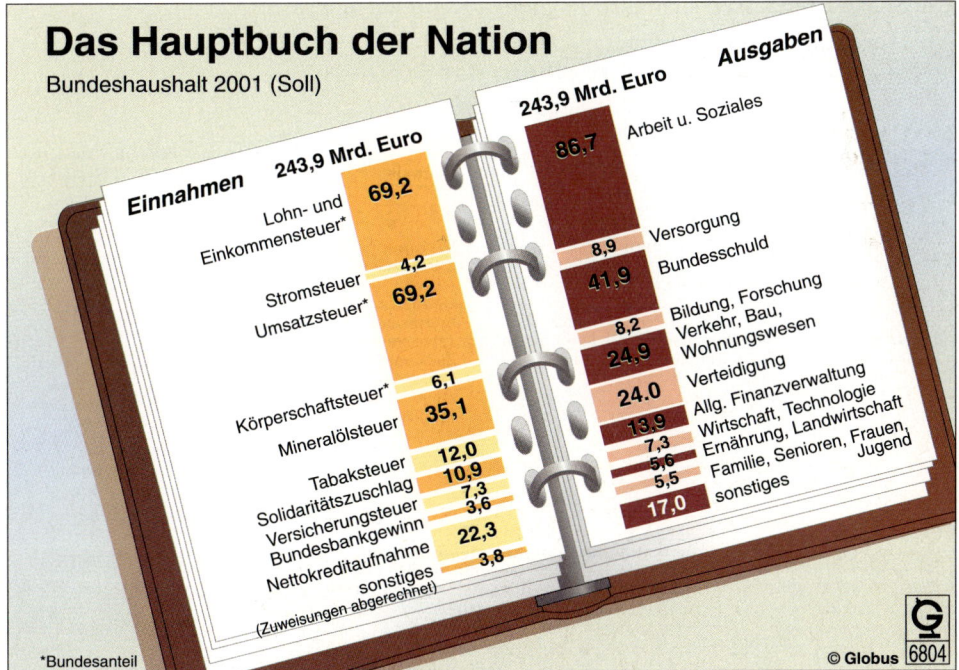

Verminderung sozialer und wirtschaftlicher Benachteiligungen

Sinn dieser Regelung ist es, Bürger mit höheren Einkünften stärker mit Steuern zu belasten, um diese Mittel dann sozial Schwächeren zugute kommen zu lassen. Auch wirtschaftlich schwächere Branchen (z. B. Schiffsbau) und Regionen (z. B. neue Bundesländer) zählen zu den Empfängern dieser Ausgleichszahlungen.

Steuerung der Konjunktur

Der Staat kann z. B. durch eine stärkere Besteuerung die Nachfrage vermindern, um so Einfluss auf die Inflationsrate zu nehmen. Eine Steuersenkung dagegen könnte in wirtschaftlichen Krisenzeiten die Nachfrage anregen und so eine Voraussetzung zur Einstellung weiterer Arbeitskräfte sein (siehe S. 224 f.).

Arbeitsvorschlag

1. Was sind Steuern, Gebühren, Beiträge und Zölle?
2. Wozu benötigt der Staat Steuereinnahmen?

---

2   Steuern

2.1   Einteilung der Steuern

Die Steuerarten lassen sich nach folgenden Kriterien einteilen:

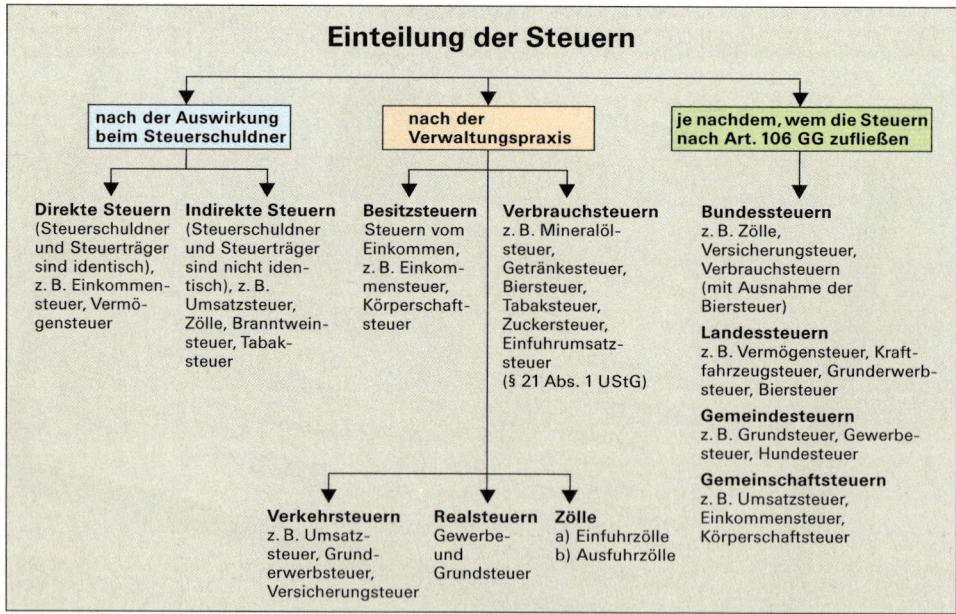

nach: Rauser, Steuerlehre, Winklers Verlag, Darmstadt 1999, S. 18

Bei der vorherrschenden Unterscheidung von direkten und indirekten Steuern sind die Begriffe Steuerschuldner und Steuerträger von Bedeutung:

● Steuerschuldner ist die Person, welche die Steuer zu bezahlen hat.
● Steuerträger ist die Person, welche durch eine Steuer tatsächlich belastet wird.

So ist z. B. bei der Mineralölsteuer der Benzinhersteller Steuerschuldner, Steuerträger ist der Autofahrer.

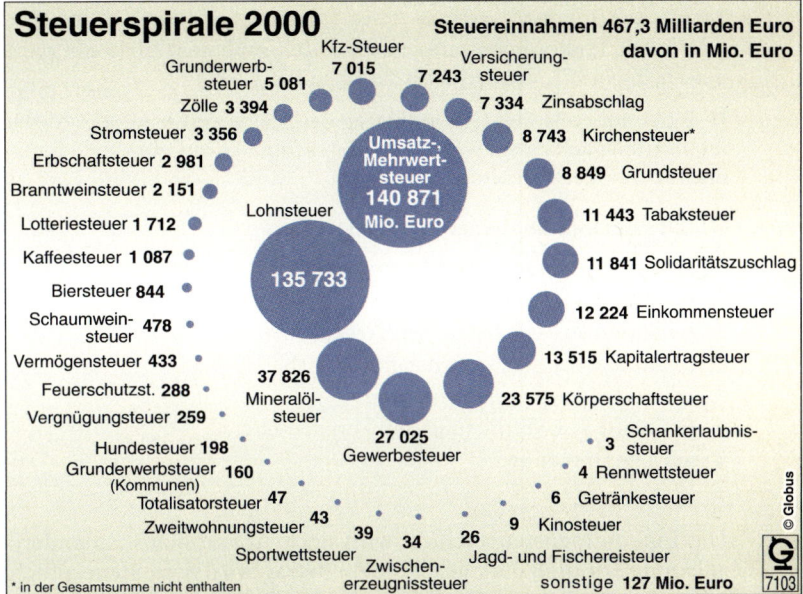

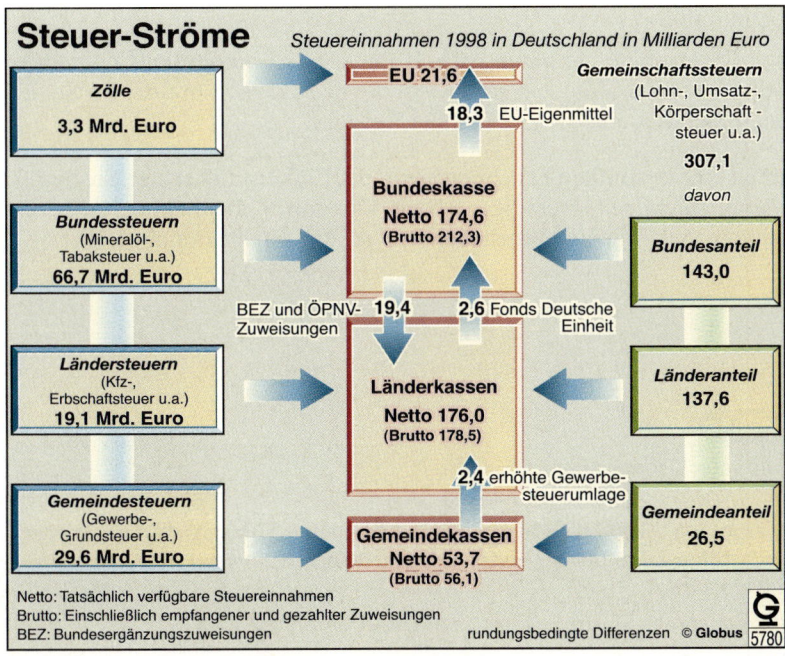

2.2   Einkommen- und Lohnsteuer

Die **Einkommensteuer** ist die bedeutendste Einnahmequelle der öffentlichen Haushalte. Gegenstand der Besteuerung ist das Einkommen der natürlichen Personen. Rechtsgrundlage der Einkommensteuer ist das **Einkommensteuergesetz.** Der § 2 dieses Gesetzes lautet:

---

§ 2   I Die Einkommensteuer bemisst sich nach dem Einkommen, das der Steuerpflichtige innerhalb eines Kalenderjahres bezogen hat.

II Einkommen ist der Gesamtbetrag der Einkünfte aus den in Absatz III bezeichneten Einkunftsarten nach Ausgleich mit Verlusten, die sich aus einzelnen Einkunftsarten ergeben, und nach Abzug der Sonderausgaben.

III Der Einkommensteuer unterliegen nur:

1. Einkünfte aus Land- und Forstwirtschaft,
2. Einkünfte aus Gewerbebetrieb,
3. Einkünfte aus selbstständiger Arbeit,
4. Einkünfte aus nicht selbstständiger Arbeit,
5. Einkünfte aus Kapitalvermögen,
6. Einkünfte aus Vermietung und Verpachtung,
7. sonstige Einkünfte.

Die Einkommensteuerschuld wird nach Ablauf eines Kalenderjahres durch eine Veranlagung ermittelt. Der geschuldete Betrag wird dem Steuerpflichtigen durch den Steuerbescheid mitgeteilt. Das Veranlagungsverfahren wird durch eine Einkommensteuererklärung des Steuerpflichtigen eingeleitet. Hiermit informiert er das Finanzamt über seine jährlichen Einkünfte.

Der selbstständige Steuerpflichtige hat je nach Höhe seines Einkommens vierteljährliche oder monatliche Vorauszahlungen zu leisten, die nachträglich mit der im Steuerbescheid ausgewiesenen Steuerschuld verrechnet werden.

Die **Lohnsteuer** ist eine besondere Erhebungsform der Einkommensteuer. Sie bezieht sich auf Einkünfte aus nicht selbstständiger Arbeit. Die vom Arbeitnehmer zu bezahlende Steuer wird vom Arbeitgeber einbehalten und an das Finanzamt abgeführt.

Arbeitsvorschlag

1.   Nennen Sie die verschiedenen Einkunftsarten.

2.   Zu welchen Einkünften gehören die folgenden Einnahmen:
     Ausbildungsvergütung, Gewinne, Zinsen, Wohnungsmieten, Erlöse aus dem Verkauf von landwirtschaftlichen Produkten, Einnahmen aus dem Verkauf von Holz, Dividendenerträge, Pachtzahlungen?

3.   Für welche der genannten Einkünfte muss Lohnsteuer bezahlt werden?

2.3 Grundlagen des Lohnsteuerabzugs

Die Lohnsteuerkarte ist Grundlage des Lohnsteuerabzuges. Sie wird jährlich von der Stadtverwaltung oder der Gemeinde ausgestellt und dem Arbeitnehmer zugeschickt. Dieser selbst leitet die Karte an seinen Arbeitgeber weiter, für den sie das wichtigste Dokument bei der Berechnung des Lohnsteuerabzugs ist.

Die **Höhe** der steuerlichen Belastung hängt ab von

- der Steuerklasse,
- der Anzahl der Kinderfreibeträge,
- den eventuell vom Finanzamt eingetragenen Freibeträgen,
- dem Bruttolohn (ist der Rückseite der Lohnsteuerkarte zu entnehmen).

1

Alle Eintragungen in der Lohnsteuerkarte genau prüfen !
Lesen Sie die Informationsschrift „Lohnsteuer '..."

Ordnungsmerkmale des Arbeitgebers

Lohnsteuerkarte .. 4710189

Gemeinde und AGS
34560 Fritzlar
Finanzamt und Nr.
34560 Fritzlar

Geburtsdatum
..-02-24

I. Allgemeine Besteuerungsmerkmale

Müller, Erwin
Tannenbusch 1

34560 Fritzlar

| Steuer-klasse | Kinder unter 18 Jahren; Zahl der Kinderfreibeträge |
| eins | — |

Kirchensteuerabzug
ev.
(Datum)
..-09.20

(Gemeindebehörde)
Stadt Fritzlar

II. Änderungen der Eintragungen im Abschnitt I

Steuerklasse	Zahl der Kinder-freibeträge	Kirchensteuerabzug	Diese Eintragung gilt, wenn sie nicht widerrufen wird:	Datum, Stempel und Unterschrift der Behörde
			vom .. an bis zum 31. 12. ..	I. A.
			vom .. an bis zum 31. 12. ..	I. A.
			vom .. an bis zum 31. 12. ..	I. A.

III. Für die Berechnung der Lohnsteuer sind vom Arbeitslohn als steuerfrei abzuziehen:

Jahresbetrag EUR	monatlich EUR	wöchentlich EUR	täglich EUR	Diese Eintragung gilt, wenn sie nicht widerrufen wird:	Datum, Stempel und Unterschrift der Behörde
1111,00	93,00			vom 01.01. .. an bis zum 31. 12. ..	..-09-20 I. A. *Weber*
in Buch-staben -tausend		Zehner und Einer wie oben -hundert			
				vom .. an bis zum 31. 12. ..	I. A.
in Buch-staben -tausend		Zehner und Einer wie oben -hundert			
Ggf. zusätzlich zum a. a. Freibetrag in Buch-staben -hundert (Zehner und Einer wie oben)				vom .. an bis zum 31. 12. ..	I. A.
bei der Tätigkeit als					

(Vorderseite)

Die Einordnung der Steuerpflichtigen in die sechs **Steuerklassen** erfolgt nach persönlichen und familiären Voraussetzungen.

2

Steuerklassen	Personenkreise (vereinfachte Angaben)
I	Ledige, Geschiedene, Verwitwete oder dauernd getrennt lebende Ehepartner
II	Ledige, Geschiedene und Verwitwete mit mindestens einem Kind, für das sie einen Kinderfreibetrag haben.
III	Verheiratete, wenn nur ein Ehegatte Arbeitslohn bezieht oder wenn beide arbeiten und einer Steuerklasse V wählt.
IV	Verheiratete, wenn beide Ehegatten Arbeitslohn beziehen.
V	Wenn Verheiratete beide Arbeitslohn beziehen, kann einer der Ehegatten die Steuerklasse V, der andere die Klasse III wählen.
VI	Wenn mehrere Arbeitsverhältnisse bestehen, wird auf der benötigten zweiten und weiteren Lohnsteuerkarte die Steuerklasse VI eingetragen. Nach Klasse VI wird auch versteuert, wenn die Lohnsteuerkarte nicht oder nicht rechtzeitig abgegeben wurde oder verloren ging.

3 Wie hoch die Lohn- oder Einkommensteuer ist, richtet sich auch nach den Eigenarten des Steuertarifs. Die Steuerreform 2000 änderte zwar das System nicht grundsätzlich, bringt aber den Bürgern bis zum Jahr 2005 stufenweise Entlastungen.

● Im ersten Schritt wird der Eingangssteuersatz von 22,9 auf 19,9 % gesenkt. Das steuerfreie Existenzminimum steigt gleichzeitig auf 6.900,00 €.

● In zwei weiteren Stufen sinkt der Eingangssteuersatz auf 17 % und schließlich auf 15 %. Das steuerfreie Existenzminimum steigt dann bis auf 7.664,00 €.

● Gleichzeitig sinkt der Spitzensteuersatz von bisher 51 % auf dann 42 %.

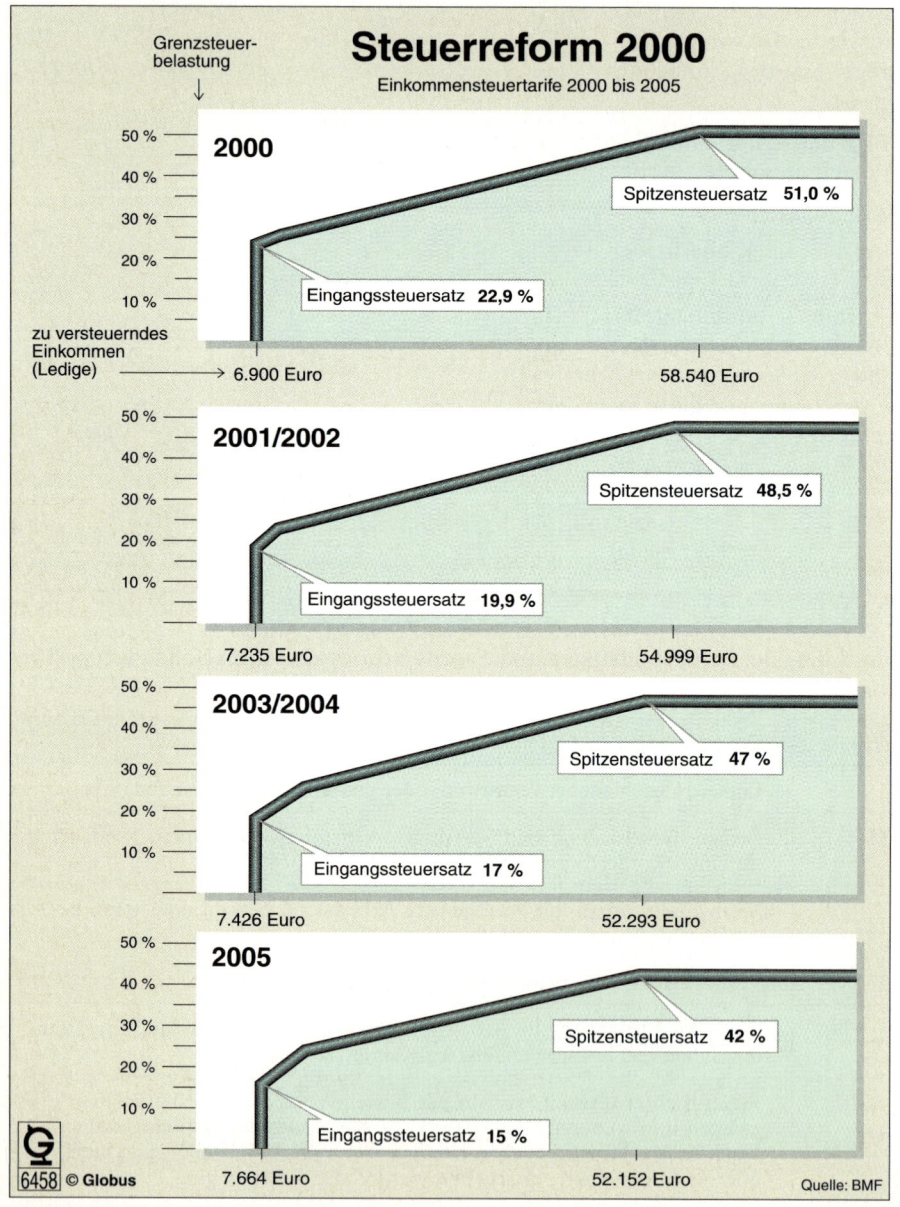

9527232

Arbeitsvorschlag

1. Wovon hängt die Höhe der Lohnsteuerbelastung ab?
2. Wer stellt die Lohnsteuerkarte aus?
3. Was geschieht mit der Lohnsteuerkarte, wenn sie dem Arbeitnehmer zugestellt wurde?
4. Wie viele Steuerklassen unterscheidet man?
5. In welche Steuerklasse gehören folgende Personen:
   Ledige, verheiratete mit einem Einkommen, geschiedene Ehepartner, ledige Arbeitnehmer mit zweiter Lohnsteuerkarte, verheiratete Arbeitnehmer mit zwei Einkommen, ledige Arbeitnehmerin mit einem Kinderfreibetrag?
6. Es wird immer wieder beklagt, dass das Steuersystem zu kompliziert und zu ungerecht sei. Es wäre in diesem Zusammenhang ohne Zweifel einfacher, wenn man einen einheitlichen (Lohn-)Steuersatz hätte. Er könnte z. B. durchgehend 25 % betragen, ganz gleich, wie viel man verdient. Wie würden Sie ein solches System beurteilen?

2.4 Lohnsteuerermäßigung und Einkommensteuerveranlagung

Dem Einkommensteuergesetz ist zu entnehmen, dass bestimmte Aufwendungen das zu versteuernde Bruttoeinkommen vermindern. Sind diese Aufwendungen schon zu Beginn des Jahres bekannt, können sie als Freibeträge auf der Lohnsteuerkarte eingetragen werden. Dies geschieht durch einen **Antrag auf Lohnsteuerermäßigung,** der beim zuständigen Finanzamt zu stellen ist. Die monatliche steuerliche Belastung wird durch diese Freibeträge vermindert.

Während die Freibeträge aufgrund des Alters und für Körperbehinderte, Flüchtlinge usw. vorgegeben sind, ist dies bei den **Werbungskosten, Sonderausgaben** und **außergewöhnlichen Belastungen** anders. Ihre Höhe richtet sich nach den individuellen Aufwendungen jedes Steuerzahlers, die dem Finanzamt gegenüber durch **Belege** nachgewiesen werden müssen. Diese sind zusammen mit dem Antrag auf Einkommensteuerveranlagung dem zuständigen Finanzamt einzureichen.

Tipp

Sie sollten alle Belege sammeln, von denen Sie annehmen, dass sie bei der Steuererklärung berücksichtigt werden können..

Ein Nachweis von Werbungskosten und Sonderausgaben lohnt sich aber nur dann, wenn sie über die in die Lohnsteuertabelle bereits eingearbeiteten Pauschbeträge hinausgehen.

Oft sind diese erhöhten Aufwendungen jedoch im Voraus nicht bekannt und ergeben sich erst während des Jahres. In diesem Fall können sie nachträglich durch einen **Antrag auf Einkommensteuerveranlagung** geltend gemacht werden. Das Finanzamt vergleicht die gezahlten Steuern mit der eigentlichen, korrigierten Steuerbelastung und erstattet den Differenzbetrag zurück.

Tipp

Der Antrag auf Einkommensteuererklärung muss bis zum 31. Mai des Folgejahres beim Finanzamt eingehen.

Werbungskosten	**Sonderausgaben**	**außergewöhnliche Belastungen**
Alle Kosten, die notwendig sind, um die Einkünfte zu erzielen und zu sichern. Für den Arbeitnehmer sind dies hauptsächlich: *Beispiele:* ■ Aufwendungen für Fahrten zur Arbeit (Kilometerpauschale 0,36 €, ab dem 11. km 0,40 €)[1] ■ Beiträge zu Berufsverbänden ■ Aufwendungen für Berufskleidung oder typische Arbeitsmittel ■ Fachliteratur ■ Bewerbungskosten ■ Umzugskosten bei beruflich bedingtem Wohnungswechsel	Aufwendungen im Rahmen der sozialen Vorsorge und sonstigen Lebensführung **unbeschränkt abzugsfähig** *Beispiele:* ■ Kirchensteuern ■ Steuerberatungskosten ■ Rentenzahlungen oder andere dauernde Lasten **beschränkt abzugsfähig** *Beispiele:* ■ Bausparbeiträge ■ Beiträge zur Kranken-, Renten-, Lebens- sowie Privathaftpflichtversicherung ■ Aufwendungen für Berufsausbildung ■ Unterhaltszahlungen ■ Spenden ■ Schulgeld	Ausgaben, die aufgrund besonderer Umstände zwangsläufig anfallen. Dabei wird den Steuerzahlern in Abhängigkeit vom Einkommen ein bestimmter Eigenanteil zugemutet. *Beispiele:* ■ Krankheitskosten ■ Scheidungskosten ■ Heimunterbringungen ■ Sanatoriumsaufenthalte ■ Beerdigungskosten ■ Unwetterschäden ■ Aufwendungen für körperliche oder sonstige Behinderungen

Im Rahmen dieser abzusetzenden Ausgaben gibt es bestimmte Freibeträge, die pauschal für alle Arbeitnehmer gelten. Dazu gehören

1.044,00 € pro Jahr, ganz gleich, ob ein Arbeitnehmer diese Summe tatsächlich erreicht oder nicht.	Vorsorgepauschale ohne Nachweis. Es ist ratsam, wegen der komplizierten Berechnung die gesamten Aufwendungen mit Belegen geltend zu machen.	keine pauschalen Freibeträge

Arbeitsvorschlag

1. Warum lohnt es sich oft, einen Antrag auf „Einkommensteuerveranlagung" zu stellen und welche Fristen sind dabei zu beachten?
2. Ein Arbeitnehmer hat Einkünfte aus seiner nicht selbstständigen Tätigkeit von insgesamt 20.000,00 € pro Jahr. Für eine vermietete Wohnung erhält er zusätzlich 4.320,00 € pro Jahr. Die Sparbücher bringen 900,00 € Zinsen. Wie wirkt sich dies steuerlich aus und warum muss dieser Arbeitnehmer eine Einkommensteuererklärung abgeben?
3. Was sind „Werbungskosten" und was „Sonderausgaben"?

Wichtiges in Kürze

○ Steuern lassen sich einteilen nach
  — der Auswirkung beim Steuerschuldner,
  — der Verwaltungspraxis,
  — dem Empfänger der Steuern.

○ Der Einkommensteuer unterliegen sieben Einkunftsarten.

○ Die Lohnsteuer, die sich auf Einkünfte aus nicht selbstständiger Arbeit bezieht, ist eine besondere Erhebungsform der Einkommensteuer.

○ Die Höhe der steuerlichen Belastung hängt ab von
  — dem Bruttolohn,   — evtl. eingeräumten Freibeträgen,
  — der Zahl der Kinderfreibeträge,   — der Steuerklasse.

○ Durch einen Antrag auf Lohnsteuerermäßigung werden bestimmte Freibeträge auf der Lohnsteuerkarte vermerkt. Sie führen zu einer Verminderung der monatlichen Steuerbelastung.

○ Durch einen Antrag auf Einkommensteuerveranlagung werden die zu viel gezahlten Steuern vom Finanzamt zurückerstattet.

○ Neben Frei- und Pauschbeträgen führen folgende Aufwendungen zu einer Steuerermäßigung:
  — Werbungskosten (z. B. Fachliteratur),
  — Sonderausgaben (z. B. gezahlte Kirchensteuer),
  — außergewöhnliche Belastungen (z. B. Krankheitskosten).

Themenkreis 15:
Betriebliches Rechnungswesen

1   Bereiche des Rechnungswesens

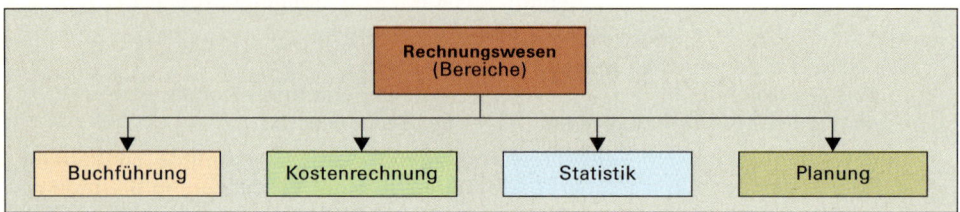

Buchführung

Die Buchführung ist die Grundlage des Rechnungswesens. Durch sie werden die zahlreichen **Geschäftsvorfälle,** die sich in dem Betrieb ereignen, systematisch aufgezeichnet. So werden z. B. Rohstoffe eingekauft, Mieten und Löhne gezahlt oder veraltete Fahrzeuge durch neue ersetzt. Ohne Aufzeichnung dieser Geschäftsvorfälle würden der Unternehmer, aber z. B. auch Kreditgeber und das Finanzamt die Übersicht über den Betrieb verlieren.

Kostenrechnung

Werden Erzeugnisse hergestellt, entstehen Kosten. Sie ergeben sich durch den Verbrauch von Gütern und Dienstleistungen im Betrieb. Im Einzelnen werden durch die Kostenrechnung folgende **Fragen** beantwortet:
- Welche Kosten sind im Betrieb entstanden?
  (Kostenartenrechnung)
- Wo sind die Kosten im Betrieb entstanden?
  (Kostenstellenrechnung)
- Welchem einzelnen Auftrag oder welcher betrieblichen Leistung können die entstandenen Kosten zugerechnet werden?
  (Kostenträgerrechnung oder Kalkulation)

Statistik

Die Statistik ist eine **Vergleichsrechnung.** Sich wiederholende betriebliche Vorgänge (z. B. Umsatzzahlen) werden aufbereitet und ausgewertet. Je nach Bedarf werden Umsatz-, Personal-, Kosten-, Lager-, Produktions-, Erfolgs- und andere Statistiken in grafischer oder tabellarischer Form erstellt.

Planung

Die Planung ist auf die Zukunft gerichtet und notwendig, um Zufälligkeiten im Betriebsablauf möglichst gering zu halten. Wichtige Unterlagen für die Planung liefern die Buchhaltung, die Kosten- und Leistungsrechnung sowie die Statistik. Planungsarbeiten sind notwendig in allen betrieblichen Aufgabenbereichen, so z. B. beim Absatz und bei der Produktion.

2 Buchführung

2.1 Aufgaben der Buchführung

Die Aufzeichnungen der Buchführung erfüllen im Einzelnen eine Vielzahl von Aufgaben, indem sie:

- Auskunft über den Stand und die Zusammensetzung des Vermögens und der Schulden geben,
- Veränderungen der Vermögenswerte und der Schulden wertmäßig festhalten,
- die Grundlage bilden für die Ermittlung des Erfolgs (Gewinn oder Verlust) der unternehmerischen Tätigkeit,
- wichtige Zahlen für die Kalkulation liefern,
- ein wichtiges Informationsmittel für unternehmerische Entscheidungen sind,
- die Grundlage für die Berechnung der Steuerschuld darstellen,
- als Informationsbasis für Gläubiger (z. B. Banken und Lieferanten) und Aktionäre dienen,
- ein Beweismittel für Rechtsstreitigkeiten (z. B. gegenüber dem Gericht und dem Finanzamt) sind.

2.2 Gesetzliche Grundlagen der Buchführung

Die Buchführungspflicht ist in folgenden Gesetzen geregelt:

Handelsgesetzbuch (HGB)

Die entscheidende Vorschrift ist der § 38 HGB. Dort steht: „Jeder Kaufmann ist verpflichtet, Bücher zu führen und in diesen seine Handelsgeschäfte und die Lage seines Vermögens nach den Grundsätzen ordnungsgemäßer Buchführung ersichtlich zu machen."

Steuergesetze

Die wichtigsten steuerrechtlichen Vorschriften, welche die Buchführungspflicht betreffen, stehen in der Abgabenordnung (AO). Nach dem Steuerrecht ist ein Unternehmer auch dann zur Buchführung verpflichtet, wenn er eine der folgenden Voraussetzungen erfüllt (§ 141 AO):

- Gewinne von mehr als 25.000,00 € erwirtschaftet,
- einen Umsatz von mehr als 260.000,00 € erzielt.

2.3 Inventur, Inventar und Bilanz

2.3.1 Inventur

Wolfgang Peters hat einen Installationsbetrieb. Er ist gesetzlich verpflichtet, sein Vermögen und seine Schulden am Schluss eines jeden Geschäftsjahres festzustellen.

Zu seinem **Vermögen** zählen u. a.: Grundstücke und Gebäude, Betriebs- und Geschäftsausstattung, Werkzeuge, Maschinen, Bargeld, Bank- und Postbankguthaben.

Zu seinen **Schulden** zählen u. a.: Hypotheken- und Darlehensschulden, Liefererschulden (Verbindlichkeiten aus Warenlieferungen).

Die Tätigkeit, welche der Feststellung des Vermögens und der Schulden dient, bezeichnet man als **Inventur.** Hierbei werden Waren, je nach Art, gezählt, gemessen, gewogen und bewertet. Forderungen und Schulden ergeben sich aus den Geschäftsbüchern.

2.3.2   Inventar

Im Anschluss an die Inventur werden die ermittelten Ergebnisse in einem besonderen Verzeichnis festgehalten: **dem Inventar.** Es enthält Art, Menge und Werte der Vermögensteile und der Schulden.

Aus der Differenz zwischen Vermögen und Schulden errechnet sich das Reinvermögen (Eigenkapital). Diese Positionen bestimmen die Gliederung des Inventars in: Vermögen, Schulden und Reinvermögen (Eigenkapital).

Inventar des Installateurs Wolfgang Peters, Kassel, zum 2. Januar ..	€	€
A. Vermögen		
I. Anlagevermögen		
1. Gebäude, Wiesenweg 12		152.000,00
2. 1 Firmen-Pkw		7.000,00
3. 2 Firmen-Transporter		18.000,00
4. Geschäftsausstattung (lt. Verzeichnis)		18.450,00
II. Umlaufvermögen		
1. Rohstoffe (lt. bes. Verzeichnis)		8.600,00
2. Hilfs- und Betriebsstoffe (lt. Verzeichnis)		4.250,00
3. Warenvorräte		
10 Waschbecken	800,00	
5 Boiler	750,00	
3 Badewannen	600,00	2.150,00
4. Forderungen an Kunden (lt. Verzeichnis)		2.380,00
5. Kassenbestand		450,00
6. Bankguthaben		18.983,00
Summe des Vermögens		**232.263,00**
B. Schulden		
I. **Langfristige Schulden**		
Darlehensschulden bei Kreditbank		**25.000,00**
II. **Kurzfristige Schulden**		
Verbindlichkeiten an Lieferanten (lt. Verzeichnis)		**14.630,00**
Summe der Schulden		**39.630,00**
C. Ermittlung des Reinvermögens		
Summe des Vermögens		232.263,00
./. Summe der Schulden		39.630,00
= **Reinvermögen (Eigenkapital)**		**192.633,00**

2.3.3   Bilanz

Inventare sind ausführliche Verzeichnisse, die über Art und Wert aller Vermögensteile und Schulden informieren. Von Nachteil ist, dass durch diese Art der Darstellung, mit allen Einzelpositionen, die Übersichtlichkeit beeinträchtigt wird.

Daher besteht auch die Pflicht, neben dem Inventar regelmäßig ein **kurz gefasstes Verzeichnis aller Vermögensteile und Schulden** zu erstellen. Ein derartiges Verzeichnis stellt die **Bilanz** dar.

Aufbau der Bilanz

Die Bilanz ist eine verkürzte Wiedergabe des Inventars. Gleichartige Vermögensteile und Schulden sind bei ihr zu **Bilanzposten** zusammengezogen. Diese werden nur noch wertmäßig ausgewiesen. Zur besseren Übersicht wird die Bilanz in kontenmäßiger Form dargestellt. Auf der linken Seite **(Aktivseite)** steht das **Vermögen,** auf der rechten Seite **(Passivseite)** stehen die **Schulden (Fremdkapital)** und zum Ausgleich das **Reinvermögen (Eigenkapital).** Die Bilanzsumme der Vermögensseite muss daher immer mit den Bilanzsummen der Kapitalseite übereinstimmen. Die Bilanz kann man sich somit bildlich als Waage (italienisch: bilancia) vorstellen.

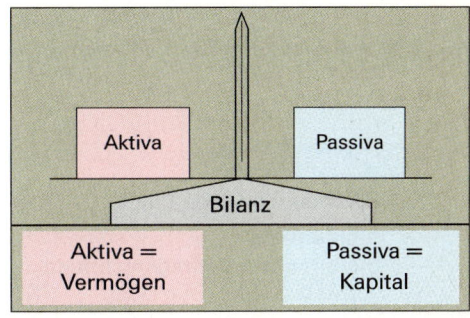

Die Bilanz ist am Anfang (Eröffnungsbilanz) und am Schluss (Schlussbilanz) jedes Geschäftsjahres zu erstellen.

Bilanz des Installateurs Wolfgang Peters:

Aktiva	Bilanz zum 31. Dez...		Passiva
I. Anlagevermögen		**I. Eigenkapital**	192.633,00
1. Gebäude 152.000,00		**II. Fremdkapital**	
2. Fahrzeuge 25.000,00		1. Darlehen	25.000,00
3. Geschäftsausstattung . 18.450,00		2. Verbindlichkeiten	14.630,00
II. Umlaufvermögen			
1. Rohstoffe 8.600,00			
2. Hilfs- und Betriebsstoffe 4.250,00			
3. Warenvorräte 2.150,00			
4. Forderungen 2.380,00			
5. Kassenbestand 450,00			
6. Bankguthaben 18.983,00			
232.263,00			232.263,00

Kassel, den 2. Januar ..

Wolfgang Peters

Arbeitsvorschlag

1. Unterscheiden Sie die einzelnen Gebiete des Rechnungswesens.
2. Nennen Sie Aufgaben der Buchführung.
3. Erstellen Sie ein Inventar nach folgenden Angaben:
   Der Schreinermeister Joachim Zinn, Göttingen, macht am 31. Dezember .. Inventur.

   Folgende Vermögens- und Schuldwerte werden ermittelt: €

   — Maschinen und Werkzeuge lt. Verzeichnis 34.000,00
   — Fahrzeug: 1 Lieferwagen 12.000,00
   — Geschäftsausstattung lt. Verzeichnis 3.640,00
   — Rohstoffe lt. Verzeichnis 4.320,00
   — Kundenforderungen lt. Verzeichnis 8.745,00
   — Bankguthaben 9.370,00
   — Lieferantenverbindlichkeiten 2.610,00

4. Erstellen Sie, ausgehend von dem Inventar, für den Schreinermeister Zinn die Bilanz.

Wichtiges in Kürze

○ Das Rechnungswesen gliedert sich in die Bereiche:
  — Buchführung
  — Kosten- und Leistungsrechnung
  — Statistik
  — Planung

○ Die Aufzeichnungen der Buchführung erfüllen wichtige Aufgaben für den Unternehmer (Gewinnermittlung, Unterlage für Kreditvergabe der Banken an Unternehmen).

○ Handels- und Steuergesetzgebung verlangen eine Buchführung.

○ Unter Inventur versteht man die mengen- und wertmäßige Bestandsaufnahme des Vermögens und der Schulden einer Unternehmung.

○ Das Inventar ist ein Verzeichnis, das Auskunft gibt über Art, Menge und Wert aller Vermögensteile und Schulden einer Unternehmung.

○ Die Bilanz ist eine verkürzte Wiedergabe des Inventars. Das Vermögen steht auf der linken Seite (Aktivseite), das Eigen- und Fremdkapital auf der rechten Seite (Passivseite) der Bilanz.

2.4 Bestandskonten

2.4.1 Auflösung der Bilanz in Bestandskonten

In dem Betrieb von Bäckermeister Budig ereignen sich täglich Geschäftsvorfälle, die zu buchen sind. Dazu wird die Bilanz in einzelne **Konten** aufgelöst. Da auf ihnen zu Beginn des Geschäftsjahres die Anfangsbestände der Bilanz vorgetragen werden, bezeichnet man sie als **Bestandskonten**. Zwei Arten von Bestandskonten sind zu unterscheiden: **Aktiv-** und **Passivkonten**.

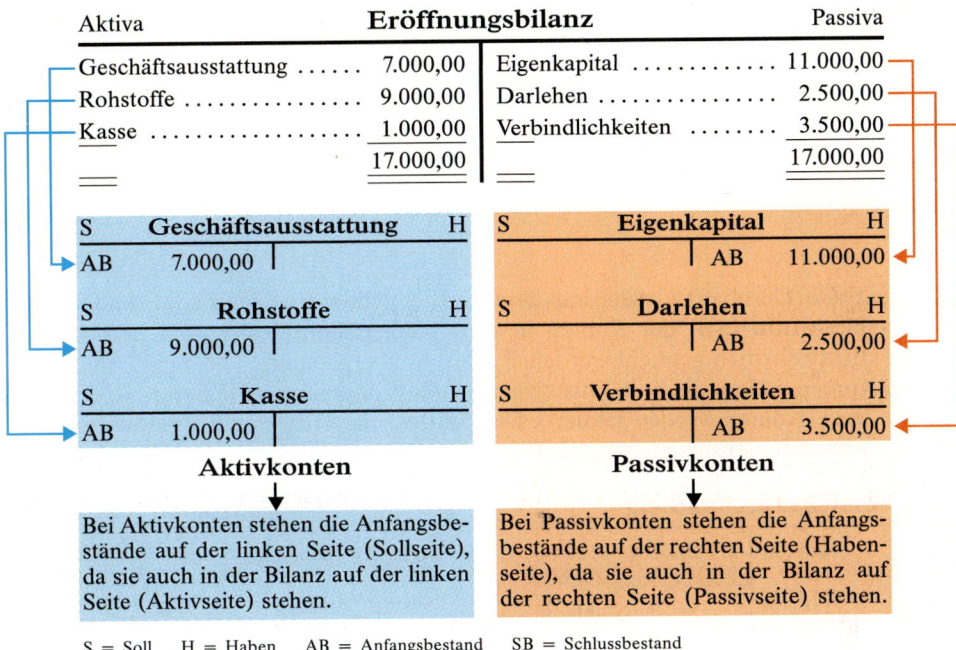

Aktiva	Eröffnungsbilanz	Passiva
Geschäftsausstattung 7.000,00	Eigenkapital 11.000,00	
Rohstoffe 9.000,00	Darlehen 2.500,00	
Kasse 1.000,00	Verbindlichkeiten 3.500,00	
17.000,00	17.000,00	

S	Geschäftsausstattung	H	S	Eigenkapital	H
AB	7.000,00			AB	11.000,00

S	Rohstoffe	H	S	Darlehen	H
AB	9.000,00			AB	2.500,00

S	Kasse	H	S	Verbindlichkeiten	H
AB	1.000,00			AB	3.500,00

Aktivkonten

Bei Aktivkonten stehen die Anfangsbestände auf der linken Seite (Sollseite), da sie auch in der Bilanz auf der linken Seite (Aktivseite) stehen.

Passivkonten

Bei Passivkonten stehen die Anfangsbestände auf der rechten Seite (Habenseite), da sie auch in der Bilanz auf der rechten Seite (Passivseite) stehen.

S = Soll   H = Haben   AB = Anfangsbestand   SB = Schlussbestand

2.4.2 Buchen auf Bestandskonten und ihr Abschluss über das Schlussbilanzkonto

Wichtig für die richtige Buchung der Geschäftsvorfälle, durch die mindestens zwei Konten berührt werden, sind folgende Überlegungen:

1

- **Welche Konten** werden durch den Geschäftsvorfall berührt?
- Wird eine **Mehrung oder eine Minderung** auf den Konten ausgelöst?
- Handelt es sich um **Aktiv- oder Passivkonten?**

  Die Antwort auf diese Frage ist von Bedeutung, weil Mehrungen und Minderungen, unterschiedlich auf den Konten gebucht werden:

S	Aktivkonto	H	S	Passivkonto	H
Anfangsbestand + Mehrung	./. Minderung		./. Minderung	Anfangsbestand + Mehrung	

- **Welche Kontenseite** wird durch den Geschäftsvorfall berührt?

9527241

2 Zu Beginn des neuen Geschäftsjahres hat der Bäckereibetrieb Budig folgende **Geschäftsvorfälle** auf den Bestandskonten zu verbuchen:

1. Einkauf von 500 kg Mehl (Rohstoff)
   unter Ausnutzung eines Zahlungsziels .... 540,00 €
2. Verkauf eines gebrauchten Ladenregals gegen Barzahlung .... 320,00 €

Die folgende Übersicht zeigt die Buchung der vorstehenden Geschäftsvorfälle unter Beachtung der oben genannten Überlegungen:

Geschäfts-vorfall	berührte Konten		Art der Konten	Art der Veränderung	berührte Kontenseite
1.	Rohstoffe	→	Aktivkonto	Mehrung	Sollseite
	Verbindlichkeiten	→	Passivkonto	Mehrung	Habenseite
2.	Kasse	→	Aktivkonto	Mehrung	Sollseite
	Geschäftsausstattung	→	Aktivkonto	Minderung	Habenseite

3 Nachdem alle Geschäftsvorfälle auf den Konten gebucht worden sind, müssen die **Schlussbestände** (SB) der Konten in dem Bäckereibetrieb ermittelt und auf das **Schlussbilanzkonto** gebucht werden. Rechnerisch ergeben sich die Schlussbestände auf den Konten, indem die Differenz zwischen der größeren und kleineren Kontenseite gebildet wird (Konten werden saldiert). Der **Saldo** zum Ausgleich der beiden Kontenseiten wird auf die jeweils kleinere Seite gebucht.

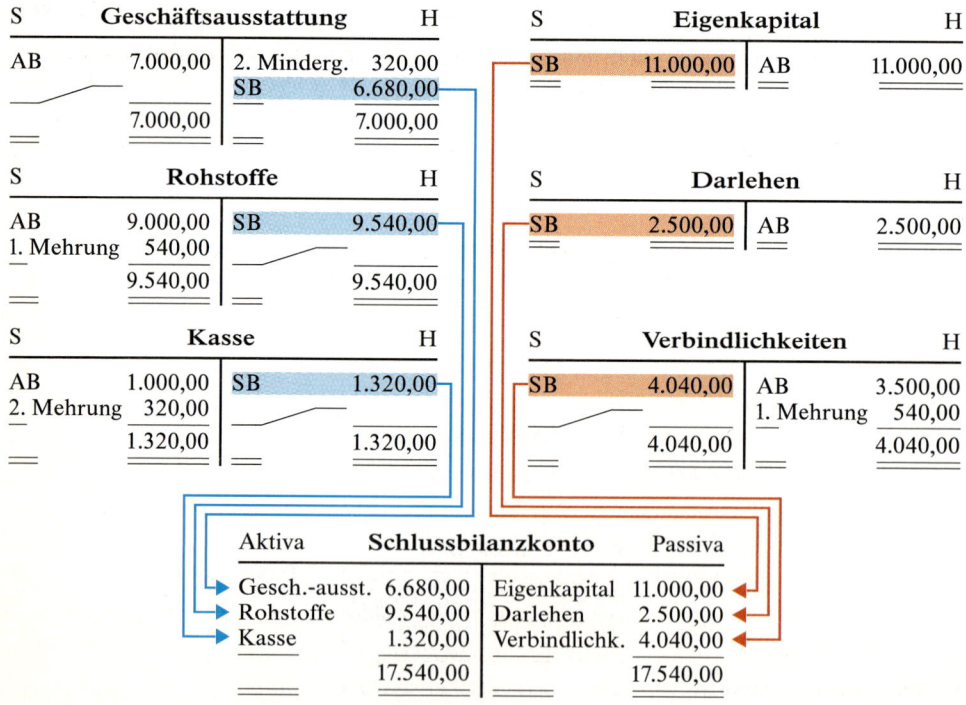

2.5 Erfolgskonten

Die bisher gebuchten Geschäftsvorfälle führten nur zu einer Veränderung auf den Bestandskonten. Die Höhe des Eigenkapitals blieb dabei unberührt. Damit entstand durch die Geschäftstätigkeit weder ein Gewinn noch ein Verlust.

In der betrieblichen Praxis ist die Situation anders. Hier sind auch **Aufwendungen** und **Erträge** zu buchen, die das Eigenkapital berühren.

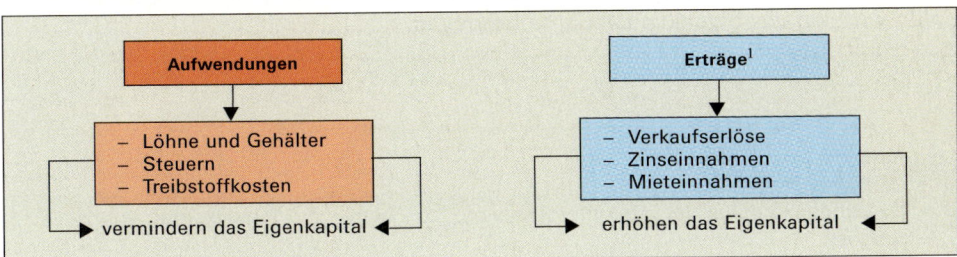

In dem Betrieb von Bäckermeister Budig sind folgende erfolgswirksamen Geschäftsvorfälle zu buchen:

1. Geselle Bornmann erhält sein monatliches Gehalt überwiesen .... 3.200,00 €
2. Benzinrechnung für Geschäftswagen wird bar bezahlt .... 180,00 €
3. Verkaufserlöse für die Belieferung einer Werkskantine
   gehen auf Bankkonto ein .... 2.900,00 €
4. Zahlung für vermietete Wohnung im Geschäftshaus wird überwiesen ...... 700,00 €

Lässt man die Gegenbuchungen der Geschäftsvorfälle auf den Bestandskonten unberücksichtigt, ergibt sich folgendes Bild:

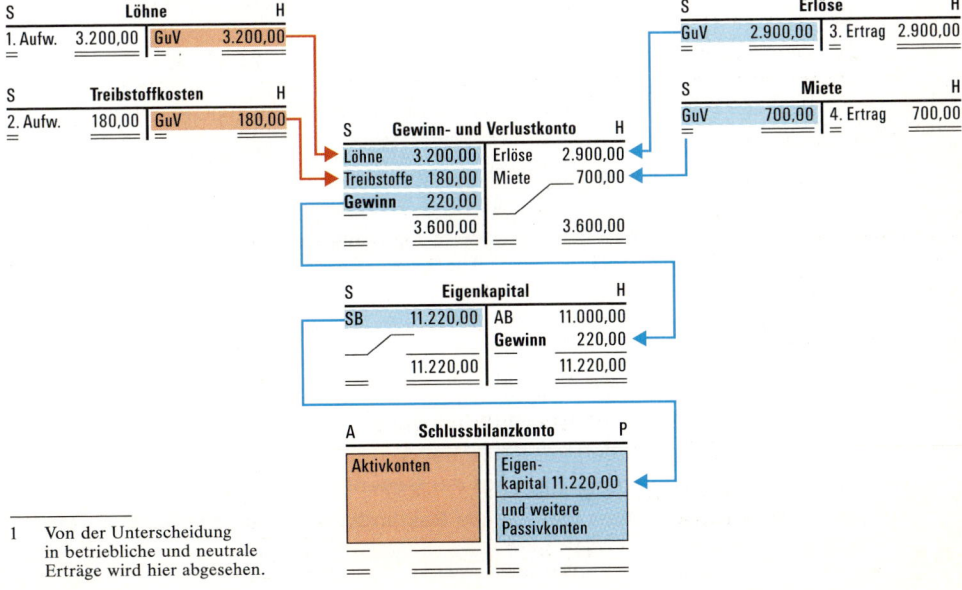

---

1 Von der Unterscheidung in betriebliche und neutrale Erträge wird hier abgesehen.

Eine direkte Buchung dieser erfolgswirksamen Geschäftsvorfälle auf dem Kapitalkonto wird in der Buchführung nicht vorgenommen, da das Konto zu unübersichtlich würde. Vielmehr werden einzelne Aufwands- und Ertragskonten eingerichtet, welche die jeweiligen Geschäftsvorfälle sachlich getrennt erfassen.

Beide Kontenarten sind dem Eigenkapitalkonto untergeordnet. Um nicht alle Salden der Erfolgskonten einzeln auf das Eigenkapitalkonto übertragen zu müssen, wird der unternehmerische Erfolg vorab auf dem Gewinn- und Verlustkonto (GuV-Konto) ermittelt. Es ist das Sammelkonto aller Aufwendungen und Erträge. Der sich ergebende Saldo wird auf das Eigenkapitalkonto übertragen.

Arbeitsvorschlag

1. Begründen Sie, warum die Unterscheidung von Aktiv- und Passivkonten von Bedeutung ist.

2. Stellen Sie eine Eröffnungsbilanz auf und tragen Sie die Anfangsbestände auf den Konten vor.

   — Aktiva: Fahrzeuge 20.000,00 €, Geschäftsausstattung 12.300,00 €, Rohstoffe 4.350,00 €, Forderungen 1.430,00 €, Kasse 670,00 €

   — Passiva: Darlehen 4.600,00 €, Verbindlichkeiten 2.395,00 €, Eigenkapital?

3. In dem Installationsbetrieb von Wolfgang Peters (siehe Eröffnungsbilanz S. 239) sind die Konten zu eröffnen, die folgenden Geschäftsvorfälle zu buchen und das Schlussbilanzkonto zu erstellen:

   — Kauf von Hilfsstoffen (Kleinmaterial) gegen Barzahlung . . . .   120,00 €

   — Ein Teil des Kassenbestandes wird auf Bankkonto eingezahlt . . . .   150,00 €

   — Darlehen wird aufgenommen und auf Bankkonto gutgeschrieben   4.500,00 €

4. Wie wirken sich Aufwendungen und wie Erträge auf das Eigenkapital aus?

5. Schlossermeister Faupel hat letzten Monat in seinem Betrieb einen Verlust erwirtschaftet, weil seine Erträge niedriger als seine Aufwendungen waren. Ermitteln Sie die Höhe des Verlustes, indem Sie das GuV-Konto erstellen.

   — Aufwendungen: Löhne 14.000,00 €, Steuern 6.000,00 €, Miete   1.950,00 €

   — Erträge: Erlöse 18.630,00 €, Zinseinnahmen 480,00 €

Wichtiges in Kürze

○ **Durch jeden Geschäftsvorfall werden mindestens 2 Konten berührt.**

○ **Anfangsbestand und Mehrungen stehen bei Aktiv- und Passivkonten auf derselben Kontenseite, Minderungen stets auf der Gegenseite.**

○ **Am Ende des Geschäftsjahres werden alle Bestandskonten auf das Schlussbilanzkonto abgeschlossen.**

○ **Erfolgskonten werden über das GuV-Konto abgeschlossen.**

○ **Ein Gewinn ergibt sich auf dem GuV-Konto, wenn die Erträge größer als die Aufwendungen sind. Im umgekehrten Fall entsteht ein Verlust.**

○ **Das GuV-Konto wird auf das Eigenkapitalkonto abgeschlossen. Ein Gewinn vermehrt und ein Verlust vermindert das Eigenkapital.**

○ **Das Eigenkapitalkonto wird auf das Schlussbilanzkonto abgeschlossen.**

3   Kostenrechnung

3.1   Grundbegriffe

Kosten und Leistungen

Schreinermeister Karl Wündisch will auf Anfrage eines Kunden einen Kostenvoranschlag für eine Haustür erstellen. An zu erwartenden Kosten werden von ihm u. a. ermittelt: 1

- Lohnkosten: 12 Stunden Arbeit · 68,00 € Stundenlohn   = 816,00 €
- Rohstoffkosten: 10 m² Holz · 14,00 € Quadratmeterpreis = 140,00 €

Als **Kosten** bezeichnet man den in Geld bewerteten Verbrauch von Sachgütern und Dienstleistungen zur Herstellung der betrieblichen Leistung.

Leistungen sind die Ergebnisse der betrieblichen Tätigkeit, d. h. die hervorgebrachten Sachgüter und Dienstleistungen.

Kosten und Aufwand

Schreinermeister Wündisch musste vorigen Monat sein Wohnhaus neu decken lassen. Die Rechnung das Dachdeckers hat er inzwischen bezahlt. Letzte Woche überwies er eine Spende an den Sportverein TSG Elgershausen für den Bau einer neuen Sporthalle. 2

Wündisch überlegt sich, ob er nicht auch diese Beträge anteilmäßig in den Kostenvoranschlag für die Haustür miteinfließen lassen sollte. Der Kunde hätte sie dann mitzubezahlen.

In der Kostenrechnung muss zwischen **Kosten und Aufwand** unterschieden werden. Nur der **betriebliche Aufwand** stellt Kosten (Grundkosten) dar und darf daher in die Kalkulation einfließen. Nicht berücksichtigt werden darf der

- betriebsfremde Aufwand, da er mit dem eigentlichen Betriebszweck nichts zu tun hat (z. B. Spenden, Privataufwendungen),
- außerordentliche Aufwand, da er sehr selten und nicht vorsehbar ist (z. B. Schadensfälle durch Überschwemmung),
- periodenfremde Aufwand, da er vergangene oder zukünftige Geschäftsjahre betrifft (z. B. Steuernachzahlung, Mietvorauszahlung).

Die drei genannten Aufwandsarten bezeichnet man zusammengefasst auch als **neutralen Aufwand.**

Neben den Grundkosten kennt die Kostenrechnung auch **kalkulatorische Kosten**[1], die nicht in die Erfolgsrechnung der Buchführung, sondern nur in die Kalkulation eingehen. Im Gegensatz zu den Grundkosten führen kalkulatorische Kosten zu keinen **Ausgaben,** d. h. zu keinen Geldzahlungen des Betriebs.

Schreinermeister Wündisch setzt in seinem Kostenvoranschlag anteilmäßig **kalkulatorischen Unternehmerlohn** ein. Er ist als Entgelt für die von ihm in seinem Betrieb geleistete Arbeit anzusehen. Auch **kalkulatorische Zinsen,** d. h. eine Verzinsung des betrieblich eingesetzten Eigenkapitals, bringt er anteilmäßig in Ansatz.

Der Zusammenhang von Kosten und Aufwand lässt sich durch folgende Übersicht veranschaulichen:

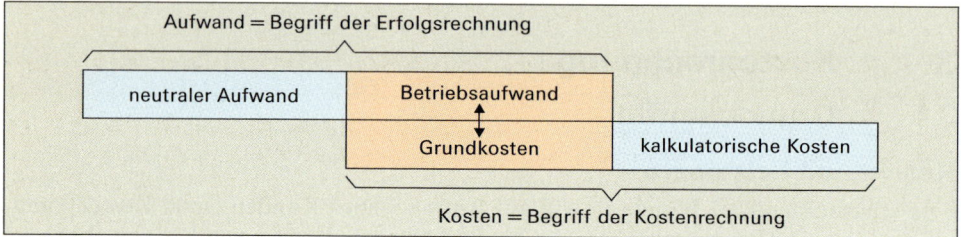

Arbeitsvorschlag

1. Begründen Sie, warum Schreinermeister Wündisch in vorstehendem Beispiel die Zahlung für die Dachreparatur und die Spende nicht in den Kostenvoranschlag einfließen lassen sollte.

2. Unterscheiden Sie zwischen Kosten und Aufwand.

3. Nennen Sie verschiedene Kostenarten.

Wichtiges in Kürze

O   **Kosten sind der bewertete Güter- und Dienstleistungsverbrauch zur Herstellung der betrieblichen Leistung.**

O   **Leistungen sind die Ergebnisse der betrieblichen Tätigkeit.**

O   **Aufwand ist entweder neutraler oder betrieblicher Art.**

O   **Kosten sind entweder Grundkosten (entsprechen dem Betriebsaufwand) oder kalkulatorische Kosten.**

3.2   Einteilung der Kostenrechnung

3.2.1   Kostenartenrechnung

Bei der Kostenartenrechnung geht es um die Frage, **welche Kosten entstanden sind.** Dabei lassen sich die Kosten nach unterschiedlichen Gesichtspunkten einteilen:

---

1   Auf die Unterteilung der kalkulatorischen Kosten in Zusatz- und Anderskosten wird hier bewusst verzichtet und eine vereinfachte Darstellung gewählt.

Einteilung der Kosten nach eingesetzten Kostengütern

- Kapitalkosten, wie Zinsen und Skontoaufwand,
- Sachkosten, wie Rohstoff-, Hilfsstoff- und Betriebsstoffkosten,
- Personalkosten, wie Löhne und Gehälter,
- Fremdleistungskosten, wie Steuerberatungs- und Versicherungskosten.

Einteilung der Kosten nach ihrer Verrechnung 2

Einzelkosten. Sie sind dem erstellten Produkt direkt zuzurechnen. Dies ist der Fall beim Fertigungslohn und beim Fertigungsmaterial.

Gemeinkosten. Da sie für mehrere Produkte gemeinsam anfallen, lassen sie sich dem einzelnen Produkt nicht ohne weiteres zurechnen. So ist es z. B. für einen Schreinermeister unmittelbar nicht möglich, einer angefertigten Tür anteilmäßig die angefallenen Miet-, Energie- und Verwaltungskosten verursachungsgerecht zuzurechnen.

Einteilung der Kosten nach ihrem Verhalten bei Änderung 3
der Produktionsmenge

Fixe (feste) Kosten. Sie sind über längere Zeit gleich hoch, unabhängig davon, welche Gütermenge hergestellt wird. Dies ist z. B. der Fall bei Mieten, Gehältern und Versicherungen.

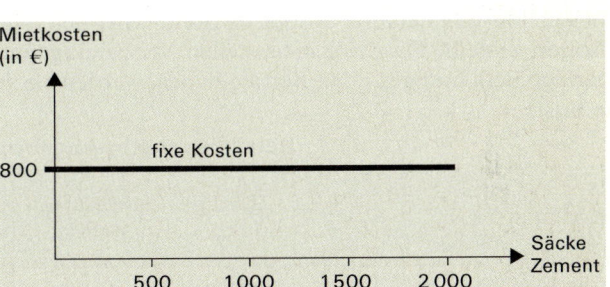

Beispiel:

Steigt die Herstellungsmenge in einer Zementfabrik von monatlich 500 auf 2000 Sack, so bleibt die Fixkostenbelastung durch die gemietete Lagerhalle von 800,00 € unverändert.

Variable (veränderliche) Kosten. Sie verändern sich dann, wenn die Herstellungsmenge zu- oder abnimmt. Beispiele hierfür sind Materialkosten und Fertigungslöhne.

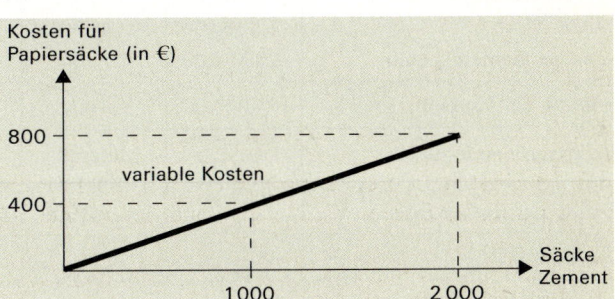

Beispiel:

Erhöht sich in einer Zementfabrik die wöchentliche Herstellungsmenge von 1000 auf 2000 Sack, so steigen auch die Kosten für die benötigten Papiersäcke von 400,00 € auf 800,00 € (Kosten pro Stück 0,40 €).

3.2.2 Kostenstellenrechnung

[1] Aufgabe der Kostenstellenrechnung ist es zu klären, an welchen Stellen des Betriebes und in welcher Höhe Kosten entstanden sind. Im Allgemeinen werden folgende **Kostenstellen** unterschieden:

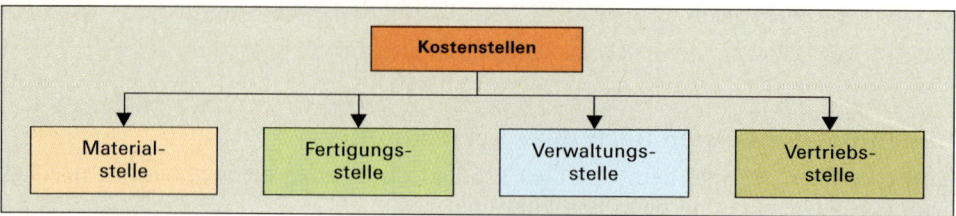

Mithilfe des **Betriebsabrechnungsbogens** (BAB) werden die Gemeinkosten auf die Kostenstellen aufgeteilt und zusammengefasst. Die sich so ergebenden Gemeinkostensummen werden zu bestimmten Bezugsgrößen (insbesondere Einzelkosten) in Beziehung gesetzt. Die ermittelten Zuschlagsätze sind für die Verrechnung der Gesamtkosten bei der Kostenträgerrechnung (Kalkulation) von Bedeutung.

Die allgemeine Formel für die Ermittlung der **Zuschlagsätze** lautet:

$$\text{Kalkulationszuschlag} = \frac{\text{Gemeinkosten} \cdot 100}{\text{Bezugsgröße}}$$

[2] In der Maschinenfabrik Müller & Sohn wird der folgende **Betriebsabrechnungsbogen** erstellt. Da die Kostenstellen Verwaltung und Vertrieb eine vergleichsweise geringe Bedeutung für den Betrieb haben, werden sie zu einer Kostenstelle zusammengefasst:

Betriebsabrechnungsbogen

Kostenarten	Beträge (in €)	Material-stelle	Fertigungs-stelle	Verwaltungs- und Ver-triebsstelle
Hilfslöhne	30.000,00	10 000	15 000	5 000
Sozialabgaben	25.000,00	5 000	18 000	2 000
Steuern	6.000,00	1 500	4 000	500
Steuerberatungskosten	2.500,00	—	—	2 500
Miete	12.000,00	4 000	2 400	5 600
sonstige Gemeinkosten	28.500,00	7 500	14 000	7 000
Summe der Gemeinkosten	104.000,00	28 000	53 400	22 600
Bezugsgrößen (= 100 %)		Material-verbrauch	Fertigungs-löhne	Herstell-kosten[1]
Betrag der Bezugsgrößen		= 280 000	= 110 000	= 471 400
Zuschlagsätze		10 %	48,55 %	4,79 %

1 Ermittlung siehe S. 247

Die Berechnung der **Zuschlagsätze für die Gemeinkosten:**

Zuschlagsätze	Formel	Rechnung
Materialgemeinkosten-zuschlagsatz	$\dfrac{\text{Materialgemeinkosten} \cdot 100}{\text{Fertigungsmaterial}}$	$\dfrac{28\,000 \cdot 100}{280\,000} = 10\,\%$
Fertigungsgemeinkosten-zuschlagsatz	$\dfrac{\text{Fertigungsgemeinkosten} \cdot 100}{\text{Fertigungslöhne}}$	$\dfrac{53\,400 \cdot 100}{110\,000} = 48{,}55\,\%$
Verwaltungs- und Vertriebsgemeinkosten-zuschlagsatz	$\dfrac{\text{Verwaltungs- und Vertriebs-gemeinkosten} \cdot 100}{\text{Herstellkosten}}$	$\dfrac{22\,600 \cdot 100}{471\,400} = 4{,}79\,\%$

Die **Herstellkosten,** die als Bezugsgröße für die Verwaltungs- und Vertriebsgemeinkosten dienen, ergeben sich durch folgende Rechnung:

$$\left.\begin{array}{l}\text{Fertigungsmaterial} \ \ldots\ldots \ 280.000{,}00\ \text{€} \\ +\ \text{Materialgemeinkosten}\ \ldots\ 28.000{,}00\ \text{€}\end{array}\right\} = \text{Materialkosten} \quad 308.000{,}00\ \text{€} \left.\rule{0pt}{3.2em}\right\}$$

$$\left.\begin{array}{l}\text{Fertigungslöhne}\ \ldots\ldots\ldots\ 110.000{,}00\ \text{€} \\ +\ \text{Fertigungsgemeinkosten}\quad 53.400{,}00\ \text{€}\end{array}\right\} = \text{Fertigungskosten} \quad 163.400{,}00\ \text{€} \quad +$$

$$\text{Herstellkosten} \qquad 471.400{,}00\ \text{€}$$

Arbeitsvorschlag

1. Um welche Frage geht es bei der Kostenartenrechnung?
2. Unterscheiden Sie zwischen Einzel- und Gemeinkosten.
3. Begründen Sie, warum Rohstoffkosten zu den variablen und Versicherungsprämien zu den fixen Kosten zählen.
4. Welchem Zweck dient die Kostenstellenrechnung?
5. Welche Kostenstellen lassen sich unterscheiden?
6. Ermitteln Sie die Zuschlagsätze für die Gemeinkosten.
   Übernehmen Sie hierzu die Gemeinkosten aus vorstehendem BAB und berücksichtigen Sie folgende Einzelkosten: Materialverbrauch 130.000,00 €, Fertigungslöhne 86.000,00 €.

3.2.3 Kostenträgerrechnung (Kalkulation)

Ziel der Kostenträgerrechnung ist es, für den einzelnen Auftrag alle entstandenen Kosten (Selbstkosten) zu erfassen, um so einen angemessenen Preis ermitteln (kalkulieren) zu können. Diesem Ziel dienen die **Divisions-** und die **Zuschlagskalkulation.**

1 ## Divisionskalkulation

Sie ist die einfachste Kalkulationsart und nur in Betrieben mit Massenproduktion (Ein-produktbetriebe) anwendbar, so z. B. in Wasserwerken. Bei der Divisionskalkulation werden die gesamten Kosten durch die Herstellungsmenge dividiert, um so die Selbst-kosten pro Stück zu erhalten.

$$\frac{\text{Gesamtkosten}}{\text{Herstellungsmenge}} = \text{Selbstkosten pro Stück}$$

Beispiel: *In einem Wasserwerk belaufen sich die monatlichen Gesamtkosten auf 180.000,00 €. In dieser Zeit werden 90 000 m³ Wasser aufbereitet. Die Selbstkosten pro m³ betragen 2,00 €.*

2 ## Zuschlagskalkulation

Diese Kalkulationsart wird dann verwendet, wenn verschiedene Produkte in einem Betrieb hergestellt werden. Anders als bei der Divisionskalkulation werden hier die Ein-zel- und Gemeinkosten getrennt dem Kostenträger zugeschlagen. Während die Einzel-kosten direkt zugerechnet werden, müssen die Gemeinkosten mithilfe von Zuschlagsät-zen ermittelt und verrechnet werden.

Zuschlagskalkulation mit einem Zuschlagsatz

In kleineren Betrieben, die eine Aufteilung in Kostenstellen nicht vornehmen, wird häufig nur mit einem Gemeinkostenzuschlagsatz gearbeitet (einfache Zuschlagskalku-lation). Als Zuschlagsgrundlage dient häufig der Fertigungslohn.

Beispiel: *Im letzten Geschäftsjahr waren dem Installationsbetrieb Peter Völker Gemeinkosten in Höhe von 29.300,00 € entstanden. Die gezahlten Löhne beliefen sich auf 36.500,00 €.*

Zuschlagssatz:

$$\text{Gemeinkosten-zuschlagssatz} = \frac{\text{Gemeinkosten} \cdot 100}{\text{Lohnkosten}} = \frac{29\,300 \cdot 100}{36\,500} = \underline{80,27\,\%}$$

Anwendung:

Für die Installation einer Wasserleitung wird Fertigungsmaterial von 1.500,00 € benötigt. An Fertigungslohn für diesen Auftrag fallen 2.300,00 € an. Die Selbst-kosten des Auftrags ergeben sich durch folgende Rechnung:

	Fertigungsmaterial	*1.500,00 €*
+	*Fertigungslohn*	*2.300,00 €*
+	*Gemeinkosten auf Löhne (80,27 %)*	*1.846,21 €*
	Selbstkosten	***5.646,21 €***

Zuschlagskalkulation mit mehreren Zuschlagsätzen

Wird in Betrieben ein BAB geführt, lassen sich eine genauere Verteilung der Gemein-kosten vornehmen und unterschiedliche Zuschlagsätze in den einzelnen Kostenstellen ermitteln (erweiterte Zuschlagskalkulation). Bei der Berechnung der Selbstkosten werden diese Sätze verwendet.

Beispiel: In der Maschinenfabrik Müller & Sohn ergeben sich aus dem BAB des letzten Jahres (siehe S. 248 f.) folgende Kosten:

Fertigungsmaterial	....	280.000,00 €
+ Materialgemeinkosten	....	28.000,00 €
+ Fertigungslöhne	....	110.000,00 €
+ Fertigungsgemeinkosten	....	53.400,00 €
Herstellkosten	....	**471.400,00 €**

Zuschlagsätze:

An Zuschlagsätzen wurden ermittelt:

— Materialgemeinkostenzuschlagsatz	10,00 %
— Fertigungsgemeinkostenzuschlagsatz	48,55 %
— Verwaltungs- und Vertriebsgemeinkostenzuschlagsatz	4,79 %

Anwendung:

Müller & Sohn erhalten den Auftrag, eine spezielle Drehmaschine zu fertigen. Das Fertigungsmaterial für die Maschine beläuft sich auf 65.500,00 €. Die Fertigungslöhne betragen 49.700,00 €.

Damit ergibt sich folgende **Selbstkostenrechnung:**

Fertigungsmaterial	....	....	65.500,00 €
+ Materialgemeinkosten	.... 10,00 %	....	6.550,00 €
+ Fertigungslöhne	....	....	49.700,00 €
+ Fertigungsgemeinkosten	.... 48,55 %	....	24.129,40 €
Herstellkosten	....	....	**145.879,40 €**
+ Verwaltungs- und Vertriebsgemeinkosten	.... 4,79 %	....	6.987,60 €
Selbstkosten	....	....	**152.867,00 €**

Arbeitsvorschlag

1. Eine Möbelfabrik erhält den Auftrag, für die Zimmer eines Hotelneubaus Schränke und Betten herzustellen. Der Fertigungsmaterialverbrauch wird hierfür mit 123.700,00 € errechnet. Die Fertigungslöhne betragen 97.300,00 €. Die Zuschlagssätze für die Gemeinkostenverrechnung entstammen dem BAB des letzten Geschäftsjahres.

Aufgabe: Errechnen Sie die Selbstkosten für den Kundenauftrag.

Kostenarten	Zuschlagsätze aus BAB	Kosten
Fertigungsmaterial		123.700,00 €
+ Materialgemeinkosten	20 %	?
+ Fertigungslöhne		97.300,00 €
+ Fertigungsgemeinkosten	35 %	?
Herstellkosten		?
+ Verwaltungsgemeinkosten	8 %	?
+ Vertriebsgemeinkosten	4 %	?
Selbstkosten		?

2. Eine Zementfabrik produzierte im Jahr 10 200 Dezitonnen Zement. Die Gesamtkosten für diesen Zeitraum betrugen 69.360,00 €. Ermitteln Sie die Selbstkosten für eine Dezitonne.

3. Die Gemeinkosten eines Schlosserbetriebs wurden für das letzte Geschäftsjahr mit 50.6000,00 € angegeben. An Fertigungslöhnen wurden 34.500,00 € verbucht.

Ermitteln Sie durch eine einfache Zuschlagskalkulation die Selbstkosten für ein Werkstück, für das Fertigungsmaterial von 320,00 € benötigt wird und an Fertigungslöhnen 185,00 € anfallen.

4. Welche betriebliche Voraussetzung muss gegeben sein, damit die Selbstkostenermittlung durch die Divisionskalkulation erfolgen kann?

3.3   Ermittlung des Angebotspreises

Betriebe verkaufen ihre Produkte nicht zu Selbstkosten, sondern sie berücksichtigen in ihrer Angebotskalkulation noch folgende Posten:

- **Gewinn.** Der Gewinn geht in die Preisermittlung als prozentualer Aufschlag auf die Selbstkosten ein.
- **Mehrwertsteuer.** Für alle Lieferungen und Leistungen, die ein Unternehmer gegen Entgelt im Inland ausführt, stellt er seinem Kunden auch Umsatzsteuer in Rechnung. Der Regelsteuersatz beträgt im Jahr 2002 16 %.

Beispiel einer Angebots-Preisermittlung

Ein Schreinermeister möchte aufgrund einer Anfrage den Angebotspreis für einen zu erwartenden Auftrag von 10 Eichenholztüren ermitteln.

Der Rechenweg stellt sich wie folgt dar (GMK = Gemeinkosten):

Fertigungsmaterial	*3.800,00 €*			
+ 20 % Material-GMK	*760,00 €*	*=*	*Materialkosten*	*4.560,00 €*
Fertigungslöhne	*1.600,00 €*		*+*	
+ 15 % Fertigungs-GMK	*240,00 €*	*=*	*Fertigungskosten*	*1.840,00 €*
			Herstellkosten	*6.400,00 €*
		+ 9 %		
			Verwaltungs-GMK	*576,00 €*
		+ 5 %		
			Vertriebs-GMK	*320,00 €*
			Selbstkosten	*7.296,00 €*
		+ 30 % Gewinn		*2.188,80 €*
			Nettoangebotspreis	*9.484,80 €*
		+ 16 %		
			Umsatzsteuer	*1.517,57 €*
			Angebotspreis	*11.002,37 €*

In Betrieben, die nicht dem Handwerk zuzurechnen sind, können auch **Rabatt** (z. B. Mengenrabatt) und **Skonto** in die Ermittlung des Angebotspreises eingehen.

Arbeitsvorschlag

1. Die Selbstkosten eines Auftrags betragen 3.700,00 €.

   Ermitteln Sie den Angebotspreis, wenn noch zu berücksichtigen sind:
   20 % Gewinn und 16 % Umsatzsteuer.

2. Führen Sie die Kalkulation eines Auftrages nach folgenden Angaben durch: Fertigungsmaterial 1.800,00 €, Fertigungslöhne 900,00 €, Gewinn 15 %, Umsatzsteuer 16 %.

   Die Zuschlagsätze für die Gemeinkostenverrechnung betragen:
   Material-GMK 18 %, Fertigungs-GMK 22 %, Verwaltungs- und Vertriebs-GMK 9 %.

3. Ermitteln Sie Angebotspreise für folgende Erzeugnisse:

Erzeugnis	a)	b)	c)	d)
Selbstkostenpreis	320,00 €	430,00 €	98,00 €	183,00 €
Gewinn	15 %	10 %	7,5 %	11 %
Umsatzsteuer	16 %	16 %	16 %	16 %

4. In einem Handwerksbetrieb sind im letzten Jahr folgende Kosten entstanden: Materialverbrauch 38.000,00 €, Fertigungslöhne 22.000,00 €, Material-GMK 4.300,00 €,
   Fertigungs-GMK 5.300,00 €, Verwaltungs- und Vertriebs-GMK 3.800,00 €.
   a) Ermitteln Sie die Zuschlagsätze für die Gemeinkosten.
   b) Errechnen Sie den Angebotspreis für den folgenden Auftrag mithilfe der ermit-
      telten Zuschlagsätze: Fertigungsmaterial 3.400,00 €, Fertigungslöhne 2.350,00 €,
      10 % Gewinn, 16 % Umsatzsteuer.

Wichtiges in Kürze

○ Die Kostenrechnung gliedert sich in die Kostenarten-, Kostenstellen- und Kostenträgerrechnung.

○ Die Kostenartenrechnung will die entstandenen Kosten erfassen. Sie lassen sich
   einteilen nach
   – eingesetzten Kostengütern in Sach-, Personal- und andere Kosten.
   – ihrer Verrechnung in Einzel- und Gemeinkosten.
   – ihrem Verhalten bei Änderung der Produktionsmenge in fixe und variable
     Kosten.

○ Die Kostenstellenrechnung will klären, an welchen Stellen des Betriebes und in
   welcher Höhe Kosten entstanden sind.

○ Die Verteilung der Gemeinkosten auf die Kostenstellen erfolgt durch den Betriebsabrechnungsbogen.

○ Die Gemeinkosten werden zu Bezugsgrößen (Einzel- und Herstellkosten) in Beziehung gesetzt, um so Zuschlägsätze zu ermitteln. Diese sind wichtig für die Verrechnung der Gemeinkosten bei der Kostenträgerrechnung.

○ Die Kostenträgerrechnung (Kalkulation) will die Selbstkosten für den einzelnen
   Auftrag erfassen.

○ Je nach der betrieblichen Eigenart wird das Verfahren der Divisions- oder
   Zuschlagskalkulation verwendet. Bei Letzterem lässt sich je nach Aufbau der
   Kostenrechnung mit einem oder mehreren Zuschlagsätzen arbeiten.

○ Bei der Ermittlung des Angebotspreises müssen neben den Selbstkosten ein
   Gewinnzuschlag, Umsatzsteuer und eventuell auch Rabatt und Skonto berücksichtigt werden.

Fremdwortverzeichnis

Autonomie	Selbstständigkeit
Basis	Grundlage
Berufung	Rechtsmittel gegen Urteile der 1. Instanz
Bilanz	kurz gefasstes Verzeichnis aller Vermögensteile und Schulden einer Unternehmung
Boom	Hochkonjunktur
Depot	Aufbewahrungsort
Depression	hier: wirtschaftlicher Tiefstand
Devisenbörse	Ort, an dem ausländische Währungen gehandelt werden
Differenzierung	Unterscheidung
Diskussion	Auseinandersetzung, Gespräch
Division	Teilung
Dynastie	Herrschergeschlecht, Herrscherhaus
Emission	hier: Luftverunreinigung
expandieren	Umsatz ausdehnen
Expansion	hier: wirtschaftlicher Aufschwung
Export	Ausfuhr
Fiskus	Staat als Verwalter der Staatskasse
fix	fest, unveränderlich
flexibel	beweglich
Fusion	Verschmelzung
grafisch	zeichnerisch
human	menschlich, die Menschenwürde achtend
Import	Einfuhr
imprägnieren	vor Wasser schützen
Indikator	Merkmal, Anzeichen
Initiative	Anstoß zu einer Handlung
Innung	freiwilliger Zusammenschluss selbstständiger Handwerker
Instanz	zuständige Stelle bei Gerichten für Prozesse
intensiv	stark, kräftig, gründlich
Kalkulation	Preisermittlung von Erzeugnissen
Kapazität	Leistungsvermögen
Kapitalismus	Gesellschaftsform, bei der die Produktionsmittel (Kapital) in Privatbesitz sind

Kapital-konzentration	der größte Teil des Kapitals befindet sich in dem Besitz weniger Personen
Karikatur	komisch übertreibende Zeichnung
Kartell	vertraglicher Zusammenschluss gleichartiger Unternehmen
Kommanditist	Teilhafter einer Kommanditgesellschaft
Komplementär	Vollhafter einer Kommanditgesellschaft
Konditionen	Bedingungen
Konflikt	Zusammenstoß, Streit, Unverträglichkeit
Konjunktur	Wirtschaftslage
Konkurrenz	Mitwettbewerber
Konsum	Verbrauch
Konzern	rechtlich selbstständig bleibende Unternehmungen, die unter einheitlicher Leitung stehen
koordinieren	aufeinander abstimmen
korrigieren	berichtigen
magisch	geheimnisvoll
Makler	Vermittler
Maxime	Ziel
maximieren	ein Höchstmaß anstreben
Maximum	Höchstmaß
Minimum	das Geringste
mysteriös	geheimnisvoll, rätselhaft
objektbezogen	auf das Erzeugnis bzw. die Leistung bezogen
objektiv	sachlich, unvoreingenommen
Ökonomie	Lehre von der Wirtschaft
ökonomisch	wirtschaftlich
Parität	Gleichstellung, Gleichsetzung
Pensionen	Ruhegelder
Position	Stellung
Prestige	Ansehen, Geltung
primär	urprünglich, wesentlich
Prinzip	Grundsatz
problematisieren	infrage stellen
Produktivität	Ergiebigkeit
progressiv	hier: fortschreitend
Proletariat	arbeitende Bevölkerung
proportional	verhältnisgleich

Qualifikation	Befähigung, Eignung
Qualität	Beschaffenheit, Güte, Wert
Quartal	Vierteljahr
Quote	Teil eines Ganzen

Rationalisierung	Durchführung von Maßnahmen zur Steigerung des wirtschaftlichen Ertrags
regulieren	regeln, ordnen
Rehabilitation	Wiederherstellung der Gesundheit
relativ	verhältnismäßig, vergleichsweise
renommiert	berühmt, angesehen
Rentabilität	Verhältnis vom Gewinn zum eingesetzten Kapital
Reparations-leistungen	Wiedergutmachungszahlungen (nach 1. Weltkrieg)
Rezession	wirtschaftlicher Abschwung
Rücklagen	Kapitalreserven
ruinös	zerstörerischer Kampf

Sanktionen	Strafen
Satzung	Gesellschaftsvertrag der AG
Sektion	Abteilung
sekundär	an zweiter Stelle stehend, nachträglich hinzukommend
Seriosität	Glaubwürdigkeit
Situation	Zustand
Solidarität	Zusammengehörigkeitsgefühl
Sozialprodukt	Wert der gesamten Güterproduktion in einem Jahr
sporadisch	vereinzelt
Standard	Normalmaß, Richtschnur
subjektiv	auf die eigene (einzelne) Person bezogen
Subventionen	Unterstützung aus öffentlichen Mitteln

tertiär	an dritter Stelle stehend, drittrangig

variabel	veränderlich

Zentralismus	politische oder wirtschaftliche Steuerung durch den Staat

Sachwortverzeichnis

Einzelfertigung   33
Einzelhandel   25
Einzelunternehmung   38
Einzugsverfahren   166
Electronic Cash   170
Elementarfaktoren   193
Entlohnung   63 ff.
Erfolgskonten   243 f.
Erfüllungsort   138
Eröffnungsbilanz   240
Ersatzkasse   111
Ersatzlieferung   140
Ersparnisprämien   72
Erträge   243
EU   208
Euro   151 ff.
Europäische Union   208
Europäische Zentralbank   160
EWG   208
Existenzbedürfnisse   180
Existenzgründer   20

F

Facharbeiterabschluss   15
Fachgymnasium   15
Fachhochschulreife   15
Fachoberschule   15
Fachschule   15
Faktormärkte   194
Falschlieferung   140
Fertigkeiten   9
Fertigungsarten   29 ff.
Fertigungskosten   249
Finanzierung   24
Firma AG   41
Firma Einzelunternehmung   38
Firma Genossenschaft   44
Firma GmbH   43
Firma KG   40
Firma OHG   39
Firmentarif   87
Fiskalpolitik   224
Fließbandarbeit   30 f.
Fließfertigung   30
Fortbildung   14 ff., 18 f.
Frauenarbeitsschutz   81
Freibeträge   230
Freie Güter   182

Fremdkapital   239
Fristlose Kündigung   76
Fristen mangelh. Lieferung   140
Fusion   48

G

Gebrauchsgüter   182
Gebühren   227
Gehaltstarif   87
Geld   151 ff.
Geldakkord   68 ff.
Geldarten   154 f.
Geldfunktionen   154
Geldkarte   172
Geldmenge   158
Geldmünzen   155
Geldrückfluss   23
Geldstrom   24
Geldwert   156 ff.
Geldwertstabilität   158
Gemeindesteuern   228
Gemeinschaftsteuern   228
Genossenschaften   38, 44
Genossenschaftsregister   44
Gerichtsstand   138
Gerichtliches Mahnverfahren   145 ff.
Geschäftsfähigkeit   126 f.
Geschäftsführung (OHG)   39
Geschäftsunfähigkeit   126 f.
Gesellenausschuss   54
Gesellenprüfungsausschuss   54
Gesellschaft mit beschränkter
   Haftung   42 f.
Gesellschafterversammlung
   (GmbH)   43
Gesellschaftsunternehmungen   39 ff.
Gesellschaftsvertrag (OHG)   39
Gewerbeordnung   83
Gewerkschaften   51 f.
Gewinnmaximierung   33
Gewinnquote   210 f., 216
Gewinnverteilung (OHG)   39
Giralgeld   155
Girokonto   163 f.
Gleichordnungskonzern   48 f.
Gliederung der Wirtschaft   24 f.
Gründung (AG)   42
Grundkapital   42

Bildquellen

Barmer Ersatzkasse   107, 108, 109, 111, 112, 115, 123
Roland Beier   204
Peter Bensch   92
Deutscher Sparkassenverlag, Stuttgart   2, 154, 155
Claude-Bernard Gay CCC, München   170
GLOBUS-Infografik GmbH, Hamburg, 19, 34, 35, 49, 53, 62 (2), 74, 83, 99, 109, 112, 157, 181, 189, 190, 192, 213, 217 (2), 227, 229 (2), 232
IG Metall   10
IG Papier, Chemie, Keramik   52
Myriam Tentz   18
Jungheinrich, Hamburg   23
Peter Kaczmarek   209
Peter Leger, Haus der Geschichte der Bundesrepublik Deutschland, Bonn   86

Erik Liebermann   118
Lö   72, 82
Gerhard Mester   111
Peter Ohrenschall   211
Opel, Eisenach   31
Traute Pannier   50
Klaus Pielert   27, 89
Presse- und Informationsdienst der Bundesregierung   98, 103, 105, 106, 123, 128, 134, 135, 137, 139, 143, 144
Erich Schmidt Verlag, Berlin   7, 15, 26, 51, 102, 216
Rudolf Schöpper   113
Hans-Joachim Stenzel   224
Stefan Trux, Rosenheim   91
VW, Wolfsburg   32, 95, 100
Fritz Wolf   116
Jupp Wolter   97 (2), 111, 196

Übrige Fotos: Foto-Wittke, Schwalmstadt
Illustrationen: Dirk und Dieter Tonn